인물지

일러두기

1. 본문의 한자는 처음 1회 국문과 병기하는 것을 원칙으로 했다. 단, 필요할 경우 다시
   병기했다.
2. 책은《 》로, 장과 편은〈 〉로 표기했다.
3. 이 책은《인물지》(위즈덤하우스, 2009)의 개정판이다.

인물지

시공을 초월한 제왕들의 인사 교과서

人物志

공원국·박찬철 지음

시공사

먼저 열 살이 넘은 이 책이 다시 출간되어 기쁘다. '경제원론'이나 '법학개론'처럼 어떤 시대든 교과서는 표지가 바뀌어도 내용은 크게 바뀌지 않는 법인가 보다.

《인물지》는 중국의 위·촉·오 삼국시대라는 특수한 시기 최고 인사 권자를 위한 인사 교과서로 만들어진 책이다. 그런 낡은 책을 지금 다시 내놓으며 주저하는 마음이 일지 않는 까닭은 혹시 요즈음의 인사가 옛 사람에게 못 미치기 때문 아닐까?

우리는 정치적으로 대의제代議制의 허울을 쓰고 있지만 실상은 기술과 돈이 이끌어가는 첨단의 자본주의 세계를 살고 있다. 정치가는 권력으로 사람을 통제하고 기술자본가는 돈과 권력을 양손에 쥐고 세상을 뒤흔든다. 동시에 사회는 복잡한 기능器能, function으로 분화되어 다양한 기능집단(이 책에서 말하는 '기능')이 양산되었다. 자본주의 사회인지라 기능에도 가격이 매겨져, 돈 혹은 통제와 관련된 기능의 시장가격은 천정부지로 치솟는다. 그리하여 어떤 조직이든 재무부서는 힘이 있고 과거 형방刑房의 구실아치나 옥리에 불과하던 '기능'들이 오늘날은 검사 등의 존칭으로 불린다. 한편 사회는 복잡해지는 반면 정보는 비대칭적으로 소유되고 불완전하게 유통된다. 알다시피 중고차 시장처럼 비대칭·불완전정보 시장은 사이비似而非들의 요람이다. 예쁘게 도장된 중고차의 외관은 다 같지만 속은 완연히 다른 것처럼. 그렇다고 속을 알기 위해 차 전체를 해체할 수도 없는 노릇이다.

요컨대 요즘의 세계는 소수가 다수에게 미치는 영향이 삼국시대 유소가 이 책을 쓸 때보다 커진 데다 사이비가 등장할 조건까지 다 갖춰졌으니, 큰 인사에 한 번 실패하면 해당 조직은 물론 사회 전체가 휘청거릴 수 있다. 부도덕한 금융가 하나가 전체 금융시장을 무너뜨리고 어리석은 지도자 한 명이 한 나라를 거덜 낼 수도 있다. 《인물지》에서 유소는 "그럴 듯하지만 아닌 일곱 가지 사이비"를 정의하고 이를 "극히 주의하라" 한다. 유소가 정의한 사이비는 시대가 달라도 여전히 적절하다.

길을 잃으면 원점으로 돌아가듯 상황이 복잡할수록 다시 교과서를 펼칠 수밖에 없다. 다행히 인사의 원리는 조직이 커지고 급이 높아질수록 더 단순해진다. 어떤 이에게 큰 자리를 줄 때는 그의 말보다 행동을 근거로 하고, 친소親疏나 호오好惡를 버리고 이룬 업적에 따라 일을 주면 될 뿐이다. 버릴 수 없는 원칙이 또 하나 있다. 싸울 때 화살과 갑옷이 모두 필요하지만, 조직 안에서는 반드시 갑옷 만드는 이를 화살 만드는 이 위에 두어야 한다. 모두 이기기 위한 방도라도 우리를 더 살려 이기는 것[活法]과 남을 더 죽여 이기는 것[殺法]은 엄연히 상극이며, 피아를 불문하고 많이 살리는 이는 성인이고 많이 죽이는 이는 폭력배에 불과하다. 물론 이 복잡한 세상에 형리나 대부업자 등이 왜 필요하지 않겠는가? 다만 그들을 남을 다스리는 이로 세워서는 안 된다. 천성이 문제가 아니라 그들이 하는 일이 다스리는 덕德과 멀기 때문이다. 유소가《인물지》에서 시종일관 '사람은 타고난 성정과 재질이 다르고 배움에도 각각 차이가 있기 때문에' 적재적소에 사람을 쓰는 것의 어려움과 중요성을 이야기하는 까닭이다.

아름답게 책을 새로 만들어준 시공사 식구들 모두에게 고마운 마음을 전한다. 아무쪼록 이 책이 독자들의 삶에 작은 도움이라도 되길 간절히 바란다.

공원국 · 박찬철

서문

| 마음을 얻는 자가 천하를 얻는다 |

초한 쟁패의 치열한 싸움에서 승리를 거둔 유방劉邦이 낙양의 남궁南宮에
서 연회를 베풀며 자신이 천하를 얻은 이유를 이렇게 밝혔다.

> 나는 장량張良, 소하蕭何, 한신韓信이라는 걸출한 인재를 쓸 수 있었기
> 때문에 천하를 차지할 수 있었지만, 항우項羽는 범증范增이라는 인재가
> 있었으나 그를 쓰지 못해 결국 패했다.

이 이야기는 사마광司馬光의 《자치통감資治通鑑》은 물론, 명나라의 재상
장거정張居正이 황제를 교육시키기 위해 지은 《제감도설帝鑑圖說》에도 실
렸다.

역사를 거울삼아 통치의 근간을 삼으려던 황제들에게 사람을 올바로

쓰는 일은 천하를 얻고 다스리는 통치의 요체였다. 하지만 장거정의 바람과는 달리 명나라의 후대 황제들은 '인사'라는 이러한 통치의 요체를 올바로 이해하지 못했던 듯하다.

명나라의 마지막 황제 숭정제崇禎帝는 농민 반란군에 쫓겨 궁성에서 자결하기 전에 이렇게 유언을 남겼다.

"나는 덕이 부족하나 즉위한 후 17년을 노력했다. 그러나 신하들이 나를 망쳤다." 그리고 그전에 딸을 죽이며 이렇게 말했다고 한다. "너는 어찌해 황제의 집에서 태어났단 말이냐?"

참으로 비장하다. 그러나 그의 말대로 명나라가 과연 신하들 때문에 멸망했을까? 혹은 황제를 올바로 보좌한 인재가 없어서였을까? 분명 아닐 것이다.

제위帝位 기간 동안 내각의 신하를 무려 50명이나 교체한 사람이 누구였던가? 그나마 변방에서 여진족을 막던 장수들을 차례로 끌어내 죽인 사람은 누구였던가? 지방관과 농민들의 마음을 반란군에게 넘겨준 이는 또 누구였던가? 파쟁을 이용해 황권을 유지하던 사람은 또 누구였던가? 바로 그가 명나라 최후의 황제 숭정제였다.

그가 진정 '인사'의 중요성을 안 황제였다면 나라를 망친 자신의 인사를 탓하고, 훌륭한 아버지라면 딸을 죽음으로 내몬 자신을 탓했어야 할 것이다.

반면 숭정제를 이렇게 비참하게 죽음으로 몰아넣은 사람은 북방의 소수민족 수장 청 태종太宗 홍타이지皇太極였다. 《청사고清史稿》에는 인재를 대하는 청 태종의 태도가 다음과 같이 적혀 있다. 당시 청나라에 대항하던 명나라의 북방 거점은 거의 함락되었고, 그나마 독전하던 홍승주洪承疇, 조대수祖大壽 등의 명나라 장수들은 고립무원의 상태에서 결국 청에 항복하고 만다. 하지만 청 태종은 죽음을 청하는 이들 항복한 장수들을 죽이지 않고 중용한다. 이에 만주족 장수들이 불만을 표하자 그들에게 도리어 묻는다.

"우리가 비바람 맞으면서 수십 년을 고생한 것은 무슨 까닭인가?"

"그야 중원으로 들어가기 위함이 아닙니까?"

그러자 그는 이렇게 말한다.

"우리가 장차 중원으로 길을 나서려는데, 우리는 장님이나 다름없다. 오늘 길을 인솔할 사람을 하나 얻었는데, 어찌 기쁘지 않겠느냐[今獲一導者, 吾安得不樂]?"

알다시피 항복한 홍승주와 조대수는 후일 명나라 정벌의 길잡이가 되어 혁혁한 공을 세운다. 그들도 모두 걸출한 인재들이었다. 하지만 이들 명나라 장수의 항복이 명나라 조정에 전해지자 그들 가족은 살아남기 힘들었다. 결국 버림받은 자기 사람들이 남의 사람이 되어 황제 자신을 해한 것이다. 이제 와서 누구를 원망한단 말인가? 남이 자신을 망쳤다고 한탄하는 숭정제와 "인재를 알고도 쓰지 않으면 어떻게 힘을 쓰게 할 것인가[知而不擧, 何以示勸]"라고 되묻는 청 태종의 승패는 보지 않아도 알 수 있다.

그렇다. 숭정제는 북방에서 자신을 지켜주던 장군 웅정필熊廷弼과 원숭환袁崇煥을 죽이고, '자기 사람들'의 처자식을 죽이다가 결국 자신의 자식까지 죽여야 했다.

유방과 항우처럼 청 태종과 명 숭정제는 사람 쓰는 일로 인해 천하를 얻고 천하를 잃었다. 그래서 누구나 '인사가 만사'라고 하지만 인사를 제대로 실천한다는 것은 말처럼 그렇게 쉬운 일은 아니다. 그것은 분명 부단한 노력이 필요한 일이다.

《인물지》도 서문 격인 〈자서自序〉에서 이렇게 말한다.

> 성인들이 크게 덕을 일으킬 때, 인재를 구함에 총명하고자 애쓰지 않
> 고, 인재를 임명함에 그저 편안하고 한가로움이나 얻고자 한 분이 누
> 가 있었던가?

우리가 읽으려는 《인물지》도 '올바른 인사'를 위한 노력의 결과로 쓰
인 책이다. 《인물지》는 사람의 타고난 재질은 다 다르고 장점과 단점을
동시에 구비하고 있다고 이야기한다. 그래서 '올바른 인사'를 위해서는
재질에 따라, 그리고 상황에 따라 적절하게 인재를 배치할 것을 시종일
관 강조한다.

우리가 고전을 읽는 이유 중 하나는 과거의 사례를 통해 현재의 교훈
을 얻고자 함일 것이다. 그래서 《인물지》가 이야기하는 '지인知人'과 '용
인用人'의 기술은 오늘날에도 여전히 '올바른 인사'의 요체를 알려주는
훌륭한 교과서인 셈이다.

| 《인물지》는 어떤 책인가: 유소와 《인물지》* |

《인물지》는 조조曹操가 세운 위魏나라 시대의 명신인 유소劉邵가 쓴 인사
교과서다. 이 책은 기존의 경서들과 다르게 매우 실용적이고 구체적인
내용을 담고 있다. 당시에 왜 이런 책이 등장했는지 유소의 삶과 조위曹

---

* 주요 참고 도서: 《三國志》〈魏書. 劉邵傳〉; 王曉毅, 《知人者智: 《人物志》解讀》(中華書局, 2008).

魏(조씨의 위나라) 시기의 시대적 배경을 통해 간단히 살펴보자.

《삼국지三國志》에 따르면 유소는 원래 조조의 모사들 중 으뜸이었던 상서령 순욱荀彧의 관부에 있었다. 순욱은 그의 말을 매우 좋게 여겼다고 한다. 그 후 그는 태자사인太子舍人, 비서랑秘書郎, 상서랑上書郎, 산기시랑散騎侍郎 등으로 승진한다. 여기서 눈여겨볼 점은 그가 권력의 중심에서 기밀과 인사를 처리하는 직책을 역임했다는 사실이다. 상서랑은 황제에게 들어가는 문서를 먼저 검토하는 직위이고, 산기시랑은 황제가 움직일 때 같이 움직이는 비서와 같은 역할이다. 황제가 인재를 구하는 조서를 내리자, 당시의 산기시랑인 하후혜夏侯惠가 유소를 천거하며 이렇게 평했다.

> 성실한 인사들은 그의 화평하고 방정함에 감복하고, 청정한 인사들은 그의 현묘하고 겸양함을 흠모하며, 문학하는 인사들은 그의 논리의 정치함을 찬양하고, 법리를 다루는 인사들은 그의 정밀한 해석을 익히 알고 있으며, 사색하는 인사들은 그의 깊고 확고함을 알고 있고, 문장을 쓰는 인사들은 그의 저술과 논변 및 문장들을 사랑하며, 제도를 다루는 인사들은 그의 제도에 대한 인식과 요체를 파악하는 능력을 귀하게 여기고, 책략을 내는 인사들은 그의 명철한 사고와 기미에 통달한 점을 연모합니다.

즉, 당시의 유소는 학문적으로 이미 인물을 파악할 수 있는 능력을 주위로부터 인정받았다고 할 수 있다. 유소를 평가한 이 인물 기준은 《인물지》에서도 모두 중요하게 다루어지는 인재 유형들이다. 유소는 《인물지》 외에도 《법론法論》 등 100여 편을 저술했다고 하니 중앙 정계에서 정치와 학문을 연결시킨 명사였다고 할 수 있다. 그중 반드시 언급해야 할 것이 위나라 명제明帝 조예曹叡의 조서를 받아 펴낸 《도관고과都官考課》라는 저술이다. 《도관고과》의 제목을 풀면 '관리를 감독하고 성과를 측정한다'는 뜻인데, 제국을 반석에 올리고자 하는 황제의 의중이 그대로 투영된 것이다. 유소는 소疏를 올려 이렇게 말한다.

> 백관의 고과는 왕도정치의 큰 기본이지만, 역대로 여기에 힘쓰지 않아서 통치의 법전이 완비되지 못했고, 또한 이를 보충하지 않아서 능력이 없는 자들까지 섞여 들어와 구분하기 힘들어졌습니다.

유소가 말하는 것은 한나라 이래 시행된 중국 인사 제도의 모순을 지적한 것이다. 대체로 전한前漢의 외척과 후한後漢의 환관들, 그리고 상서의 직위를 장악하고 파벌을 형성한 파당들의 인사 전횡은 한나라의 근간을 휘둘렀다. 대단한 배경도 없이 오직 자신의 능력과 순욱으로 대표되는 모신謀臣들의 힘에 의지해 나라를 세운 조조는 이런 상황을 참을 수 없었음이 분명하다. 결국 조조는 극단적으로 "능력이 있으면, 도덕적인 하자가 있어도 된다"고 주장하기도 한다. 허명만 갖춘 인사들의 폐단을 목도했기 때문일 것이다.

유소는 조조의 능력주의를 포괄하면서 그보다 더 체계적인 체제를 만들어냈으니 그것이 바로 《인물지》다. 그는 다양한 인물들을 적재적소에 배치하기 위한 원리들을 정리해 냈다. 《인물지》는 한나라 이전의 인사 제도에서 수당 이후의 과거제로 가는 중간 지점에 있는 과도기적 저작이다. 그래서 《인물지》에서 다루는 내용은 후대의 도식적인 과거제나 전대의 협소한 인재 추천 관행들보다 더 풍부하다.

요즈음은 사회가 더욱 분화되어 전 국가적으로 인사를 관장하고 정보를 활용할 수 있는 사람이 없다. 그런 의미에서 학자이면서 인사권의 중심에 있었던 유소의 분석은 인사 이론을 거시적으로 검토하는 사람들에게도 좋은 참고가 될 수 있을 것이다. 고전 읽기는 물론 쉬운 일이 아니지만 실제로 '고수'가 되기 위해서는 고전을 피할 수는 없을 것이다.

| 어떻게 썼는가: 인성론과 조직론 |

《인물지》는 황제와 그 하위의 인사권자를 위해 도식적이리만치 자세하게 인물 파악의 방법을 설명해 놓았다. 인물의 특징, 그 인물을 간파하는 법, 인사권자의 자질, 인재 자신이 경계해야 할 일까지 조목조목 설명하고 있다.

그래서 《인물지》의 중심은 인성론이고 절반은 조직론이다. 즉, 조직에는 어떤 인재가 필요하고, 그 인재의 본성은 무엇이며 그것을 어떻게 파악하느냐가 핵심이다. 그러나 저자가 본질적으로 더 강조하는 것은 인성론이다. 《인물지》가 말하고자 하는 내용은 매우 명료해서 알아듣기가 쉽다. 이 책의 원문을 한 번 통독해도 얻는 것이 적지 않을 것이다.

그러나 이 책의 강점인 인성론이 오히려 약점이 될 수 있다. 인성은 그대로라고 하더라도 조직은 오랜 시간 진화해 왔다. 예를 들면, 3천 년 전 춘추시대의 인사와 오늘날의 인사가 같다고 할 수 있을까? 혹은 중앙집권제와 봉건제가 섞인 한나라와 거의 완전한 관료제 국가인 청나라의 인사를 동일하게 볼 수 있을까? 쉽게 말하기 어려운 일이다.

한동안 고전을 기반으로 한 인재 활용 서적들이 상당히 등장했다. 그러나 여러 고전의 문맥을 포괄적으로 이해하고, 그 역사적인 맥락에 따라 고전의 의미를 해석하는 수준의 책들은 그리 많지는 않다. 고전에서 무작위로 추출된 이야기들을 현대의 상황에 무리하게 끼워 맞추는 경우가 많다는 것이다. 때로는 현실을 아전인수 격으로 해석하기 위해 고전을 이용하는 경우도 있다. 물론 이런 방식도 큰 도움이 되겠지만, 더 큰 맥락을 잡고자 하는 사람들의 욕구는 충족시키기 어려웠다.

그러한 맥락에서《인물지》라는 고전을 좀 더 현대적인 의미로 살릴 수 있는 방법이 없을까를 고민했다. 결국 필자들은《인물지》의 인성론을 가지고 한 권의 계통성 있는 작은 인물사를 만들 생각을 했다.《인물지》의 각 항목과 부합하는 중국 역사상의 고사들을 취합하되, 중구난방 방식이 아니라 계통성 있게 만들자는 것이었다. 그래서 우리는《인물지》의 각 편의 고사들을 당시의 사회상에 맞추어 배열하고 분석하기로 했다. 말하자면 '요약한 중국사의 인사편', 혹은 '인사로 본 중국사' 정도가 되겠다. 아무튼 이를 통해《인물지》의 조직론을 보강해《인물지》의 영역을 넓히려고 시도했다.

그렇게 우리는 상고 시절의 이상적인 인사에서 시작해 춘추전국시대로 나가고, 진·한 대의 극적인 국면에서의 인사를 검토한 후, 또 우리에게 잘 알려진 삼국시대의 군웅들의 인사로 나아가고, 대혼란기인 5호16국과 남북조시대 및 재통일 정권인 수와 당의 인사를 살핀 후, 특이한 문치시대를 만든 송의 인사와 거친 초원민족들의 활달함을 보여주는 요·금·원의 인사를 대비시켰다. 그리고 환관들의 도움을 받아 황제의 전권을 이룩한 명 대의 인사와 또 중원에 새 활력을 불어넣은 청 대의 인사를 함께 살피면서 마무리했다.

각 시대마다 왕조가 처한 상황과 사회의 기본적인 성격이 차이가 있었기에 인사의 유형도 차이가 있었다. 물론 차이의 이면에는 변함없는 인사의 원칙들이 놓여 있었다. 이 시기들을 따라가며 함께 인사를 고민한다면 적지 않은 도움을 얻을 수 있을 것이다. 이렇게 통시적이고 계통적으로 글을 쓰자니 많은 시간이 들었고, 또 어떤 부분은 어려워졌다. 그러나 인사라는 커다란 주제에 그렇게 만만한 정답이란 있을 수 없다는 것을 고려하면, 이런 방법이 오히려 도움이 될 것이라고 생각했다. 또 과거의 일을 빌려 무턱대고 현실을 비판하거나 분석하는 현대의 고전 읽기 방법에 대해서도 작은 반성이 될 수 있을 것이라 기대했다.

예를 들면, 당 태종 이세민李世民은 아버지에게 이렇게 말했다. "곧장 장안으로 들어가야 합니다. 태원太原(당시 이세민의 근거지)에서 할거하면 도둑이나 되었다가 다 망합니다." 그리고 그의 불같은 성격처럼 곧장 장안으로 진격하여 당을 세웠다. 그러나 주원장朱元璋의 일급 모사 주승朱升은 이렇게 말했다. "(할거하여) 성을 높이 쌓고, 양식을 비축하며, 천천히 왕이 되어야 합니다." 과연 주원장은 자신의 의뭉스런 성격처럼 그 전략을 썼고, 그 또한 천하를 얻었다. 얼핏 보기에도 두 전략은 얼마나 다른가? 흔히 말하는 지리·천시·인화도 변하고, 사회의 성격도 시간에 따라 변한다. 책을 읽을 때는 항상 우리가 현재를 살고 있다는 사실을 환기할 필요가 있다. 그래서 독자 제현들이 필자들보다 훨씬 명철할 것이라고 믿고, 필자들은 미약하게나마 사회의 변화에 따라 인사를 서술했다.

마지막으로 이 책에서 나오는 이야기들은 매우 다양하다. 단지 황제에 관한 것뿐 아니라 온갖 사람들의 이야기가 나온다. 다양한 위치의 사람들이 인사를 고민할 수 있게 하기 위해서다. 이 책을 읽고 작은 정치 조직인 친목 단체의 인사를 고민할 수 있고, 작은 이익 조직인 구멍가게의 인사도 고민할 수 있다. 나아가 정치 조직의 최고위에 있는 민주적인 국가의 인사를 한 번 고민할 수도 있고, 이익집단의 최고위에 있는 거대 기업의 인사를 고민할 수도 있다. 인사 담당자가 볼 수도 있고, 그저 한 단계 높은 인간관계를 위해 볼 수도 있다.

다만 책을 쓰면서 이런 의무감은 견지했다. 즉, 예나 지금이나 '국가는 친목 단체의 인사를 해서는 안 된다.' 능력과 인품이 있는 사람을 찾아 친구뿐 아니라 아들도 버리고, 멀리서 두루 인재를 구하는 것이 국가의 인사다. 또 '큰 기업들은 구멍가게의 인사를 해서는 안 된다.' 능력과 인품을 고려하지 않고 그저 자식에게 업을 넘기겠다고 고집하는 것은 구멍가게의 인사다. 위로는 아부하고 아래로는 가혹한 사람을 위에 올리고, 우직하게 노력하고 상하로 공평한 사람을 배척하는 조직이 '위대한 승리'를 얻기는 요원하다. 그런데도 친목 단체의 인사와 구멍가게의 인사를 국가와 큰 기업들에 적용시키는 것을 수도 없이 본다.

사람인 이상 자신의 이익과 남의 이익을 똑같이 고려하는 인사는 불가능할 것이다. 다만 나의 이익과 남의 이익을 6:4나 7:3까지 고려할 수 있다면 큰 인사를 이룰 수 있을 것이다. 의견마다 부딪혀 하나부터 열까지 마음에 들지 않는 정적 왕안석王安石을 평하여 사마광은 이렇게 말했다고 한다. "그의 행동은 과격하지만 다 나라를 위한 것입니다." 인사자의 마음은 그래야 하지 않을까!

| 참고 문헌 및 감사의 글 |

《인물지》 원문의 번역은 기존 중국어 번역과 국내 번역서(이승환 역, 홍익출판사, 1999)를 참고했으나, 《인물지역주人物志譯注》(伏俊璉 撰, 上海古籍出

版社, 2008)를 기본 텍스트로 사용해 새로 번역했다. 가능한 한 고전에 익숙하지 않은 독자들도 편안하게 읽을 수 있도록 쉽게 풀어쓰려고 노력했지만 결과는 독자분들이 판단할 일이다. 《인물지》 원전에 나오는 여러 개념과 용어는 필자들 나름의 기준으로 정리했는데, 만약 오역이나 틀린 부분이 있으면 이는 모두 필자들의 책임이다.

그리고 《인물지》 내용을 해설하는 과정에서 가장 많이 참고한 자료는 《사기史記》와 《자치통감》이다. 《사기》와 《자치통감》은 중국을 대표하는 역사서로 《인물지》의 내용을 설명하는 데 매우 유익한 사례를 제공해 주었다. 이들의 경우 여러 번역서가 국내에 나와 있지만, 필자가 참고한 자료는 《사기열전 1,2》(김원중 옮김, 민음사, 2007)와 《사기세가 상, 하》(정범진 외 옮김, 까치글방, 1996), 《자치통감》(박종혁 엮어옮김, 서해문집, 2008), 《자치통감》 완역본 시리즈(권중달 옮김, 삼화)이다. 이들 번역서에 나와 있는 일부 내용을 인용하거나 참고할 때는 일일이 그 출처를 밝히지는 않았다. 그밖에 다른 참고 자료의 경우는 인용한 부분마다 출처를 표기했고 가능한 한 원문을 확인하고 직접 번역했다.

끝으로 이 책이 나올 수 있도록 도와주신 출판사 관계자 분들께 감사의 말을 전하고 싶다. 사실 필자들이 이 책을 쓸 수 있었던 것은 이분들의 지지가 있었기 때문이다. 아울러 필자가 북경에서 《인물지》와 씨름하고 있을 때 '인사' 문제에 대한 조언과 책을 쓰는 일에 대한 격려를 아끼지 않으신 곽노전 형께 감사드린다. 그리고 북경과 서울에서 《인물지》에 전념할 수 있도록 시간과 여유를 준 가족 조현주, 왕환 두 분께 머리 숙여 감사드린다.

차례

1부 **총론: 인재를 알아보는 첫 단계**

| 중국 왕조와 인사: 인사가 만사다 |

《인물지》는 인사에 관한 한 독보적인 고전이다. 무려 2천 년 전에 쓰였기 때문에 현대의 인사 교과서들처럼 세세하지는 못하다. 그러나 이 책이 오늘날에도 여전히 현실성을 잃지 않고 고전의 가치를 인정받고 있는 것은 이유가 있다. 바로 이 책이 가장 복잡하고 포괄적이며, 또 커다란 '결함'을 가진 조직을 다루고 있기 때문이다. 이 복잡하고 거대한 조직이 바로 역사상 세계에서 가장 방대한 중국의 왕조와 관료제다. 그 조직의 인사를 이해한다면 더 작은 조직의 인사 문제, 혹은 일상에서 만나는 인사 문제는 대략 반쯤은 해결할 수 있다고 볼 수 있다.

그렇다면 전통시대 중국 왕조의 조직은 어떻게 구성되었는가? 근대의 왕조는 말로 다하기도 어렵고 복잡하므로, 그나마 원시적이었던 2천 년 전의 진·한 대로 거슬러 올라가 보자. 일단 모든 행정, 사법, 입법의 최고 위치에 황제가 있다. 그 아래 황제의 대리인인 승상이 있고, 그 아래 태위, 어사대부, 정위, 박사, 상서령, 대사농 등의 군무, 감찰, 입법 등을 관장하는 수장들이 있다. 그 아래에 중앙관제의 작은 직급들이 있다. 지방은 군, 현, 향 순으로 지방관이 있고, 지방관 아래에는 또 행정과 사법을 다루는 소리小吏들이 따라붙는다. 그뿐인가? 중앙정부는 학교, 화폐, 종교까지 모조리 관련 담당자를 두어 관장한다. 당나라 말기에 등록된 관리의 수가 30만을 넘었다고 하니, 그 규모는 가히 상상을 넘어선다.

그러나 이 조직은 근본적인 '결함'이 하나 있었다. 바로 독재 체제라는 점이다. 황제는 입법, 사법, 행정의 우두머리로 있으면서 예교를 통해 기본 종교의 방향까지 관장했다. 오늘날처럼 권력을 견제하기 위한 삼권분립은 없고, 단지 3사나 6부처럼 행정의 편의를 위한 구분만이 있었다. 이 근본적인 '결함'은 이 거대한 조직이 매우 어리석은 한 사람, 즉 어리석은 황제를 만나면 난파할 수 있다는 것을 의미했다.

황제가 하는 일 중 으뜸이 무엇인가? 바로 사람을 쓰는 일, 즉 인사다. 일은 아랫사람이 하고, 황제는 일하는 사람들을 관장하는 일만 한다. 그래서 올바른 인사는 이 거대한 배가 난파하지 않도록 하기 위해 하루도 쉴 수 없이 견지해야 하는 원칙이었다. 그러니 중국에서 인재 이론이 발달한 것은 당연한 일이었다. 황제는 인사를 통해 왕조가 가진 근본적인 한계와 사회경제적인 모순들을 모두 해결해야 했다. 과연 인사는 만사였던 것이다.

우리는 공자孔子가 대사구大司寇(지금의 최고 법관)에 오르자 당장 법이 바로 섰다느니, 한나라의 조광한趙廣漢이 경조윤京兆尹(오늘의 서울시장 격)이 되자 도둑이 없어졌다느니 하는 기록을 보면 당장 의구심이 든다.

'사람 하나 바꾼다고 과연 그럴 수 있을까?' 과거에는 과연 그럴 수 있었다. 현명한 사람을 써서 당장 법을 세우고 도둑을 없애는 일이 쉽지는 않았더라도, 무능하고 용렬한 사람을 써서 법이 무너지고 민심이 동요되는 일은 매우 쉬웠다. 장량을 얻어 유방이 한을 세우고, 유기劉基를 얻어 주원장이 명을 세우는 등의 극적인 일이 아니더라도 인사가 결정하는 일은 너무나 많았다. 그렇다고 이 인사가 말처럼 쉬운 일은 아니었다. 인사가 쉬운 일이라면 왜 역사책에 '간신'의 이름이 '충신'보다 훨씬 더 많이 등장하겠는가?

그렇다면 오늘날의 인사는 어떤가? 오늘날의 수많은 조직은 저마다 목적을 가지고 있다. 과거 황제가 다스리던 조직과 명목상으로 가장 유사한 오늘날의 조직은 국가다. 오늘날의 국가 역시 포괄적인 기능을 가지고, 모든 개인을 관장하기 때문이다. 그러나 과거 황제가 다스리던 조직과 실질적으로 더 닮은 조직은 기업을 비롯한 여러 이익 조직이다. 왜 그런가? 과거의 왕조란 온갖 미사여구를 동원하더라고 본질적으로는 백성들로부터 안정되게 부를 걷는 조직이었다. 그러니 과거의 왕조는 거대한 기업이었다고 할 수 있다.

예를 들면, 건륭乾隆 대의 청나라는 한 해 국고 비축량이 은 8천만 냥이었다. 당시 세계 어디에도 그렇게 큰 기업은 없었다. 한 성의 창고에만 곡식을 수백만 석씩 쌓아놓았고, 서북으로 원정을 한 번 하면 10만 두 이상의 말을 동원했다. 양곡과 은은 이 거대한 '기업'의 재원이었으며, 전쟁은 이 기업의 모험이었다. 말 10만 두에 수십만 석의 곡식을 써서 시작한 전쟁이 패배하면 어떻게 될까? 군사 한 명을 잃으면 원한을 가진 사람 열 명이 생기고, 쌀 한 석을 전쟁에서 낭비하면 자칫 굶주리는 사람 한 명이 생긴다. 이런 조직을 짧게는 수십 년, 길게는 수백 년 지속되게 하기 위해서 위정자는 인사에 사활을 걸어야 했다. 과거의 인사 교과서를 무시하지 못하는 이유가 바로 이것이다. 오히려 과거의 인사 교과서가 뛰어난 점은 궁극적으로 인사로 전제 체제의 모순을 보완해야만 했기 때문이다.

국가가 아무리 민주적으로 바뀌어도 위정자가 있는 한 인사는 정치의 핵심이다. 기업을 비롯한 조직들이 아무리 시스템에 의해 움직인다고 하더라도, 결국 인사가 단기적인 이익과 장기적인 조직의 수명을 결정한다. 마음을 열고 세상에서 가장 포괄적이고 거대한 기업이자 관료제 국가였던 중국의 왕조들의 흥망을 보라. 과연 인사가 만사다.

| 사람을 아는 지혜가 있어야 백관을 관리할 수 있다 |

중국 역사에서 훌륭한 업적을 기록한 사람치고 훌륭한 인재를 발탁하여 대업을 이루지 않은 경우는 없었다. 탕왕湯王은 이윤伊尹을 등용했고, 주周 문왕文王은 강태공姜太公을 등용해 왕조를 세웠다. 이후 중국 역사에서 이름을 남긴 군주들은 모두 이들을 모범으로 인재를 등용해 천하의 주인이 되었다. 한나라 고조 유방이 그랬고, 당 태종 이세민이 그랬다. 이들 주변에 왕을 보좌한 현명하고 충성스런 인재들이 없었다면 아마도 오늘날 우리들이 알고 있는 역사적 업적도 없었을 것이다. 그래서 예부터 현명한 군왕들은 자신의 통치를 도와줄 인재를 찾기 위해 부단히 노력했고, 신하들은 자신이 경세제민의 인재가 되고자 노력했다.

하지만 우리가 역사를 통해 알 수 있듯이, 이런 성군이 뛰어난 인재를 등용하여 대업을 이룬 아름다운 이야기는 그리 길게 이어지지는 않는다.

오히려 인재를 알아보지 못하고 가짜 인재에게 휘둘려 역사를 혼란에 빠뜨리고 자멸한 더 많은 이야기가 역사의 한 축을 형성한다. 나라가 흥하고 망하는 일이 결국 인재를 잘 쓰는 사람과 그렇지 않은 사람에 달려 있었다. 오늘날 우리가 역사를 반면교사로 삼는 이유가 바로 여기에 있다.

결국 중요한 것은 사람을 올바로 쓰는 것이다. 그러면 사람을 올바로 쓰기 위해서는 어떻게 해야 하는가? 그것은 사람을 올바로 이해할 때 가능하다. 《인물지》는 그것의 기본을 성정性情과 재질才質의 특성을 이해하는 일이라고 했다.

《상서尙書》〈고요모皐陶謨〉에 "사람을 아는 밝은 지혜가 있어야 백관을 관리할 수 있다[知人則哲, 能官人]"라는 말이 나온다. 사람을 아는 것[知人]이 모든 지혜의 근본이고, 훌륭한 리더와 '보통 사람'을 구별하는 근본적 지표라는 것이다.

지인知人이란 무엇인가? 지인이란 말 그대로 사람을 알고, 이해하는 것이다. 사람을 알고, 이해하는 것은 단지 그 사람의 능력의 뛰어난 면을 이해하는 것만은 아니다. 그것은 사람의 타고난 성정과 능력의 장단점을 이해한다는 말이다. 그런 이해가 있은 연후에야 비로소 적절하게 쓸 수 있기 때문이다. 결국 지인선임知人善任, 즉 사람을 알아보는 일과 적재적소에 배치하는 일은 고대 통치자들이 지혜의 핵심으로 삼았던 개념이다.

《인물지》는 다음과 같이 말한다.

인물을 식별하는 일에 진실로 지혜롭다면, 많은 인재들이 각자의 재질에 따라 등용되어, 여러 일들이 이로부터 흥하게 될 것이다.

그런데 리더들치고 인재를 찾지 않는 사람은 거의 없다. 특히 난세에는 앞다투어 인재를 구하려고 혈안이 된다. 그러나 어떤 리더는 인재 등용에 성공하고 어떤 리더는 실패한다. 왜일까? 그것은 근본적으로 리더의 자질과 관련되어 있다. 앞으로 우리는 중국 역사 속에서 인재 등용에 성공한 리더들과 그렇지 못한 리더들의 다양한 사례를 접하게 될 것이다.

| 중국의 인재 감식의 전통 |

하지만 현명하고 유능한 인재를 찾는 일은 야심 있는 리더들에게는 항상 풀리지 않은 수수께끼와 같다. 사실 인재가 아닌 사람을 등용하려는 리더는 없다. 그렇다면 어떻게 인재와 인재가 아닌 사람을 알아볼 것인가?

《인물지》는 사람의 타고난 성정과 재질은 자연스럽게 외부로 드러난다고 이야기한다. 그래서 뛰어난 인재의 경우는 누구나 그 사람이 인재인지 아닌지를 알아볼 수 있다. 그래서 이런 인재들은 등용하기 쉽다. 그렇다면 무엇이 문제인가?

그것은 《인물지》가 말류末流의 재질로 평가한 사이비似而非 인재 때문이다. 인재인 줄 알고 등용했으나 사실은 인재가 아닌 사이비 인재가 있기 때문이다. 공자는 "말을 교묘히 하고 얼굴빛을 거짓으로 꾸미는 사람 중에는 어진 사람이 드물다"고 했다. 이 말은 결국 외부로 드러난 특징만으로는 사람을 온전히 파악할 수 없다는 말이기도 하다. 그래서 《인물지》가 있기 전부터 중국 역사에서는 여러 방식의 인물 감식에 관한 방법론이 전해졌다. 특히 겉모습과 속내가 다른 사람을 구별하는 일은 역대 통치자들에게 무엇보다 중요한 일이었다. 이런 사이비 인재에 속지 않기 위해 공자도 "그의 행위의 까닭을 살펴보고 그의 내력을 관찰하고 그가 마음 둔 곳을 이해한다면 그가 어디에 숨을 수 있겠는가? 어디에 숨을 수 있겠는가[子曰 視其所以 觀其所由 察其所安 人焉廋哉 人焉廋哉]?"라며 인물 감식의 원칙을 제시했다.

이는 비단 공자만의 이야기로 끝나지 않는다. 제갈량諸葛亮이 죽기 전 그의 후계자인 강유姜瑜에게 전했다는 《장원將苑》의 〈지인성知人性〉 편에는 다음과 같은 말이 있다.

> 인간의 본성을 살피는 일보다 더 어려운 일은 없다. 개인의 선과 악이 다르고, 본성과 외표가 다르다. 어떤 사람은 겉으로는 온화하고 선량한 듯하나, 안으로는 간사하다. 어떤 사람은 겉으로는 공경한 척하지만 안으로는 속이려는 마음이 있고, 어떤 사람은 겉으로는 용감한 척하지만 안으로는 겁이 많다. 어떤 사람은 힘써 일하는 듯하나, 속마음에는 다른 의도가 있는 불충한 사람도 있다(《제갈량문집》, 조희천 옮김, 신원문화사에서 재인용).

여기서 제갈량은 겉으로 드러난 모습과 안에 품은 마음이 다른 사람을 구별하는 방법으로 다음의 일곱 가지 방법을 제시한다. 이 구별법은 강태공이 지었다고 이야기되는 《육도六韜》의 〈선장選將〉에 나오는 내용과 사실상 같은 내용이다. 모두 장수 선발과 관련된 이야기지만, 일반 인재의 경우에도 마찬가지로 적용할 수 있는 내용이다. 그럼 제갈량의 이야기를 들어보자.

어느 것이 옳고 그른지를 판단하는 것을 보고 그 지향을 살핀다[問之以是非而觀其志].

능한 말과 논리로 난처하게 만들어 그 임기응변의 능력을 관찰한다[窮之以辭辯而觀其變].

어느 문제에 대한 관점과 책략을 자문함으로써 그 지식과 경험을 살핀다[諮之以計謀而觀其識].

환난 앞에서 보이는 태도를 보고서 용기를 살핀다[告之以禍難而觀其勇].

술로 취하게 하여 그 품성을 살핀다[醉之以酒而觀其性].

이익 앞에 임하게 하여 그 청렴함을 살핀다[臨之以利而觀其廉].

기한을 두고 일을 맡겨 그의 신용을 살핀다[期之以事而觀其信].

이와는 좀 다르지만 인재 평가의 기준으로 오늘날에도 자주 사용하는 '신언서판身言書判'이라는 기준이 있다. 신언서판은 당나라 시기 관리를 임용할 때 사용한 심사 기준으로 《신당서新唐書》〈선거지選擧志〉에 그 기록이 나온다.

신身이란 사람의 풍채와 용모를 뜻하는 말이다. 신은 풍위豊偉일 것이 요구되었다.
언言이란 사람의 언변을 이르는 말이다. 언은 변정辯正이 요구되었다.
서書는 글씨(필적)를 가리키는 말이다. 서에서는 준미遒美가 요구되었다.
판判이란 사람의 문리文理, 곧 사물의 이치를 깨달아 아는 판단력을 뜻하는 말이다. 문리의 우장優長할 것이 요구되었다.

이런 신언서판의 기본 내용은 《인물지》 첫 번째 장에서 말하는 구징

九徵의 관점과 크게 다르지 않다. 그런데 《인물지》의 구성이나 신언서판을 우리가 아는 관상학의 한 부류로 오해해서는 안 된다. 관상학은 기본적으로 관상을 통해 인간의 길흉화복을 파악하는 것인 반면, 《인물지》는 사람마다 타고난 자질과 성정이 다른 이유를 규명하여, 그 사람이 어떤 유형의 사람인지를 파악하고, 그 자질에 따라 그 인물을 어떻게 평가하여 쓸 것인지에 초점을 맞추고 있기 때문이다.

결국 인사의 가장 기본적인 출발은 먼저 사람을 이해하는 것이다. 그래서 공자도 제자 번지樊遲가 지혜란 무엇이냐고 물었을 때 단호하게 "지인知人"이라 답했다.

우리는 흔히 인재를 다루는 기술로 '용인用人'이라는 말을 쓴다. 《인물지》에도 이런 용어가 자주 나온다. 용인은 사람을 쓰는 기술이지만 지인은 사람을 아는 방법이다. 쓰기 위해서는 우선 알아야 한다. 성정의 장단점, 마음속에 품은 뜻과 의지 등등 사람을 이해하지 않고는 인재를 써서 기대한 성과를 얻기는 힘들다. 흔히 인사에서 이야기되는 적재적소를 역으로 해석하면 사람의 성정과 능력이 일에 부합하지 않으면 성과를 내기 어렵다는 말이다.

그러면 사람을 알고 적재적소에 배치하는 일이 왜 그토록 어려운가? 대부분의 사람들은 자신과 친한 사람, 혹은 같은 파당의 인물을 천거하고 쓰기 때문이다. 이런 부류의 사람들은 자신들의 장점은 잘 알지만, 단점은 잘 모르거나 무시한다. 여기에 자기들끼리의 아첨과 합리화가 생겨나고, 상대에 대한 비난과 싸움이 시작된다. 《인물지》는 곳곳에서 이런 문제를 지적하고 있다.

오늘날에도 훌륭한 리더의 조건으로 업적 달성 능력, 조직 운영 능력과 더불어 인재 육성 능력을 꼽는다. 즉, 인재 없이는 목표한 업적도, 안정된 조직도 기대하기 어렵다. 결국 인재를 올바로 인식하고 적재적소에 쓰는 일은 예나 지금이나 모든 리더들이 고민하던 과제다. 지금 우리가 읽는 《인물지》도 바로 이런 고민을 하고 있다. 이제 우리는 《인물지》의 고전 독해와 함께 중국 역사에 등장하는 다양한 인물과 그들의 '인사'를 살펴볼 것이다. 고전의 세계는 비록 과거의 이야기이긴 하지만 인류의 사유와 경험을 집적한 지혜의 보고이기도 하다. '인사'라는 관점에서 이런 내용이 보물이 될지 아닐지는 결국 독자들의 몫이다.

1부

총론: 인재를 알아보는 첫 단계

드러나는 것으로 재질을 알아볼 수 있는가 ▪ 구징
사람의 재질은 왜 차이가 나는가 ▪ 체별

1

드러나는 것으로 재질을 알아볼 수 있는가
구징九徵

인재의 재질이 형성되는 과정을 설명하면서, 외부로 드러난 아홉 가지 징표를 통해 인재의 특성을 파악하는 외면 관찰법의 기준을 제시한다.

우리는 새로운 사람을 만날 때 항상 그 사람을 나름대로 평가하면서 살아간다. 면접을 볼 때, 거래 상대와 미팅을 할 때, 혹은 이성 등을 새로 만날 때 적절한 탐색을 거치면서 그 사람에 대한 인상을 결정한다. 첫인상은 사회생활을 하는 데 매우 중요한 요소다. 첫인상이 상대에게 거부감을 주면 자연스런 인간관계의 지속이 어려울 수 있다.

그런데 이런 첫인상을 결정하는 요소는 무엇일까? 어떤 자료에 보면 첫인상을 결정하는 요소로 외모가 거의 80퍼센트, 목소리가 한 10퍼센트를 차지한다고 한다. 하지만 사람마다 기준이 모두 달라 동일한 외모나 목소리에도 서로 다른 인상을 가질 수 있다. 나에게 호감이 가는 사람이 다른 사람에게는 그렇지 않은 경우도 허다하다. 이처럼 첫인상은 다분히 개인의 주관적인 감정이다.

옛말에 "길이 멀어야 말[馬]의 힘을 알 수 있고, 사람의 마음도 긴 시간을 두고 봐야 안다"고 했다. 한 사람을 제대로 이해하고 평가하기 위해서는 시간이 필요하다. 그러나 그 출발점 또한 첫 만남과 첫인상이다.

《인물지》를 쓴 유소가 살았던 시대는 인물 품평이 유행했다. 그래서 인물 품평을 잘 받으면 명성이 쌓이고 그 명성을 근거로 관리로 등용되던 시대였다. 《삼국지》에는 조조가 명성을 얻기 전 아무도 조조의 능력을 알아보지 못했을 때 태위 교현橋玄이 조조를 보고, "천하가 장차 어지러울 것이니 일세를 풍미할 인재가 아니면 세상을 구제할 수 없네. 천하를 평안하게 할 수 있는 사람은 바로 자네일세"라고 말하며, "자네는 아직 명성이 없으니 허소許劭와 사귀는 것이 좋을 듯하네"라고 권고하는 내용이 나온다.

허소는 당시 인물평으로 명망이 매우 높은 사람이었다. 그래서 조조가 허소를 찾아가 자신이 어떤 사람이냐고 묻자, 허소는 처음에는 대답하지 않다가 조조가 위협을 하자 '당신은 치세에는 능신이고, 난세에는 간웅'이라는 유명한 말을 했다.

그런데 허소는 조조의 무엇을 보고 그런 말을 했을까? 이제 다시 《인물지》로 돌아가 그 비결을 한 번 알아보자.

| 인물의 성정과 재질은 아홉 가지 형태로 드러난다 |

《인물지》의 첫 번째 장인 〈구징九徵〉은 '외부로 드러난 아홉 가지 징표'라는 뜻으로, 사람의 타고난 성정과 재질은 아홉 가지 형태로 외부로 드러나기 때문에 이를 잘 관찰하면 그 사람의 대체를 파악할 수 있음을 설명하는 장이다. 이는 앞에서 말한 첫인상이 형성되는 과정에 대한 논리적 추론이기도 하며, 또 허소가 조조를 평가했을 때 사용했던 방법이기도 하다. 사실 〈구징〉은《인물지》전체의 총론으로, 인물 평가의 가장 기초적인 이론을 설명하는 장이다.

그럼《인물지》가 말하는 사람의 외부로 드러난 아홉 가지 징표란 무엇을 말하는가?

> 균형과 치우침의 근본은 신태神態로 표현되고, 총명과 우매의 근본은 정기精氣(눈빛)로 표현된다. 용감과 겁약은 근육에 의해 결정되고, 강인함과 유약함은 골격으로 결정된다. 성격의 조급함과 안정감은 혈기에 의해 결정되고, 근심과 기쁨의 정감은 안색에 표현되며, 흐트러짐과 단정한 형태는 의표에 의해 드러나고, 간사함과 정직함의 변화는 얼굴에 나타나며, 느긋함과 조급함의 상태는 말투에 나타난다.

《인물지》는 그 사람의 몸가짐(의표)을 보면 마음의 바탕이 어떤지를 알 수 있고, 목소리와 얼굴빛을 보면 그 사람의 심기를 알 수 있으며, 눈빛을 보면 마음의 기색, 즉 정情(정감, 정서)을 알 수 있다고 한다. 그렇기 때문에 생김새와 행동, 목소리와 얼굴색, 마음의 기색을 잘 살피면 그 사람의 성정의 특성을 이해하는 실마리를 찾을 수 있다고 한다. 그래서 이런 아홉 가지 징표를 잘 살피면 상대가 균형 잡힌 사람인지 치우친 사람인지, 총명한지 우매한지, 용감한지 겁약한지, 강인한지 유약한지 등 성정의 특성까지 알아낼 수 있다는 것이《인물지》의 설명이다.

이처럼 사람의 내재된 성정은 여러 형태로 외부에 표출되기 때문에 외부로 드러난 아홉 가지의 징표를 잘 관찰하면 그 사람의 성정을 탐색할 수 있다는 것이 바로 유소가 말하는 구징 학설의 논리다.

아마 허소도 조조의 생김새, 당돌한 행동과 목소리, 자신을 협박하는 기세 등을 종합해 '당신은 치세에는 능신이고, 난세에는 간웅'이라는 평가를 했을 것이다. 오늘날에도 인사권자들은 인터뷰나 면접에서 알게 모르게 이런 아홉 가지 징표를 통해 상대를 파악하고, 그 사람에 대한 전체적인 인상을 결정한다. 《인물지》가 비록 1,800여 년 전의 언어와 논리로 이를 이야기하고 있어 좀 복잡하고 어렵게 보이긴 해도, 외양의 특징을 통해 사람을 파악하는 일은 예나 지금이나 우리가 흔히 경험하는 기본 중의 기본이다.

여기서 아홉 가지 징표가 드러내는 것은 내면의 '성정'이다. '성정'은 《인물지》 전체를 관통하는 핵심 개념이다. 여기서 성性은 마음의 바탕이고, 정情은 그로부터 나온 정서 혹은 감정이라고 해두자. 요즘 말로는 성격과 유사하다. 단, 《인물지》에서 말하는 성정은 심리적인 특성과 함께 품성이라는 도덕적인 의미가 함께 내포된 개념이라 할 수 있다.

그런데 《인물지》는 어떤 근거로 외부로 드러난 특징을 통해 사람의 성정을 파악할 수 있다고 하는가? 이를 알기 위해서는 먼저 사람의 서로 다른 체질과 성정이 어디에서 기인하는지를 알아야 한다. 《인물지》는 개인의 고유한 성정과 체질이 형성되는 과정을 음양오행 학설을 통해 설명한다.

음양과 오행은 서양의 과학과 심리학에 익숙한 우리에게 상당히 추상적이고 비과학적인 사유 체계로 인식될 수 있다. 하지만 한의학에서 사람을 사상四象 체질에 따라 분류하고 그것을 치료에 응용하는 것처럼, 음양오행 학설은 인류의 자연과 인간에 대한 오랜 경험을 축적하여 체계화한 이론이다. 구징 학설도 언뜻 보면 난해한 것처럼 보이지만, 실은 우리가 사람을 만날 때 항상 경험하는 '인상'을 얻는 과정과 그 인상을 통해 사람을 판별하는 과정을 좀 더 논리적이고 체계적으로 설명한 이론이다. 요즘 말로 하면 체질에 따라 성격 분류나 행동 분류를 하는 체질심리학과 기본 논리 구조는 같다고 할 수 있다.

그러나 음양오행설을 믿지 않아도 상관없다. 이 장은 음양오행의 원리에 관한 것이 아니라 외부로 드러난 것을 통해 그 사람의 진정한 재질을 알아내는 원칙에 관한 것이다. 근원이 있으면 밖으로 드러난 징후가 있기 마련이다. 이제 우리는 그 원칙이 매우 체계적임을 보게 될 것이다.

겉으로 드러난 형질로 내면의 성정을 파악한다

그럼 먼저 사람의 서로 다른 성정이 어떻게 형성되는지에 대해《인물지》가 말하는 이야기를 들어보자.

> 대저 인물의 근본은 정情과 성性에서 나온다. 모든 혈기가 있는 생명은 천지의 기운을 받아 형질(체질)을 형성하고, 음양의 기운을 받아 성과 정을 확립하며, 오행의 특성을 체현하여 형체를 드러내지 않는 것이 없다. 그렇기 때문에 오행의 형질을 이해하면, 나아가 사람의 내재된 정과 성을 탐구할 수 있게 된다.

즉, 인간의 원래 바탕(형질 또는 자질)은 자연의 '원기元氣'를 받아 형성되는데, 여기에 음양의 기운에 따라 성과 정이 확립되며, 이것이 오행을 거쳐 사람의 형질을 만든다는 이야기다.

그런데 우리가 겉으로 알 수 있는 것은 형질뿐인데 어떻게 내재된 성정을 파악할 수 있을까? 이는 앞서 말한 논리를 거꾸로 따라가면 쉽게 이해할 수 있다. 사람의 형질은 음양과 오행의 조합에 의해 형성되기 때문에 겉으로 드러난 형질의 특성을 파악하면 그 사람의 성정도 파악할 수 있다는 것이다. 이것이 바로 유소가 주장하는 '형질'로써 '성정'을 파악하는 이론이다. 외부에 내부를 파악할 근거가 있다는 것이다.

양의 인간형과 음의 인간형

그러면 먼저 음양의 기운이 사람의 성정에 미치는 영향을 알아보자. 《인물지》에서 말하는 이상적 인간형은 '성인聖人'이다. 과거 전통사회에서 성인이란 종교적 의미의 'Saint'가 아닌 인간이 다다를 수 있는 최고 수준에 이른 이상적인 인간형을 말한다. 이 성인이 갖춘 자질이 바로 '중화中和'의 자질이다. '중화'란 '중용中庸'과 같은 개념으로, 모자람도 없고 지나침도 없는 자질이다. 맛에 비유해서 말하자면 담담하여 아무 맛도 없는 상태[平淡無味]를 가리킨다. 맛이 없어야 비로소 다른 다섯 가지 맛과 어우러져 다양한 맛을 내는 이치에 비유한 것으로, 《인물지》에서는 '중화'를 오행의 특성에 따라 체현된 다섯 가지의 재질을 조화시켜 변화에 적절하게 대응할 수 있는 성인의 자질이라 한다. 그래서 성인의 자질을 가진 사람은 "안으로는 생각이 지혜롭고 밖으로는 관찰이 명확해진다. 그래서 미묘한 일뿐 아니라 커다란 일도 알 수 있다"고 말한다.

그런데 성인이 아닌 사람들, 즉 대부분의 보통 사람들은 그렇지 않다. 보통 사람들은 음양의 차이에 따라 크게 두 종류의 자질로 나누어진다. 양의 기운이 강한 사람은 '관찰이 뛰어나 움직임의 기미는 잘 알아채지만 깊게 생각하는 일에는 어둡고[明白之士]', 음의 기운이 강한 사람은 '안으로 깊게만 사고하여 고요함[靜]의 근원은 잘 알지만 움직임이 빠르지 않고 민첩하지 못하다[玄慮之人].'

이처럼 《인물지》는 음양의 기운에 따라 사람은 양의 인간형과 음의 인간형으로, 크게 두 유형으로 분류한다.

오행으로 추론하는 품덕

그런데 오행은 인체에 어떻게 체현되고, 체질을 파악한다고 해서 어떻게 성정의 특성을 파악할 수 있을까? 그것은 오행이 인체에 체현되는 과정과 관련이 있다. 《인물지》에서는 오행의 기운은 뼈, 근육, 기운, 피부, 피 등 신체 각 부위에 체현되고, 그 조합에 따라 서로 다른 외재된 특징을 만들어낸다고 이야기한다. 그리고 오행이라는 것이 본래 인, 의, 예, 지, 신이라는 다섯 가지 품덕(오덕五德 또는 오상五常)을 각각 대표하기 때문에 그 도덕적 속성이 사람의 대표적인 성정으로 발현된다고 한다.

《인물지》에서 말하는 오행과 신체 부위 및 덕목과 성정의 상관관계를 간략하게 정리하면 [표 1]과 같다.

표 1   오행과 신체 부위, 덕목의 상관관계

오행	신체 부위	오덕	외재된 특징	성정의 특징
목木	뼈[骨]	인仁	뼈가 곧고 유연함 [弘毅]	성정이 온화하면서 정직하고, 유순하면서 과단성이 있다.
금金	근육[筋]	의義	근육이 강인하며 야무짐[勇敢]	의지가 바르면서 충실하고, 뜻이 크고 굳건하다.
화火	기운[氣]	예禮	기운이 맑고 명랑함[文理]	언어가 간략하나 두루 통하고, 세세하게 살피면서도 요점이 분명하다.
토土	피부[肌]	신信	몸이 단정하고 건실함[貞固]	행위가 너그러우면서도 위엄 있고, 부드러우면서도 확고하다.
수水	피[血]	지智	혈색이 고르고 원활함[通微]	성실하지만 공경을 받고, 유능하지만 신중하다.

그런데 사람마다 오행의 기운을 받는 정황에 차이가 있기 때문에 타고난 체질도 다르고 성정의 수준도 다를 수밖에 없다. 사람마다 타고난 체질과 성정이 다른 이유는 여기서 비롯된다는 것이 《인물지》의 설명이다. 이처럼 유소의 인재 이론의 기본 전제는 음양오행과 신체 부위의 상관관계를 파악하여 그 사람의 품덕과 성정을 헤아리는 것이다.

이와 같이 《인물지》는 인물을 판단하는 첫 번째 기준으로 일단 겉으로 드러난 모양과 행동거지를 말하고 있다. 그리고 사람의 외양은 성정이 '겉으로 드러난' 것이라고 표현하고 있다는 점에 주의할 필요가 있다. 즉, 우리는 외양을 통해 성정을 추론하려 하는 것이지 외양 자체에 의미를 두는 것은 아니다.

생각해 보면 우리는 매일 사람들의 외양을 평가하며 살아간다. 그러나 외양이 목적이라면 왜 공자가 "유창한 말이 인성을 보장하지 않는다"고 충고했으며, 또 "군자는 색色(겉모양)을 경계해야 한다"고 절절히 강조했겠는가? 외양을 볼 때 우리는 공자의 매우 실증적인 태도를 깊이 이해할 필요가 있다.

겉만 보고 사람을 평가하는 것의 위험

그럼 《인물지》는 겉모습으로 사람을 판단하라고 하는가? 물론 그렇지 않다. 구징 학설에서 강조하는 것은 단순한 외모나 첫인상으로 사람을 판단하라는 것이 아니다. 앞서 말한 것처럼 중요한 것은 사람의 타고난 바탕, 즉 내면이 외부로 드러난다는 '징신徵神'이라는 개념이다. 이는 인물 감별의 가장 기초적인 전제다. 내면, 즉 성정을 보지 않고 단순히 겉으로 드러난 모습만 보고 사람을 판단하면 큰 실수가 있을 수 있다. 성인이라고 추앙받는 공자도 그런 실수를 했다.

《사기》〈중니제자열전仲尼弟子列傳〉에는 "나는 말 잘하는 것으로 사람을 골랐다가 재여宰予에게 실수했고, 생김새만을 보고 사람을 가리다가 자우子羽에게 실수했다"라는 공자의 탄식이 나온다. 재여는 말솜씨가 뛰어나 그를 제자로 삼았으나, 그는 바탕이 어질지 못하고 진심이 없으며 가벼웠다. 결국 난을 일으켜 일족이 죽음을 당하는 처지에 이른다.

반면 자우는 너무 못생겨서 공자도 처음에 그가 재능이 좀 모자란 사람이라고까지 생각했는데, 후에 덕행을 닦는 데 힘써 제후들 사이에서 이름이 나자 이렇게 탄식한 것이다. 재여는 진심이 없었고, 자우는 진정성을 가지고 노력했다. 결국 외면으로 드러난 화려한 겉모습보다는 내면적인 진정성을 가지고 노력하여 발전하는 사람이 진정한 인재다.

《삼국지》에서 제갈량과 쌍벽을 이루는 봉추鳳雛 방통龐統도 자신의 추한 외모 때문에 처음 등용되는 데 상당한 어려움을 겪는다. 흔히 인재 선임의 대가라고 이야기되는 손권孫權과 유비劉備도 외모와 인상으로만 사람을 판단해서 실수를 했던 것이다.

진수陳壽의 《삼국지》〈방통전〉에 따르면 방통은 어려서 박둔樸鈍하여 그를 알아주는 이가 없었다고 한다. 당시의 명사였던 사마휘司馬徽가 그와 대화를 나눈 후 그의 인물됨을 알아보고 소문을 내자 점차 그 이름이 알려지게 된다. 한때 오吳의 장수 주유周瑜가 남군태수를 겸할 때 방통과 함께 일한 적이 있던 노숙魯肅이 주유가 죽자 손권에게 방통을 추천한다.

그런데 손권은 방통의 해괴망측한 용모 때문에 기분이 상했다. 게다가 자신을 안중에 두지 않는 방자한 행동에 손권은 그를 미치광이라 여기고 강남에서 내쫓는다.

유비도 마찬가지였다. 그의 추한 외모를 보고 처음에는 달가워하지 않았다. 하지만 수하에 인재가 많지 않았던 유비는 어쩔 수 없이 방통을 종사從事(주목州牧의 속관)로 삼고 조그만 고을의 현령을 맡게 했는데, 방통은 현을 제대로 다스리지 않아 이내 직책에서 물러나게 된다. 결국 오의 장수 노숙이 유비에게 서신을 보낸다.

"방사원龐士元은 백리재百里才(사방 백리를 다스리는 인재)가 아니니 치중治中, 별가別駕의 임무를 맡겨야 비로소 그 뛰어난 재능을 충분히 펼칠 것입니다."

제갈량 또한 유비에게 방통을 추천한다. 그러자 유비가 그와 얘기를 나눈 후 비로소 그가 비범한 인재임을 알아보고 제갈량과 함께 군사중랑장軍師中郎將으로 삼는다. 잘 알려진 대로 방통은 후에 유비와 함께 사천으로 들어가 천하삼분의 대계를 실현하는 데 결정적 역할을 한다.

이처럼 단순히 첫인상만으로 사람을 평가할 경우 진정한 인재를 놓칠 수 있다. 사람을 겉만 보고 판단하면 자칫 진면목을 보지 못할 수도 있다. 사마휘도 방통과 대화를 나눈 후 그의 인물됨을 알아보았고, 유비도 노숙과 제갈량의 추천으로 그와 이야기를 나눈 후 비로소 그의 뛰어남을 알게 되었다. 이처럼 인재를 한눈에 알아보는 것은 쉬운 일이 아니다. 구징에서 말한 것처럼 외부로 드러난 여러 측면을 종합적으로 관찰하고 판단해야 실수가 없다.

| 인재의 다섯 가지 등급 |

이렇게 구징을 통해 관찰했을 때 알 수 있는 최상의 인재를 《인물지》는 다음과 같이 정의한다.

품성이 소박하고 담백하여 안으로는 총명하고 지혜롭고 밖으로는 밝고 명랑하며, 근육은 튼튼하고 골격이 단단하며, 목소리는 맑고 안색에는 미소를 띠며, 의표는 정중하고 용모는 단정하여, 아홉 가지 특징을 모두 갖추고 있는 사람이 바로 순수한 품덕을 지닌 사람이다.

하지만 앞서 이야기한 것처럼 사람은 타고난 성정이 다르고 또 재질에서도 편차가 있다. 그래서 《인물지》는 사람의 재질을 크게 다섯 가지 범주로 분류한다.

첫 번째가 다종의 덕을 모두 겸비한 자를 겸덕謙德의 인재라 하고, 이를 중용을 갖춘 성인, 즉 최고의 인재로 친다. 두 번째 인재는 여러 재질을 갖추고 있지만 아직 완벽하게 갖추어지지 않는 재질, 즉 겸재謙材다. 세 번째는 한 가지 재질에만 두드러진 자로, 이를 편재偏材라 한다. 편재는 사실 우리가 주변에서 흔히 볼 수 있는 장점과 단점을 동시에 구비한 인재다. 《인물지》의 가장 뛰어난 점은 이 편재에 대한 분석에 있다고 할 수 있다.

이 세 종류의 인재는 그 능력에 따라 쓰면 된다. 하지만 유소는 여기에 주의해야 할 유형을 덧붙여 거론하고 있다. 그럴듯하지만 진짜가 아닌 재질을 가진 사이비를 '의사依似'라 하고, 서로 상충되는 재질이 섞여 있는 것을 '간잡間雜'이라 한다. 《인물지》에서는 "항심도 없고, 덕행을 어지럽히는 사람은 모두 교화할 수 없는 말류의 재질이다"라고 하고 있지만, 이런 말류의 재질을 가진 사람을 자칫 잘못 알고 쓰면 그야말로 대형 사고가 발생한다. 사실 우리가 인재에 대해 고민하는 이유는 좋은 인재를 찾아 쓰기 위함이기도 하지만, 이런 말류의 인재를 가려내기 위한 것이기도 하다.

너무도 당연한 이야기지만 역사를 보면 간신과 악인들이 얼마나 많이 등장을 하는가? 그들도 당시에는 인재라고 평가받아 중용된 사람들이다. 앞으로 우리는 역사적 사례를 통해 이처럼 다양한 유형의 인재들의 성패를 살펴볼 것이다.

지금까지 약간 어려울 수도 있는 《인물지》의 이론적 기초를 살펴보았다. 물론 음양오행의 학설을 원용하고 있지만, 그다지 사변적인 내용은 아니다. 《인물지》는 매우 체계적이고 종합적인 '지인知人'과 '용인用人'의 교과서다. 유소는 당대의 현실적인 필요에 따라 경험적 사실을 바탕으로 이런 이론을 세웠다. 하지만 외부로 드러난 아홉 가지 징표를 통해 인물을 감식하는 것은 《인물지》가 제시하는 가장 기본적인 단계다. 우리는 다음 〈체별體別〉에서 좀 더 구체적인 성정 분류에 따른 인재 이론을 살펴볼 것이다.

2

사람의 재질은 왜 차이가 나는가
체별體別

인재의 내면 관찰법에 해당된다. 즉, 사람마다 서로 다른 성정의 유형을 열두 가지로 분류하고, 각각의 특성과 장단점을 분석한다.

《논어論語》〈선진先進〉 편에 나오는 이야기다.

공자의 제자 염구冉求가 공자에게 물었다.

"의로운 일을 들으면 바로 실천해야 합니까?"

공자가 대답했다.

"실천해야 한다."

자로子路가 또 물었다.

"의로운 일을 들으면 바로 실천해야 합니까?"

공자가 대답했다.

"아버지와 형이 살아 계신데 어찌 들은 것을 바로 실천하겠느냐?"

이에 대해 자화子華가 공자의 대답이 다른 것을 의아해 하며 물으니 공자가 말했다.

"염구는 머뭇거리는 성격이므로 앞으로 나아가게 해준 것이고, 자로는 지나치게 용감하므로 제지한 것이다."

《인물지》에서 말하는 '중화의 자질'은 이상적인 인간형, 즉 성인의 이야기이다. 이들은 거스르는 것 없이 두루 통하지만 보통 사람들은 그렇지 않다. 보통 사람들은 항상 부족하거나 지나쳐 단점을 드러낸다. 공자가 같은 질문에 서로 다른 답을 한 것은 질문한 사람의 타고난 성정이 염구는 너무 소극적이고, 자로는 너무 적극적인 점을 고려한 것이다.

| 사람마다 타고나는 성정이 있다 |

사실 지인과 용인의 핵심은 그 사람이 가진 성정의 장단점을 알고, 그 장단점에 기초하여 사람을 적재적소에 쓰는 것이다. 이를 위해서는 먼저 사람마다 타고난 성정이 무엇인지를 분류하고, 그 장단점이 무엇인지를 파악하는 것이 필요하다. 그래서 《인물지》의 두 번째 장인 〈체별〉에서는 이런 성정의 유형을 열두 가지로 분류하고 각 유형의 특징과 장단점을 분석한다.

우리는 앞 장에서 성정은 오행, 오체, 오덕에 대응해 형성됨을 살펴보았다. 그리고 사람은 타고난 재질에 따라 중용의 인재인 '겸덕'과 이에 조금 미치지 못하는 '겸재', 한 가지 재질에만 치우친 '편재', 그리고 '사이비'와 '간잡'이 있음을 살펴보았다.

그런데 세상 사람 모두가 여러 종류의 재질을 갖춘 겸덕이나 겸재의 인재면 좋겠지만, 사실 대부분의 사람은 한 가지 재질에만 두드러진 편재에 해당된다. 《인물지》에서 말하는 편재란 성정의 치우침에서 비롯되는 인재다. 즉, 중용의 덕을 기준으로 중용의 덕에 미치지 못하거나 혹은 지나친 사람이 편재다.

《인물지》 전체에 일관되게 나오는 이런 편재 이론은 《인물지》의 핵심 개념이다. 《인물지》는 이렇게 말한다.

> 중용의 덕은 변화가 다양하여 거스름 없이 두루 통하는 상태를 표준으로 삼는다. 그러므로 항자抗者는 중용을 넘은 것이고, 구자拘者는 중용에 미치지 못한 것이다.

중용의 덕을 구비한 사람은 성인이라 할 수 있는데, 보통 사람 대부분은 이 중용의 기준에서 지나치거나 미치지 못하는 '항자'와 '구자'에 해당된다. 항자란 중용의 덕을 넘어 외부와 부딪히는 것이고, 구자는 지나치게 신중하여 중용의 덕에 미치지 못해 스스로 속박되는 것을 말한다. 즉, 항자와 구자는 각기 타고난 오덕의 재질이 조화롭게 갖추어지지 않은 사람이다. 그래서 타고난 성정에 장점과 단점이 동시에 드러난다.

《인물지》가 말하는 이들 열두 종류 성정의 유형과 그 단점을 정리하면 [표 2]와 같다.

이 표에서 알 수 있듯이 《인물지》는 인간 성정의 열두 가지 유형을 분류하고 그 성정이 갖는 단점을 동시에 보여준다. 이 책을 읽는 독자들도 자신이 표에 열거된 유형 가운데 어디에 해당되는지, 그리고 자신의 단점이 어디에 있는지를 한 번 생각해 보라. 아마도 하나 정도는 자신에 해당되는 유형을 고를 수 있을 것이다. 만약 장점이 하나 이상이 있다면 기뻐할 일이다. 분명 당신은 겸재나 겸덕의 재질일 가능성이 있기 때문이다.

표 2　열두 가지 성정의 유형과 그 단점

	성정의 유형	단점
양	엄정하고 강직한 유형	남의 단점을 지나치게 드러냄
음	유순하고 너그러운 유형	결단력이 부족함
양	용맹하고 씩씩한 유형	무모함
음	영리하고 신중한 유형	의심이 많음
양	줏대가 있고 의지가 굳센 유형	독단적이고, 고집스러움
음	논변과 사리 탐구에 밝은 유형	말로만 떠들어댐
양	넓은 인간관계를 가진 유형	시비가 불분명하고 사귐이 혼탁함
음	청렴·결백한 유형	좀스럽고 변통을 모름
양	일을 잘 벌이고 시원스런 유형	산만하고 무턱대고 나아감
음	침착하고 꼼꼼한 유형	기일을 맞추지 못하고 굼뜸
양	순박한 유형	자신을 감추지 못하고 투박함
음	지략이 풍부하고 속내를 감추는 유형	수시로 변화하여 헤아리기 어려움

이처럼 《인물지》의 성정 분류는 음양의 두 가지 측면, 즉 양면성에 주목하여, 각각의 인재 유형에 대해 장점만 강조하거나 혹은 단점만을 강조하지 않는다. 오히려 장점 속에 있는 단점을 보고, 단점 속에 있는 장점을 본다. 그렇기 때문에 이들 편재들이 하는 일에서도 장점이 있는

일과 단점이 되는 일이 각각 있다. 앞으로 우리가 이야기할 인재들 속에서 이 사실은 더 명확하게 밝혀질 것이다.

예컨대, 잘 알려진 관우關羽를 보라. 전장에서는 용맹하고, 윗사람으로서의 자부심이 있어 아랫사람들을 아꼈다. 그러나 용맹이 지나쳐 멈출 줄 몰랐고, 자부심이 지나쳐 적을 과소평가했다. 그래서 결국 삼국항쟁의 관건인 형주를 잃고 자신도 죽음을 맞고 말았다.

| 성정에 따라 하는 일에도 장단이 있다 |

그런데 이런 편재들의 특징 가운데 하나는 자신의 단점을 돌아보기보다는 자신의 장점으로 타인의 단점을 보기 좋아한다는 점이다. 그래서 "중용의 덕에 비추어 자신의 재질 중 지나친 부분과 모자란 부분을 교정하려고 하지 않고, 오히려 상대방의 단점만을 지적하여 자신의 과실을 한층 더하곤 한다"고 《인물지》는 말한다.

그리고 이들 열두 가지 편재 유형이 흔히 저지르는 잘못을 다음과 같이 상세하게 설명하고 있다.

1. 강직한 사람은 지나치게 고집스러워 다른 사람과 화합하지 못하면서, 자신의 꼿꼿함 때문에 (일이) 막히고 부딪히는 것을 경계하지 않고, 오히려 유순한 태도를 무조건 비굴하다고 생각한다. 그러므로 이런 사람은 법을 세울 수는 있어도, 더불어 미세한 일을 함께 하기는 어렵다.

2. 유순한 사람은 마음이 느슨하고 결단력이 부족하여, 일이 뜻대로

되지 않음을 경계하지 않고, 오히려 자기주장을 내세우는 것을 남에게 상처주는 행위로 여기고 그저 안일하려고만 한다. 그러므로 이런 사람은 주어진 대로 따라갈 수는 있어도, 같이 결단을 내려 일을 도모하기는 힘들다.

3. 용감하고 사나운 사람은 무모한 경향이 있다. 그래서 더불어 어려움을 극복할 수는 있어도, 함께 머무를(생활할) 수는 없다.

4. 겁 많고 신중한 사람은 어려움을 두려워하고 꺼리는 경향이 있다. 그러므로 이런 사람과는 더불어 몸을 보전할 수 있어도, 함께 절의를 세우기는 힘들다.

5. 지나치게 올곧은 사람은 자기 생각만 옳다고 주장한다. 그러니 이런 사람은 바른 것을 고수할 수는 있지만, 더불어 많은 사람과 화합하여 일하기는 어렵다.

6. 논변을 잘하고 박식한 사람은 말솜씨가 좋고 논리가 풍부한데, 종종 말이 실제를 넘어선다. 그러므로 이런 사람은 더불어 두루 이야기할 수는 있지만, 중요한 약속을 하기는 어렵다.

7. 마음이 넓고 두루 교제하는 사람은 원래 두루두루 만족시키다 보니 교제가 혼탁할 수 있다. 그러므로 이런 사람은 대중을 위무할 수는 있지만, 더불어 풍속을 엄하게 교화하기는 어렵다.

8. 속 좁게 자기 자신만 지키는 사람은 세상일의 맑음과 탁함을 모두 지적하고 비난하는데, 대체로 편협하다. 그러니 그와 더불어 절개를 지킬 수는 있지만, 변화에 적절히 대응하기는 어렵다.

9. 행동이 대범하고 진취적인 사람은 지향하는 뜻이 실행 가능성을 넘어서는 경향이 있다. 이런 사람은 나서서 일을 추진해 나갈 수 있지만, 더불어 뒤에서 (남을) 받치기는 어렵다.

10. 침착하고 차분한 사람은 생각이 많아 일이 늘어지는 경향이 있다. 이런 사람과는 더불어 깊게 생각할 수는 있지만, 같이 신속하게 판단해야 하는 일은 함께하기 어렵다.

11. 순박하고 진솔한 사람은 마음속 생각이나 감정을 모두 내보이데, 경솔하고 투박하다. 이런 사람과는 더불어 신의를 세울 수는 있으나, 일의 경중을 헤아려 (권력을) 도모하기는 어렵다.

12. 속내를 감추고 속이기 좋아하는 사람은 정도를 잃고 교활해질 수가 있다. 그러므로 이런 사람과는 선행을 칭찬할 수는 있지만(사탕발림 소리를 할 수 있지만), 더불어 그릇된 일을 바로잡기는 어렵다.

여기서 《인물지》가 말하려고 하는 핵심은 성정에 양면이 있는 것처럼, 그 사람이 하는 일에도 항상 득과 실이 있다는 사실이다. 그리고 이런 득과 실을 잘 이해하는 것이 바로 지인과 용인의 출발점이라는 것이다.

| 유약한 사람의 지혜는 두렵지 않다 |

다음 '가도멸괵假途滅虢'과 '순망치한脣亡齒寒'의 고사에 나오는 궁지기宮之寄는 유순한 성정을 지닌 사람이 갖는 문제를 잘 보여준다.

춘추시대 말엽 진晉나라 헌공獻公은 인접한 우虞나라와 괵虢나라를 공격할 야심을 품고 있었다. 하지만 그는 당시 소국이었던 우나라와 괵나라가 서로 의지하고 있어 우나라를 치면 괵나라가 구원병을 보내고, 괵나라를 치면 우나라가 구원병을 보내는 상황을 우려했다. 그래서 순식荀息을 불러 상의하니 순식이 이렇게 답한다.

"우나라 임금은 탐욕스러워 보물을 무척 좋아합니다. 그러니 보물과 준마를 가져다주면서 괵나라를 치게 길을 좀 빌려 달라고 하면 우나라 가 말을 들을 줄 압니다."

그러자 헌공이 다시 묻는다.

"우나라에 대부 궁지기가 있지 않소? 그 사람이 자기 임금에게 간하 면 어떻게 하겠소? 궁지기는 총명해서 그렇게 간할 거요."

그러자 순식이 말한다.

"그것도 문제가 안 됩니다. 궁지기란 위인은 총명하나 성격이 유약한 데다가 우나라 임금이 어렸을 적부터 기른 사람입니다. 총명한 사람들 은 대개 그 뜻을 요약하여 말하기는 잘하나 상세하게 말하지는 못하는 법이고, 성미가 유약한 사람은 강경하게 간하지 못하는 법입니다. 게다 가 우나라 임금은 그를 언제나 경시하고 그의 말을 귀담아 듣지 않습니 다. 보물은 눈앞에 있고 후환은 괵나라가 멸망한 다음에야 나타날 것인 데, 이런 잠복한 위기는 중·상등 이상의 지혜를 가진 사람만이 예견할 수 있습니다. 우나라 임금은 중·하등의 지혜밖에 없는 사람입니다."

결국 진나라 사신이 보물과 준마를 가지고 우나라에 오자, 궁지기는 헌공의 속셈을 알아채고 우왕에게 간언한다.

"괵나라와 우나라는 한 몸이나 다름없는 사이라 괵나라가 망하면 우 나라도 망할 것이옵니다. 옛 속담에도 수레의 짐받이 판자와 수레는 서 로 의지하고[輔車相依], 입술이 없어지면 이가 시리다[脣亡齒寒]고 했습니 다. 이는 바로 괵나라와 우나라의 관계를 말한 것입니다. 결코 길을 빌 려주어서는 안 될 것입니다."

그러나 뇌물에 눈이 어두워진 우나라 왕은 "진과 우리는 동종同宗의 나라인데 어찌 우리를 해칠 리가 있겠소?"라며 듣지 않았다. 결국 궁지기는 후환이 두려워 "우나라는 올해를 넘기지 못할 것이다"라는 말을 남기고 가족과 함께 우나라를 떠나버린다. 결국 진나라는 궁지기의 예견대로 괵나라를 정벌하고 돌아오는 길에 우나라를 공격했다. 상황이 이러니 우나라 임금은 전에 받았던 보물과 준마들을 도로 진나라에 바치고 항복해야만 했다.

이처럼 궁지기는 '총명하나 유약한 성품'을 갖고 있어 비록 사태의 본질을 꿰뚫는 지혜를 가졌지만, 유약한 성품 때문에 왕에게 강경하게 간하지 못했다. 그래서 '자기주장을 내세우는 것을 남에게 상처주는 행위로 여기고 그저 안일하려고만 했다.' 궁지기와 같은 인물은 《인물지》의 표현대로 '주어진 대로 따라갈 수는 있어도, 같이 결단을 내려 일을 도모하기는 힘든' 유형의 인재인 것이다.

| 한 가지 재질에 치우친 성정은 바뀌기 어렵다 |

그런데 유소는 편재에 대해 두 가지 중요한 전제를 단다. 하나는 한 가지 재질에만 치우친 성정은 바뀌기 어렵다는 것이고, 또 다른 하나는 편재들은 자신의 치우친 관점으로 사람을 보기 때문에 사람의 마음을 잘못 헤아리는 오류를 범하기 쉽다는 것이다. 《인물지》의 설명을 한 번 들어보자.

배움[學]은 재질을 갖추어가는 방법이고, 서恕는 상대방의 마음을 헤아리는 방법이다. 그런데 한 가지 재질에만 치우친 성정은 바꿀 수가 없다. 비록 배움을 통해서 가르침을 받아 재질이 갖추어져도 곧 잃어

버리기 쉽다. 비록 '서'를 통해서 훈련하여 상대의 마음을 헤아린다고 해도 자신의 치우친 관점으로 다른 사람의 마음을 잘못 헤아리기 쉽다. 즉, 성실한 사람은 자신처럼 타인도 성실할 것이라 추정하여 교활한 사람을 성실할 것이라 생각하고, 교활한 사람은 자신의 교활함으로 상대를 추정하여 성실한 사람조차 교활한 사람으로 생각하게 된다.

《인물지》가 총론에서 이런 사실을 이야기하는 것은 이유가 있다. 배움을 통해서도 편재의 성정이 쉽게 바뀌지 않는다는 사실을 이해하는 것이 지인과 용인의 출발이기 때문이다. 또 자신의 관점으로 상대를 헤아리는 편재들의 오류를 지적한 것은 그만큼 사람을 이해하고 쓰는 일이 어렵다는 점을 강조한 것이다.

이렇듯 타고난 성정의 단점을 인정하고 스스로 극복하는 것은 쉬운 일이 아니다. 이런 경우 누군가의 도움이 필요하다. 코칭이나 멘토가 필요한 이유다. 이런 코칭이나 멘토로 가장 유명한 사람이 공자다. 공자는 인간 성정의 양면성을 매우 잘 이해한 사람이다. 그래서 그의 제자 교육 방식도 제자들의 성정에 맞추어 다르게 교육했다.

공자의 제자 중 가장 독특한 경력을 가진 사람이 자로다. 자로는 한때 공자를 업신여겨 포악한 짓을 일삼는 시정잡배였지만 공자의 가르침으로 제자가 되었다. 《사기》〈중니제자열전〉에 "자로는 성격이 거칠고 용맹하며 뜻이 강하고 곧았다. 수탉의 깃으로 만든 관을 쓰고 수돼지의 가죽으로 주머니를 만들어 허리에 차고 다녔다"고 쓰여 있다.

공자는 그의 거칠고 용맹함을 좋아하는 성격을 항상 염려했다. 그래서 "군자도 용맹함을 좋아합니까?"라는 물음에 공자는 그의 과격한 성격을 염려하여 다음과 같이 대답한다.

군자는 의를 가장 소중하게 여긴다. 군자가 용맹함만을 좋아하고 의를 소중히 여기지 않으면 세상을 어지럽히게 되고, 소인이 용맹함만을 좋아하고 의를 소중히 여기지 않으면 도적이 된다.

하지만 이런 자로의 거침없고 강직한 성격은 학문을 하는 데에는 장점으로 작용했다. 자로는 좋은 가르침을 듣고 아직 다 실천하지 못했는데, 또 다른 좋은 가르침을 듣게 되는 것을 두려워했고, 또 자신의 잘못을 듣는 것을 싫어하지 않고 남들이 자신의 잘못을 말해주면 기뻐했다. 그래서 자로의 학문은 '지고한 경지'에 오를 수 있었다.

그래서 공자도 그의 결단력과 용맹함을 높이 사 "말 한마디로 소송을 판결할 수 있는 자는 자로일 것이다"라고 했고, 노魯나라 귀족 계강자季康子가 자로에게 정치를 맡길 만하냐고 묻자 바로 "자로는 결단력이 있으므로 정치를 맡길 만하다"고 말했다.

하지만 공자는 "자로는 나보다도 용맹을 좋아하지만 그것을 적절히 쓰지 못한다. 이 때문에 자로는 제명에 죽기 어려울 것이다"라고 걱정했다. 후에 자로가 위衛나라 포浦 지방의 대부가 되어 공자에게 작별 인사를 하러 왔을 때 공자는 이렇게 말한다.

포 지방은 힘센 자가 많아 다스리기 어려운 곳이다. 그래서 내 너에게 당부의 말을 하니 명심하거라. 몸가짐을 겸손하게 하면 그 지방의 힘센 자들을 다스릴 수 있을 것이고, 너그럽고 올바르면 그곳 백성을 따르게 할 수 있을 것이며, 공손하고 바르게 정치를 하여 그곳을 안정시키면 임금의 은혜에 보답하는 것이다.

하지만 후에 위나라에서 대부 공회孔悝가 난을 일으키자 왕인 출공出公이 노나라로 달아나게 된다. 이때 자로는 "출공의 녹을 받은 자로서 그 어려움에 처한 것을 보고 어찌 피하겠습니까?"라며 반란의 주모자인 공회를 죽이려 하다 결국 자신이 죽임을 당한다.

《인물지》도 "용맹하고 씩씩한 사람은 필요한 일을 맡길 만한 담력이 있는 반면, 기피하는 바가 없어 무모한 것이 단점이다"고 했다. 비록 공자가 자로의 강직하고 용맹한 성정의 문제를 염려하여 여러 차례 가르쳤지만 그의 타고난 성정은 바뀌지 않았던 것이다.

| 인물 알기의 어려움과 묘미 |

지금까지 우리는 성정에 따라 서로 다른 인재 유형이 있고, 이들의 일하는 방식도 장단이 있음을 살펴보았다. 또 앞 장 〈구징〉에서 사람의 타고난 성정은 외양을 통해서 밖으로 드러난다고 말했다.《인물지》의 1장과 2장은《인물지》전체의 총론에 해당되는 조금은 이론적인 부분이다. 그런데 우리가 아는 현실의 인물들이 모두 이런 도식에 꼭 맞아떨어지면 누가 지인의 어려움을 말하겠는가? 결국《인물지》가 말하려고 하는 것은 인물 알기의 어려움과 그 묘미다.

인물을 감식하고 평가하는 인물 평론은《인물지》가 쓰인 위진남북조시대에 유행했던 것이다. 본격적인 인재론에 들어가기 전에 당시 서로 다른 개성을 가지고 활약했던 다음 세 사람의 행적을 통해서 구징과 체별이 주는 의미를 역으로 생각해 볼 기회를 가져보자.

중국사에 관심이 있는 사람들에게《초한지楚漢志》나《삼국지》의 극적인 이야기들은 새삼스럽지 않다. 그러나 좀 더 객관적으로 보면 중국사에서 가장 극적인 시기는 아마 4~5세기의 5호16국시대가 아닌가 한다. 이 시기는 여러 민족이 뒤섞이고, 고대의 전형적인 인물상을 넘어서는 인물들이 등장한다. 그래서 당대를 기록한《진서晉書》는 이야기의 변화가 너무나 심해 두 번 세 번 읽어도 머리에 잘 들어오지 않는다. 이 혼란한 시기에 영웅의 반열에 들어갈 수 있는 인물들을 추려보면 우선 연燕나라의 명장 모용각慕容恪이 떠오른다. 그 다음은 전진前秦의 명재상 왕맹王猛이다. 그 다음은 왕맹의 주군이자 화북 평원의 패자로 올라서 북위北魏의 남북국시대의 청사진을 보여준 소수민족 군주 부견苻堅이다. 아쉽게도 부견은 왕맹을 잃은 후 판단력이 급격히 흐려져 남방의 동진과의 비수대전淝水大戰에서 패하고 몰락하고 말았다. 이 비수대전에서 부견을 패망시킨 사령관의 이름이 동진의 사안謝安이다.

《인물지》가 나중에 알려주겠지만, 영웅은 지혜와 용기가 결합된 인물이다. 영웅의 반열에 들 수 있는 모용각과 왕맹, 그리고 영웅의 반열에 들기는 어렵지만 영웅을 몰락시킨 사안, 이들 세 사람의 개성을 통해 인물 알기의 묘미를 한 번 느껴보자.

학자보다 인자한 용장, 모용각

모용각은 선비족의 한 부족인 모용부慕容部가 세운 연나라의 명장이자 황족이다.《진서》는 모용각의 용모를 이렇게 기록한다.

> 자는 현공으로 모용황慕容皝의 넷째 아들이다. 어려서는 근후했고, 생각이 깊고 도량이 컸다. 그러나 어머니 고씨는 총애하지 않았고, 아버지 모용황도 대단하게 생각하지 않았다. 열다섯 살이 되자 이미 키가

여덟 자 일곱 촌이 되었고, 용모가 괴걸스러웠으며, 웅장한 의표가 장중했다. 매번 말을 하면 시대의 요체를 꿰니 아버지가 드디어 남다르다고 여겨 군대를 주었다.

이리하여 아버지를 따라다니는데 계책이 뛰어나 연전연승하니 요동에서는 명망이 대단해서 고구려도 그를 두려워했다. 그는 동서남북의 전투에서 패한 적이 없었는데, 흔히 5호16국 최고의 명장으로 꼽는다. 사서를 종합하면 그는 웅장한 체격에 담대한 용기를 가진 사람이었던 것 같다. 이로 보면 그는 기세가 왕성한 전형적인 양의 인물이다. 그러나 그는 보통의 무장과는 다른 성품을 가지고 있었다.

356년 당시 연의 대사마로 있던 모용각은 산동성에서 연나라에 귀부하지 않은 단감段龕이라는 독립 세력의 수장을 공격하고 있었다. 대규모 병단으로 고립된 성을 치려고 하니 장수들은 기세가 올라 단번에 함락시키려고 했다. 그때 모용각이 의외의 의견을 내놓는다.

군사를 부릴 때는 응당 몰아칠 때가 있고, 천천히 해야 할 때가 있다. 지금 적은 여전히 군건하고 단단한 성에 의지하고 있다. 물론 정예 병사로 몰아친 뒤 시간이 가면 무너뜨리겠지만 아군이 많이 상한다. 내가 중원에서 일을 한 이래 병사들이 한 번도 쉬지 못했기에 내가 안타까워 잠을 못 잘 지경인데, 어떻게 가벼이 그들을 죽을 때까지 부릴수 있겠는가? 성을 빼앗으면 되지 급히 공로를 세울 필요는 없다.

결국 예언대로 성은 자연히 항복했고, 모용각은 성안의 사람들을 모두 받아들였다. 물론 백성들은 자신들을 사지로 몰아세운 단감보다 자신들을 살려준 모용각에게 충성을 맹세했다. 이렇게 병사들의 휴식을 위해 밤잠을 자지 못하는 사령관은 과연 죽을 때까지 패배를 몰랐다.

연나라의 황제 모용준慕容儁은 화북 통일을 꿈꾸었지만 중간에 병이 들었다. 병이 들자 대사마인 동생 모용각을 불러 말한다. 형제의 대화는 이렇게 이어진다.

> "지금은 사방이 전쟁터이고, 태자는 어리다. 내가 그대에게 황위를 넘기려 한다. 어떻게 생각하는가?"
>
> "태자는 어리지만 치세를 이룰 군주입니다. 제가 어떻게 감히 정통을 잇겠습니까?"
>
> (죽음에 임박한 모용준이 화가 나서 말한다.)
>
> "형제간에 무슨 쓸데없는 수식을 하는가?"
>
> (모용각의 대답은 이랬다.)
>
> "폐하께서 제가 천하를 짊어질 사람이라고 하신다면, 어째서 어린 주군을 보필할 수 없다고 하십니까?"

형은 기뻤다. 그들 형제의 대화는 피비린내 나는 정권 쟁탈의 역사에서 좀처럼 보기 드문 내용이다.

과연 모용각의 충심은 난공불락이어서 어떤 참소로도 그에 대한 황제의 마음을 움직일 수 없었다. 한 번은 같은 공신인 모여근慕輿根이 태후와 결합해 정권을 잡고자 모용각에게 넌지시 반역을 권하지만 모용각은 일언지하에 거부한다. 주위에서는 모여근의 역심을 알고 없애라고 했지만 모용각은 분란을 일으키지 않았다. 그러자 제 풀에 다급해진 모여근은 거꾸로 황제에게 모용각을 참소했다. 그러나 황제는 모용각을 믿고 있었기에 오히려 모여근 자신만 위태롭게 되었다. 결국 궁지에 몰린 모여근이 반란을 일으키지만 사람들의 마음을 얻지 못해 실패하고 만다. 그 후 조정의 실권을 장악한 모용각에게 누가 참소하는 말을 올려도 그가 태산처럼 미동도 하지 않자 연나라에는 궁중 암투가 사라졌다. 그러나 그런 모용각이 죽자 연나라는 급격히 쇠퇴한다.

모용각이 죽은 후 전진의 왕맹이 태원을 점령하여 선정을 베푸니 사람들이 모두 "태원왕(모용각)이 다시 왔다"고 좋아했다. 왕맹은 모용각을 마음속으로 흠모하여 황제의 예우로 다시 장사지내며 탄식했다. "모용현공(모용각)이 대단한 사람이라고 들었더니 과연 백성들을 사랑하는 분이었구나."

《자치통감》은 모용각을 이렇게 평한다. "용맹하고, 자비롭고, 공정하고, 독단하지 않았다." 과연 범처럼 용맹하면서도 부처처럼 자비로울 수 있는 것일까? 우리는 《인물지》를 읽어가면서 그 답을 찾을 수 있을 것이다.

장군보다 용맹한 재상, 왕맹

왕맹은 전진前秦의 부견을 도와 화북을 거의 평정한 재상이다. 원래 왕맹은 무장이 아니라 지방의 문인이었다. 가난한 집안 출신이었던 그는 키가 커서 신체는 대체로 늠름했지만, 입을 옷도 변변치 않아 차림새는 매우 남루했다. 이렇게 허름한 차림이지만 공부가 깊어서 작은 일은 하려 하지 않았다. 그래서 젊었을 때의 한신처럼 사람들의 비아냥을 들었던 모양이다.

354년 당시 동진의 세력가인 환온桓溫은 북벌을 감행하고 있었다. 하지만 조금 과장해서 말하면 당시 강남으로 쫓겨 간 한족의 동진이 벌인 북벌이란 허세에 불과했다. 그때 동진의 조정은 형주 군벌들에 의해 좌지우지되었는데, 이들 형주 군벌들은 자신의 정치적인 이해에 따라 북벌 카드를 들고 나오곤 했다. 환온도 그 군벌 가운데 하나였다.

아무튼 환온이 기세등등하게 함곡관을 넘어 들어가자 왕맹은 그를 만나고자 했다. 하지만 환온을 맞는 왕맹의 태도가 가관이었다. 그는 갈포를 입고, 상대를 쳐다보지도 않고 이를 잡으면서 곁다리로 이야기한다. 물론 환온이 보기에 기가 찰 노릇이었다. 환온이 한마디 던진다.

"천자의 명으로 잔적을 소탕하려 북쪽으로 왔는데, 맞으러 오는 호걸들이 없으니 무슨 까닭이오?"

그러자 왕맹이 대답한다.

"공은 수천 리 적진으로 들어왔습니다. 지금 장안이 지척인데 움직이지 않으니 백성들은 공의 마음을 몰라 못 오는 것입니다."

이런 단도직입적인 것이 왕맹의 스타일이다. 환온이 군대를 일으킨 이유가 실제로 북벌에 뜻이 있는 것이 아니라는 통렬한 풍자였다. 군공을 세워 남쪽 정권을 위협할 속셈이 있던 환온은 할 말이 없었다.

이리하여 왕맹은 환온의 강권으로 잠시 동진의 군영에서 있었으나 퇴군하는 동진의 군대를 따라가지 않았다. 대신 왕맹은 전진의 부견을 택했다. 부견은 도량도 컸지만 환온과는 달리 신의가 깊었다. 부견이 왕맹을 얻고 마치 제갈량을 얻은 유비의 마음을 이해했다고 하니 그 둘 사이의 관계는 미루어 짐작할 수 있다.

부견은 왕맹을 보자마자 단번에 반해서 거의 전권을 그에게 맡긴다. 전쟁을 비롯한 나라의 흥망을 거는 일에서부터 황제의 비서 일과 대신들의 인사권까지 맡겼다. 하지만 부견과 함께 전진을 세운 여러 공신들의 입장에서는 앉아서 옷의 이나 잡던 이민족 서생 따위가 얼마나 고까

웠겠는가? 그러나 왕맹은 개혁을 단행해 군사를 쉬게 하고 농업을 일으킨다. 왕맹이 종친과 공신들의 기반인 군대를 위협하고, 그들의 권한을 빼앗으니 저족氏族 출신의 건국 공신인 번세樊世가 참지 못하고 왕맹에게 내뱉었다.

"우리더러 땅을 갈게 하고 그대는 먹는구나."

왕맹은 이렇게 대답한다.

"밭을 가는 것은 물론 장차 밥도 짓게 하리라."

매우 화가 난 번세는 일갈한다.

"네놈의 머리를 성문에 걸어놓지 못하면 내가 세상을 떠나겠다."

마침내 번세가 부견 앞에서 왕맹과 말다툼을 벌이다가 왕맹을 주먹으로 때리려고 했다. 그러자 부견은 번세의 목을 댕강 잘라버린다. 그러니 공신들은 부견과 왕맹의 관계를 알고 감히 덤빌 생각을 하지 못했다. 말했듯이 부견은 일세의 영웅이다. 판단은 이미 섰던 것이다. 전진은 이 두 영웅의 결합으로 바야흐로 5호16국의 최강국이 되고 있었다.

370년, 왕맹은 파죽지세로 동쪽으로 달려가 연나라의 땅들을 접수한다. 오랫동안 준비하고 또 준비했다가 모용각이 죽고 연나라가 흐트러진 때를 기다려 단번에 접수하고 민심을 신속히 수습한다. 왕맹은 법을 매우 간소하게 집행했지만 일단 어기면 가차 없이 처리했다. 당시 연이 보유하고 있던 호적의 인구가 거의 천만에 달했는데 왕맹이 단 한 번에 이를 접수하니 부견은 입이 벌어질 수밖에 없었다. 왕맹이 재상이 되자 부견은 그에게 전권을 주었고 거의 간여하지 않았다.

여러 사서는 왕맹을 '강직하고, 명철하며, 선악이 분명하고, 법은 공정하게 집행했다'고 평한다. 그러나 왕맹은 천하 통일을 목전에 두고 부견보다 먼저 세상을 떠났다. 그의 유언이 무척 절절하다.

폐하께서는 이미 위엄을 천하에 떨치셨습니다. 그러나 무릇 잘 만드
는 사람이 잘 완수하는 것은 아니며, 시작이 좋다고 끝이 좋은 것도
아닙니다. 옛날의 훌륭한 왕들은 업을 세우는 것의 어려움을 알았기
에 그저 전전긍긍하셨습니다. 폐하께서 성인들을 본받으신다면 천하
의 큰 행복일 것입니다.

그러나 왕맹의 당부에도 불구하고 부견은 왕맹이 죽자 심리적으로
나약해져 왕맹 생각만 나면 눈물을 훌쩍거렸다고 한다.

다시 인물의 외양으로 돌아가 보자. 애초에 사대부로서 자의식이 강
한 환온에게 허우대만 멀쩡한 왕맹은 크게 쓸 재목이 아니었다. 그는 출
신이 너무 미천했다. 반면 왕맹은 실질을 숭상하는 사람이었기에 겉만
멀쩡한 동진에서 일할 마음이 없었다. 그런데 이 촌구석의 한 유생에게
어떤 힘이 있어서 당시 남방의 실력자 환온을 소인배 취급하고, 공신들
에게 밥을 짓게 하겠다고 대들며, 또 당시 가장 부유한 북방의 강국 연
나라를 단 한 번의 공격으로 제압했던 것일까? 과연 전쟁에서 뼈가 굵
은 '장군보다 더 용맹한 재상'이란 어떻게 가능했던 것일까? 역시 인물
들의 바다에서 《인물지》를 따라 천천히 생각할 수밖에 없다.

부드럽고 섬세한 사령관, 사안

사안은 앞에서 말한 북방 정권들과 대치하던 동진의 명문거족 출신이
다. 사안이 유명한 것은 앞에서 말한 북방의 영웅 부견이 이끄는 전진의
대군을 비수에서 대파해 강남 정권을 지켜냈기 때문이다. 그는 왕맹이나
모용각과 같은 영웅의 반열에는 들 수 없어도 남방의 개성이 살아 있었
던 인물이다.

사안은 어려서부터 총명함으로 이름이 높았다. 당시 동진의 귀족 사회에서는 일단 출신이 좋아야 하고, 무재보다는 문재가 좋아야 했다. 사안은 그런 귀족의 이미지를 갖추었던 인물이다.

그는 어려서부터 촉망을 받았으나 관직 진출은 서두르지 않았다. 그는 음악인이었다. 그러기에 항상 기녀들을 데리고 산천을 돌아다녔다. 기녀들을 데리고 풍악을 울리며 산천을 돌아다니는 사람을 한 번 상상해 보라. 원래 벼슬에 뜻이 없었는지는 모르나, 주위의 권고로 결국 마흔이 되어서야 당시의 실세인 정서대장군 환온의 막하로 들어간다. 이때부터 그는 서서히 군사의 일을 익히게 된다.

환온의 위세가 더욱 커지자 당시 시중이던 사안은 멀리서도 절을 했다고 한다. 이는 당시의 예법에 맞지 않아서 환온이 크게 놀랐다고 한다. 사안이 환온을 조롱한 것인지 아닌지는 모호하지만 사안은 그런 사람이었다.

왕맹이 죽고 고집불통이 된 부견은 서둘러 천하를 통일하겠다는 욕심에 수십만 대군을 이끌고 남하한다. 그는 남쪽의 사령관이 서생으로 기녀들을 데리고 산천으로 놀러 다니고, 또 적당히 굽실거릴 줄도 아는 전형적인 남방의 귀족으로 알았을 것이다. 그리고 사안이 그의 대단치 않게 보이는 족제들을 내세워 겨우 보병 8만 명으로 방어선을 친 것도 가소로워했다.

그러나 숫자가 지나치게 많으면 부리기가 어려워진다. 부견은 대군을 한 번 움직이기만 하면 상대가 바로 무너질 줄 알았는데, 사안의 동생 사석謝石은 겁도 없이 회수에서 부견의 선봉군을 선제공격했다. 일종의 이판사판 전략이었다. 과연 이 작전이 성공하여, 허를 찔린 부견의 군대는 큰 타격을 입었다. 일단 예봉이 꺾인 부견의 군대는 잔뜩 겁을 먹고 비수에 이르렀다. 그때 강 건너 남방의 무수한 수림 때문에 북방에서 내려온 군사들은 상대의 수를 짐작할 수가 없었다. 이 때문에 그 유명한 "초목이 다 병사로 보인다[草木皆兵]"라는 성어가 생겨난 것이다. 전투가 벌어지자 애초에 사기가 꺾여 물러나던 북방군은 갑자기 그들의 후방 진영이 무너지면서 자기들끼리 밟고 물에 빠져 처참하게 패배했다. 이것이 유명한 비수대전이다.

총사령관인 사안에게 파발마가 달려가니 당시 그는 집에서 바둑을 두고 있었다. 승전보를 전해 듣고도 별일 아니라는 듯 무심한 표정이기에 손님이 급히 물어보았다. 그러자 그는 덤덤히 이렇게 대답했다고 한다.

"아이들이 이미 이긴 모양입니다."

이렇게 겉으로는 대범한 척했지만 바둑이 끝나고 안으로 들어가면서 나막신이 문지방에 걸려 굽이 부러지는 것도 느끼지 못할 정도로 기뻐했다고 한다.

사안은 이렇게 예쁘게 잘 다듬어진 사람이었다. 고아한 용모, 음악, 처세, 그리고 세밀한 계산까지 더한 그는 매우 부드럽고 섬세한 사람이었다. 그러나 그는 누가 뭐래도 비수의 전투를 승리로 이끈 사령관이기도 했다. 과연 '여자보다 더 섬세한 음악가 사령관'이란 어떻게 가능할까? 조조의 십만 대군을 적벽에서 무너뜨린 강남의 명장 주유도 음악의 달인에 극히 미남이었다고 한다.

이처럼 모용각과 왕맹, 사안의 외모와 성정은 다 다르다. 그들이 일에 대처하는 방식과 개성도 또 다르다. 그리고 그들이 이룬 성과도 우리가 외양만 보고 상상하는 일반적인 기준을 넘어선다. 《인물지》는 비록 교과서이긴 하나 그것이 인물에 대한 모든 것을 말해주는 것은 아니다. 〈구징〉과 〈체별〉은 가장 기본적인 이론의 바탕이지만, 앞의 세 사람의 사례를 통해 이런 기본을 조금 흔들어 보았다. 왜냐하면 앞으로 우리가 접하게 될 수많은 인물은 타고난 재질과 배움에 따라, 그리고 정치적 상황과 시대적 특성 속에서 다양한 변주로 등장하기 때문이다.

───────

이제 우리는 유소의 인재 이론의 기본을 정리했다. 1장과 2장의 이론은 좀 지루한 감이 있지만 마음속으로 정리해야 다음 장부터 시작되는 실제 장으로 넘어갈 수 있다. 《인물지》가 말하는 이론은 간단히 이렇게 요약할 수 있다.

사람의 성정은 인간을 구성하는 성분, 즉 음양오행의 강도에 의해 결정된다. 그리고 사람의 타고난 성정은 모두 양면성을 가지고 있다. 이 양면성이 조화를 이룬 것을 중용이라 한다. 그러나 대부분의 사람들은 중용의 수준에 미치지 못하고 장점과 단점을 동시에 가지고 있는 편재다. 《인물지》 전체를 관통하는 요지는 이들 편재들이 갖는 장단을 두루 이해하여 장점을 쓰라는 것이다.

이제 3장부터는 중국 역사에 등장하여 활약한 다양한 인물들의 고사를 통해 《인물지》가 이야기하는 '지인'과 '용인'의 이론과 실제를 구체적으로 살펴볼 것이다.

2부

인재의 분류와 용인의 기술

3

인재는 재질과 유파에 따라 분류할 수 있는가
유업流業

군주의 재질과 신하의 재질을 구분하고, 다시 신하의 재질을 열두 가지로 분류한다. 그리고 대표적인 인물들의 사례를 통해 열두 가지 재질의 특징과 그에 적합한 직분을 설명한다.

《인물지》는 사람의 재질과 능력을 변별하여 관직에 임용하기 위해 쓰인 실용적인 책이다. 사람은 타고난 성정과 재질이 모두 다르고, 배움에도 각각 차이가 있다. 그렇기 때문에 재질과 배움에 따라 맡을 수 있는 직분도 각각 다르기 마련이다. 요즘 말로 하면 적성과 전공에 따라 맡을 수 있는 일이 다른 것과 같다.

'적재적소'라는 말은 예나 지금이나 인재 등용에 여전히 통용되는 화두다. 강태공이 지었다고 알려진 《육도》의 〈문도文韜〉에는 문왕이 현명한 인물을 등용하고자 태공과 나눈 대화가 있다. 문왕이 "임금이 현명한 이를 등용하려 힘쓰나 공을 이루지 못하고, 세상이 오히려 더 어지러워져서 망하는 지경까지 이르기도 하는데, 이는 왜입니까?"라고 묻자, 태공은 "그 이름과 실재가 맞아 떨어지게 하십시오[名當其實]"라고 대답한다. 즉, 인재를 그냥 명성에 따라 쓰지 말고, 실재의 재능에 따라 적소에 배치하라는 것이다. 그렇다면 이름과 실재가 부합하게 하기 위해서는 어떻게 해야 하는가?

《인물지》의 세 번째 장 〈유업〉은 역사 속에서 이름을 남긴 사람들의 행적과 치국의 방법론을 분석해 열두 가지의 인재 유형과 거기에 걸맞은 직무의 내용과 직책을 제시한다. 그리고 열두 가지 유형의 신하를 적재적소에 배치하는 군왕의 재질에 대해 설명한다.

유소는 기본적인 치국의 방법으로 덕德, 법法, 술術, 세 가지를 든다. 그리고 이 방면의 최고 고수를 청절가淸節家, 법가法家, 술가術家로 나눈다. 그리고 이 세 가지 방면에 모두 정통한 사람을 국가의 동량지재棟梁之材인 국체國體라고 하고, 세 가지 방면에 재질을 가지고 있지만 완벽하게 갖추지는 못한 사람을 기능器能으로 나눈다. 국체와 기능은 요즘 말로 하면 두루 통하는 능력을 가진 관리형 '제너럴리스트generalist'의 최고 고수라고 할 수 있다.

또한 덕, 법, 술 분야의 최고 고수는 아니지만 각 분야별로 나름의 뛰어난 인재를 장비臧否, 기량伎倆, 지의智意로 나눈다. 그리고 각각의 전문 재능에 따라 문장文章, 유학儒學, 구변口辯, 웅걸雄傑 등 총 열두 가지 인재 유형으로 나누어 그에 맞는 관직을 제시하고 있다. 이를 간단하게 정리하면 [표 3]과 같다.

《인물지》가 쓰인 후한 말, 그리고 위진남북조시대는 유학이 국교의 자리를 차지했고, 그런 이유로 관리를 추천하고 임명할 때 실무에 관한 재능보다는 도덕적 교양을 더 중시하던 시대였다. 그러나 오늘날과 같은 글로벌 자본주의시대에는 유소가 분류한 열두 가지 재질 이외에도 훨씬 다양한 재질이 필요할 것이다. 특히 금융 분야나 첨단 기술 분야의 인재가 그렇다. 그렇다고 《인물지》의 분류가 시대에 뒤떨어진 낡은 분류라고 할 수는 없다. 오늘날에도 대부분의 인재 유형들은 기본적으로

표 3   재질에 따른 열두 가지 직분

12가지 재질	3재三材 관계	인재 특징과 적합한 직분 예시	대표 인물
청절가清節家	덕德	덕행이 높고 오묘하며, 용모와 행동거지가 본받을 만한 사람으로 왕실과 귀족의 자제를 가르치는 사씨師氏의 임무에 적합	계찰, 안영
법가法家	법法	법과 제도를 세워 나라를 강하게 만들고 백성을 부유하게 하는 사람으로 형벌과 치안을 관장하는 사구司寇의 임무에 적합	관중, 상앙
술가術家	술術	생각이 통달하고 변화에 정통하여 계책과 지모가 절묘한 사람으로 삼공三公(정승, 재상)을 보좌하는 삼고三孤의 임무에 적합	범려, 장량
국체國體	3재 개비皆備	세 가지 재질(덕, 법, 술)을 완비하여 덕으로는 족히 풍속을 교화할 수 있고, 법으로는 족히 천하를 바르게 할 수 있으며, 술로는 족히 종묘의 건승을 도모할 수 있는 사람으로 삼공의 임무에 적합	이윤, 여상
기능器能	3재 개미皆微	세 가지 재질을 겸비하고 있으나 모두 완벽하지는 않은 사람으로, 그 덕으로는 족히 한 나라를 이끌 만하고, 그 법으로는 족히 한 고을을 바로잡을 만하며, 그 술로는 족히 공무를 균형 있게 처리할 수 있는 이로 정무를 총괄하는 총재冢宰의 임무에 적합	자산, 서문표
장부臧否	청절지류	너그러이 용서하지 못하고 남을 나무라기 좋아하며 시비를 깐깐히 가리는 사람으로 사씨의 보좌역에 적합	자하의 제자들
기량伎倆	법가지류	창조적으로 생각하고 원대한 그림을 그릴 수는 없으나 관직 하나는 맡을 수 있으며, 목표한 일을 할 때 솜씨를 부릴 수 있는 사람으로 토목이나 건축 사업을 관장하는 사공司空의 임무에 적합	장창, 조광한
지의智意	술가지류	새롭게 제도와 규칙을 만들지는 못하지만 변화하는 상황에 따라 변통할 수 있는데, 임기응변을 쓰는 지모는 뛰어나지만 공정함이 부족한 사람으로 총재의 보좌역에 적합	진평, 한안국
문장文章		글을 짓고 책을 쓰는 데 능한 사람으로 나라의 역사를 서술하는 국사國史의 임무에 적합	사마천, 반고
유학儒學		성인의 업적을 전할 수 있지만 일을 주관하고 정치를 행할 수는 없는 사람으로 백성을 안무하는 임무에 적합	모공, 관공
구변口辯		논변이 정도에 부합하지는 않지만 말솜씨가 뛰어난 사람으로 빈객과 사신을 접대하는 행인行人의 임무에 적합	악의, 조구생
웅걸雄杰		담력이 출중하고 재주와 계략이 뛰어난 사람으로 장수의 임무에 적합	백기, 한신

유소의 이런 분류에서 파생되어 나온다고 할 수 있다. 다만 이전보다 더욱 세분화되고 기능적인 면이 부각될 뿐이다.

아무튼 사람마다 타고난 재질이 다르고 배움이 달라 치국의 방식에도 차이가 있게 된다. 이제 중국 고대에서부터 《인물지》가 쓰인 시대에 이르기까지 시대를 풍미한 대표적 인물들을 통해 한 개인의 재질이 어떻게 역사에 기록되고 분류되었는지를 한 번 살펴보자.

| 덕·법·술, 각 방면의 최고 고수: 청절가, 법가, 술가 |

덕과 신의를 갖춘 '청절가', 계찰과 안영

《인물지》는 말한다.

> 덕행이 높고 오묘하며, 용모와 행동거지가 본받을 만한 이를 '청절가'라고 하는데, 계찰季札과 안영晏嬰이 바로 이런 사람들이다

《사기》〈오태백세가吳太伯世家〉에 따르면 오吳나라 왕 수몽壽夢에게는 네 아들이 있었는데, 그중 막내아들이 계찰이다. 오왕은 계찰을 세자로 책봉해 왕위를 넘기려 했는데, 계찰이 이를 받아들이지 않았다. 후에 오왕이 죽기 전, 왕위를 왕자들이 차례로 이어받을 것을 분부함으로써, 계찰이 오나라의 왕이 되게 했다. 이리하여 형제가 차례로 왕위를 동생에게 물려주어 계찰을 왕으로 삼으려 했으나, 계찰은 세 차례나 사양하고 수용하지 않았다. 결국 계찰은 연릉에 봉해져 '연릉계자延陵季子'라는 칭호를 얻었다.

계찰은 유덕한 군자이면서도 뛰어난 정치가이며 외교가였다. 《사기》에는 그가 노魯, 진晉, 제齊, 위衛, 정鄭에 사신으로 갔을 때 그 나라의 예절과 음악, 군신 간에 오가는 말에서 그 나라의 풍속의 우열과 도덕의 고하를 추측하여 사람들의 성패와 길흉을 이야기하는 내용이 나온다.

한번은 계찰이 정나라에 갔을 때 대부 자산子産을 만났다. 그가 자산에게 말하길 "정나라는 집권자의 사치로 재난이 곧 닥쳐 반드시 정권이 당신에게 돌아갈 것이니 당신은 국가의 예법에 따라 신중히 처리해야 하오"라고 충고했는데, 과연 그의 말대로 정나라에서는 내분이 일어나 자산이 결국 정나라의 정권을 잡게 되었다.

그의 청절가로서의 명성은 또 '계찰괘검季札掛劍'의 고사를 통해 널리 알려졌다.

계찰이 처음 사신을 맡아 떠날 때 서徐나라에 들러 서군徐君을 알현하게 되었다. 그런데 서군은 계찰이 가진 보검을 보고 갖고 싶은 마음이 들었으나 감히 달라고는 하지 못했다. 계찰 역시 서군이 자신의 보검을 원한다는 것을 알고 주고 싶어 했다. 하지만 계찰은 사신으로서 중원의 각 나라를 돌아다녀야 하는 막중한 임무가 있었기 때문에 보검을 주지 않고 길을 떠났다.

나중에 계찰이 사신으로서 임무를 마치고 서나라에 들렀는데 그때 서군은 이미 죽고 없었다. 이에 계찰이 보검을 풀어 서군의 집 앞에 있던 나무에 걸어놓고 떠났다. 그의 시종이 "서군은 이미 죽었는데 또 누구에게 주는 것입니까?"라고 묻자, 계찰이 다음과 같이 말했다.

나는 처음부터 마음속으로 그에게 주기로 결정했는데, 그가 죽었다고 해서 내가 어찌 나의 뜻을 바꿀 수 있겠는가?

사마천司馬遷도 계찰의 행적을 마무리하면서 "연릉계자의 어질고 덕성스런 마음과 도의道義의 끝없는 경지를 앙모한다. 조그마한 흔적을 보면 곧 사물의 깨끗함과 혼탁함을 알 수 있는 것이다. 어찌 그를 견문이 넓고 학식이 풍부한 군자가 아니라고 하겠는가!"라며 그의 청절가로서의 인물됨을 평가했다.

안영은 관중管仲과 더불어 제나라를 대표하는 재상이다. 그는 제나라 영공靈公, 장공莊公, 경공景公 등 삼대에 걸쳐 50년 동안 재상을 지내며 제나라를 중흥시켜 제후들 사이에서 이름을 떨쳤다. 사마천은 《사기》〈관안열전管晏列傳〉에서 "안영은 재상이 된 뒤에도 밥상에 고기반찬을 두 가지 이상 놓지 못하게 하고 첩에게는 비단옷을 입지 못하게 했다. 또 조정에 나아가서는 임금이 물으면 바르고 신중하게 대답하고, 묻지 않을 때는 몸가짐을 조신하게 했다. 임금이 나라를 올바르게 다스리면 그 명령을 따랐지만 올바르지 않을 경우에는 그 명령을 따르지 않았다"고 적고 있다.

안영은 군주에게 간하는 데 능숙한 인물이었다. 사마천이 안영에 대해 "왕에게 간언할 때는 왕의 얼굴빛에 조금도 구애받지 않았으니, 이는 조정에서는 충성을 다할 것을 생각하고 물러나서는 허물을 보충할 것을 생각한다는 마음가짐이었으리라! 오늘날 안자가 살아 있다면 나는 그를 위해 채찍을 드는 마부가 되어도 좋을 만큼 흠모한다"라고 적은 것만 보아도 그는 중국 역사를 대표하는 청절가의 대표 인물임에 손색이 없다. 하지만 관중과 달리 안영은 제나라를 망국의 늪에서 구하지는 못했다. 청절의 재질은 본래 혼탁한 세상에서는 빛날 수 없는가 보다.

계찰과 안영처럼 청절가의 대표 주자들은 일신에 덕을 갖추고 도의와 원칙으로 정치를 해 뭇사람의 존경을 받은 인물들이다. 그래서 《인물지》는 "청절가의 덕을 지닌 사람은 왕실과 귀족의 자제를 가르치는 사씨師氏의 임무에 적합하다"고 했다. 오늘날의 관점으로 보면 덕치를 강조하는 청절가는 인화를 통해 조직의 통합을 이루고 개인의 자율성을 강조하여 자발적인 동기부여를 이끌어내는 덕장의 리더십을 갖춘 인재라고 보아도 무방할 것이다.

법과 제도로 부국강병을 이끄는 '법가', 관중과 상앙

《인물지》는 법가를 다음과 같이 말한다.

> 법과 제도를 세워 나라를 강하게 만들고 백성을 부유하게 하는 이들을 '법가'라고 하는데, 관중과 상앙商鞅이 이런 사람들이다.

관중은 관포지교管鮑之交로 유명한 친구 포숙鮑叔이 제나라 환공桓公에게 추천해 재상이 된 인물이다. 환공은 옛 정적이었던 관중을 등용해 춘추시대 첫 번째 패자霸者가 된다. 관중은 제나라 재상이 되어 다른 나라와 교역을 통해 나라를 부유하게 하고, 군대를 튼튼하게 만들었으며 백성과 더불어 좋고 나쁜 것을 나누었다. 다음과 같은 그의 말은 그의 정치 철학을 잘 대변해 준다.

> 창고에 물자가 풍부해야 예절을 알며, 먹고 입는 것이 풍족해야 명예와 치욕을 알게 된다. 임금이 법도를 실천하면 육친六親(아버지, 어머니, 형, 동생, 아내, 자식)이 굳게 결속하고, 나라를 다스리는 네 가지 강령, 즉 예의, 정의, 깨끗함, 부끄러움이 펼쳐지지 못하면 나라는 망한다.

그런데 관중이 제 환공을 보좌해 천하의 패업을 이룬 일에 대해 공자와 맹자孟子는 그 능력이나 업적은 긍정하면서도, 그가 한때 정적이었던 환공의 신하가 된 일과 주周나라 왕실의 운명이 쇠미해진 상황에서 환공을 도와 왕도王道로 천하를 다스리는 군자가 되게 하지 않고, 패자로서만 이름을 떨치게 했다고 그를 인仁하지 않고 청렴하지도 않은 사람이라 폄하했다.

이와 같은 유가의 평가는 의義와 이利, 왕도와 패도霸道에 대한 대립적인 세계관의 표현이긴 하지만, 《인물지》의 관점에서 본다면 관중은 나라를 부강하게 만들고 백성들을 부유하게 한 능력을 갖춘 인재인 것만은 틀림없다. 사마천도 "관중의 재산은 제후 집안의 재산에 버금가고, 세 명의 부인을 두었으며, 반점反坫(술잔 받침대로 제후의 신분을 의미함)을 갖고 있었으나 제나라 사람들은 사치스럽다고 생각하지 않았다"고 쓰고 있다. 이로써 살펴보면 그가 누린 부귀와 권세가 다 이유가 있음을 알 수 있다. 어찌 요즘 시대와 견줄 수 있겠는가?

상앙은 위衛나라 사람으로 위魏나라 재상 공숙좌公叔座의 식객이 되었으나 위 혜왕惠王의 중용을 얻지 못해, 진秦나라로 가 효공孝公에게 유세하여 변법을 시행, 결국 변방의 진나라를 일약 춘추전국의 최강자로 만든 '중국 최초의 개혁가'이다.

상앙의 변법은 당시로서는 매우 혁신적인 것이었다. 호적을 정리하여 연좌제를 실시하고, 형벌을 강화하여 분쟁을 금지했다. 또한 전공을 장려하여 신분의 귀천과 직위의 고하를 막론하고 계급을 높여 토지를 나누어주었다.

하지만 차별 없는 전공 장려와 토지 사유에 관한 조항이 당시 귀족들의 이해를 건드렸다. 게다가 변법 추진 과정에서 지나치게 가혹하게 법을 적용하여 반대파의 불만을 사게 되어 후에 반란의 죄를 뒤집어쓰고 결국 거열형車裂刑에 처해졌다.

이런 법가 정치가인 상앙에 대해 사마천은 그의 열전에서 "상군은 타고난 성품이 잔인하고 덕이 없는 사람이다. (중략) 상군이 결국 진나라에서 좋지 않은 평판을 얻게 된 데는 까닭이 있다"라고 평했다.

이처럼 관중과 상앙으로 대표되는 법가는 낡은 시스템을 혁파하고 새로운 시스템으로 사회를 개혁시키려 할 때 참고할 수 있는 방안이다. 강력한 카리스마로 조직을 개혁하고 명확한 신상필벌로 조직을 관리하는 법가는 오늘날 흔히 용장의 리더십을 갖춘 인재로 볼 수 있다.

책략을 세우고 변화에 정통한 '술가', 범려와 장량

《인물지》는 '술가'를 다음과 같이 말한다.

> 생각이 통달하고 변화에 정통하여 계책과 지모가 절묘한 사람을 '술가'라 하는데, 범려范蠡와 장량張良이 이런 사람들이다.

범려는 월越나라 왕 구천句踐을 섬겨 오월쟁패를 승리로 이끈 춘추 시기 가장 매력적인 정치가이자 사상가며 전략가다. 지략이 뛰어나고 처세에 능했으며, 정치와 군사는 물론 상업에 이르기까지 통달한 보기 드문 인재였다. 그의 삶은 파란만장한 한 편의 인생 역정의 드라마다. 월왕 구천을 도와 오나라를 패망시킨 정치가로서 역량과 자신의 운명에 드리운 재난을 사전에 피할 줄 아는 지혜를 보면 앞서 살펴본 상앙과는 확실히 다르다.

범려는 오왕 부차夫差와 월왕 구천의 '와신상담臥薪嘗膽'의 고사에 관련된 사람으로, 구천이 오나라를 공격하다 오히려 부차에 패하여 회계산에 고립되자 구천에게 말한다.

가득 찬 것을 유지하려면 하늘의 뜻을 따라야 하고, 기우는 것을 안정시키려면 사람의 도리를 따라야 하며, 일을 통제하려면 땅의 이치를 따라야 합니다. 자신을 낮추는 말과 두둑한 예물로 그를 높이십시오. 만일 받아들이지 않는다면 스스로 몸을 맡기십시오.

그리고 오나라 왕 부차에게 많은 미녀들을 바치고 오나라의 태재太宰 백비伯嚭에게는 금은보화를 바쳐 화의를 끌어내는 데 성공한다. 하지만 그 대가는 치욕스러운 것이었다. 범려는 구천과 함께 오나라로 가 부차의 시종이 된다. 부차는 그들을 석실石室에 가두고 말을 기르는 노역을 시켰다. 그리고 부차가 수레를 타고 사냥을 떠날 때마다 구천은 채찍을 들고 부차의 마차를 호위하며 따라다녀야만 했다.

기원전 490년 구천과 범려는 오나라에서 3년간 구금되었다가 풀려나 월나라로 돌아간다. 구천은 회계산에서 당한 치욕을 한시도 잊지 않고 복수를 향한 집념을 불태웠다. 구천이 범려에게 월나라를 발전시킬 방법을 묻자 범려가 말한다.

하늘의 운행과 사람의 일은 끊임없이 변화하기 때문에 방침과 정책을 세워 미리 대처해야 합니다. (중략) 사람의 일에 대한 변화도 마찬가지여서 최후의 전환점이 되지 않았는데 억지로 성공할 수는 없는 것입니다. 따라서 자연의 순리에 따라 처세하면서 때가 오기를 기다렸다가 국면을 유리하게 전환시켜야 합니다.

마침내 월왕 구천은 17년간 각고의 노력 끝에 오나라를 공격하여 지난날의 원한과 치욕을 갚고 부차를 자결토록 했다. 구천은 여세를 몰고 북상하여 장강長江과 회하淮河 유역 일대까지 세력권을 확대하고 자칭 '패왕霸王'으로 일컬어지기에 이르렀으니, 그 공적은 범려의 보좌에 힘입은 바가 컸다.

범려는 그 공으로 상장군上將軍에 임명된다. 그러나 범려는 구천의 인간됨을 알고 대부 문종文種에게 "교활한 토끼를 잡으면, 사냥개를 잡는 법입니다. 구천은 목이 길고 입이 새처럼 튀어나왔으니 함께 환난을 견딜 수는 있지만 같이 즐거움을 누릴 수는 없습니다"라는 편지를 보내고 제齊나라로 홀쩍 떠난다. 이렇게 자신의 운명에 드리운 재난을 사전에 피할 줄 아는 지혜를 보면 앞서 살펴본 법가 상앙과는 확실히 다르다.

이후 그는 제나라에서 성과 이름을 모두 바꾸고, 두 아들과 함께 황무지를 개간하여 농사를 짓고 가축을 기르면서 몇 년 사이에 수천 금의 부를 쌓는다. 그리고는 자신의 재물을 가난한 사람들을 위해서 사용하여 그 명성이 드높았다. 얼마 후 제나라 사람들이 그 명성을 듣고 그를 도성 임치臨淄로 초빙하여 상국相國에 임명한다.

범려는 2~3년간 상국의 자리에 있은 후, "집에 있을 때는 천금의 재산을 쌓았고, 관직에 있을 때는 재상의 지위까지 이르렀다. 자수성가한 평범한 백성에게 이것은 이미 갈 수 있는 데까지 다 가본 것이다. 고귀한 자리에 너무 오래 머무는 것도 좋지 않은 징조다"라고 하면서, 관직을 반납하고 재물은 친구와 해안가의 농민들에게 전부 나누어준 다음, 두 아들을 데리고 서쪽으로 가서 도陶(지금의 산동성 서북쪽) 땅에 은거했다.

도는 동으로는 제齊·노魯, 서로는 진秦·정鄭, 북으로는 진晉·연燕, 남으로는 초楚·월越과 접하는 무역의 중심지였다. 그는 그곳에서 다시 '도

주공陶朱公'이라는 이름으로 무역을 통해서 거부가 되어 그 명성을 천하에 떨친다. 오늘날에도 여전히 '도주공'이라는 이름은 부호의 대명사로 사용된다. 《인물지》에서 말한 '천지 음양의 변화에 정통하고 계책과 지모가 절묘한 사람'으로 범려만큼 완벽한 인물은 없다.

장량은 유방의 책사로 한漢 왕조를 연 창업 공신이다. 유방은 장량을 "진중에서 계략을 꾸미며 승리를 천 리 밖에서 결정지었다"고 평가했다. 초한 쟁패의 긴 기간 동안 장량은 확실히 탁월한 참모로서 결정적인 순간에 중요한 역할을 한다.

유방이 항우보다 먼저 진나라 수도 함양에 입성하여 궁궐의 화려함과 진귀한 보물, 아름다운 여자들에 도취되어 정신을 못 차리고 궁에 머무르며 즐기고자 할 때, 장량은 유방에게 "진왕이 무도하여 패공은 백성들과 들고일어나 진군을 격파하고 이곳에 왔습니다. 천하를 위해 폭군을 제거하고 근검절약해야 하지만, 패공은 이곳에 오자마자 즐기려 하고 있습니다"라고 간하여 유방을 크게 깨우친다. 이어 홍문鴻門의 연회에서는 그를 죽이려는 범증의 책략에 맞서 유방을 구해낸다.

초한 쟁패 기간 항우가 형양滎陽을 포위했을 때 유방이 책사 역이기酈食其의 말을 듣고 육국의 후예들을 제후로 봉하려고 하자, 젓가락을 들고 여덟 가지 폐단을 지적하며 유방을 설득하는 등 장량은 유방을 보좌하여 초한 쟁패의 싸움에서 여러 차례 결정적인 기여를 한다.

후에 유방이 그의 공을 높이 평가하여 제나라의 3만 호를 봉읍으로 주려 하자 "신이 폐하를 우연히 만난 것은 하늘이 신을 폐하께 내리신 것입니다. 폐하가 신의 계책을 채택했고, 다행스럽게 항상 주효한 것은 저의 행운입니다. 저를 유현留縣에 봉해주시면 족합니다. 3만 호의 봉읍은 감히 받을 수 없습니다"라고 사양한다.

이처럼 장량도 술가의 대부답게 공을 이루고 물러날 때를 잘 알았다. 《자치통감》의 저자 사마광은 장량을 평가하면서 다음과 같이 말했다.

> 무릇 공명을 세웠을 때 신하는 처신하기가 더 어렵다. 예컨대, 한 고조 유방이 칭찬한 사람은 세 명의 호걸뿐이었다. 그들 가운데 회음후淮陰侯 한신은 주살되었고, 소하蕭何는 감옥에 갔혔다. 이는 최고의 번영을 누리기만 하고 그치지 않았기 때문이다. (중략) 이른바 '총명하고 사리에 밝아 일을 잘 처리하여 자기 몸을 보존하는' 명철보신明哲保身한 사람은 장량뿐이었다. 현명하고 어진 사람은 안전을 선택하여 처신함으로써 재앙이나 피해를 당하지 않게 한다.

이처럼 술가의 재능은 전체를 보고 변화에 능동적으로 대응하는 전략가의 재능이다. 이런 전략가의 리더십을 갖춘 사람을 흔히 지장이라 한다.《인물지》가 술가의 대표 주자로 선정한 범려나 장량은 일의 성공과 더불어 명철보신에도 성공한 사람이다. 하지만 역사상 모든 술가류의 인재들이 이들처럼 아름다운 결말을 보여준 것은 아니다. 술가류 인재의 다양한 변종에 대해서는 이후의 장에서 또 이야기할 것이다.

| 덕·법·술의 재질을 모두 갖춘 최상의 인재: 국체, 기능 |

앞에서 우리는 《인물지》가 말하는 덕, 법, 술이라는 치국의 원리에 기초하여 청절가, 법가, 술가의 대표적인 고수들을 살펴보았다. 이제 이런 세 방면의 재질을 다 갖춘 인재인 국체와 기능에 대해 알아보자.

왕도정치라는 이상을 실현하는 '국체', 이윤과 강태공

《인물지》는 '국체'를 다음과 같이 말한다.

> 세 가지 재질(덕, 법, 술)을 겸유하고, 세 가지 재질 또한 모두 완비되어
> 덕으로는 족히 풍속을 교화할 수 있고, 법으로는 족히 천하를 바르게
> 할 수 있으며, 술로는 족히 종묘의 건승을 도모할 수 있는 사람들이
> 있는데, 이를 '국체國體(나라의 동량)'라 하니, 이윤과 강태공이 그런 사
> 람들이다.

　이윤과 강태공은 중국 역사에서 창업 군주와 재상 간의 모범적인 파
트너십을 이야기할 때 전형적인 사례로 흔히 등장하는 인물들이다. 이
윤은 중국사 최초의 혁명가 탕왕이 폭군 걸왕桀王을 물리치고 상商나라
를 세우는 데 결정적인 역할을 한 재상이고, 우리에게 흔히 강태공으로
알려진 태공망太公望 여상呂尙은 문왕과 무왕을 도와 상나라를 무너뜨리
고 주나라를 세우는 데 결정적 역할을 한 인물이다. 유소는 이윤과 강태
공 둘 다 포악한 왕을 벌하고 역성혁명에 성공하여 새로운 왕조를 개척
한 공로로 이들을 국체라 칭했다.

　이후 이윤과 강태공은 공자를 비롯한 역대 중국 지식인들의 이상적인
본보기가 된다. 왕도정치의 표본을 이야기할 때 자주 등장하는 이 두
인물에 대해서는 다시 살펴볼 것이다.

정무를 총괄하는 '기능', 자산과 서문표

《인물지》는 '기능'을 다음과 같이 말한다.

세 가지 재질을 다 겸비하고 있으나 세 가지 재질이 모두 완비되지 않아서 그 덕으로는 족히 한 나라를 이끌 만하고, 그 법으로는 족히 한 고을을 바로잡을 만하며, 그 술로는 족히 공무를 균형 있게 처리할 수 있는 이를 '기능'이라 하는데, 자산子産과 서문표西門豹가 이런 사람들이다.

자산은 춘추시대 정鄭나라 대부 가운데 한 사람이다. 당시 중원의 정세는 진晉과 초楚 양대 강국을 중심으로 대립과 항쟁이 지속되고 있었는데, 이 두 나라 중간에 끼어 있던 정나라는 양쪽의 무수한 침략을 받으며 고초를 치르고 있었다. 그뿐 아니라 당시 정나라는 내부적으로도 끊이지 않는 정쟁의 소용돌이 속에 휘말려 있었다. 자산은 이런 멸망 직전에 이른 정나라의 재건에 힘써 20여 년간 정나라의 국내 정치를 개혁하고 의연한 외교 교섭을 전개하여 소국인 정나라를 작지만 강한 나라로 부흥시켰다. 특히 그는 정鼎에 법률을 새겨 중국 최초의 성문법을 만들기도 했다.

《사기》〈순리열전循吏列傳〉은 그에 대해 다음과 같이 쓰고 있다.

자산이 재상이 된 지 1년이 지나자 소인배의 경박한 놀이가 없어지고, 반백의 늙은이들은 무거운 짐을 나르지 않았으며, 어린아이들은 밭을 갈지 않게 되었다. 2년이 지나자 시장에서 값을 에누리하지 않았고, 3년이 되자 밤에 문을 잠그는 일이 없어지고 길에 떨어진 물건을 줍는 사람이 없었다. 4년이 지나자 밭갈이하는 농기구를 집으로 가져가지 않게 되었고, 5년이 지나자 척적尺籍이 쓸모없게 되었으며, 복상服喪의 기간은 어김없이 지키게 되었다.

공자도 자산을 다음과 같이 평가했다. "그는 네 가지 종류의 군자의 덕행을 갖추고 있었다. 그의 행위와 태도는 겸손하면서 장중했고, 군주를 섬길 때는 존경하면서 엄숙했고, 백성을 기를 때는 은혜가 있었으며, 백성을 부리는 것은 합리적이면서 적당했다." 또한 자산의 부음 소식을 듣고 "그는 고인의 유풍을 이어 내려와 백성을 사랑했던 사람이다"라며 눈물을 흘렸다고 한다.

서문표는 위魏나라 문후文侯 때의 대부다. 《사기》〈골계열전滑稽列傳〉에는 서문표가 업鄴의 현령으로 부임하여 그 지역의 미신을 타파하고 백성들을 교화한 일화가 나온다.

그가 부임하여 마을 노인들을 찾아 고충을 물었더니 마을의 몇 원로와 아전들이 무당과 결탁하여 매년 하백河伯에게 처녀를 바치는 행사를 하는데, 그로 말미암아 딸 가진 백성들은 마을을 떠나고 남아 있는 백성들은 행사 비용을 대는 데 어려움을 겪는다는 말을 듣는다.

그래서 서문표는 하백에게 제사 지내는 날을 기다려 백성들이 지켜보는 가운데 다음과 같이 조치한다. 행사가 시작되자 먼저 일을 주관하던 무녀에게 하백에게 시집갈 여자가 너무 못생겼으니 내일 다시 좋은 신붓감을 데려온다고 하백에게 고하라고 하면서 무녀를 물속에 밀어 넣어버린다. 물속에 들어간 무녀는 살아 돌아올 리 없었다. 그러자 그는 "물속으로 들어간 여자는 왜 아직 안 나오는가? 들어가서 알아보라"며 무녀의 제자들도 밀어 넣어 버린다. 제자들도 물론 살아올 리 없었다.

이렇게 그는 하백에게 처녀를 바치는 행사가 미신임을 백성들에게 보여준다. 그는 권한을 이용해 강제적으로 백성들에게 미신을 믿지 말라고 한 것이 아니라, 백성들 스스로 그 미신이 허위임을 깨닫게 하여 악습이 재발되지 않도록 하는 지혜가 있었다.

또한 서문표는 백성을 동원해 하천 열두 개를 파서 황하의 물을 끌어다 백성의 논에 대었다. 그리하여 논마다 모두 물을 얻을 수 있었다. 당시 백성들이 하천을 만드는 일이 번거롭고 수고스러워서 하려 들지 않자 서문표가 말했다.

> 백성이란 일이 이루어진 뒤에 함께 누릴 수 있을 뿐 함께 일을 시작할 생각은 못 한다. 지금 부로父老와 자제들은 원망하겠지만, 백 년 뒤 부로의 자손들은 내 말을 되새기게 될 것이다.

하지만 백 년도 되지 않아 그의 다스림은 곧 효과를 낸다. 사마천도 "서문표는 업현의 현령이 되어 명성이 천하에 알려지고 은택은 후세까지 흘러 그치지 않았다. 어찌 어진 대부라고 일컫지 않을 수 있겠는가"라고 했다. 대체로 기능 정도의 인물은 한 나라의 총리 정도는 맡을 수 있는 인재다.

| 덕·법·술, 각 방면의 지류: 장비, 기량, 지의 |

청절가, 법가, 술가의 재질을 갖추었으나 그것이 완벽하지 않아 부족한 점이 있는 지류의 재질을 유소는 장비臧否, 기량伎倆, 지의智意라 부른다.

융통성이 부족하나 깐깐한 '장비', 자하의 제자들
그 첫 번째가 청절가의 지류인 장비의 재질이다. 《인물지》는 말한다.

청절가의 지류는 너그러이 용서하지 못하고 남을 나무라기 좋아하며 시비 분별을 즐겨 하는데, 이를 '장비'라고 하니, 자하子夏의 제자들이 이들이다.

장비란 선악이나 옳고 그름, 좋고 나쁨 등을 비평한다는 뜻으로, 원칙적이고 융통성이 부족한 깐깐한 선비 스타일이라고 할 수 있는 재질이다. 《사기》〈유림열전儒林列傳〉에는 "전자방田子方, 단간목段干木, 오기吳起, 금활리禽滑釐 등은 자하에게서 학문을 전수받아 왕자의 스승이 되었다"고 쓰여 있다.

자하는 공자의 제자로 문학 부문에서 뛰어난 재능을 보였다. 문학 부문에서 재능을 보인 자장子張과 비교해 이 둘 중 누가 더 나은지를 묻는 질문에 공자는 "자장은 지나치고, 자하는 미치지 못한다"라고 답한다. 공자는 자하가 독실하고 삼가는 게 있으나 대범하지 못해 넓게 헤아리는 것이 부족하다고 생각하여 이렇게 말한 것이다. 그래서 공자는 자하에게 "군자유君子儒가 되어야지 소인유小人儒가 되지 마라[女爲君子儒 無爲小人儒]"고 충고했다. 소인유는 바로 장비의 특징 중 하나다.

그는 공자 밑에서 학문을 배운 후 고향인 위衛나라로 가 위나라 역사서에 잘못 기재된 글자를 찾아 유명해진다. 후에 위魏 문후文侯의 스승이자 자문 역할을 했고, 공자가 사망한 후에는 제자들을 가르쳤다. 그의 제자 중 전자방과 단간목은 위 문후가 스승으로 모신 현자이고, 오기는 《오기병법吳起兵法》의 저자로 위나라에서는 군사 전략가로 이름을 날렸으며 후에는 초나라 재상이 되어 천하에 이름을 떨쳤다. 금활리는 후에 묵자墨子의 제자가 되어 묵자 집단의 두 번째 지도자가 된다.

큰 그림은 그릴 수 없으나 유능한 '기량', 장창과 조광한

다음이 법가의 지류라고 하는 기량의 재질이다. 《인물지》는 말한다.

> 법가의 지류는 창조적으로 생각하고 원대한 그림을 그릴 수는 없으나, 관직 하나는 맡을 수 있으며 목표한 일을 할 때 솜씨를 부릴 수 있는데, 이를 '기량(재주꾼)'이라 하니, 장창張敞과 조광한趙廣漢이 이런 사람들이다.

장창과 조광한은 둘 다 서한西漢(전한) 선제宣帝 때의 유능한 관리들이다. 장창은 영리하고 일솜씨가 뛰어나 태중대부, 경조윤, 기주자사 등을 역임했는데, 직언을 잘하고 상벌이 엄해 이르는 곳마다 업적을 쌓았다. 그가 백성을 다스리는 방식은 엄격함 속에도 관대함이 깃들어 있어 많은 사람들이 마음속으로 복종하고 입을 모아 칭찬했다고 한다. 그가 경조윤으로 부임했을 때 도둑 문제가 골칫거리였는데, 장창이 도성 안에 있는 많은 도둑들을 하나하나 잡아내지 않고, 먼저 두목을 구슬려 자신의 부하로 삼아 임명 축하연을 연 다음, 축하하러 온 부하들을 일거에 소탕한 이야기는 유명하다.

조광한도 영천태수와 오늘날의 서울시장 격인 경조윤을 역임한 사람이다. 그는 유능하면서도 청렴한 관리였다. 그는 일을 할 때 공이 있으면 그 공을 부하에게 돌렸고, 부하에게 문제가 있으면 빙빙 돌려 교화를 했으며, 그래도 고쳐지지 않을 때에만 옥에 가두어 처리했다. 또 법을 집행할 때도 권세나 부귀함을 가리지 않았다고 한다. 조광한이 경조윤이 된 수년 동안은 정치가 맑아지고 도적들이 자취를 감춰 부로父老들의 칭찬이 끊이지 않아 한나라 대의 제일가는 경조윤으로 꼽혔는데, 심지어 흉노까지도 그 이름을 알았다고 한다. 이들은 대체로 법을 효과적으로 적용할 줄 알았던 인물들이다.

공정함은 부족하나 지모가 뛰어난 '지의', 진평과 한안국

다음이 술가의 지류에 해당되는 '지의'의 재질이다. 《인물지》는 말한다.

> 술가의 지류는 새롭게 제도와 규칙을 만들지는 못하지만 변화하는 상황에 따라 변통할 수 있고, 임기응변을 쓰는 지모는 뛰어나지만 공정함은 부족한데, 이를 '지의'라 하고, 진평陳平과 한안국韓安國이 이런 사람들이다.

진평은 《사기》에 〈진승상세가陳丞相世家〉라는 그의 전기가 따로 마련되었을 정도로 비중 있는 인물이다. 진평은 원래 항우를 따랐으나, 후에 유방을 보좌하며 항우와 범증을 이간시키는 등 여섯 번의 계책을 통해 한나라의 천하 통일에 공을 세운다. 《사기》에는 진평이 이후에도 여러 차례 계책을 냈으나 모두 비밀에 부쳐져 알 수 없다는 말이 나올 정도로 그는 유방의 꾀주머니 역할을 톡톡히 했다.

그는 장량처럼 원대한 책략을 내지는 않았지만 임기응변의 계책에서는 발군의 실력을 발휘하여 여러 차례 유방을 위기에서 구했다. 사마천도 진평을 다음과 같이 평했다.

> 그는 늘 기이한 계책을 내어 복잡한 분규를 해결했고, 국가의 환난을 제거했다. 여후呂后 때 이르러서는 국사에 변고가 많았으나, 진평은 끝내 스스로 화를 벗어나 나라의 종묘사직을 안정시켜서 영광스러운 명

성을 죽을 때까지 유지하고 어진 재상이라고 칭송되었으니, 이 어찌 시작과 끝이 다 좋았다고 하지 않겠는가? 만일 지혜와 책략이 없었다면 그 누가 이와 같을 수 있겠는가?

한안국은 전한 경제景帝와 무제武帝 때 사람이다. 《사기》〈한장유열전韓長孺列傳〉에는 그에 대해 "원대한 지략이 많아 그 지모는 세상의 흐름에 따라 영합하기에 충분했으며 충성심이 두터웠다. 그는 재물을 탐내기는 했으나 자신보다 청렴하고 현명한 선비들을 추천했다. 천자까지도 그가 나라를 다스릴 역량 있는 재목으로 여겼다"고 쓰여 있다.

그는 처음 양梁 효왕孝王 밑에서 일할 때 양 효왕과 효왕의 형인 경제 간의 갈등을 중간에서 잘 처리해 중앙 정계에 진출했다. 무제 때는 흉노와의 전쟁 주장에 대해 "천 리 밖으로 나가 싸우는 것은 군대에 이롭지 못합니다"라고 화친을 주장했고, 당시 실세인 무안후武安侯 전분田蚡에게 뇌물을 주고 관직을 옮길 정도로 현실적인 사람이었다.

대체로 이들 지의는 주도권자의 모사의 역할 정도는 충분히 할 수 있는 사람들이다.

| 기능별 전문가들: 문장, 유학, 구변, 웅걸 |

지금까지 우리는 재질의 차이는 있지만 치국의 원리와 관련한 인재 분류를 살펴보았다. 이제부터는 《인물지》가 쓰인 당시 기준으로 특정 전문 분야에서 성과를 이루고 이름을 날린 사람들을 소개한다.

글을 잘 짓는 '문장', 사마천과 반고

《사기》의 저자 사마천과 《한서漢書》의 저자 반고班固는 모두 천고의 문장이며, 서적을 종합하는 능력이 있었다. 《인물지》는 이들을 '문장文章'이라 했다.

> 글을 짓고 책을 쓰는 데 능한 사람을 문장이라 하는데, 사마천과 반고가 이에 속한다.

성인의 업적을 전하는 '유학', 모공과 관공

모공毛公과 관공貫公은 모두 정치적인 업적은 없지만, 각각 《시경詩經》과 《춘추좌씨전春秋左氏傳》을 후세까지 잘 전한 사람들이다. 《인물지》는 이들을 '유학儒學'이라 했다.

> 성인의 업적을 전할 수 있지만 일을 주관하고 정치를 행할 수는 없는 사람을 유학이라 하는데, 모공과 관공이 이에 속한다.

말솜씨가 뛰어난 '구변', 악의와 조구생

《인물지》는 언변이 뛰어난 사람을 '구변口辯'이라 했는데, 그 예가 재미있다.

> 논변이 정도에 부합하지는 않지만 말솜씨가 뛰어난 사람을 구변이라 하는데, 악의樂毅와 조구생曹丘生이 이런 사람들이다.

악의는 제갈량이 관중과 함께 자신의 본보기로 삼은 인물이다. 《인물지》는 그를 말솜씨가 뛰어난 사람으로 보지만 사실 그는 연燕나라 소왕昭王의 초청으로 연나라로 가 상장군이 되어 당시 강대국임을 자랑하던 제齊나라의 70여 성을 함락시킨 명장이다.

그런데 소왕이 죽고 혜왕惠王이 즉위하자, 제나라의 이간책으로 악의는 의심을 받고 조나라로 달아난다. 이후 악의가 없는 연나라는 제나라 군대에 패해 그동안 뺏었던 제나라 땅을 다 잃게 된다. 결국 혜왕이 후회하며 그를 다시 부르자 유명한 〈보연왕서報燕王書〉를 적어 자신의 심정을 토로했다. 제갈량의 〈출사표出師表〉의 기초가 되었다고도 하는 이 글은 《사기》 〈악의열전樂毅列傳〉에 전문이 실려 있다. 유소는 악의를 능력에 비해 행동의 절조가 부족했다고 생각해서 약간 낮게 본 것 같다.

조구생은 한나라 초기의 유명한 논변가인 조구를 말한다. 한의 명장 계포季布는 말만 번드르르한 조구를 경계했는데, 조구는 태연하게 계포에게 이런 아부를 한다.

"(사람들은) 황금 백 근을 얻는 것보다, 계포의 승낙 하나를 얻는 것이 낫다[得黃金百斤 不如得季布一諾]고 합디다."

자신을 싫어하는 사람에게 기어이 추천을 받고 싶어 하는 배짱도 있지만, 역시 대단한 아부가 아닌가?

담력이 출중하고 재주가 뛰어난 '웅걸', 백기와 한신

백기白起와 한신은 중국 역사에서 손꼽히는 명장이다. 《인물지》는 이들을 '웅걸雄傑'이라 했다.

> 담력이 출중하고 재주와 계략이 뛰어난 사람은 웅걸이라 하는데, 백기와 한신이 이런 사람들이다.

백기는 사실상 전국시대를 마무리하고 진나라의 천하 통일의 군사적
인 기초를 닦은 명장이다. 그는 섬멸전의 고수로 장평대전에서 이긴 후
항복한 조趙나라 장정 40만을 생매장할 정도로 매정했다. 당시 백기와
싸워 이긴 사람이 없었고, 백기와 감히 정면으로 대항할 사람도 없었다.
중국에서는 백기를 전쟁의 화신이라 부른다.

한신은 초한 쟁패 시기 한나라 군대의 사령관으로, '배수진背水陣'과
'토사구팽兎死狗烹', '다다익선多多益善' 등의 유명한 고사를 남긴 장수다.

| 사람을 아는 것이 군주의 도다 |

《인물지》는 앞에서 열거한 열두 가지의 재질은 신하가 되기 위해 갖추
어야 재질이지 군주가 갖추어야 할 덕목은 아니라고 한다. 그렇다면 군
주의 도는 무엇인가? 이 책을 읽을 때는 두 가지 독법이 있다. 하나는
인사권자(군주)의 관점에서 인재를 보는 것이고, 하나는 인재(관리)의 관
점에서 인사권자를 파악하는 것이다. 특히 군주는 최고의 인사권자로
모든 인재를 총괄하는 위치에 있다. 《인물지》는 그 최고 인사권자의 자
질을 이렇게 묘사한다.

> 군주의 덕은 총명하고 평담平淡(중용의 덕을 갖춘 상태, 고요하고 맑은 상태)
> 하여 여러 재질 있는 사람들을 잘 알아내는 것이지, 스스로 일을 맡아
> 서 처리하는 것이 아니다. 그러므로 군주가 치국의 대도를 세우면, 열
> 두 가지 재질을 가진 사람들이 각자 알맞은 임무를 맡게 된다.

한나라를 세운 고조 유방은 황제가 된 후 주연을 베풀면서 신하들에게 "제후와 여러 장수들은 감히 짐에게 숨기지 말고 내가 천하를 얻은 까닭은 무엇이며, 항우가 천하를 잃은 까닭은 무엇인지 말하라"라고 물었다.

이에 고기高起와 왕릉王陵이라는 신하가 "폐하께서는 사람을 부려 성을 공격하고 땅을 빼앗아 그것을 백성에게 주었으니 천하와 이익을 함께하신 것입니다. 그러나 항우는 그렇지 않았습니다. 공이 있는 자를 해치고, 현명한 자를 의심했습니다. 이것이 그가 천하를 잃은 까닭입니다"라고 답한다. 그러자 유방이 다음과 같이 말한다.

> 공은 하나만 알고 둘은 모르는구나. 무릇 막사 안에서 전략을 운용하여 천 리 떨어진 전장에서 승리를 거두는 일이라면 나는 장량보다 못하다. 나라를 안정시키고 백성을 돌보면서 군수물자를 적절히 공급하여 보급로를 끊어지지 않게 하는 일이라면 나는 소하보다 못하다. 백만의 군대를 이끌고서 싸웠다 하면 반드시 이기고, 공격했다 하면 반드시 승리하는 일이라면 나는 한신보다 못하다. 이 세 사람은 뛰어난 영걸이었다. 나는 이들을 쓸 수 있었기 때문에 천하를 차지할 수 있었던 것이다. 항우는 범증이라는 인재가 있었지만 그를 이용하지 못했다. 이것이 그가 나에게 잡힌 까닭이다.

술자리에서 유방이 천하를 자신의 손에 넣고 자랑스럽게 이야기한 말이다. 보통 사람들은 유방과 신하가 이익을 함께할 수 있었기 때문에 천하를 얻었다고 생각하지만, 자신은 장량, 소하, 한신이라는 훌륭한 영걸을 쓸 수 있었기 때문에 승리했다고 말한다. 과연 초한 쟁패에서 사람

쓰는 일 하나로 항우가 패했다고 할 수는 없겠지만 사람을 쓰는 일에서 그 단초가 생긴 것은 사실이다.

항우는 명문가의 자긍심과 자신의 용력에 자부심을 느껴 재주 있는 사람을 쓰는 데 인색했다. 앞에서 말한 것처럼 자신이 좋아하는 재능을 가진 사람만을 좋아하여 결국 다른 재능 있는 사람들을 받아들이지 못했다. 범증의 경우가 특히 그렇다. 범증이 수차례 유방을 제거하라고 계책을 올렸으나 자만심으로 그러지 못하고 오히려 진평의 계략으로 그를 의심하고 결국 내쫓는다.

이렇듯《인물지》는 용인이라는 면에서 군주의 자질과 관련하여 중요한 메시지를 던진다.

> 만약 군주의 치국지도가 평담하지 않아서(중용의 덕에 이르지 못해서), 한 가지 재능만을 가진 사람을 여러 곳에 일률적으로 쓰기를 좋아한다면, 그 한 가지 재능을 가진 사람이 모든 권한을 갖게 되어 여러 가지 다른 재능을 가진 사람들이 적합한 임무를 잃게 된다.

일을 아는 것은 신하의 도이지만, 사람을 아는 것은 군주의 도다. 군주가 한 가지 재능을 가진 사람만 좋아하면 도를 잃는다는 것이다. 군주가 자신의 마음에 맞는 사람만 가까이하고, 자신의 뜻을 거스르고 간언하는 사람들을 멀리할 때, 반드시 문제가 생긴다. 이 경우 최악의 경우가 간신과 그 사람만을 알아주는 어리석은 군주[禹君]의 조합이다.

그래서 청절가 안영은, 제 경공이 양구거梁丘据라는 신하를 총애하여 그가 무슨 짓을 해도 죄를 묻지 않고, 오히려 "양구거는 나와 마음이 가장 잘 맞는 사람이네"라고 말하자, 단박에 간언한다.

임금과 신하가 마음이 잘 맞는다는 건 임금이 달다 하면 신하는 시고, 임금이 싱겁다 하면 신하는 짠 것을 말합니다. 서로 보완하여 완전을 기하는 것입니다. 양구거는 임금이 달다고 하면 자기도 달다고 하면서 임금을 떠받들 줄만 아는 자입니다. 그런데 어째서 마음이 잘 맞는다고 하십니까?

군주와 신하의 궁합이란 한통속이 되는 것이 아니라는 말이다.

상·주시대
이상적인 인재들의 시대

| 세상이 변하면 필요한 인재도 변한다 |

유소가 치국의 원리를 덕, 법, 술로 나누고 그것을 기준으로 재질을 분류한 것은 나름 그 시대의 역사성을 반영한 것이다. 잘 알려진 것처럼 주나라의 봉건적인 정치 질서가 점차 무너지고 부국강병, 약육강식의 춘추전국시대가 시작되면서 제자백가諸子百家라고 하는 새롭게 등장한 지식인들에 의해 치국에 대한 다양한 방법론이 제시되었다.

공자와 맹자는 덕을 치국의 도리로 삼았고, 상앙, 한비자韓非子, 이사李斯는 법을 그 도리로 삼았다. 소진蘇秦과 장의張儀는 합종合從과 연횡連橫이라는 외교술을 치국의 도리로 삼았으며, 노자老子와 장자莊子는 무위無爲와 작은 나라를 정치적 이상으로 삼았고, 묵자는 겸애兼愛와 전쟁 반대를 실천 방안으로 제시했다. 이처럼 우수한 인재들이 학파를 이루어 배우고 자신의 치국 방략方略을 군주에게 유세하여 관직을 얻고 천하의 일을 처리했다.

사실 덕, 법, 술이라는 일종의 통치 방식은 춘추전국시대를 거치면서 왕도와 패도 논쟁, 덕치와 법치 논쟁 등을 통해 정립된 이론이다. 중국 역사를 들여다보면 덕, 법, 술이 시대의 필요에 따라 혹은 리더의 편향에 따라 어떤 경우는 덕, 어떤 경우는 법, 어떤 경우는 술이 강조될 뿐 통치 원리로서 덕, 법, 술은 항상 함께 사용된 방책이었다.

춘추전국시대처럼 각각의 제후국이 자신의 땅을 넓히기 위해 서로 싸우던 시기에 덕치는 사실상 정치적 실천 방안으로서 의미를 상실했다. 변법을 시행하여 구체제를 개혁하고, 부국강병에 효과적인 법과 술이 득세한 시기가 바로 이 시기다. 덕치를 주장하고 자신의 정치적 이상을 실행하고자 천하를 주유한 공자와 맹자가 이 시기에 등용될 수 없었던 것은 사실 당연했다.

반면 천하가 비교적 안정된 시기에는 덕치가 정치가들의 이상적 모델로 수용된다. 가혹한 진나라의 법이 가져온 폐해는 결국 한나라의 등장으로 이어졌고 유교가 국교로 정해지면서 이후 중국은 덕치를 이상으로 하는 정치 이데올로기가 전면적으로 등장한다. 그렇다고 해서 이 이후의 역사가 덕치로 이루어졌다는 이야기는 아니다. 여전히 황제 한 사람에게 권력이 집중된 당시의 통치자들에게 덕치는 그야말로 통치의 명분이었고, 실제 정치에서 황제권을 강화하기 위해 여러 형태의 법과 술이 함께 쓰였다. 이런 과정에서 유소가 덕, 법, 술이라는 기본 원리를 세운 것이다.

중국의 역사는 유소가 활약하던 위진남북조시대를 지나서 지금까지 계속 이어졌다. 5호16국이라는 대분열기에 덕, 법, 술의 이치는 또 어떻게 바뀌었을까? 이 대투쟁을 종식시키며 다시 등장한 통일 왕조 수隋와 당唐은 또 진한秦漢 시기와는 다른 특성을 지녔다. 이 시대에는 과거라는 새로운 인재 등용 방법이 생겼고, 인재에게 요구되는 특성은 더 세분화되었다.

이어 등장한 요遼, 금金 등의 북방의 민족들이 세운 왕조들은 좀 더 소박하고 간소한 인재상을 세웠다.

송宋나라에 이르면 인재상은 문인상으로 바뀐다. 대체로 글을 잘 쓰고 말을 잘하는 사람이 기본적인 인재로 대접을 받았다. 하지만 송을 멸망시킨 몽골족은 달랐다. 활달한 몽골의 군주들이 보기에 복잡한 한자로 된 말과 글을 잘 쓰는 유자儒者들은 겉과 속이 다른 속물들이었다.

중국 역사상 거의 유일하게 남방에서 올라와 정권을 잡은 명明나라는 원元나라와는 정반대 방향으로 다시 달렸다. 주원장은 황실 이외에 웅재들이 할거하는 것을 참을 수 없었다. 과연 영웅시대의 종언이라고 말할 만했다. 명도 한 시대를 풍미했지만 이 시대가 만든 인재들은 대체로 너무나 자잘해서, 만주에서 온 누르하치奴爾哈齊나 홍타이지(청 태종)처럼 큰 활을 든 영웅들에 맞서기에는 역부족이었다. 유학에 치우친 인재들은 모두 자기 끄나풀들을 불러 모아 파당을 만들기에 바빴으니, 수억 인구 중 진정한 영웅은 백사장에서 진주 찾기보다 어려웠다. 명을 대신해 중원을 정복한 만주족의 청淸나라는 이전 시대를 다시 정리해 변증법적으로 새로운 인재상을 찾았다.

세상은 변하고, 조직도 계속 변한다. 그리고 인재상도 역시 변한다. 필자가 보기에 고전은 매우 훌륭한 선생이지만, 고전의 끄트머리를 가지고 아전인수 격으로 해석할 경우에는 안 읽느니만 못할 수도 있다. 그래서 고전을 읽을 때는 완벽하지 못할지라도 항상 역사적인 맥락을 염두에 두어야 한다. 이 책에서 선정한 고사들은 각 시대의 특징에 따라 계통적으로 분류되어 있다. 이 고사들 위에 독자 스스로의 사고를 더한다면 고전의 가치는 더욱 빛날 것이다.

| 가장 오래된 시절의 가장 큰 인재들: 이윤과 강태공 |

이제 우리는 중국사에서 가장 오래된 시기의 두 인재를 살펴볼 것이다. 한 명은 탕왕을 도와 하夏나라를 멸하고 상商(은)나라를 세운 이윤이며, 또 한 명은 문왕과 무왕을 도와 상나라를 멸하고 주周나라를 세운 강태공이다.

　그런데 왜 이들 이야기부터 시작할까? 중국 인문학의 시작은 탕왕과 이윤의 고사, 문왕·무왕과 강태공의 고사에서 시작한다고 해도 과언이 아니다. 《인물지》는 이윤과 강태공을 '국체', 즉 국가의 몸통이라고 칭하고, 이들은 덕, 법, 술의 세 가지 재질을 모두 갖추었다고 말한다. 이런 인재를 알아보는 사람은 중용의 덕을 갖춘 '군주'밖에 없다. 그러니 국체는 최고 수준의 인재이며, 이런 인재를 쓸 수 있는 군주 역시 최고 수준의 군주다. 공부를 할 때는 일단 최고 수준을 이해한 후에 각론으로 들어가는 것이 순서다.

　최고 수준의 인재와 최고 수준의 군주란 현실에서 찾아보기 힘들기에 오랜 과거의 사람에게만 이런 영예로운 칭호를 주는 것이다. 이들의 고사는 인재 이론의 출발점이라고 할 수 있다. 또 이 고사는 공자와 사마천을 비롯한 많은 후대 학자들의 염원이 들어 있다. 그래서 우리도 이 최고 수준에서 출발해 아래로 내려갈 것이다. 이윤의 이야기는 대략 3천 5백 년 전의 일이고, 태공의 이야기는 3천 년 전의 일이다.

칭찬해도 움직이지 않고 욕을 먹어도 멈추지 않는다, 이윤

먼저 이윤을 보자. 상나라의 군주는 제사장이었다. 상나라의 군주는 중원 부족들의 맹주이며 제사를 주관하는 사람이었다. 상나라 이전의 권력은 사실 소박한 것이었다. 우禹 임금이 치수를 할 때 그는 대단한 능력을 가진 신하를 써서 업적을 쌓은 것이 아니라, 여러 부족민들을 모으고 자신이 몸소 흙을 나르며 제방을 쌓았다. 하나라의 마지막 임금 걸이 망한 것도 자신의 물리적인 힘을 믿고 방자하게 행동해서 그렇게 된 것이다. 우는 착한 왕이었고 걸은 나쁜 왕이었지만 그들의 치적과 과오는 근본적으로 개인의 것이었다.

그러나 탕은 신하인 이윤의 힘으로 상나라를 세운다. 그러니 이윤은 중국사에서 군주가 등용하여 전권을 맡겨 성공한 인물의 시조라고 할 수 있다. 바야흐로 이윤과 함께 인재들이 활약하는 시대가 열린 것이다.

《사기》는 이윤과 탕왕의 만남에 대해 두 가지 설을 제시한다. 하나는 이윤이 탕을 만나보고자 했으나 방법이 없어 유신씨 여자가 탕왕에게 시집갈 때 노비로 가서 솥과 도마를 지고 탕에게 음식의 맛을 이야기를 하면서 왕도를 행하게 했다는 이야기다. 다른 하나는 오고초려五顧草廬 이야기다. 이윤은 본래 은사隱士였는데 탕이 사람을 보내 그를 초빙했으나 다섯 번째야 비로소 나아갔다고 한다. 이윤이 탕왕에게 소왕지도素王之道와 아홉 가지 군주의 우열을 논하자, 탕은 곧 그를 등용해 국가를 다스리게 했다고 한다. 이윤이 탕왕을 찾아갔든 탕왕이 이윤을 불렀든 아무튼 군주와 신하가 서로 알아본 것이다.

《사기》에는 이런 고사가 남아 있다. 어느 날 이윤이 교외에서 그물을 치는 사람을 보았는데, 그는 사방에 그물을 치고 이렇게 축원을 하고 있었다. "천하의 모든 것이 내 그물로 들어오게 하소서." 그러자 이윤이 삼면의 그물을 거두게 하고 이렇게 축원하게 했다. "왼쪽으로 가고 싶은 것은 왼쪽으로, 오른쪽으로 가고 싶은 것은 오른쪽으로 가고, 내 명을 따르지 않은 것만 잡히게 하소서." 이것은 이윤이 목민의 대법을 말한 것이다.

《여씨춘추呂氏春秋》는 이런 설을 전한다. 탕이 이윤을 얻자 그를 위해 액을 없애는 제사를 지내고 짐승을 희생으로 잡아 피를 발랐다고 한다. 그 다음날은 이윤에게 정사를 물었는데, 요리사였던 이윤은 정사를 요리에 빗대어 이렇게 대답한다. "물에 사는 동물은 비린내가 나고, 육식동물은 누린내가 나며, 초식동물은 노린내가 납니다. 냄새 나는 것, 더러운 것, 유초, 감초 등은 모두 쓸모가 있습니다." 이윤이 인재를 쓰는 대원칙을 밝힌 것이다.

또 이런 고사가 있다. 탕은 이윤을 보내 하나라를 염탐한다. 돌아온 이윤은 "하나라의 명이 다했습니다"라고 보고한다. 《여씨춘추》는 전국시대의 책답게 탕왕과 이윤을 짐짓 모략에도 능한 사람으로 그리고 있다.

그런데 이와는 다른 이야기도 전해진다. 탕은 걸이 학정을 일삼는 것을 보고 이윤과 같은 이가 보좌하면 나라가 올바로 다스려질 것이라 믿고 이윤을 여러 차례 걸에게 보냈지만, 걸이 이윤의 간언을 듣지 않아 매번 돌아온다. 그 후 걸의 횡포로 백성들의 마음이 떠났다는 것을 안 탕은 재상이 된 이윤의 도움을 받아 하나라를 멸하고 새로운 왕조를 세운다는 것이다.

지금 와서 이윤이 실제로 어떤 사람인지 자세히 알기는 어렵다. 그러나 《인물지》의 방법처럼 이윤의 말을 통해 그의 자질을 알아볼 수는 있다. 이윤의 문장은 《서경》에 남아 있다. 뛰어난 문장 셋만을 골라본다.

모두 인사에 관한 것들이다. 그는 탕왕을 이은 왕인 태갑太甲에게 이렇게 훈계한다.

상왕께서는 정치하실 때, 위에 거할 때는 능히 밝으셨으며, 아래에 거할 때는 충성을 다하셨습니다. 남에게 모두 갖추라 하지 않으시고[與人不求備], 자신은 (겸허하게) 못 미치는 사람으로 살피셔서[檢身若不及], 이로써 여러 나라까지 미치셨으니, 이 얼마나 어려운 일입니까?

이윤은 인재를 쓰는 군주의 태도를 말했다. 군주가 밝지 못하면 인재를 얻을 수 없다는 것이다. 그런데 태갑은 탕왕을 본받지 않고 방탕했다. 이윤이 간해도 듣지 않자 그는 이렇게 말한다.

그분은 의를 버렸고, 또 그것이 습관이 되었습니다. 나는 의를 따르지 않는 사람과 가까이할 수 없습니다[予弗狎于弗順]. 태갑을 동桐 땅에 보내 탕왕 곁에서 반성하게 합시다.

이로 보면 이윤은 후대의 어떤 신하도 감히 하지 못하는 일을 했다. 임금의 잘못을 물어 임금을 유배 보낸 것이다. 많은 사람들이 이윤의 본심을 의심했지만 정작 그 자신이 왕이 될 생각은 없었다. 결국 3년이 지나 이윤은 태갑을 모시러 갔다. 태갑은 새 사람이 되어 있었다. 이윤은 왕께 경하를 드렸고, 왕은 엎드려 절을 하며 그에게 "전에 스승의 훈계를 몰라보고 저를 망쳤습니다. 바로잡아 주신 덕에 의지하여 끝까지 잘 다스리겠습니다"라고 말했다.

이윤은 다시 엎드려 절을 하며 말한다. 이 말 속에 이윤의 정치사상이

들어 있다.

> 하늘은 딱히 친한 이가 없고 다만 능히 공경하는 이를 친하게 대하며, 백성은 항상 우러러보는 이가 없고 다만 인의를 갖춘 이를 우러러봅니다. 덕이 있으면 다스려지고 덕이 없으면 어지러워집니다. 몸을 닦은 자와 일을 하면 어찌 흥하지 않고, 어지러운 자와 함께하면 어찌 망하지 않겠습니까? 처음부터 끝까지 함께할 자를 선택함에 신중하시면 덕은 후세까지 빛날 것입니다.

다시 인사로 돌아가서 이윤을 말해보자. 이윤은 다음과 같이 세 가지를 주장한다. 첫째로, 이윤은 군주는 남이 갖추지 못했다고 나무라지 말고(인재가 없다고 한탄하지 말고) 스스로를 닦으라고 한다. 둘째로, 이윤은 하늘은 오직 덕을 보고 보살필 뿐 왕이 좋아서 보살피는 것이 아니며, 백성은 왕의 덕을 보고 따를 뿐 왕이 좋아서 따르는 것이 아니라고 말한다. 마지막으로, 이윤은 훌륭한 인재와 같이하면 반드시 흥한다고 말한다.

그런 이윤은 어떤 행동을 한 사람이었나? 그는 하나라를 전복시켰고, 또 자신의 군주를 유배 보냈다. 이윤은 원래 왕을 무조건 따르는 사람이 아니었다. 왕조가 못하면 하늘은 당연히 그를 버리는 것이니 새 왕조를 세우고, 왕이 왕답지 않으면 백성이 왕을 버리니 스스로 그 왕을 교정하겠다고 말한다. 이렇게 보면 이윤은 일반적인 유가의 범주를 벗어난 사람이다. 무슨 말인가? 이윤은 일반적인 인재가 아니라 그릇된 것을 뒤엎는 '혁명적인 사고'를 가진 사람이었다. 유소가 이윤을 국체로 내세운 것은 이윤이 나라도 세웠지만 그저 왕을 따르는 것이 아니라 새

시대를 여는 혁명적인 행동을 했기 때문이다.

덕, 법, 술을 모두 갖추고, 또 일세의 '도덕적인' 방향까지 잡는 인재가 바로 국체다. 그래서 국체를 받아들일 때는 스승을 받아들이는 것처럼 해야 한다. 탕왕이 이윤을 다섯 번이나 찾아가고, 또 그를 얻고는 천지신명에게 감사하고 따랐던 것도 다 이 때문이었다.

어떤 군주가 과연 이런 인재를 얻을 수 있을까? 큰 인재를 대할 때 탕왕과 같은 공손한 마음이 없었으면 어떻게 이윤이 있었을까? 최고의 인재는 최고의 예우를 갖추어야 하며, 사실상 쓰는 것이 아니라 따르는 것이다. 맹자는 이윤을 '성인으로서 사명을 자임했던 사람'으로 찬양했다. 《맹자》의 〈만장萬章 하下〉에는 이윤의 말이 나온다.

> 누구를 섬긴다고 해서 (그가) 임금이 아니며, 누굴 다스린다고 해서 (그들이) 백성이 아니겠는가? 천하가 잘 다스려질 때도 나아가 벼슬했고, 어지러울 때도 나아가 벼슬했다[何事非君, 何事非民, 治亦進, 亂亦進].

이어 "천하의 백성들 가운데 지극히 평범한 한 남자와 여자일지라도 요 임금이나 순 임금의 혜택을 입지 못하는 자가 있으면, 마치 자기가 그들을 구렁텅이 속으로 밀어 넣은 것으로 생각했다. 그는 천하를 다스리는 막중한 책임을 스스로 믿고 나섰던 것이다"라고 이윤을 극찬했다. 잘못된 군주를 벌하는 맹자의 혁명 사상의 근저에도 이윤이 있었던 것이다.

미신의 세계에서 합리의 세계로, 강태공

그럼 강태공은 어떤가?

주나라는 곧 중국이었다. 이전 상나라의 군주는 여전히 제사장이었다. 그러나 주나라의 군주는 달랐다. 주나라는 황하 유역에서 일대 문명을 세운 국가다. 그 문명은 극히 화려했다. 그래서 공자가 '찬란하다'라고 한 것이다.

주나라는 상나라보다 훨씬 정교한 통치 체제를 만들었다. 상나라는 하나의 큰 종족 국가였지만, 주나라는 명목상으로 여러 국가들을 제도적으로 다스리는 봉건 체제의 중심 국가였다.

주대에는 농민들에게 착취를 줄이고, 그들의 생산력을 제고시키려고 부단히 노력했다. 금속 농기구가 확산되면서 이전과는 질적으로 다른 시대가 열렸던 것이다. 그래서 주나라 이후를 진정한 역사시대로 보는 학자들이 많다. 이 체제를 연 사람이 우리가 흔히 강태공이라 부르는 태공망 여상이다.

문왕과 강태공이 만나는 과정도 《사기》에 나와 있는데, 설이 여러 가지다. 당시 주나라는 제후국이었는데, 훗날 문왕으로 알려진 서백西伯 창昌이 다스리고 있었다. 어느 날 서백이 사냥을 나가기 전에 점을 쳤는데, 괘사卦辭가 "이번에 얻는 것은 용도 아니고 이무기도 아니며, 곰이나 범 따위의 짐승도 아닙니다. 패왕의 보좌가 될 만한 인물입니다"라고 나왔다.

과연 그날의 사냥에서는 위수渭水 강가에서 낚시하던 강태공을 만났다. 당시 강태공의 나이가 거의 80세였다고 한다. 서백 창은 낚시하던 강태공과 잠시 나눈 대화에서 그가 인물임을 알아본다.

그리고 서백은 "일전에 우리 선고先考이신 태공太公께서 말씀하시기를, '세상 이치를 통달한 분이 주나라에 와서 우리 주나라가 그로 인해 일어난다'고 하시더니, 선생께서 바로 그분이 아니십니까"라고 말하며, 태공이 오랫동안 바랐던 사람이라는 뜻으로 태공망太公望이라 칭하고 국사로 맞아들였다.

어떤 사람들은 그들의 만남에 대해 이렇게 말한다. 견문이 넓었던 태공망은 일찍이 상나라 주왕紂王을 섬기려 했으나 그가 포악무도해 상나라를 떠나 주유 열국하면서 각 제후국에 유세했다. 하지만 자신을 알아주는 군왕을 만나지 못하고, 마지막으로 서백을 만났다고 한다.

또 어떤 사람은 여상은 본래 바닷가에서 은거하는 은사였는데, 서백이 주왕에 의해 감금되었을 때 산의생散宜生과 굉요閎夭 등이 여상의 능력을 알고 도와 달라고 청하자, "내가 일찍이 서백이 현명하다고 들었다. 자선으로 노인을 부양한다고 들었는데, 어찌 그를 돕지 않겠는가"라고 말하며 주왕에게 미녀와 보물을 바치고 서백을 감옥에서 빼냈다고 한다.

이렇듯 문왕과 강태공의 만남에 대한 이야기는 다르지만 모두 강태공이 문왕의 국사가 되어 함께 천하를 구제할 뜻을 세웠다는 점은 동일하다.

이후 문왕은 강태공의 조언에 따라 덕정을 베풀면서 암암리에 세력을 모아 상나라를 전복시킬 계획을 세운다. 문왕이 "어떻게 사람들의 마음을 모으면 천하가 돌아와 복종합니까?"라고 묻자, 강태공은 다음과 같이 답한다.

> 천하는 한 사람의 천하가 아니며 온 백성들의 천하입니다. 천하의 이익을 함께하는 자는 천하를 얻고, 천하의 이익을 독차지하려는 자는 천하를 잃습니다.

문왕은 태공의 계책에 따라 공평한 정치를 행하고 주변국을 복속해 천하의 3분의 2를 주나라에 귀순시킨다. 반면 상나라의 주왕은 잦은 대외 정벌과 폭정으로 백성들과 주변 부족들의 민심을 잃고 있었다. 주왕은 조세를 과중하게 매겨 녹대鹿臺라는 보물 창고를 가득 채우고, 미인 달기妲己를 총애하여 주지육림酒池肉林의 사치와 향락을 즐기면서도 백성들에게는 형벌을 무겁게 해 원성을 샀다.

그 후 문왕이 죽고 무왕이 즉위한다. 무왕도 강태공을 사상보師尙父라고 칭하고, 함께 상나라를 멸망시킬 준비를 적극적으로 추진한다. 반면 주왕의 폭정은 날로 심해져 미자微子가 간해도 듣지 않고, 충간하는 왕자 비간比干의 심장을 도려내 죽이고, 충신 기자箕子를 구금한다. 그러자 귀족들도 하나둘씩 상나라를 떠난다.

무왕과 강태공은 마침내 때가 이르렀음을 확인하고 용庸, 촉蜀, 강羌, 모髳, 미微 등의 연합군과 함께 상을 멸하기 위해 맹진 나루에 모였다. 이제 이들과 함께 상나라를 치기만 하면 되었다. 그런데 문제가 있었다. 대군이 출발하기 전에 무왕이 산의생에게 점을 치게 했는데 거북점을 쳐도 징조가 좋지 않고, 시초蓍草(점을 칠 때 사용하는 풀)로 점을 쳐도 조화되지 않고 마치 꺾인 듯한 점괘가 나왔다. 게다가 거사를 하려는 날에 비가 와서 치중차의 뒤턱까지 물이 찼고, 바람이 세차게 불어 깃대가 세 대나 부러졌다.

그러자 산의생이 "이는 흉한 징조입니다. 네 가지가 불길하니 거사를 할 수 없습니다"라고 말한다. 그러자 태공이 이렇게 말했다.

> 이것은 그대가 잘못 알고 있는 걸세. 군주께서 출정하시는 마당에 비가 와서 치중차를 적시는 것은 우리의 병기와 갑옷을 씻어주는 것이란 말일세.

이후 1천 년이 지난 진과 한에 이르러서도 궁정의 중요한 일은 모두 점을 쳤는데, 당시 점이란 얼마나 중요했겠는가! 무왕과 군신들 모두가 불길한 징조로 인해 두려워하며 동요했다. 하지만 강태공만은 이를 무시하고 공격을 해야 한다고 주장한다. 태공은 용, 촉, 강, 모, 미 등 지방의 소수민족 군대까지 다 모인 그때, 더 머뭇거리지 않고 이렇게 말한다.

"연합군을 모은 지금, 어찌 점괘 따위에 의지할 수 있단 말인가?"

그리고는 거북 껍데기와 시초를 내던지고 진군의 북을 두드리며 강을 건넌다. 결국 태공의 말에 따라 무왕은 군사를 움직였고 목야牧野에서 상나라를 멸했다. 이처럼 태공은 미신의 세계에서 합리의 세계로 나가는 '혁명적 정신'이 있었다. 그러기에 새로운 유형의 국가가 만들어졌던 것이다.

상나라를 멸한 후 강태공은 제齊 땅에 봉해져 춘추전국시대의 최대 강국 제나라의 창시자가 된다. 당시 제나라 땅은 주나라 동쪽의 변방으로 영토도 협소했고 인구도 적었으며 땅도 척박했다. 또한 주나라와는 풍속이 다른 동이東夷가 거주하는 땅으로 정치적으로도 불안한 지역이었다. 그래서 강태공은 현지의 풍속에 의거하여 각종 예의를 간소화하고, 농·공·상업을 장려하며 어염 생산을 늘려 제나라를 강대국으로 만든다.

태공이 제나라에 부임한 후 불과 5개월 만에 정사를 주공周公에게 보고하니, 주공이 어떻게 이렇게 빠를 수 있는지를 묻자 태공이 말한다.

군신의 예를 간소하게 하고 그 고장 풍속에 따라 모든 백성이 알기 쉬운 정치를 했습니다. 그래서 이렇게 빨리 보고를 드릴 수 있게 된 것입니다.

반면 제나라에 인접한 노나라 땅에 간 주공의 아들 백금伯禽은 3년 만에야 주공에게 정사를 보고한다. 주공이 한숨을 쉬며 늦은 이유를 묻자 백금은 "저는 그 고장 풍속과 예절 규범을 근본적으로 뜯어 고치고, 백성들에게 삼년상을 지키도록 가르쳤습니다. 그래서 늦은 것입니다"라고 대답한다.

그러자 주공은 한숨을 내쉬며 이렇게 탄식했다고 한다.

나라의 명령이 지나치게 번잡하면 백성들이 달갑게 생각하지 않는 법이다. 백성들이 속박을 느끼지 않고 스스로 따라오도록 하는 것이 정치의 기본이다. 슬프도다. 우리 노나라는 머지않아 제나라의 속국이 될 것이다.

강태공의 인사 정책과 관련해서 《여씨춘추》의 〈장견長見〉에는 다음과 같은 이야기가 나온다.

강태공과 주공 단旦은 각각 제나라와 노나라 땅을 분봉받은 후 서로에게 어떻게 나라를 다스릴 것인지를 묻는다. 태공은 '존현상공尊賢上功'이라고 하고, 주공 단은 '친친상은親親上恩'이라고 답한다. '존현상공'이란 현자를 존중하고 공 있는 사람을 우대하는 용인 방식인 반면, '친친상은'은 종법 제도에 기초하여 세습적 귀족을 중심으로 나라를 다스리는 방식을 말한다. 이에 강태공이 "노나라는 이로 인해 쇠약해질 것이다"라고 하자, 주공은 "노나라가 비록 쇠해지더라도 제나라 또한 후대는 반드시 여씨(강씨)가 아닐 것이다"라고 말한다. 두 사람의 말대로 이후 제나라는 날로 강대해져 패업을 이루었으나 24대째에 신하인 전성자田成子에 의해 성씨가 바뀌었고, 노나라는 비록 쇠퇴하기는 했지만 34대째에 이르러 초나라에 의해 망하게 된다.

이로 보건대 인사에 관한 한 태공이나 주공 모두 원견遠見을 가지고 있었다고 할 수 있다. 강태공의 '존현상공'의 인사 기풍은 이후에도 계속 이어진다. 후일 제 환공이 자신을 암살하려 했던 정적 관중을 등용하여 패업을 이룰 수 있었던 것도 모두 강태공의 인사 정책인 '존현상공'의 유풍이 체현된 것이라 할 수 있다.

―――――――――

역사에서 이윤이나 강태공은 포악한 군주를 몰아내고 새로운 왕조를 세우는 역성혁명의 군주를 보좌한 이상적인 인물로 묘사된다. 특히 그들은 덕, 법, 술의 세 가지 재질을 완벽히 갖추고 있어 자신을 등용한 탕왕과 문왕의 후대까지 국사로서 존경을 받는다. 이런 미담은 역대 창업 공신들 대부분이 일을 이룬 후 숙청되는 이후의 역사와는 사뭇 대조되는 부분이다. 후대에 의해 많이 미화되었겠지만 이윤과 강태공은 최상급의 인재가 갖는 기본적 재능에 새로운 시대를 여는 혁명적인 정신이 더해진 인재였다. 그래서 유소도 이들을 '국체'라 부르고 최고의 반열에 놓은 것이다. 그들이 군주들과 나눈 이야기는 모든 인사의 기본을 알려 준다.

'최고의 인재는 쓰는 것이 아니라 모시는 것이다.'

4

인재는 말하는 능력으로 구분할 수 있는가
재리材理

서로 다른 가치관과 성정을 가진 인재가 말 속에서 어떻게 자신을 드러내는지를 설명함으로써, 통달한 인재가 갖추어야 할 덕목을 제시한다.

요즘은 국가 간의 외교나 협상, 비즈니스 상담, 각종 프레젠테이션, 조직 내의 원활한 커뮤니케이션 등에서 말 잘하는 사람이 득세하는 시대다. 여기에 영어라는 외국어까지 능숙하게 해야 하니 정말 '말재주' 없는 사람은 출세하기 힘든 세상이다.

공자가 옹雍은 어질지만 말재주가 없다는 말을 듣고 다음과 같이 이야기한다.

"말재주가 좋은 것이 무슨 소용이 있느냐? 약삭빠른 말재주로 남과 상대하면 오히려 미움만 사게 될 뿐이다. 옹이 어진지는 모르겠으나, 말재주를 무엇에 쓰겠느냐!"

비록 공자는 까칠하게 말했지만, 이는 말재주를 부정한 것이라기보다는 말의 진정성과 실천에 대한 이야기를 강조한 말일 것이다.

물론 말과 그 내용은 항상 일치되어야 한다. 그것이 진짜 '말재주'다. 이런 말재주는 과거에도 주요한 인재 평가의 항목이었다. 《인물지》의

네 번째 장 〈재리〉는 앞서 〈구징〉에서 말한 언담을 통해 사람을 평가하는 구체적인 방법을 제시한다. 상대가 말하는 내용을 잘 살피면 그 사람이 갖는 가치관이나 성정의 장단점을 알 수 있다는 것이다. 즉, 인재가 펼치는 논리로 인재의 특성과 장단점을 파악하고 그가 어떤 유의 인재인지를 알아보는 방법이라 할 수 있다.

예나 지금이나 대화를 통해 사람을 알아가는 것은 기본 가운데 기본이다. 잘 알려진 제갈량과 유비의 만남도 그렇다. 유비와 제갈량의 만남을 그린 '삼고초려三顧草廬'는 《삼국지》〈촉서 제갈량전蜀書 諸葛亮傳〉에 나오는 말이다. 당시 유비는 수하에 관우나 장비와 같은 용맹한 장수는 있었지만, 조조에게 밀리는 이유를 전략과 전술에 뛰어난 지혜로운 참모가 없기 때문이라는 것을 깨닫고 유능한 참모를 물색하기 시작한다. 그러던 중 서서徐庶와 사마휘로부터 제갈량을 소개받아 삼고초려 끝에 비로소 제갈량을 만나 수어지교水魚之交의 연을 맺는다.

이 이야기는 유능한 인재를 얻기 위해서는 인내심을 발휘하고 최선을 다해야 한다는 뜻으로 많이 인용되어 왔지만, 이를 제갈량의 관점에서 보면 말과 논리가 어떻게 등용으로 이어지는지를 잘 보여준다.

스스로를 관중과 악의에 비유한 제갈량이었지만, 문제는 최주평崔州平과 서서, 사마휘 등 몇 명을 제외하고는 아무도 알아주지 않았다는 사실이다. 마음 급한 유비만이 소문을 듣고 찾아와 천하 대사에 대한 자문을 구한다. 제갈량으로서도 기회가 온 것이다. 어떻게 이 기회를 잡을 것인가? 자신의 뜻과 생각을 말로 표현한 것이다. 이것이 바로 천하삼분지계天下三分之計의 전략을 이야기한 '융중대隆中對'다.

스물일곱 살에 불과하던 제갈량은 천하 정세를 분석한 다음, 먼저 형주와 익주를 차지해 이를 기반으로 삼아 '밖으로는 손권과 연합하고 안으로는 정사를 잘 다스리며' 기다리다가, 천하의 형세가 변하는 것을 보아 도모한다면 패업을 이룩하고 한나라 왕실을 부흥할 수 있다는 전략을 내놓는다.

지금까지 마음속의 뜻은 크나 방법을 몰라 어찌할 줄 모르던 유비에게 이런 큰 그림을 그려주니 유비는 감동할 수밖에 없었다. 즉, 유비가 제갈량을 만나는 이 이벤트의 핵심은 제갈량이 제시한 정치적 비전에 유비가 감동하고 자신과 제갈량의 관계를 수어지교의 연으로 인식한 것이다.

이처럼 《인물지》에서 말한 '언담을 보고 인물을 평가한다'는 말은 먼저 그 사람의 말이나 글을 통해 그 사람이 어떤 성정과 가치관을 가지고 있고, 그 성정과 가치관이 얼마만큼 이치에 맞는지를 파악한 후 그 사람의 재질과 능력을 판별하는 내용이다.

| 세상을 이해하는 네 가지 이치 |

《인물지》는 사물의 형성 원리도 다양하고 사람마다 타고난 재질과 성정도 각각 다르기 때문에 사람이 이치를 이해하는 방식, 즉 가치관 또는 세계관도 각각 다르다고 이야기한다. 그리고 사람마다 사물을 이해하고 해석하는 관점을 도道, 사事, 의義, 정情 네 가지로 분류한다. 이것이 앞에서 나온 덕, 법, 술과 상응한다는 것을 독자들은 곧 느낄 것이다. 그러면 덕, 법, 술이 어떻게 논리로 표출되는지를 《인물지》의 이야기를 들어보자.

그러므로 재질이 고요하고 담백(평담, 중용)하며, 생각이 깊고 현묘하여 자연의 도리에 통달할 수 있는 사람은 '도'의 이치를 이룬 사람이다. 재질이 명석하고 기민하여 권모와 방략이 많아서 번잡하고 시급한 일을 잘 처리할 수 있는 사람은 '사'의 이치에 일가를 이룬 사람이다. 재질이 화평하고 예교를 논할 수 있어서 그 득실을 논할 수 있는 사람은 '의'의 이치에 일가를 이룬 사람이다. 재질이 세밀한 조짐을 잘 알아채고 사람의 본뜻을 추측하는데 능하여 그 변화에 적절히 대처할 수 있는 사람은 '정'의 이치에 일가를 이룬 사람이다.

도의 이치를 아는 것은 중용의 군주와 국체의 인사가 가진 미덕이고, 사의 이치를 아는 것은 법과 제도를 이해하는 사람인 법가(법)의 미덕이며, 의의 이치를 아는 것은 예와 교육을 행하는 유가(덕)의 미덕이며, 정의 이치를 아는 것은 술가(술)의 미덕이다. 이 부분은 앞에서 나온 것이 약간의 변주를 통해 반복되고 있다.

그런데 앞에서 말한 것처럼 세상을 이해하고 해석하는 이치가 다르고, 또 그것에 통달한 정도가 개인마다 다르기 때문에 외부로 표현되는 생각이나 말의 이치에도 편차가 있을 수밖에 없다. '윤리'라는 관점으로 세상을 보는 것과 '정'이라는 관점으로 세상을 이해하는 것은 다르다. 게다가 앞에서 말한 각각의 이치에 통달하지 않은 사람, 즉 어설픈 전문가라면 그 차이는 더욱 심할 수 있다.

그래서 상대의 말을 듣고 글을 보면 그 사람이 어떤 생각을 가지고 있는지, 즉 그가 가진 가치관이나 철학의 근거를 알 수 있다. 또 상반된 가치관이 경합하여 논쟁이 일어날 때 그 사람의 대응 태도를 보면 그 사람 성정의 장단점이 드러나기 마련이다.

│ 말에서 드러나는 사람의 아홉 가지 특성 │

사람은 말 속에서 자신의 특성을 드러낸다. 즉, 사람마다 타고난 성정의 차이는 사물의 이치를 이해하는 방식에도 영향을 미치게 되고, 말이나 글로 자신을 표현할 때도 그대로 드러난다. 그래서 《인물지》는 성정의 특성별로 사물의 이치를 이해하는 과정에서 드러내는 문제점을 다음과 같이 아홉 가지로 분류하여 이야기한다.

첫째, 굳세지만 건성건성한 사람은 미세한 일을 처리할 줄 모른다. 그러므로 큰 원칙을 이야기할 때는 원대하지만, 섬세한 이치를 분석할 때는 약하다.

둘째, 강직하고 엄격한 사람은 자신을 굽힐 줄 모른다. 그러므로 법을 적용할 때는 공정하지만, 꽉 막혀서 변통을 받아들이지 않는다.

셋째, 고집스럽고 강경한 사람은 사실을 따지기를 좋아한다. 그러므로 작은 기미를 잘 파고들지만, 큰 도리에 대한 견해는 없다.

넷째, 구변이 좋은 사람은 말이 번화하고 뜻이 날카롭다. 그러니 세상 잡사는 철저히 따지지만, 큰 의리에 대해서는 말만 요란하지 면밀하지 못하다.

다섯째, 정견이 없이 이랬다저랬다 하는 사람은 외관상 박식해 보이지만, 일의 요체를 세우지 못해 이리저리 휩쓸린다.

여섯째, 이해력이 낮은 사람은 깊이 있게 논박할 줄 모른다. 그러므로 이해가 피상적이어서 정심한 이치를 살피는 데는 이랬다저랬다 하여 근거가 없다.

일곱째, 관대하고 너그러운 사람은 민첩하지 못하다. 인의를 논하는 일에 대해서는 넓고 자세하며 우아하지만, 시급한 일을 처리할 때는 늘어져서 제때 완수하지 못한다.

여덟째, 온유한 사람은 강성한 기세를 갖고 있지 않다. 그래서 의심나는 논란거리를 헤아릴 때는 우유부단하여 지지부진 결정을 내리지 못한다.

아홉째, 기발함을 좋아하는 사람은 자유분방하고 특이한 것만을 추구한다. 그러므로 변통의 계책이나 속임수를 낼 때는 탁월하지만, 맑은 도를 살피는 데는 상식에 어긋나 멀리 우회하게 된다.

이처럼 사람이 갖는 성정의 장단점은 그 언담 속에 그대로 드러나기 때문에 상대가 말하는 이치를 잘 관찰하면 그 사람의 특성을 파악할 수 있게 된다. 성정의 특성을 파악하면 상대를 어떻게 대해야 하는지를 결정할 수 있다. 뒤에서 우리는 역사 속의 고사를 통해 이 사실을 살펴볼 것이다.

| 사이비 인재의 일곱 유형 |

분석은 여기서 끝나지 않는다. 바로 말은 그럴싸하고 이치에 닿는 것 같은데 알고 보면 내용이 없는 사람이 있기 때문이다. 사람이 다 진실하다면 역사책을 가득 메운 간악한 사람들의 목록과 똑똑한 듯하지만 일을 그르친 사람들의 기록들은 애초에 없었을 것이다. 《인물지》는 이런 사람을 '사이비'라고 규정하고, 극히 주의하라고 말한다. 이들 사이비가 말하는 품세는 혹세무민하는 모리배들의 전매특허다.

첫째, 막힘없이 말을 늘어놓는 것은 진리를 전파하는 사람인 듯하지만 사이비다.

둘째, 알고 있는 이치는 적은데 말이 많은 것은 박식한 이해가 있는 듯하지만, 역시 사이비다.

셋째, 왜곡된 말로써 상대의 뜻에 영합하는 사람은 마치 상대의 뜻을 완전히 이해하는 듯하지만 사이비다.

넷째, 맨 뒤에 처하여 일정 시간을 끌어 다른 사람의 이야기를 들은 후 마치 스스로 다른 사람의 의견을 듣고 판단을 내린 것처럼 가장하는 사이비도 있다.

다섯째, 어려운 문제를 피하여 응답하지 않는 것은 마치 다 알고 있는 듯하지만 실은 모르는 사이비다.

여섯째, 진정으로 이해하지 못하면서도 말로만 이해했다고 하는 사람도 사이비다.

일곱째, 이기려는 마음 때문에 평정을 잃고, 말이 궁색해지면 이를 오묘해서 말로 다하기 어렵다고 하고, 남이 반박할 때 강경하게 이치를 다투어 수긍하지 않고 실제로는 비기기를 구하는 것은, 마치 이치상으로 굽힐 수 없는 듯이 가장하는 사이비다.

이런 사이비들은 내실이 없는 데도 말이 화려해 주변 사람들에게 자신을 마치 유능한 사람으로 착각하게 만든다. 특히 이들에게 현혹되어 중책을 맡겼을 경우 그 폐해는 상상 이상이다. 그래서 조직의 수장이라면 이런 사이비를 골라낼 수 있는 능력이 있어야 한다. 그렇지 않으면 자신뿐 아니라 조직이나 나라까지 결딴낼 수 있다. 앞으로 이 책에서 사이비 인재의 유형을 하나하나 검토할 것이다.

| 말로 상대를 이기려는 순간, 이치는 사라진다 |

여기서부터는 말하는 기술에 관한 내용이다. 논변이란 자신의 의견을 개진하는 것이고 논박은 상대의 의견에 반박하는 것이다. 우리 주위를 보면 프레젠테이션을 통해 자신의 의견을 개진하고, 또 반대하는 사람을 잘 설득하는 사람과 그렇지 못한 사람들이 있다. 반면에 논의의 흐름을 파악하지도 못하고 설왕설래하는 사람도 있다. 이렇듯 편재나 사이비들은 논변과 논박의 과정에서 자신의 문제를 스스로 드러낸다.

유소는《인물지》에서 논변 시 세 가지 잘못과 논박 시 드러나는 여섯 가지 문제에 대해 자세히 설명하고 있다.

먼저 논변을 잘하는 사람은,

첫째, 옳고 그름을 바르게 하여 논지를 넓혀 가고, 미묘한 도리도 명확하게 하며,

둘째, 상대가 잘 이해하는 바를 헤아려 논하고, 상대가 반응을 보이지 않으면 더 이야기하지 않으며, 또 상대가 이해하지 못했다고 해서 비난하지 않고,

셋째, 비유를 적절하게 해서 말로써 여러 가지 일을 밝힌다.

반면 논변을 못하는 사람은,

첫째, 이치보다는 말주변으로 설득하려 하고,

둘째, 상대의 심중을 헤아리지 못해 상대방의 생각과 뒤섞이거나 반대되는 내용으로 말하고,

셋째, 비유를 적절하게 하지 못해 백 마디 말로도 한 가지 뜻을 밝히

지 못해 결국 상대를 설득하지 못한다.

그런데 상대와 토론할 때 자칫 잘못하면 논리적이고 이성적이어야 할 토론이 감정싸움으로 흐를 수 있다. 《인물지》에 나오는 다음의 토론의 기술은 매우 예리해서 우리가 한 번쯤 숙고해 봐야 할 내용이다.

논박을 잘하는 사람은 일의 근본을 해석하는 데 힘쓰지만, 잘 못하는 사람은 말단만 따진다. 근본을 버리고 말단만 따지면 내용 없이 번잡한 변론이 된다.

주장이 강한 상대를 잘 공박하는 사람은 상대의 왕성한 예기를 먼저 피하고 나서 상대의 논점의 핵심을 붙잡아 차츰차츰 공박해 나간다. 그러나 잘 공박하지 못하는 사람은 상대가 한 틀린 말을 꼬투리 삼아 예봉을 꺾으려 하니 화만 돋운다.

상대의 실수에 잘 대응하는 사람은 단지 상대의 실수를 알려주고자 하지만, 잘 못하는 사람은 실수를 들추어 상대의 원한을 사게 된다.

어떤 것을 오랜 시간이 지나 마침내 깨닫게 되면 이것을 갑작스럽게 사람들에게 가르치려고 하는데, 이때 잘 모른다고 느끼는 상대방은 분한 마음을 품게 된다.

논박을 잘하는 사람은 사실로 유도하여 상대로 하여금 돌이켜 생각하게 하지만, 논박을 잘하지 못하는 사람은 모욕을 주어 상대를 격하게 만든다.

어떤 이는 자신이 생각하는 바를 강요하고, 상대방을 제지시켜 상대로 하여금 자신의 말을 듣게 하고자 한다. 물론 상대는 노여움을 품는다.

《인물지》가 말하려 하는 내용은 무엇인가? 말이란 자신의 생각을 전달하는 수단임과 동시에 자신의 인격을 드러내는 수단이기도 하다. 말은 둘이 하는 것이고, 말을 듣는 이는 상대라는 것을 강조하는 말이다. 말을 잘하지 못하는 사람의 공통된 특징은 뜻을 전달하고 상대를 설득하는 목적으로 말을 쓰지 않고, 말로 상대를 이기려고 한다는 것이다. 말로 상대를 이기려고 하는 순간, 이치는 사라지고 결국 상대의 감정만 상하게 한다. 그래서 《인물지》는 이런 사람을 이치를 모르는 사람이라고 말하고 있다.

| 이치에 통하는 여덟 가지 재능 |

그렇다면 어떤 재능을 가진 사람을 인재라 할 수 있는가? 《인물지》는 논설과 관련하여 여덟 가지 재능의 종류를 제시한다.

> 총명함으로 능히 일의 실마리를 찾아낼 수 있는 사람을 명물지재名物之材라 한다.

예컨대 이런 사람이다. 《삼국지》에 나오는 이야기다. 조조의 아들 조충曹沖이 여섯 살 때, 손권이 커다란 코끼리를 조조에게 보냈다. 조조가 그 중량을 알고자 했으나 대신들은 어찌할 바를 몰랐다. 이에 조충은 코끼리를 배에 태워 물이 올라온 지점을 표시한 후, 다른 물건을 넣어 그 지점까지 물이 올라왔을 때 그 물건의 중량을 달아 코끼리의 무게를 알아냈다고 한다.

비범한 생각으로 일의 단서를 만들 수 있는 사람을 구가지재構架之材라
한다.

비범한 생각의 대명사는 역시 전국시대 제나라의 전략가 손빈孫臏이
다. 제나라와 경쟁관계에 있던 위나라가 조나라의 한단을 공략하자 조
나라는 숨이 넘어갈 지경이었다. 이때 제의 대장 전기田忌가 조나라를 돕
기 위해 군사를 파견하려 하자 손빈이 말한다.

"조나라는 위나라의 상대가 안 됩니다. 우리가 도착할 때 이미 조군
은 항복할 것입니다. 지금 위나라의 수도는 조나라를 공격하느라 비어
있을 것입니다. 만약 위나라의 수도를 공격하면 위나라는 바로 군사를
돌릴 것입니다."

과연 제나라가 위나라의 수도로 진군하자 위나라 대장 방연龐涓은 어
쩔 수 없이 군사를 돌릴 수밖에 없었다.

예리한 관찰로 사물의 미세한 움직임을 알아챌 수 있는 사람을 달식
지재達識之材라 한다.

이 방면의 고수 한 사람을 소개한다. 유변臾騈은 춘추시대 진晉나라 대
부였다. 기원전 615년 진晉나라와 진秦나라가 하곡河曲에서 싸움 중이었
는데 승부가 결정되지 않았다. 그날 밤 진秦나라 사자가 진晉나라 장수
에게, 쌍방 간 대낮의 전투는 흥을 다하지 못했으니 내일 계속 싸우자
고 전했다. 사자가 떠나자 유변이 이렇게 말했다. "사자의 눈빛이 집중
하지 못하고 말하는 장단이 이상한 걸 보니 우리 군대를 두려워하여 도
망가려는 모양이다. 우리 군이 밤새 황하 변에 매복하면 반드시 승리할

것이다." 하지만 유변의 건의는 받아들여지지 않았다. 그런데 다음 날 알아보니 과연 진秦나라 군은 밤에 도망갔다.

재치 있는 말로 자신의 뜻을 표현할 수 있는 사람을 담급지재瞻給之材라 한다.

이적伊籍은 삼국시대 촉의 대부로 말재주가 좋았다. 《삼국지》에 따르면 그가 오나라에 사신으로 파견되었는데 손권이 그가 말재주가 있다는 이야기를 듣고 그를 말로 모욕하려 했다. 이적이 막 절을 하자 손권은 "도덕이 없는 군주를 섬기느라 고생이 많지 않소?"라고 비꼰다. 그러자 이적이 바로 대답한다.

"아직 한 번밖에 절하지 않았으니 고생스러운지 모르겠습니다."

민첩하게 반응하여 자신의 과실을 바로잡을 수 있는 사람을 권첩지재權捷之材라 한다.

완안앙完顔昂은 금나라의 명장으로 악비岳飛와 대치했다. 악비가 10만 대군을 동원해 불과 5천 명이 지키던 동평을 공격했다. 소수를 대군에게 노출시킨 점은 전략적으로는 실패였다. 그러나 완안앙은 꾀를 하나 냈다. 정예병을 뽕나무 숲 앞에 배치시키고, 숲에 깃발을 무수히 세워서 뒤에 얼마나 많은 병력이 있는지 적이 모르게 했다. 과연 적은 후퇴했고, 완안앙은 뒤에서 악비의 군대를 공격했다. 물론 지금 《인물지》가 말하는 것은 논리의 전개지만, 원리는 군사와 비슷하다.

철저히 하여 어떤 공격에도 대응할 수 있도록 하는 사람을 지론지재持
論之材라 한다.

맹렬하게 공격하여 어떤 방비도 돌파할 수 있도록 하는 사람을 추철
지재推徹之材라 한다.

이 말은 논설로 상대를 격파하고 방어하는 것을 이야기하고 있다. 상
황에 따라 힘 있게 공격하고 방어하는 것이 필요하다는 것이다. 종횡가
縱橫家의 대가들이 바로 이런 인재들이라 할 수 있다. 소진과 장의는 상
대가 어떤 인물이든 간에 논설로 진압할 수 있는 인재들이었다. 소진과
장의도 나중에 고사에서 만나보자.

빼앗은 후 도리어 줄 수 있는 사람(주는 방법을 교묘하게 운용하여 탈취의 목
적을 달성할 수 있는 사람)을 무설지재貿說之材라 한다.

이 역시 논설을 다루고 있다. 설전에서 이긴 후 그 승리를 상대에게
돌릴 수 있는 사람을 말한다. 빼앗은 후 은근히 돌려준다는 것은 논쟁의
최고 고수가 할 수 있는 것이다. 이것은 나중에 제갈량을 통해 자세히
알아볼 것이다. 설전에서 이긴 후 의기양양하지 않고 다시 상대를 높이
고, 또 상대에게 도움이 되는 제안을 하는 것이다. 즉, 제갈량은 손권에
게 이런 논법을 쓴다. "동오가 조조와 맞서는 것은 바위로 계란을 치는
격입니다. (근거를 들어 일단 증명한 후) 그러나 장군이라면 이길 수도 있습
니다."

《인물지》는 이 여덟 가지 재능을 겸비한 후에 비로소 천하의 이치에
통했다고 할 수 있고, 이 이치에 통해야 비로소 사람을 알고 운용하는

원리에 통할 수 있다고 한다. 그렇다면 이렇게 통달한 사람은 어떻게 말을 하는가? 이 부분은 원문 해석의 마지막 장을 읽어보시라. 요지는 통달한 자는 이기려 하지 않는다는 것이다. 말의 목적을 달성할 뿐 말싸움으로 이기려 하지 않고, 말로 자신을 높이려 하지 않되, 남의 말에는 열린 사람이 통달한 자인 것이다.

춘추전국시대
무한경쟁 시대의 인재들

| 무한경쟁의 춘추전국시대 |

앞 장에서 우리는 이상적인 인재와 군주의 관계를 상고시대를 통해 살펴보았다. 이제는 좀 더 가까운 시절의 좀 더 구체적인 예로 넘어가 보자. 우리가 살펴볼 시대는 바로 춘추전국의 난세에서 최초의 통일 제국으로 가는 시기다. 분열에서 통합으로 나아가던 이 시절, 인재 등용 방식에는 어떤 변화가 있었고, 또 어떤 인재들이 등용되어 활약했을까?

기록에 따르면 춘추시대 초기에는 무려 140개의 제후국이 있었다고 한다. 주나라 왕실의 권위가 무너지고 제후국 사이의 경쟁과 병탄이 진행되면서 그 많던 제후국이 전국시대 초기에는 스무 개로 줄었다가, 좀 더 지나면 일곱 개로 줄고 결국 기원전 221년 진秦이 전국을 통일한다.

춘추시대의 주요 국가의 영토를 합하면 대략 한반도의 열 배 정도였다고 보고 140개의 나라가 이 안에 들어 있는 모습을 한 번 상상해 보

라. 지금의 경상북도가 한 나라, 경상남도가 한 나라 이런 식이었다. 이 많은 나라들이 경쟁적으로 자신의 영토를 넓히는 일에 열중하면서 난세가 시작되었고, 그에 따라 인재 등용에서도 이전과는 완전히 다른 양상이 전개된다.

이제 각국은 좋은 인재를 모아 나라를 부강하게 하기 위해 인재 쟁탈전에 돌입한다. 천하에 큰 뜻을 둔 군주들은 자신의 정치적 목표에 걸맞은 인재를 찾고 인재를 우대했다. 이때 등장한 새로운 지식인 계층이 바로 선비[士]였다. 이들은 군주나 실세의 식객으로 있으면서 그들에게 자신의 정책을 유세해 등용되거나, 아니면 인재를 알아본 사람의 추천을 통해 등용되었다.

초楚나라에서 소와 말을 키우던 백리해百里奚는 진秦나라 대부 공손지公孫支의 추천으로 목공穆公에게 등용되었고, 종횡가의 소진과 장의 그리고 진나라 변법의 주인공 상앙은 스스로의 유세를 통해 등용되었다. 모수毛遂는 스스로를 추천해 공을 이루고 '모수자천毛遂自薦'이라는 고사의 주인공이 되었다.

급기야 진, 초, 제齊 같은 큰 나라들로 질서가 개편되자 각국은 얻은 인재들을 기반으로 일대 개혁에 돌입한다. 전국시대에 이르면 춘추시대에 그나마 남아 있던 도덕의 허물을 벗고 그저 상대보다 더 강하게 되기 위해 안달한다. 이때 각광을 받은 것이 법가와 술가의 인재들이다.

최초로 위魏나라가 변법을 시행하며 북방의 최강자가 되었고, 곧장 초나라가 그 유명한 오기를 등용해 남방의 넓은 영토를 평정한다. 진나라도 가만히 있지 않았다. 상앙은 변법으로 변방의 진을 일약 전국시대의 최강국으로 만든다. 그 결과 중원의 여타 국가들이 도덕을 모르는 금수라고 여기던 서쪽 야만인들의 국가인 진이 오직 실력을 기반으로 전국을 통일할 수 있었다.

그러나 진의 이념은 여전히 전국시대의 틀을 벗어나지 못했다. 전국시대의 강병책인 법과 술로 일어난 진나라는 기존의 이념을 통일 국가를 다스리는 데 쓰다가 곧장 멸망하고 만다. 법과 술은 애초에 통일 국가의 통치 이념으로는 부족했던 것이다. 그러자 한나라는 유학을 새로운 이념으로 삼아 수백 년 지속되는 장수 왕조가 된다.

이런 춘추전국시대의 무한경쟁 상황은 국가 조직에도 커다란 변화를 초래한다. 춘추전국시대 이전의 군대가 귀족들의 연합군적인 성격을 가졌다면 이 시기에는 처음으로 왕의 군대가 등장한다. 그러니 군대를 거느릴 장수[將]와 문관들을 통치할 재상[相]이 구분되었고 그 위에 왕이 군림한다. 사실상의 중앙집권적 관료 체제가 등장하고, 인재들의 분화가 나타난다. 중앙집권적 관료 체제의 핵심은 부국강병의 방략을 가지고 있는 인재들이었다.

현대인들이 이 시대를 주목하는 이유가 바로 이 시대는 생존의 시대였기 때문이다. 중요한 것은 남보다 강한 것이지 남보다 도덕적인 것이 아니었다. 춘추전국시대의 대표적 사상가인 한비자가 유가의 학설을 "나라를 보전하고 다스리는 데 아무런 도움이 되지 않는다"라고 말한 것도 이런 연유에서 비롯되었다.

남보다 더 강하게 되어 남 위에 있어야 안전한 시절에, 온갖 인재들이 자신들을 증명하기 위해 변론을 뽐냈고, 서로 경쟁했다. 그 중심에는 법가와 술가가 있었다. 이제 그 시절로 돌아가 부국강병을 화두로 활약한 법가와 술가의 고수들의 이야기를 하나씩 살펴보자.

| 부러지더라도 굽히지 않는 법가의 인재들: 오기와 상앙 |

공정함과 일관성을 잃지 않은 법가, 오기

오기는 손자와 더불어 춘추전국시대를 대표하는 병법가다. 원래 그는 위衛나라 사람이었다. 그가 처음 노나라에서 벼슬했을 때 제나라가 침공했다. 그런데 그의 부인이 제나라 출신이어서 사람들이 그를 의심했다. 그러자 오기는 자신의 부인을 죽이고 장군에 임명되어 큰 승리를 거두었다. 하지만 이런 모진 성품 때문에 그는 노나라에서 중용되지 못한다. 노나라는 작지만 공자의 출신지, 이른바 군자의 나라가 아닌가.

그래서 다시 위魏나라로 가 벼슬을 구한다. 그때 위 문후에게는 뛰어난 모사 이극李克이 있었다. 위 문후가 대신 이극에게 오기가 어떤 사람인지 묻자 이극이 "오기는 탐욕스럽고 여색을 밝히지만 병사를 다루는 일만은 사마양저司馬穰苴도 따라갈 수 없을 정도입니다"라고 답한다.

이극의 말처럼 오기는 위나라 장수가 되자 신분이 가장 낮은 병사들과 똑같이 옷을 입고 밥을 먹는 등 병사들과 고통을 함께했다. 한번은 종기가 난 병사가 있었는데 오기가 그 병사를 위해 고름을 빨아주었다. 이러니 병사들의 충심이 어디로 가겠는가? 그가 병사를 이끌고 진나라를 공격하니 다섯 개 성이 당장 함락되었다.

후에 문후가 죽자 오기는 그의 아들 무후武侯를 섬긴다. 한번은 무후가 오기와 함께 배를 타고 가다 "아름답구나, 산천의 견고함이여! 이는 위나라의 보배로구나!"라고 말하자, 오기가 말한다.

나라의 보배는 임금의 덕행에 있는 것이지 지형의 험준함에 있지 않습니다. 만일 임금께서 덕을 닦지 않으시면 이 배 안에 있는 사람은 모두 적이 될 것입니다.

오기는 나라의 방비를 지형에 의지하는 것을 상서롭지 않게 여길 정도로 깊은 식견이 있었다. 과연 위나라는 훗날 지형의 험준함을 믿다가 멸망했다.

하지만 공고했던 오기의 위상은 라이벌 공숙公叔이 재상이 되자 변하기 시작했다. 재상이 된 공숙은 오기를 제거하기 위해 무후와 오기 사이를 이간질한다. 공숙은 위나라의 공주를 아내로 맞았는데 연회에서 일부러 부인에게 자신을 무시하게 했다. 오기가 위나라에 정을 떼게 하기 위함이었다. 불같은 오기가 그런 해이한 꼴을 보고 가만히 있을 리 없었다. '위나라가 망할 길로 접어드는구나. 공주가 나라의 재상을 함부로 대하다니.'

결국 오기는 위나라를 떠나 초나라로 간다. 초나라 도왕悼王은 오기의 능력이 뛰어나다는 것을 알았기에 그를 바로 재상으로 임명한다. 흔히 오기는 뛰어난 병법가로 알려져 있지만 그는 병법 이상의 치국의 도리에 대해서도 일가견이 있었다. 그는 다음과 같이 말한다.

초나라는 중원에서 멀리 떨어져 있어 침탈을 받지 않고 땅도 천 리에 이르지만, 아직 이렇게 가난한 것은 다 세습 귀족들 때문입니다. 이들이 하는 일 없이 나랏돈만 축내니 나라가 어떻게 가난하지 않겠습니까?

그는 법령을 정비하고 긴요하지 않은 관직을 없애며, 왕실과 촌수가 먼 왕족들의 봉록을 없애 거기서 얻은 재원으로 군사를 길러 초나라를 강국으로 만든다. 바로 오기의 변법이다. 훗날 상앙의 변법도 오기와 크게 다르지 않다. 군사력을 기른 초는 오기를 사령관으로 해서 남쪽의 월, 서쪽의 진, 북쪽의 여러 나라들을 공략하니 아무도 당하지 못했다. 오기는 76번 싸워서 64번 완승을 거둘 정도로 뛰어난 병법가였다.

하지만 그의 정책은 초나라 왕족들의 불만을 산다. 이들은 도왕이 죽자 난을 일으켰고, 곧바로 도망가던 오기를 화살을 쏘아 죽인다.

오기는 관중을 잇는 법가의 거성이라고 할 만하지만 너무 깐깐한 장비의 특성을 가지고 있었다. 전쟁에 임하거나 왕에게 간할 때는 시비를 분명히 하여 지지를 받았지만, 그 시비를 구별하는 각박함으로 노나라, 위나라, 초나라에서 사람들의 지지를 잃고 결국 비명횡사하고 말았다.

사마천도 열전 마지막에서 "오기는 무후에게 험난한 지형보다 임금의 덕행이 더 낫다고 말했지만, 초나라에서 그의 행실이 각박하고 인정이 없어 목숨을 잃었으니 슬픈 일이구나"라고 평했다.

하지만 난세에는 오기와 같은 깐깐한 영웅이 필요한 법이다. 오기는 귀족 가문들의 미움을 받았지만 백성들은 그를 싫어할 이유가 없었다. 귀족들은 입으로는 인의를 외치면서 뒤로는 백성들의 고혈을 빼는 데 정신이 없었다. 이런 귀족들을 상대하면서 확실히 오기는 자신의 몸을 보존하는 처세에는 약했고, 성공을 위해 자신의 처를 죽일 만큼 각박했다. 그러나 법가의 분야에서는 영재가 분명한데, 그것은 법의 원칙, 즉 공정함과 일관성을 잃지 않았기 때문이다. 그것이 그가 변법에 성공하고 군사에서 승리할 수 있었던 원동력이었다. 법만 강조하고 공정함과 일관성을 잃었다면 백성이나 군사들이 그를 따를 리 있었겠는가?

인정을 거스르는 법가의 한계, 상앙

오기가 초나라를 강성하게 한 법가의 거두라면, 상앙은 진의 천하 통일의 기반을 닦은 사람이다. 상앙은 《상군서商君書》에서 유가의 덕치를 다음과 같이 반박한다.

> 어진 사람은 모든 사람을 어질게 대할 수 있지만 모든 사람을 어질게 만들지는 못하고, 의로운 사람은 다른 사람을 사랑으로 대할 수 있으나 다른 사람들이 사랑하도록 만들지는 못한다. 이 때문에 인과 의만으로 천하를 다스리기에는 부족하다.

《사기》〈상군열전商君列傳〉에는 상앙이 진나라 효공에게 변법을 통한 부국강병을 유세하는 내용이 드라마틱하게 묘사되었다. 이를 보면 당시 군주들의 생각을 엿볼 수 있는데, 이야기는 진 효공이 선대 목공의 폐업을 이어 잃었던 동쪽 땅을 찾기 위해 전국에서 어진 이를 찾는다는 포고령을 내리면서 시작된다. 상앙은 위나라 왕이 자신을 등용할 마음이 없다는 것을 알고 서쪽 진나라로 가 효공에게 유세한다.

상앙이 처음 제왕지도帝王之道(오제五帝가 나라를 다스린 이치와 계책)로 유세하자, 효공은 상앙을 소개한 경감景監에게 "당신의 빈객은 과대망상에 빠진 사람인데 어떻게 등용할 수 있겠소"라며 화를 낸다.

두 번째 만남에서는 왕도王道(우왕, 탕왕, 문왕, 무왕이 천하를 얻어 다스린 방법)로 유세한다. 그래도 효공의 마음을 얻지는 못한다. 마지막으로 상앙이 패왕지도霸王之道를 이야기하자 효공은 경감에게 "당신의 빈객은 괜찮은 사람이오. 그와 더불어 이야기할 만하오"라고 한다.

이 세 번의 유세를 통해 상앙은 효공의 마음이 어디에 있는지 확인하고, 다시 효공을 만나 부국강병책에 관한 이야기를 나누는데, 효공은 무릎이 앞으로 나오는 것도 모를 정도로 심취하여 상앙의 이야기에 귀를 기울인다.

그렇다면 효공은 왜 제왕지도와 왕도를 과대망상으로 인식했을까? 그에게 제왕지도나 왕도는 결과를 내기에는 '너무 길고 멀어서' 그때까지 기다릴 수가 없었다. 효공은 자신의 시대에 당장 효과를 볼 수 있는 구체적이고 현실적인 변법을 선호했다.

변법이란 요즘 말로 하면 사회 전체 시스템의 개혁이다. 상앙의 변법은 당시 진나라의 사회·경제 시스템을 기초부터 바꾸어 결국 천하 통일의 기초를 마련한다. 이런 법가의 현실주의는 춘추전국시대라는 시대의 흐름을 타고 다른 제후국들에서도 경쟁적으로 채용되었다.

상앙의 변법이 중국 역사에서 얼마나 중요한지는 두말할 나위도 없다. 상앙은 호적을 만들어 국가가 백성을 직접 통치하는 기반을 만들었다. 또한 작위는 오직 군공에 의거해 부여함으로써 군사 강국의 기반을 만들었다. 생산을 많이 하는 자에게는 부역을 면제하는 인센티브를 주었다. 그리고 나라의 도성을 중원에 가까운 동쪽으로 옮겨 동쪽을 경략하게 하고, 전국을 중앙에 귀속되는 현으로 나누었다. 또 경지를 정리하고, 도량형을 통일했다.

이런 변법이 얼마나 혁신적인 것인지를 법가 인물들의 특징에 비추어 살펴보자. 호적 제도는 최고위와 최하위 사이에 아무도 남기지 않겠다는 뜻이다. 이것은 오기의 뜻과 비슷하다. 군사와 농업 생산 방면의 인센티브 제공은 현대적인 영리 조직들이 여전히 쓰고 있는 방법이고, 시장이 있는 곳으로 공격적으로 다가가는 것도 현대의 세계화된 영리 조직들의 행동과 상통한다. 법가의 인물들은 과거의 제도나 관습에 얽매이지 않고 공격적이며 허식을 싫어한다. 법이 통하기 시작하면 조직은 급격히 강하게 바뀐다.

하지만 변법의 강력한 후원자였던 효공이 죽고 혜문왕惠文王이 즉위하자 귀족들은 기다렸다는 듯 상앙이 반란을 꾀하고 있다고 모함하여 결국 거열형에 처해 죽인다. 상앙의 최후는 오기의 최후와 비슷하다. 시대를 앞서 간 법가 인물들의 비극적인 최후는 비단 이 두 사람만이 아니다.

사실 이들의 비극적인 결말은 그들이 추구한 정책 속에 이미 내재되어 있었다. 오기나 상앙과 같은 법가의 인재들이 추구한 정책은 귀족 세력을 없앤다는 면에서 진보적인 면을 띠고 있었지만, 현실적으로 귀족 세력의 반발은 불을 보듯 뻔했다. 또 상앙은 변법 시행 초기 태자가 법을 어기자 "법이 제대로 시행되지 못하는 것은 위에서부터 이것을 지키지 않기 때문이다"라고 하며 태자의 태부로 있던 공자 건虔의 코를 벤다. 이는 법가의 혁신적이고 진보적인 면을 그대로 보여준다. 그러나 이들 법가 인재들이 추진한 법치는 국가를 부강하게는 했지만, 궁극적으로 인정을 거스르고 백성들을 쥐어짜는 개혁에 머물고 말았다.

《사기》〈상군열전〉에는 상앙이 도망가다 변방 함곡관 부근의 여관에 묵으려 하자 여관 주인이 "상군의 법에 따르면 여행증이 없는 손님을 묵게 하면 그 손님과 관계되어 처벌을 받습니다"라고 거절하자, 상앙은 그제야 "아! 법을 만든 폐해가 결국 이 지경까지 이르렀구나"라며 한탄하는 장면이 묘사되고 있다.

이처럼 상앙이 만든 연좌제는 결국 자신을 옭아매어 죽음으로 내몰게 한 악법이었고, 군공으로 작위를 주는 제도는 군사들에게 적국 병사의 목을 돈으로 알게 했다. 정치에 인정이 없어지니 진나라가 중국을 통일한 후에도 진을 사랑하는 사람들이 없었다. 모두 힘이 없어서 어쩔 수 없이 당했다고만 생각했다. 그 결과 법에 의해 중국을 통일한 진나라는 그 법 때문에 곧 멸망의 길을 가게 된다.

다음의 고사는 상앙이 진 효공에게 등용되기 전의 이야기다. 이 고사는 법가 인재의 자부심과 결단력을 여실히 보여준다.

상앙은 어려서부터 법가의 학문을 좋아하여 위나라 재상인 공숙좌公叔座를 섬겼다. 마침 병에 걸린 공숙좌에게 위 혜왕惠王이 병문안을 가서 "만일 그대의 병이 낫지 않는다면 앞으로 나라를 어떻게 하면 좋겠소?" 하고 묻자, 공숙좌가 "상앙이 나이는 비록 어리지만 재능이 빼어납니다. 대왕께서는 나랏일을 그에게 맡기고 다스리는 이치를 들으십시오"라고 답했다.

왕이 아무 말도 하지 않고 돌아가려 하자, 공숙좌가 말한다. "왕께서 상앙을 등용하지 않으려면 반드시 그를 죽여서 국경을 넘지 못하게 하십시오."

왕이 고개를 끄덕이고 돌아가자, 공숙좌는 상앙을 불러 말한다. "오늘 왕이 재상이 될 만한 인물을 묻기에 그대를 추천했는데 아무래도 내 말을 받아들이지 않을 것 같네. 나는 군주에게 충성을 다한 뒤에 신하를 돌봐야 한다고 생각하므로 그대를 기용하지 않으려면 죽여야 한다고 했네. 그러니 그대는 빨리 떠나시게. 그렇지 않으면 붙잡힐 것이네."

이에 상앙이 말하길 "왕께서 당신 말을 듣고도 저를 임용하지 않았는데, 또 어찌 선생의 말을 들어 저를 죽이겠습니까?" 하며 끝내 떠나지 않았다.

그때 혜왕이 돌아와 주위 신하들에게 말했다고 한다. "공숙좌의 병이 깊어 슬프오. 과인보고 상앙에게 나라를 맡기고 상의하여 처리하라고 하니 어찌 황당하지 않겠소!"

하지만 결과는 어땠나? 후에 상앙이 진나라로 가서 변법에 성공하고 위나라 땅을 빼앗자 위 혜왕은 일찍이 상앙을 등용하지 않은 것을 뼈저리게 후회한다. 하지만 인재를 알아보지 못하고 내친 사람은 그 자신이었다.

오늘날에도 진나라 효공처럼 야심만만한 조직의 수장이라면 상앙과 같은 인재를 선호할 것이다. 역사의 갈림길에서 우리는 상앙과 같은 개혁가들을 숱하게 접하게 된다. 하지만 이들 모두가 상앙처럼 성공하지는 못했다. 상앙의 변법이 성공할 수 있었던 가장 중요한 이유는 진 효공의 일관되고 의심 없는 지지가 있었기 때문이다.

| 말의 힘을 아는 술가의 인재들: 범저와 장의 |

한편 술가의 방식은 명확한 이념적 근거가 있는 정치 이념이라기보다 특정 목표를 달성하는 방법의 성격이 짙다. 이들 술가의 '책략을 세우고 변화에 정통한' 능력은 천하 쟁패의 시기와 같은 난세에 특히 두드러진다.

역사적으로 보면 월왕 구천을 도와 오나라를 무너뜨린 범려, 유방을 도와 한나라가 승리하는 데 결정적 역할을 한 장량 등이 술가의 계보를 잇는 사람들이다. 이들은 모두 술가의 최고봉이라 할 수 있는데, 모두 새로운 왕조의 창건이라는 대형 프로젝트를 성공시키고도 스스로 권력에서 벗어나 몸을 보신한 사람들이다.

술가의 최고봉에 있는 장량에 대해서는 뒤에 언급할 것이기 때문에 여기서는 전국의 난세 속에서 불완전한 술가들이 어떻게 등용되고 또 어떻게 자신의 논설을 펼쳤는지 살펴보자. 전국시대에 제자백가란 유가, 도가, 법가, 종횡가 등 온갖 유파들이 있지만, 유가와 법가만 뚜렷하고 나머지는 서로 뒤섞여 있다고 할 수 있다. 여기서 술가란 여러 유파의 원리들을 두루 사용하는 사람들이라고 말할 수 있다. 이들은 대체로 논변이 매우 뛰어나다. 그래서 여기에서는 술가 중 진나라 외교의 대법을 세운 범저范雎, 전국시대 종횡가의 총아인 소진과 장의를 살펴본다.

호랑이 잡는 여우, 범저

범저는 진나라 소양왕昭陽王에게 등용되어 '원교근공정책'이라는 진나라의 국가 전략과 외교정책을 수립한 인물이다. 후에 진나라의 황제가 된 진시황은 이 전략을 충실하게 수행하여 중국을 통일한다.

당시 전국시대 말기는 합종과 연횡이라는 외교 전쟁이 치열하게 전개되던 시기였다. 소진이 주장한 합종책이 6국이 연합해 강력한 진나라에 대항하는 것이었다면, 장의가 주장한 연횡책은 합종의 틀을 깨고 6국 연합의 침공을 막기 위한 진나라의 외교정책이었다. 하지만 연횡책은 진나라가 패자의 지위를 차지할 수 있도록 했지만, 6국과의 대치 상황을 근본적으로 바꿔 놓지는 못했다.

진나라가 꿈꾸는 통일천하를 이루기 위해서는 뭔가 새로운 정책이 필요한 시기였다. 이때 범저가 연횡책을 버리고 수립한 외교 전략이 바로 '원교근공정책'이다. 말 그대로 진나라와 거리가 멀리 떨어져 있는 나라와는 사이좋게 지내고, 국경을 접한 가까운 나라는 무력으로 침략

한다는 외교 전략이다.

그런 범저가 진의 재상이 되어 자신의 능력을 발휘하기까지는 상당한 우여곡절이 있었다. 《사기》〈범저채택열전范雎蔡澤列傳〉에 따라 그의 파란만장한 인생 역정을 한 번 들여다보자.

범저는 원래 위魏나라 사람으로 위나라 왕을 섬기려 했다. 그러나 가난하여 자기 능력으로는 활동 자금을 마련할 수 없어 우선 위나라 중대부 수고須賈를 섬긴다. 그런데 이 수고란 사람은 의심이 많고 사람 볼 줄을 잘 몰랐나 보다. 수고가 위나라 왕의 사자로 제나라에 갔을 때 범저가 따라갔는데 제나라 왕이 범저가 변론에 뛰어나다는 말을 듣고 금 열근과 쇠고기와 술을 보낸다. 범저는 이를 거절했지만 수고는 범저가 위나라의 비밀을 제나라에 알려주었기 때문에 이런 선물 공세를 받게 된 것으로 생각하고 그를 의심한다.

사실 수고가 제나라로 간 이유는 연나라가 제나라를 공격할 때 위나라도 연나라 편에 이름을 올린 적이 있으므로, 이 앙금을 씻기 위한 것이었다. 앙심을 품은 제나라 양왕襄王이 이들 사신을 좋아할 이유가 없었다. 양왕은 당장 이들을 대놓고 꾸짖었다. "연나라 편에 붙어서 우리를 공격하더니 무슨 염치로 왔는가?"

인물 됨됨이가 작은 수고가 어찌할 바를 모르자, 범저가 나서서 변론으로 제나라 왕의 책망을 물리쳤다. 범저가 당당히 말했다.

애초에 제나라가 두려워 여러 나라가 연합했습니다. 그러나 위나라는 예의를 지켜 수도까지 쳐들어가지 않았습니다. 이제 제나라에 새 임금이 생겨 환공의 위업을 다시 이룰까 내심 기대하고 있었는데, 왕께서는 아직 과거만 생각하고 계시는군요.

범저는 이렇게 강단 있고 기개가 대단한 인물이었다. 양왕은 내심 범저에게 큰 호의를 느끼고 태도를 달리한다. 그러나 공을 세우자 돌아온 것은 모함이었다. 수고는 자신보다 훨씬 뛰어난 범저를 질투한 것이다.

결국 위나라로 돌아와서 수고가 이 일을 재상에게 보고하니 위나라 재상은 매우 화를 내며 범저를 매질한다. 배신자로 오해받은 범저는 갈비뼈가 부러지고 이가 빠질 정도로 맞는다. 범저가 견디다 못해 죽은 척하자 나무 발에 둘둘 말아 변소에 버린다. 빈객들은 술에 취하면 번갈아가며 그의 몸에 오줌을 누워 그를 모욕했다.

범저는 자신을 지키던 병사에게 여기서 나가게만 해준다면 두텁게 사례하겠다고 하여 가까스로 사지에서 빠져나온다. 보통 사람이라면 어떻게 이 모욕을 참을 수 있겠는가? 결국 정안평鄭安平이란 사람의 도움으로 범저는 장록張祿으로 이름을 바꿔서 숨어 산다.

마침내 그런 그에게도 기회가 온다. 진나라 왕계王稽가 위나라에 사신으로 와 진나라에 유세하러 갈 만한 인재를 찾았는데, 그때 정안평이 은밀하게 범저를 왕계에게 추천한다. 결국 정안평과 왕계의 도움으로 범저는 위나라를 벗어나 진나라로 들어간다. 하지만 당시의 진나라 소양왕은 유세가들을 싫어하여 처음에는 그를 만나주지 않았다. 그로부터 1년 후 진나라는 한나라와 위나라를 넘어 제나라를 치려고 한다. 1년을 기다린 범저는 진나라 소양왕에게 글을 올린다.

> 신은 '대부의 집을 번창시킬 인재는 나라 안에서 찾고, 제후의 나라를 번창시킬 인재는 천하에서 찾는다'고 들었습니다. 천하에 현명한 군주가 있으면 다른 제후들이 마음대로 인재를 얻을 수 없는 것은 무슨 까닭이겠습니까? 현명한 군주는 인재를 제후들로부터 빼앗아 오기 때

문입니다. (중략) 왕께서 지금까지 신을 내버려 둔 것은 신이 어리석어 왕의 마음에 들지 않았기 때문입니까? 아니면 신을 추천한 자의 지위가 낮아 신의 말을 들어볼 필요조차 없다고 생각하셨습니까? 만일 그렇지 않다면 틈을 조금만 내어 왕을 뵐 수 있는 영광을 주시기 바랍니다. 그때 신이 드리는 말씀 중에서 한마디라도 나라에 도움이 안 된다면 무거운 형벌도 달게 받겠습니다.

진나라 소양왕은 이 글을 읽고 매우 기뻐하여 왕계에게 용서를 구하고 수레를 보내 범저를 불러와 예로써 대접하니, 그는 '멀리 떨어져 있는 나라와 우호관계를 맺고 이웃 나라를 치는 것이 좋다'라는 '원교근공책'을 제시한다. 이후 소양왕은 범저와 날로 가까워져 그의 계책을 모두 받아들여 시행하니 진나라는 더욱 강력한 나라가 된다.

사실 술책 방면에서는 범저를 따를 사람이 없을 것이다. 진나라가 전국을 통일하기 위해서는 반드시 하북과 산서성에서 황하의 북쪽에 웅거하고 있는 조나라를 쳐야 했다. 그러나 조나라에는 백전의 노장인 염파廉頗라는 호랑이가 버티고 있었다. 노련한 염파는 태행산을 경계로 지키면서 함부로 움직이지 않았다. 이때 이간책으로 염파를 실각하게 한 사람이 바로 범저다. 오나라 오자서伍子胥를 실각하게 한 월나라 범려의 계책과 너무나 흡사하다. 과연 호랑이를 잡는 이는 여우였다. 이 이간책의 처절한 효과는 사이비 인재 조괄趙括의 고사에서 살펴볼 것이다.

물론 범저는 술가의 대표 주자인 범려와는 달랐다. 그는 나중에 진나라의 대장 백기를 모함하여 사지로 몰아넣는다. 그러나 결정적인 순간 은퇴해서 몸을 보존한다. 끝까지 버티다가 당하지는 않았다. 이로 보면 그는 역시 술가의 대가다운 풍모를 지녔다.

공을 세운 후 오히려 벌을 받은 쓰라린 경험이 있는 사람에게 어떻게 어진 사람이 되라고 강요할 수 있겠는가? 인자의 법이 통하지 않는다고 생각하면 사람들은 술을 쓰게 된다.

아무튼 범저의 능력은 불가사의한 부분이 있다. 결과만을 본다면 업적을 이루는 데 술은 꼭 필요하다. 실마리를 잡아야 일을 할 수 있으니까. 꽉 막혀 있을 때, 누군가 "원교근공!"이라고 말한다면 얼마나 반갑겠는가? 일이 난마처럼 얽혀 있을 때 이런 술가의 지혜가 필요한 법이다.

논리로 무장한 당대 최고 외교관, 장의

말에 관해서는 앞으로도 계속 이야기할 것이다. 그러나 여기에서는 인재의 논리에 대한 이야기를 하고 있으므로 장의를 빼놓을 수 없다. 이 장의란 인물은 귀곡자鬼谷子 아래서 동문수학한 소진과 함께 종횡가의 대가다. 종횡가란 전국시대 외교의 원리들을 가지고 유세하던 사람들로 역시 술가의 일파라고 할 수 있다. 이들의 무기는 바로 논리였다. 초나라의 왕을 참관자로 둔 장의와 대신들의 불꽃 튀는 대결은 바로 어떤 방어망도 뚫을 수 있는 논리가[推徹之材]의 진면목을 보여준다.

알려진 대로 강한 진에 대항하기 위한 소진의 합종책은 장의의 연횡책에 의해 하나하나 깨어져 나간다. 이 과정에서 장의는 당대 최고의 변설가이자 외교관으로 부상한다.

먼저 장의는 초와 제의 합종을 깨기 위해 초나라 왕에게 거짓말을 한다. 바로 제나라와 맺은 합종을 깨면 상商과 오烏의 땅 600리를 바치겠다고 한 것이다. 물론 거짓말은 탄로 났고 오히려 초나라는 제나라의 신의만 잃어 곤경에 처한다. 합종이 깨지자 진과 제 연합군은 초를 공격해 단양丹陽과 한중漢中을 빼앗는다. 장의에게 속은 초나라 왕의 마음이야 오죽했겠는가? 그때 마침 진나라가 초나라의 검중黔中 땅을 얻으려고 예전에 주기로 했던 진나라의 상과 오의 땅을 다시 제시한다. 그러자 초나라 왕은 한 마디로 대답한다.

"땅은 필요 없고 장의만 보내면 검중은 그냥 드리리다."

장의가 오면 죽여 버리려고 한 것이다. 욕심 많은 진나라 왕은 내심 장의를 보내 땅을 얻고 싶었지만 차마 말을 못 하고 있었다. 이때 장의는 자원해서 말한다.

"신이 강한 진의 부절符節을 가지고 사신으로 가는데 초나라가 어떻게 하겠습니까? 설령 신이 죽더라도 검중의 땅을 차지할 수 있다면, 이것은 제가 바라던 바입니다."

원래 장의는 깨끗한 사람이 아니고 대의명분을 위해 죽을 사람도 아니지만, 이렇게 말 몇 마디로 마음을 얻는 데 능했다.

과연 장의가 도착하자 초나라 왕은 그를 가두고 죽이려 한다. 그러나 초나라 재상은 장의에게 뇌물을 듬뿍 먹은 터라 장의를 돌봐주고 장의를 죽이지 말라고 유세를 한다. 그러나 장의는 한 술 더 뜬다. 그 말을 요약해 보자.

진은 호랑이고, 다른 나라들은 양떼에 불과합니다. 어떻게 호랑이와 손잡지 않고 양떼들 편에 섰습니까(형세)? 진이 파와 촉에서 배를 띄워 내려오면 열흘이면 족한데 언제 제후국들의 도움을 받겠습니까(위협)? 진나라가 위나라를 치면 천하 제후들이 겁을 먹게 됩니다. 왕께서 송나라를 치면 몇 달이면 떨어뜨릴 것이고, 곧장 동으로 나가면 주변국들이 다 왕의 땅이 됩니다(유혹).
제후들을 속여 합종책을 만든 것은 소진입니다. 그는 연나라의 첩자로 몰래 제나라의 재상이 되었는데 속임수가 발각되어 처형되었습니다. 소진은 일개 사기꾼에 불과합니다. 서로 돕는다고 하면서 틈만 보이면 배반하는 것이 합종입니다(이론적 적수를 비방). 이제 제가 진나라와 초나라가 태자를 인질로 교환하고 형제의 나라가 되도록 다리를 놓겠습니다. 이렇게 되면 영원히 서로 공격하는 일은 없을 것입니다(정치적 제안).

이에 초나라 대부 굴원屈原이 극렬히 간한다. 그는 초나라가 또 남의 땅을 욕심내어 장의에게 속으면 파국임을 감지하고 있었다.

"전에도 장의에게 속았는데, 지금 당장 장의를 삶아 죽여야 합니다. 죽일 수 없다고 하더라도 그의 말을 들어서는 안 됩니다."

굴원은 제나라와 힘을 합쳐야 진을 막을 수 있다고 생각했다. 진나라의 합종연횡에 반대하는 대신들의 마음은 다 그랬다. 그러나 왕은 그 말을 듣지 않았다. 왜일까?

장의는 초의 회왕懷王이 안목은 없으나 욕심이 많다는 것을 잘 알았기에 처음부터 끝까지 이익으로만 유세했기 때문이다. 회왕의 처지에서는 일단 장의를 돌려보내면 약속한 검중 땅을 진에게 떼어주지 않아도 되었다. 그런데 장의가 오히려 힘을 합쳐 함께 약한 나라들을 잡아먹자고 유혹하니 회왕은 결국 장의의 말에 넘어가고 만다.

결국 답답해진 굴원은 그만 멱라수에 몸을 던져 죽고 만다. 물론 장의의 말은 거짓이 반도 더 된다. 그러나 진실한 말은 아니라고 하더라도 그 말의 위력은 얼마나 대단했던가? 죽음의 위기를 거꾸로 이용했으니 《인물지》가 말한 권첩지재權捷之材라고 할 수 있고, 재치 있는 말로 상대를 설득했으니 담급지재贍給之材라고 할 만하며, 또 굴원을 비롯한 모든 사람들의 반대를 뚫어 버렸으니 추철지재推徹之材라고 할 수 있다.

물론 장의는 참말과 거짓말을 섞어 쓰고, 말과 진심이 따로 노는 인물이다. 그러나 말을 할 때 상대의 본심을 파악하여 말하는 장의의 변설 능력은 잘 살펴볼 필요가 있다. 반대로 장의처럼 참말에 거짓말을 섞어 쓰는 사람의 본심을 알아내는 안목 또한 중요하다. 결과적으로 보면 초 나라 회왕은 장의의 말에 속은 것이 아니다. 그는 욕심 때문에 틈을 보 였고, 장의가 그 틈을 파고든 것이다.

| 전국시대 인재들의 명암: 손빈과 방연, 조괄 |

질투와 경쟁이 초래한 비극, 손빈과 방연

전국시대에 이르러 각국 간의 경쟁과 병탄이 격화되면서 전쟁과 외교의 방식도 근본적으로 바뀐다. 기존의 전쟁 방식이 전차전이 중심이었다면 이제는 기병과 보병이 중심을 이룬다. 외교도 이제는 춘추시대의 회맹 질서 같은 명분론에 더는 집착하지 않는다. 권모술수와 책략이 전국시 대 외교의 핵심이 된다. 인재 분야에서도 마찬가지다. 전국시대에 이르 면 각국의 인재 쟁탈전은 더욱 심해진다. 이제 더는 포숙이 친구 관중의 능력을 알고 제 환공에게 추천했던 미담은 잘 보이지 않는다. 오히려 인 재끼리 질투하고 모함하고 경쟁하는 시기가 바로 전국시대다.《인물지》 가 말하는 '통달한 인재'가 활약하기에는 시대가 너무 각박했다.

전국시대 손빈과 방연은 귀곡자를 스승으로 모시고 동문수학한 사이 였다. 손빈은《손자병법孫子兵法》의 저자 손무孫武의 후손으로 귀곡자로부 터 손무의 병법을 전수 받아 군사 전략면에서 뛰어난 재능을 보였다. 하지만 그의 운명은 그 능력만큼 순탄하지 않았다.

《사기》〈손자오기열전孫子吳起列傳〉에 기록된 이야기는 방연이 먼저 위나라 혜왕에게 등용되면서 시작된다. 자신의 재능이 손빈을 따를 수 없다고 생각한 방연은 동문인 손빈을 제거하기로 마음먹고 몰래 사람을 보내 그를 위나라로 부른다. 그리고 손빈이 도착하자 제나라와 내통했다는 죄를 뒤집어씌워 손빈의 두 다리를 자르고 얼굴에 글자를 새겨 세상 사람들에게 알려지지 않도록 했다.

하지만 손빈의 재능을 알아본 제나라 사자가 손빈을 몰래 수레에 태워 제나라로 데려간다. 이후 손빈은 제나라 장군 전기田忌의 빈객이 되어 자신을 해친 방연에게 복수를 준비한다.

얼마 후 위나라가 조나라를 치자 다급한 조나라는 제나라에 도움을 요청한다. 제나라 위왕이 손빈을 장수로 삼으려 하자 손빈은 "형벌을 받은 사람은 장수가 될 수 없습니다"라고 사양한다. 그래서 제나라 왕은 전기를 장군으로 임명하고 손빈을 군사로 삼는다. 전기가 병사를 이끌고 조나라로 가려 하자 손빈이 말한다.

어지럽게 엉킨 실을 풀려고 할 때는 주먹으로 쳐서는 안 되며, 싸우는 사람을 말리려고 할 때도 그 사이에 끼어들어 주먹만 휘둘러서는 안 됩니다. 급소를 치고 빈틈을 찔러 형세를 불리하게 만들면 저절로 물러날 것입니다.

손빈은 조나라를 구원하는 대신 오히려 위나라 수도 대량大梁으로 들어가 길목을 차지하고 텅 빈 곳을 치라고 한다. 전기가 손빈의 계책을 따르니 위나라 군대는 과연 조나라에서 물러나고, 제나라 군대는 계릉桂

陵에서 위나라 방연을 크게 무찌른다.

　그로부터 13년 뒤 위나라와 조나라가 함께 한韓나라를 공격하자 한나라는 제나라에 위급함을 호소한다. 제나라 장군 전기는 또 위나라 수도 대량으로 쳐들어간다. 장군 방연은 이 소식을 듣고 군사를 돌려 제나라 군대를 쫓는다. 이때 손빈이 또 계책을 낸다.

> 우리 제나라 군대가 위나라 땅에 들어서면 첫날에는 아궁이 10만 개를 만들게 하고, 다음 날에는 5만 개를 만들게 하며, 또 그 다음 날에는 3만 개를 만들게 하십시오.

　방연은 제나라 군사를 뒤쫓은 지 사흘째가 되자 몹시 기뻐하며 "나는 제나라 군사가 겁쟁이인 줄 알고 있었지만 우리 땅에 들어온 지 사흘 만에 달아난 병사가 절반을 넘는구나"라고 말하고 날쌘 정예병을 이끌고 이틀 길을 하루 만에 달려 뒤쫓는다. 손빈은 방연의 추격 속도를 계산하여 마릉馬陵에 병사를 매복시키고 길옆에 있던 큰 나무의 껍질을 벗겨내고 흰 부분에 이렇게 써 놓는다.

　"방연은 이 나무 아래에서 죽을 것이다."

　그리고는 제나라 군사 중에서 활 잘 쏘는 사람들을 골라 쇠뇌 1만 개를 준비시키고 병사들에게 "밤에 불빛이 보이면 일제히 쏘도록 하라"고 했다.

　정말 예상대로 방연은 밤이 되어서 껍질을 벗겨 놓은 그 나무 밑에 이르러 흰 부분에 씌어 있는 글씨를 발견하고는 불을 밝혀 비춘다. 그러자 매복한 제나라 군사들이 한꺼번에 쇠뇌를 쏘니 방연의 군사들이 우왕좌왕 뿔뿔이 흩어졌다. 방연은 자신의 지혜가 다하고 싸움에서 진 것을 알고는 "결국 어린애 같은 놈의 이름을 천하에 떨치게 만들었구나" 하고 자결한다.

《인물지》가 강조하는 통달한 인재는 상대를 이기려하지 않고 다투지 않는 인재다. 또 다른 사람이 생각하는 바를 드러나도록 해주고, 다른 사람이 장점을 발휘할 수 있도록 도와주는 인재다. 하지만 적자생존의 시대 상황은 이 인재들끼리도 치열한 경쟁을 요구했다. 비록 동문수학한 사이라 해도 예외는 아니었다. 오히려 상대의 진면목을 아는 것이 해가 되었다. 소진과 장의가 서로 다투고, 방연이 손빈을 질투하며, 이사가 한비자를 모함한 것은 인재끼리의 질투와 경쟁이 초래한 비극이었다.

말이 앞서는 무책임한 사이비, 조괄

이제 전국시대의 대표적 사이비 인재 한 명을 살펴보자. 사이비란 말 그대로 '그럴듯하지만 사실은 아닌 것'을 말한다. 문제는 그럴듯하다는 것이다. 《인물지》 역시 사이비를 구별하는 구체적인 방법은 가르쳐주지 않는다. 사이비를 구별하는 공식이 있었다면 역사의 부침도 없었을 것이다. 다만 사이비는 몇 가지 특징이 있다. 바로 겉으로 넘친다는 것이다. 《인물지》에서도 말한다. 사이비들은 대체로 '막힘없는 듯', '다 이해하는 듯'하다가, 막상 궁지에 몰리면 '물 타기'를 시도해서 비기려고 한다.

《사기》〈염파인상여열전廉頗藺相如列傳〉에 나오는 지상병담紙上兵談의 고사는 사이비 감별에 실패한 경우 어떻게 되는지에 대한 뼈아픈 교훈이다.

전국시대 말기 진나라와 조나라 군대가 장평에서 대치한다. 조나라는 명장 염파를 장군으로 삼아 진나라 군대를 방어하도록 했다. 진나라 군대가 자주 조나라 군대를 깨뜨렸지만, 조나라 군대는 보루의 벽만 튼튼히 할 뿐 나가 싸우지 않았다. 그러자 진나라 재상 범저는 염파가 대장으로 있는 한 조나라를 깨뜨릴 수 없다고 여기고, 조나라에 사람을 보내 많은 돈을 뿌리며 다음과 같이 이간질하는 말을 퍼뜨린다.

"진나라가 두려워하는 것은 조사趙奢의 아들 조괄이 장군이 되는 것뿐이다. 염파는 상대하기 쉽다. 그는 앞으로 진나라에 항복할 것이다."

이를 들은 의심 많은 조나라 왕은 염파 대신 조괄을 장군으로 삼으려 했다. 그러자 인상여藺相如가 말한다.

"왕께서 명성만 믿고 조괄을 쓰시려 하는데, 조괄은 그저 자기 아버지가 남긴 병법 책을 읽었을 뿐 사태 변화에 대처할 줄은 모릅니다."

그러나 조나라 왕은 듣지 않고 조괄을 대장군으로 삼는다. 조괄은 어릴 적부터 병법을 배워 군사에 대해 말로는 세상에서 당할 자가 없었다고 한다. 일찍이 그는 아버지 조사와 함께 군사적인 일을 토론한 적이 있는데, 조사도 그를 당해낼 수 없었다. 그러나 조사는 그가 잘한다고 생각하지 않았다. 조괄의 어머니가 그 까닭을 묻자 조사는 이렇게 말했다.

"전쟁이란 목숨을 거는 거요. 그런데 괄은 전쟁을 너무 쉽게 말하오. 조나라가 괄을 장군으로 삼지 않으면 다행이지만, 만일 괄을 장군으로 삼는다면 틀림없이 조나라 군대는 파멸당할 것이오."

조괄이 장수로 임명되어 떠나려 할 때 그 어머니가 반대하며 왕에게 간한다.

당초에 조괄의 아버지가 장수로 있을 때는 몸소 식사를 받들고 찬을 올린 사람이 수십 명이었고, 벗한 자가 수백 명이었습니다. 그리고 상으로 받은 물건은 군 간부와 사대부에게 모두 나누어 주었습니다. 임명을 받은 날로부터 집안일은 물어보지도 않았습니다. 그러나 제 아

들 괄은 하루아침에 장수가 되자 동쪽에 앉아 장령들에게 자기를 알
현토록 하니, 장령들 가운데 감히 그를 올려다보는 사람이 없습니다.
그리고 왕께서 하사한 금과 비단은 집에 저장하고, 매일 좋은 전답과
주택을 살펴 살 만한 것을 모두 사들였습니다. 왕께서는 제 아들도
그의 아버지와 같다고 여기시지만 사실 부자간의 마음속은 다릅니다.
제발 왕께서는 제 아들을 파견하지 말아 주십시오!

하지만 왕은 이를 듣지 않았다. 조괄은 염파를 대신하게 되자 군령을
모두 바꾸고 진나라 군대를 공격한다. 그러나 그 결과는 너무 참혹했다.
진나라 장군 백기는 거짓으로 달아나는 척하면서 좋아라고 달려드는
조나라 군대의 보급로를 끊었다. 보급로가 끊기자 조괄은 속수무책이
었고, 때를 맞춰 진나라 군대가 굶주린 조나라 군대를 공격한다. 조괄
도 용감히 맞서 싸우지만 결국 화살에 맞아 죽고 조나라 군대 수십만이
항복한다. 하지만 백기는 항복한 병사들의 반란이 두려워 이들 모두를
땅에 묻어 죽인다. 기록에 조나라가 이 싸움을 전후로 잃은 군사가 45
만 명이나 되었다고 하니, 결국 장수 한 사람을 잘못 쓴 결과가 나라를
파탄 지경까지 이르게 한 것이다.
이 고사에서 조사는 중요한 사이비 판별법을 알려주고 있다. 바로 책
임감이 없는 이가 사이비라는 것이다. 조괄은 사람의 목숨이 오가는 전
쟁을 너무 쉽게 이야기했다. 남의 목숨을 가벼이 여기니 말도 술술 나오
는 것이다. 《인물지》에서 말하는 사이비는 대체로 말이 앞서는 무책임
한 사람이다.

이상으로 법가와 술가의 인재들을 살펴보았다. 이들은 모두 춘추전국시

대라는 난세가 배출한 인물들이다. 난세에는 능력 위주의 등용을 피할
수가 없다. 생존 자체가 관건이기 때문이다. 그러나 이런 인재들이 통일
제국도 다스릴 수 있었을까? 다음 장에서 더 자세히 살펴볼 것이다.

5

어떤 인재를 어디에 배치할 것인가

재능材能

군주의 재능과 신하가 갖추어야 할 재능이 서로 다름을 이야기하고, 인재의 능력과 리더십 유형에 따른 인재의 배치에 대해 서술한다.

| 재능에 따라 달라지는 역할 |

인재가 중요하다는 사실은 일을 해본 사람이면 누구나 안다. 그런데 왜 '인재'에 대한 이야기는 여전히 반복되고, 논란이 될까? 먼저 생각할 수 있는 것이 인재의 평가 기준이 사람마다 다르기 때문에 생기는 문제일 수 있다. 과연 누구를 인재라 할 것인가? 자신의 생각을 잘 읽고 마음에 드는 소리만 하는 사람, 혹은 자신과 동향이나 동문, 혹은 자신의 기호나 취향에 맞는 친한 사람을 인재로 생각하고, 자신에게 쓴소리를 하거나 뜻에 거스르는 말이나 아이디어를 내는 사람은 인재로 생각하지 않는 사람이 있기 때문이다.

두 번째 생각할 수 있는 것은 인재를 두고도 인재를 쓸 줄 모르는 데서 기인한다. 사람은 성인이 아닌 이상 모두 완벽하지 않고 타고난 재질도 다르다. 그렇기 때문에 가진 능력도 다르다. 그런데 이런 능력의 차이를 고려하지 않고 인정으로 사람을 쓸 경우 기대한 성과를 내기 어렵다. 일에 적합하지 않은 사람을 쓰고 성과를 기대하는 것은 애초부터 무리다. 그런데 사람을 잘 못 쓰는 사람들은 항상 자신에게 인재가 없음을 탓한다.

그래서 '용인'의 핵심은 사람을 알아보는 것과 동시에 일에 대해 정확하게 이해하는 것이다. 《인물지》의 다섯 번째 장 〈재능〉은 사람의 재능과 일, 특히 정치적 능력과의 관계를 설명하는 장이다. 지금까지 타고난 재질, 성정의 차이를 다루었다면 지금부터는 그 재질로부터 나온 능력에 따른 인재의 활용에 대해 이야기한다. 여기서 재능이라고 할 때 재材는 타고난 재질을 말하고, 능能은 그로부터 발생하는 능력을 말한다.

그런데 《인물지》는 구체적인 재능 분류로 들어가기 전에 중요한 전제를 하나 단다. "사람의 재질 가운데에는 큰일에는 능하지만 작은 일에는 능하지 않는 것이 있다"라는 세간의 말에 대해 다음과 같이 반박한다.

> "크고 작은 일에는 적합한 재질이 있다"고 해야지, "큰일에는 능하지만 작은 일에는 능하지 않다"라고 해서는 안 된다. 만약에 송아지를 삶을 수 있는 솥이라면 어찌 닭을 삶을 수 없겠는가?

재능이란 재질에서 나오는 것이기 때문에 일의 크기로 재능의 유무를 결정할 수 없다는 것이다. 즉, 어떤 일에 재질이 있는 사람은 큰일이든 작은 일이든 모두 능하기 때문에, 용인의 경우 먼저 고려해야 하는 것은 그 일에 적합한 재질인지 아닌지를 살피는 것이다. 앞서 이야기한 방통의 고사를 다시 생각해 보자.

비록 《연의》에 나오는 이야기지만 유비는 방통의 첫인상이 나빠 그냥 조그만 현의 현령에 임명한다. 그런데 방통이 매일 술만 먹고 일을 하지 않으니, 장비가 급파된다. 하지만 방통은 따지러 온 장비 앞에서 백여 개의 송사를 두세 시간 만에 처리하여 장비를 놀라게 한다. 또 정사에서 노숙이 방통을 추천하면서 말한 "방사원은 백리재가 아니니, 치중, 별가의 임무를 맡겨야 비로소 그 뛰어난 재능을 충분히 펼칠 것입니다"라고 한 것은 방통이 백 리를 다스릴 현령으로서의 능력이 없다는 뜻이 아니라, 치중과 별가에 맞는 재질을 가지고 있으니 그에 맞춰 일을 맡겨야 한다는 뜻이다. 조그만 지역의 현령으로 삼는 것은 방통의 재능을 적절하게 쓰지 않고 낭비하는 것이라는 이야기다.

그러면 다시 《인물지》로 돌아가 재질과 재능의 관계를 살펴보자. 《인물지》는 사람마다 타고난 재질이 다르기 때문에 그 재능도 각기 차이가 난다고 하고 구체적으로 다음과 같이 재능을 분류하고 있다.

> 스스로 수양하고 몸을 깨끗이 하여 관직에 나아가는 자임自任의 재능.
> 법을 세워 사람들로 하여금 따르도록 하는 입법立法의 재능.
> 일의 변화에 따라 응대·관리하는 계책計策의 재능.
> 덕행으로 교화하여 다른 사람의 모범이 될 만한 인사人事의 재능.
> 일을 추진하며 명령하고 견책하는 행사行事의 재능.
> 감찰하여 잘못을 적발해 내는 사찰司察의 재능.
> 임기응변에 능하고 지략이 뛰어난 권기權奇의 재능.
> 위엄과 용맹으로 적들을 두렵게 할 수 있는 위맹威猛의 재능.

이 여덟 가지의 재능은 그 근원이 되는 재질과 연관된다. 그리고 사람마다 타고난 재질과 재능이 다르기 때문에 그에 따른 역할도 다를 수밖에 없다.

[표 4]는 《인물지》가 제시하는 재질과 재능에 따라 맡을 수 있는 일에 관한 내용이다. 이는 사실 오늘날의 사정과는 많은 차이가 있다. 하

표 4　여덟 가지 재능과 적합한 정치 유형

재능	재질	적합한 정치 유형	정치 유형에 따른 득실
자임의 재능	청절의 재질	왕도로 교화를 펴는 정치[王化之政]	큰 것을 통괄하는 데는 적합하지만, 작은 부분을 다스리면 효과가 당장 나타나지 않을 수 있다.
입법의 재능	법가의 재질	거스르는 것을 바로잡는 정치[矯抗之政]	지나치게 사치스런 풍조를 다스리는 데는 적합하지만, 피폐해진 상황을 다스리면 오히려 잔혹해진다.
계책의 재능	술가의 재질	계책과 술수를 사용하는 정치[策術之政]	형세가 위급한 사태를 다스리는 데는 적합하지만, 이미 평정된 상태를 다스리면 오히려 불안해진다.
인사의 재능	지의의 재질	조화를 중시하는 정치[諧和之政]	새롭게 편입된 지역을 다스리는 데는 적합하지만, 예부터 있던 지역을 다스리면 실효를 거두기 어렵다.
행사의 재능	견양의 재질	시비를 분별하고 관리하는 정치[辨護之政]	혼란스럽고 복잡한 상황을 다스리는 데는 적합하지만, 잘 따르는 사람들을 다스리면 오히려 불편해진다.
사찰의 재능	장비의 재질	공정하고 잘못을 엄정히 따지는 정치[公刻之政]	간특한 세력을 바로잡는 데는 적합하지만, 변방을 다스리면 백성들이 도망가기 마련이다.
권기의 재능	기량의 재질	기량(건축, 토목)을 중시하는 정치[伎倆之政]	부유한 지역을 다스리는 데는 적합하지만, 가난한 지역을 다스리면 백성이 힘들고 더욱 곤궁하게 된다.
위맹의 재능	호걸의 재질	위엄과 용맹을 지닌 정치[威猛之政]	변란을 토벌하는 데는 적합하지만, 선량한 사람들을 다스리면 오히려 포악해진다.

지만 여기서 제시하는 관직의 일은 독자 여러분이 오늘날의 현실에 유추해서 생각한다면 크게 틀리지는 않을 것이다.

이렇게 사람마다 재능이 각기 다르기 때문에 사람마다 적합한 일도 다를 수밖에 없다. 그렇기 때문에 사람을 쓰는 일은 먼저 직무의 성격과 내용을 파악하여 거기에 적합한 인재를 쓰는 것이 중요하다. 특히 훌륭한 리더는 자신에게 잘하느냐, 잘못하느냐 또는 자신과 친한지, 친하지 않은지로 사람을 쓰지 않는다. 그 일에 필요한 재능과 덕목이 무엇인지를 알고 쓴다.

《삼국지》의 손권은 인재 등용과 용인에서는 고수급이다. 다음 고사는 패거리의 보스와 리더가 사람을 쓰는 데 어떤 차이가 있는지를 잘 보여준다.

손권이 어렸을 때 사사로이 비용을 쓴 후 출납을 담당하던 여범呂範에게 사사로운 요구를 했다. 그런데 여범은 그때마다 이 사실을 형 손책孫策에게 보고하고, 감히 자기 마음대로 허락하지 않았다. 당시 이 일로 인해 손권은 여범을 원망했다. 반면 손권이 잠시 양선이란 마을의 현장으로 있을 때 손권 밑에서 공조功曹로 일하던 주곡周谷은 매번 사사로이 쓴 손권의 비용을 편법으로 기록해서 손권이 책망받지 않도록 해 손권을 기쁘게 했다.

하지만 손권이 나중에 국사를 통괄하게 되자, 손권은 여범의 충성을 알고 두텁게 신임했다. 그리고 주곡은 사람을 속이고 회계장부를 고칠 수 있는 인물이라고 여겨 등용하지 않았다.

손권이 보여준 여범에 대한 태도는 의미심장하다. 손권 개인과 국가의 리더로서 인사가 다름을 보여주기 때문이다. 개인으로서는 자신의 잘못을 드러내는 사람이 밉지만, 조직의 리더로서는 공정함이 좋은 것이다. 사실 여기서 주목해야 할 사람은 주곡이다. 실세인 상사에게 잘해 준 것이 오히려 자신의 출셋길을 막았기 때문이다. 원래 충성이란 일 자체를 바르게 하는 것이지 윗사람의 비위를 맞추는 것이 아니다.

인재를 선임하는 데 중요한 것은 과제의 성격을 잘 이해하는 것이다. 모든 면에서 다 훌륭한 인재도 있겠지만 대부분 그렇지 않은 경우가 많다. 즉, 조직이 직면한 과제가 무엇이냐에 따라 필요한 인재의 능력도 달라질 수 있다. 특히 조직의 장을 결정하는 일은 특히 그러하다.

이와 달리 일의 성격이나 목표를 고려하지 않고 마음에 드는 사람들끼리 나눠 먹기식으로 사람을 쓸 경우 그것이 기업이든 국가든 커다란 문제에 봉착한다. 역사적으로 이런 나눠 먹기 인사의 폐해가 바로 붕당이다.

| 인재 유형에 따른 정치와 조직 관리 |

지금까지 재질과 재능의 관계, 그리고 각각의 재능에 적합한 직무가 무엇인지에 대한 《인물지》의 주장을 살펴보았다. 여기서는 앞에서 말한 각각의 재능을 가진 사람들이 자신의 스타일에 따라 행하는 정치, 즉 조직 관리에 대해 이야기한다. 오늘날로 말하면 조직이 처한 상황에 따라 어떤 인재, 어떤 리더십 스타일을 써야 하는지를 설명한다.

나라에는 속된 풍속과 교화된 문화가 공존하고, 백성들도 거친 자와 선량한 자가 있기 마련이다. 게다가 사람의 재질도 같지 않기 때문에 다스림에도 득실이 있게 된다.

《인물지》는 인재의 재질과 능력에 따른 직무의 배치를 중요시하는데, 여기에서는 배치된 인재의 정치 스타일 혹은 리더십 스타일이 조직이 처한 상황에 따라 서로 다른 결과를 초래할 수 있다는 내용을 말하고 있다. 그러므로 어떤 상황에서는 이런 인재가 통하다가 어떤 상황에서는 안 통하는 것이다. 즉, 적시適時와 적재適材가 합쳐져야 하는 것이다. 앞으로 이 '적시'에 대해서는 계속 분석을 할 것이다. 한 번 성공한 인재가 계속 성공하는 것은 아니다. 상황이 계속 바뀌기 때문이다. 전체는 원문 번역을 참조하고 일부만 제시한다.

> 시비를 분별하고 관리하여 이끄는 정치는 혼란스럽고 복잡한 상황을 다스리는 데는 적합하지만, 이런 정치로 잘 따르는 사람들을 다스리면 오히려 불편해진다.

> 계책과 술수를 사용하는 정치는 형세가 위급한 사태를 다스리는 데는 적합하지만, 평정된 상태를 다스리면 오히려 불안해진다.

> 공정하고 잘못을 엄정히 따지는 정치는 간특한 세력을 바로잡는 데는 적합하지만, 이런 정치로 변방을 다스리면 백성들이 도망가기 마련이다.

> 위엄과 용맹을 지닌 정치는 변란을 토벌하는 데는 적합하지만, 이런 정치로 선량한 사람들을 다스리면 오히려 포악해진다.

이 말들은 모두 깊이 생각해 볼 만하다. 인재의 등용도 조직이 처한 상황에 맞게 적절하게 바뀌어야지 그렇지 못하면 반드시 문제들이 불거지기 마련이다.

《자치통감》은 이런 관점을 깊이 계승하고 있다. 그 안에 다음과 같은 고사와 평이 있다.

한나라는 서역의 누란 왕이 흉노와 한나라 사이에서 줄타기를 하자 부개자傅介子라는 자객을 보내 왕을 암살한다. 그러나 변방에서 그렇게 위엄을 세우는 방법이 통할까? 약해서 눈치 보는 것도 서러운데 그렇게 핍박을 하니 서역은 오히려 혼란해졌다. 그래서 《인물지》도 변방에서의 정치는 가혹하게 따지지 말라고 한 것이다.

사마광은 다른 면에서 일침을 가한다. 국가의 대사인 외교를 고작 암살이라는 음험한 방법으로 해결하려고 한 한나라를 심하게 비난한다. 그는 계책과 술수가 평화를 해친다고 지적하며 이렇게 이야기한다.

"이렇게 정당하지 않는 방법(암살)을 쓰면 서역의 나라들이 어떻게 한나라를 믿겠는가?"

이처럼 국가나 조직을 어떻게 다스리고 관리할 것인가는 정책의 문제이기도 하면서 그 정책을 수행할 사람들의 재질과 능력에 관한 것이기도 하다. 그렇기 때문에 《인물지》도 인사권자는 각각의 재능을 헤아려 알맞은 직책을 주는 일에 신중해야 한다고 강조한다.

| 리더에게 반드시 필요한 통합의 재능 |

그렇다면 한 나라를 다스리거나 커다란 조직을 통합적으로 다스려야 하는 사람의 재능은 어때야 하는가? 한 가지에 특화된 재능을 가진 사람은 그 재능에 맞는 하나의 직책에는 적합하지만, 여러 사람을 통합하고 통솔하기에는 약점이 있다. 그래서 《인물지》에서는 다음과 같이 말한다.

> 무릇 치우친 재질을 가지고 있는 사람은 모두 한 가지 면에서는 빼어난 사람이다. 그러므로 한 직책을 감당하는 데는 뛰어나지만, 한 나라를 다스리는 데는 부족하다. 왜 그런가? 한 직책의 임무는 한 가지 맛으로 다섯 가지의 맛과 협력하는 것이지만, 한 나라를 다스리는 일은 담백한 맛으로 다섯 가지 맛을 조화시키는 것이기 때문이다.

여기서 말하는 것은 한 나라를 다스리는 재상이나 군주의 일에 대한 것이다. 여러 조직을 관리하는 사람에게 필요한 덕목은 한 가지 재능으로는 부족하다는 말이다. 당나라 때의 유종원柳宗元은 《재인전梓人傳》에서 재상의 역할을 목공木工에 비유하여 이렇게 말한다.

> 재인(목공)은 도끼, 칼, 톱 등의 연장을 들지 않고 오로지 둥글게 굽은 자와 그림쇠, 먹줄을 들고 다니면서 나무의 재질을 헤아리고, 집의 규모를 살피며, 높이와 깊이, 둥글고 모남, 길고 짧음을 관찰한다. 그는 여러 목공들을 지휘하여 각기 일을 시키고 맡은 일을 잘 처리하지 못하면 그만두게 한다. 큰 집이 완성되면 혼자서 이름을 드날리고, 녹봉은 일반 목공의 세 배를 받는다.
> 천하를 다스리는 재상도 이와 같다. 재상은 기강을 세우고 법도를 정비하여 천하의 선비를 뽑아 적절한 임무를 맡긴다. 그래서 천하의 사람들을 다스려 각자 일을 편안하게 처리하도록 한다. 능력 있는 자를 등용하고 능력 없는 자를 물러나게 한다. (중략) 어떤 이는 이런 다스

림의 요체를 알지 못하여 능력을 드러내고 이름을 자랑하며 작은 사무를 직접 맡는다. 각급 관리들의 직무를 간섭하고 관가에서 따지고 떠들어대지만 원대한 일은 방기한다. 이것은 재상의 도를 모르기 때문이다.

조직의 장에게 필요한 재능은 통합의 재능이다. 사실 조직의 장이 한 가지 재능에만 밝고, 두루 통하지 않으면서 자신과 같은 재능을 가진 사람만을 선호하면 그 조직은 오래가지 않아 기울기 마련이다. 앞의 인용문에서처럼 조직의 장이 해야 할 역할은 어떤 집을 지을 것인지를 결정하고 여러 능력 있는 목공들이 각각의 역할을 수행할 수 있는 환경을 조성하는 것이지, 자신의 개별적인 능력을 드러내고 이름을 자랑하며 작은 사무를 맡아 이리저리 떠드는 것은 아니라는 것이다.

| 탕 태종에게서 찾은 리더의 재능 |

그렇다면 군주, 즉 리더의 재능은 어떻게 달라야 하는가? 《인물지》는 군주의 재능을 신하의 재능과 비교하여 다음과 같이 말한다.

> 신하는 수신하여 관직에 나아가는 것을 재능으로 삼지만, 군주는 사람을 적재적소에 잘 쓰는 것을 재능으로 삼는다. 신하는 말을 잘하는 것을 재능으로 삼지만, 군주는 잘 듣는 것을 재능으로 삼는다. 신하는 일을 잘 실행하는 것을 재능으로 삼지만, 군주는 상벌을 적절하게 내리는 것을 재능으로 삼는다.

《인물지》는 용인用人은 군도君道, 즉 군주의 도이고, 행사行事는 신하의 도라는 전통적 '제왕학'의 핵심을 말하고 있다. 군도의 핵심을 아는 군주라면 문무백관 스스로 책임지고 해야 할 구체적인 일을 하는 것이 아니다. 정부 관원이라면 응당 자신이 해야 할 일에 대해 잘 알고 있어야 하지만, 군주는 대체만 알고 세세한 것은 믿고 맡기는 것이 군도라는 것이다. 그래서 군주의 도는 적재적소에 인재를 배치하고, 간언하는 말을 잘 들으며, 공과에 따라 신상필벌을 엄정하게 하는 것이다.

당 태종은 청나라 강희제姜熙齊와 더불어 중국 역사상 최고의 황제라 할 수 있다. 흔히 그의 연호를 딴 '정관의 치貞觀之治'라고 부르는 20여 년의 치세는 중국 역사상 가장 화려한 시대이기도 했다. 그가 정관의 치라는 전성기를 이룰 수 있었던 것은 무엇보다 앞에서 이야기한 군주의 도를 잘 실천했기 때문이다. 당 태종의 인사 철학에 대해서는 이후 별도로 이야기하기로 하고, 여기서는 군주의 도와 관련하여 《자치통감》이나 《신당서》 등에 수록된 그의 이야기를 들어보자.

적재적소

당 태종은 자신의 심복들이 가진 서로 다른 재능과 성격의 특징을 잘 이해하고 그에 적합한 인사 배치에 능했다.

방현령房玄齡은 국사를 처리하는 데 늘 부지런하여 쉴 줄 모르고, 처리하지 못하는 일이 없다는 사실을 알았기 때문에 중서령으로 임용된다. 중서령의 직책은 요즘의 총리와 같은 일로 황제를 보좌해 나라의 모든 일을 두루 살피는 직책이었다. 이는 바로 방현령의 '부지런하며 쉴 줄 모르는' 특성을 안배한 것이다. 그런데 방현령은 나라를 다스리는 데는 창조성이 뛰어나 많은 예리한 견해와 구체적인 방법을 제시했으나, 자신의 견해를 정리하여 실천하는 일에는 좀 약했다.

반면 두여회杜如晦는 비록 창의성은 없었지만 다른 사람이 낸 의견을 주밀히 분석하기를 좋아하고 결단에도 능했다. 일단 어떤 견해가 있으면 한 번 보고 종합적으로 분석한 후 방책을 만들어 당 태종에게 제시했다.

그래서 당 태종은 그를 따로 재상으로 임명하여 방현령과 두여회 두 사람이 함께 일하면서 자신을 보좌하도록 했다. 그래서 방현령의 지모와 두여회의 결단력이 서로 조화하여 일을 잘 해결한다는 뜻을 가진 '방모두단房謀杜斷'의 고사성어가 생겨난 것이다.

사실 적재적소가 말처럼 쉽지 않은 이유 가운데 하나가 바로 인사권자의 '사사로운 인정'이 개입되기 때문이다. 당 태종이 훌륭한 정치를 할 수 있었던 이유는 바로 '사사로운 인정'을 인사의 기준으로 삼지 않고 '재주와 행실'을 기준으로 삼았기 때문이다.

당 태종이 '현무문玄武門의 변變'을 통해 황제가 되기까지 가장 공이 큰 신하 가운데 한 사람이 장손무기長孫無忌다. 조정에서 그를 사공司空으로 추천하자 태종의 처남이었던 장손무기는 자신은 외척이므로 황제가 사적인 결정을 내렸다고 수군거리는 것이 두려워 고사한다. 그러자 당 태종은 말한다.

나는 관직에 임명하는 인재를 뽑을 때 오직 재주와 행실의 유무를 기준으로 판단할 뿐이다. 진실로 재주 있는 사람이 아니면 친척이라고 해도 채용하지는 않는다. 반면에 누구든지 재주만 있다면 비록 원수 지간일지라도 포기하지 않는다. 위징魏徵 등이 이런 경우에 해당된다. 오늘의 추천은 사사로운 인정에서 비롯된 것이 결코 아니다.

경청의 지혜

당 태종은 신하들의 간언을 잘 들어 정치한 것으로 유명하다. 특히 간의
대부로 있던 위징이 매번 자신의 뜻에 정면으로 거슬러 극력 간하여 간
혹 격노할 때도 있었지만 시간이 흐른 후에는 오히려 그를 칭찬했다고
한다.

한번은 당 태종이 일찍 조회를 끝내고 분노하면서 "저 시골 영감쟁이
를 반드시 죽이고야 말 것이다"라고 말하자 황후가 그 사람이 누구냐고
물었다.

"위징이 매번 조정에서 나를 모욕했소."

그러자 황후가 물러났다가 예복을 차려 입고 정전 앞에 섰다. 태종이
놀라 그 까닭을 물으니 황후가 말했다.

"제가 듣건대, 군주가 총명하면 신하가 강직하다고 했습니다. 오늘날
위징의 강직함은 폐하의 총명에서 비롯되었습니다. 제가 어찌 감히 하례
를 올리지 않겠습니까?"

그러자 당 태종이 기뻐했다고 한다.

논공행상

당 태종이 황제의 자리에 오른 후 그간의 공적이 있는 공신들에게 상을
베풀고 혹시라도 타당하지 않은 점이 있으면 말하라고 하자, 숙부인 회
안왕淮安王 신통神通이 맨 먼저 기의에 참여한 자신보다 방현령과 두여회
가 공이 높다며 불만을 표했다. 그러자 당 태종이 이렇게 말한다.

> 방현령 등은 군막에서 계책을 잘 세워 사직을 안정되게 잡아주었습니
> 다. 그러므로 공을 논의하고 상을 시행할 때 숙부의 앞자리에 있어야

합니다. 숙부께서는 이 나라의 왕과 지극히 가까운 혈육이시니 저는 진실로 숙부께 인색해야 할 이유가 없습니다. 다만 사사로운 은혜 때문에 외람되게 훈신들과 똑같이 상을 줄 수 없을 따름입니다.

또 일찍이 당 태종이 황제가 되기 전에 진왕부秦王府에서 근무하던 관리들 가운데 승진하지 못한 자들이 "그동안 우리가 왕을 좌우에서 받들어 일해 온 지가 몇 해인가?"라고 탄식하면서, 자신들이 오히려 당 태종의 정적이었던 이건성李建成(당 태종의 형)과 이원길李元吉(당 태종의 동생)의 수하였던 관리들에게 밀려났다고 불평한다고 하자, 당 태종이 다음과 같이 말했다.

왕이란 지극히 공정하고 사사로움이 없어야 천하의 인심을 감복시킬 수 있다. 짐이 경들과 함께 날마다 먹고 입는 것이 다 백성들에게서 얻은 것이다. 그렇기 때문에 관리를 세우고 직무를 분장한 것은 백성들을 위함이니, 마땅히 유능한 인재를 골라서 등용할 뿐 어찌 신구新舊로써 선후先後를 삼겠는가? 새로운 사람이 유능하고 오래된 사람이 뛰어나지 못한다면 어찌 새 사람을 버리고 오래된 사람을 취할 수 있겠는가? 지금 자신들의 유능함과 무능함은 논하지 않고서 한낱 불만을 거리낌 없이 말하고 있으니, 어찌 이런 것을 위정爲政의 원칙이라고 할 수 있겠는가?

자고로 현명한 리더라면 항상 사람의 재능을 헤아려 적재적소에 쓰고 엄정하게 신상필벌에 힘써야 한다. 하지만 사람의 인정이 그런가? 재능과 상관없이 친하면 쓰고, 친척이라고 쓴다. 당 태종 시기 인재들이

넘쳐난 것은 그 시대만 특히 인재가 많아서가 결코 아닐 것이다. 그래서
당 태종의 이런 이야기를 들으면 그 시절이 부러워지기도 한다.

서한과 동한
창업과 수성의 인사

│ 장수하는 통일 제국의 이념 │

앞 장에서 우리는 전국시대라는 무한경쟁 시기를 보았다. 상앙과 범저, 이사 등을 등용하여 강력한 통일 국가를 이룬 진나라도 결국 2세를 넘기지 못하고 멸망한다. 법치를 행한 사람의 운명처럼 나라도 같은 운명을 따른다.

《사기》〈진시황본기秦始皇本紀〉에 나와 있는 가의賈誼의 〈과진론過秦論〉은 진나라의 흥망성쇠를 한 편의 파노라마로 표현한 명문이다. 그는 천하를 자신의 수중에 넣었던 진나라가, 진섭陳涉(진승)이라는 농사꾼 출신이 군역과 노역에 지친 수백 명의 병사를 이끌고 반란을 일으키자, 순식간에 멸망하고 황제가 살해당한 이유를 다음과 같이 말한다.

그것은 인과 의로 나라와 백성을 다스리지 못했기 때문이다. 또한 천하를 무력으로 공격해 정복하는 형세와 이것을 지키는 형세가 달랐기 때문이다.

진나라의 강력한 법도 결국 나라를 지키지 못했다. 초한 쟁패의 시기, 관중에 먼저 진입한 유방은 장량의 조언대로 유명한 〈약법삼장約法三章〉 (진나라의 가혹한 법을 폐지하고, 사람을 죽인 자, 남에게 상해를 입힌 자, 남의 물건을 훔친 자만을 법령으로 다스린다는 법)을 발표해 순식간에 진나라 백성들의 민심을 수습한다. 진나라의 가혹한 법에 신물이 난 백성들은 그를 지지한다. 진나라는 상앙과 이사로 이어지는 법치로 천하 통일의 기반을 닦았지만, 그 법이 나라를 지켜내지는 못했다.

이 부분에서는 왕망王莽의 신新나라에 의해 잠깐 단절되었지만 무려 400년이나 지속된 한漢이라는 나라의 인사를 살펴볼 것이다. 한나라는 진나라를 이었지만 진나라와는 크게 다른 점이 하나 있다. 통치 이념으로 유가의 이념을 채택한 것이다. 유가의 이념은 기본적으로 지키는 자의 것이다. 제국의 규모가 커지자 통치가 그저 힘으로만 되는 것이 아니라는 것이 명백해진다. 그래서 유생 육가陸賈가 한 고조에게 "말 위에서 천하를 얻었으나, 말 위에서 다스릴 수 있겠습니까"라는 의미심장한 말을 던진 것이다.

진나라는 작은 조직의 원리, 즉 법과 통제로 커다란 땅을 다스리려 했기 때문에 단명했다. 그러나 한은 큰 조직의 원리를 깨닫는다. 그것은 바로 조화였다.

이제 고조 유방과 한을 중흥한 후한의 광무제光武帝의 인사를 살펴볼 것이다. 그리고 앞 장에서 다룬 법과 술보다 더 큰 이념인 유가의 이념이 어떻게 인사에 반영되었는지를 살펴볼 것이다. 이제 우리가 말하는 조직은 장수하는 통일 제국이다. 이 시기에 이르면 이전보다 나라의 규모도 커지고 인재 등용의 원칙도 바뀐다. 힘이 아니라 상하가 하나의 비전, 도의와 결합된 비전을 가지는 것을 우선으로 하는 이념들이 생겨난다. 바로 리더와 따르는 이들의 관계를 이념적으로 정리하는 시기가 온 것이다.

이제 한나라로 가서 인재를 관찰하는 시야를 더 넓혀보자. 큰 조직에서는 비전의 공유가 가장 중요한 과제라는 것을 절절히 이해할 것이다. 사실 나도 인재요, 너도 인재인데 서로 비전을 공유하지 않으면 누가 따르려 하겠는가?

| 이끄는 자 대對 따르는 자 |

"고조가 장자방張子房(장량)을 쓴 것이 아니라, 장자방이 곧 한 고조를 쓴 것이다."

이 말은 조선 건국의 실질적 이념을 제공했던 정도전鄭道傳의 말이다. 이 말에는 자신이 이성계를 선택해 역성혁명을 이끌었다는 사대부의 자부심이 묻어난다.

하지만 용인이나 리더십에 관련된 여러 담론들은 거의 모두 군주나 리더의 입장에서 용인의 테크닉이나 리더의 덕목을 다루고 있다. 《인물지》도 "군주의 도는 사람을 적재적소에 잘 쓰는 것을 재능으로 여긴다"라고 했다. 한 고조가 스스로 분석한 것처럼 자신이 장량과 소하, 한신을 써서 천하를 쟁취할 수 있었다.

하지만 이를 돌려 생각해 보면 유방이 아무리 사람을 쓰고 싶어도 장량이나 한신이 그를 따르지 않았다면 유방으로서는 그들을 쓸 기회가 있었을까? 그런데 이들은 왜 유방에게 의탁했을까? 아마 유방에게 리더로서의 매력이 있었을 것이다. 하지만 외형적인 그리고 개인으로서의 매력으로만 보자면 유방보다는 항우가 뛰어났다.

항우는 일단 명문가 출신이었다. 개인의 품성과 자질 면에서도 유방과는 비교가 되지 않았다. '청동 솥을 들어 올릴 만한 힘과 뛰어난 재능을 겸비'했다. 공격하는 성마다 초토화시켰고 적들을 두려움에 떨게 했다. 반면 유방의 매력은 동네 뒷골목 수준의 매력이었다. 종일 술이나 마시고 여자를 희롱하며, 제대로 된 계책 한 번 낸 적 없었고 스스로 성을 함락시켜 본 적도 없는 사람이었다. 이런 그에게 누가 인간적 매력을 느낄 수 있었을까?

물론 항우는 자신의 매력에 스스로 도취되어 일을 그르쳤다. 그래서 베푸는 데 인색했고, 다른 재능 있는 인재를 무겁게 쓸 줄 몰랐다. 천하를 다투는 일에 한 개인의 매력이 대세를 좌우할 수는 없다.

그렇다면 장량이나 한신은 왜 유방을 자신의 주군으로 택했을까? 이에 대해 널리 알려진 이야기가 있다. 항우는 싸워 이길 때마다 부하들을 향해 "어떠냐[何如]!" 하고 자랑스럽게 외친 반면, 배포만 있지 전쟁 경험도 없는 시골 건달 출신 유방은 부하들을 향해 "어떻게 하지[如何]?" 하고 물은 것에서 두 사람의 리더십 차이를 비교하곤 한다.

"어떻게 하지?"라고 물으면 상대가 응당 해야 할 역할이 있는 반면, "어떠냐!"라고 하면 그냥 박수칠 일만 있는 것이다. 이 경우는 상대의 능력에 기대어 이익을 챙기려는 사람들이 주로 꼬인다. 반면 품은 뜻이 크고 재능 있는 사람은 결코 박수나 치는 들러리가 되는 것을 좋아하지 않는다. "용의 꼬리보다는 뱀의 머리가 낫다"라는 옛말도 있듯이 뭔가 부족한 듯한 유방을 선택하는 것이 자기 재능을 마음껏 발휘하는 데 더 유리했다는 것이다.

한韓나라 귀족 출신 장량은 사실 항우하고도 연결 끈이 있었지만 범증을 피해 유방을 선택했고, 한신도 처음 유방을 떠나려고 했다가 소하가 유방을 설득해 대장군으로 모시자, 즉 자신의 능력을 발휘할 수 있는 여건이 마련되자 비로소 그 능력을 발휘한다.

결국 리더도 사람을 선택하지만 그 리더를 따르는 사람도 자신의 리더를 선택해 능력을 발휘한다는 이야기다. 후한 광무제를 도와 천하를 통일하는 데 기여한 마원馬援은 "지금 세상은 군주만 신하를 선택하는 것이 아니라 신하도 군주를 선택할 수 있습니다[當今之世 非獨君擇臣也 臣亦擇君矣]"라는 말로 자신의 입장을 표명했다. "훌륭한 짐승은 나무를 택해서 보금자리를 짓고, 훌륭한 신하는 군주를 택해 섬긴다"는 옛말은 바로 따르는 사람의 주체적 선택을 강조한 말이다.

사실 창업 왕조와 관련되어 역사 속에서 이름을 드날린 사람들의 이야기를 보면 대부분 '택군擇君'의 이야기가 함께한다. 강태공은 위수 강변에서 문왕을 선택했고, 제갈량은 융중에서 유비를 선택했다. 또 당나라의 창업 공신으로 재상을 지낸 방현령도 마찬가지다. 그는 일찍이 수나라가 멸망할 것을 예견하고, 각지에서 일어난 반군 가운데 가장 대의가 분명하고 민의에 부합하는 군대가 이세민의 군대라고 판단하여 과감히 수나라 관직을 버리고 이세민에게 합류했다.

이처럼 난세에는 리더로서 인정받고 지명받는 사람이 승리한다. 이렇게 보면 리더십이란 주위에 재능 있는 사람을 끌어모으는 능력이다. 그 능력은 리더 개인이 가진 일종의 매력일 수도 있겠지만 유방의 경우처럼 그것이 다는 아니다.

오히려 리더가 가진 비전이 인재를 끌어모으는 힘이다. 그리고 그 비전은 혼자 만들어내는 것이 아니다. 다른 말로 하면 따르는 인재가 리더를 통해 실현시키고자 하는 비전도 함께한다. 그 비전은 개인적인 것일 수도 있고, 사대부 지식인의 이상일 수도 있다. 그것이 어느 것이든 인재의 이상을 실현시켜 줄 가능성이 없는 리더는 능력 있는 추종자를 가질 수 없다.

사실 진나라에 최초로 반기를 든 사람은 진승(진섭)이다. 진승이 "왕후장상이 어디 하늘에서 나는 것이냐"며 군대를 일으켜 진나라의 근거를 뿌리 채 건드렸기 때문에 유방과 항우도 깃발을 세울 수 있었다.

하지만 진승은 비전을 갖지 못했다. 그는 처음부터 뜻으로 일어선 사람이 아니었다. 진나라 법을 어겨 "도망을 하여도 죽고 거사를 해도 죽는다. 어차피 죽을 거라면 이름이라도 떨치고 죽어야 하지 않겠는가"라며 난을 일으킨다. 처음에는 억울하게 죽은 진나라 태자 부소扶蘇와 초나라 장군 항연項燕을 사칭하여 사람을 모았고, 나중에는 "홀로 왕이 되는 것보다 각국의 후예들을 왕으로 세워 함께 진을 공격하자"고 한 장이張耳와 진여陳餘의 건의를 듣지 않고, 어서 왕이 되라는 주변의 권유에 도취되어 왕 노릇 하기에 바빴다. 명분과 비전을 잃으니 이제 냉혹한 현실만 남는다. 그의 주위에는 그 그릇에 맞는 사람들만 모였다. 그러니 진여와 장이도 자기 살길을 찾아 떠난다. 결국 진승은 여섯 달 동안의 짧은 왕 노릇을 하다 끝내 참수되고 만다. 사마천은《사기》〈진섭세가陳涉世家〉에서 진승이 권력을 누리려는 욕심만 있는 사람만을 신임하여 다른 장수들이 접근할 수 없었기 때문에 실패했다고 썼다.

유방도 사실 진승처럼 출신이 미천했고, 여자와 재물을 좋아하는 속물근성이 있었지만, 그 주위에는 그를 잡아줄 인재들이 있었고, 그에게는 그 인재들의 말을 들어줄 재능이 있었다. 함곡관에 먼저 진입하여 진나라를 접수했을 때 유방의 태도를 기억해 보라. 그는 진나라 궁궐로 들어가 화려한 궁실, 값진 보배, 수천의 궁녀들을 보고 내심 그곳에 머물면서 아쉬워 나오지 않으려 했다. 하지만 진승과 달리 유방에게는 번쾌樊噲와 장량 같은 잘못을 지적해 줄 부하가 있었고, 또 그 지적을 들어줄 '군주의 능력'이 있었다.

사람마다 타고난 성정이 다른 것은 쓰는 자나 따르는 자 모두 같다. 모두 유유상종한다. 하지만 주의할 것은 '의기투합'이 갖는 함정이다. 어느 시대에나 인재는 있기 마련이다. 그것을 찾아 쓰는 능력, 또는 스스로 찾아오게 하는 능력이 바로 리더십이다.

자신이 아무리 뛰어난 인재라 해도 군주와 궁합이 맞아야 하고, 자신의 철학과 능력이 시대정신과도 맞아야 한다. 혼탁한 시대의 혼군昏君 아래서는 아무리 뛰어난 인재도 능력을 발휘하기 힘들다. 그래서 예로부터 선비들의 희망이 명군을 만나 자신의 정치적 이상을 성취하는 것이 아니었겠나? 현명한 인재는 자신의 능력이나 포부와 일치하는 주군을 찾아야 비로소 성공적으로 재능을 발휘할 수 있었다.

하지만 모든 추종자들이 항상 성공하는 것은 아니다. 어렸을 때부터 왕좌지재王佐之材로 평가받은 순욱은 조조를 보좌하여 조조가 패업을 이루는 데 결정적인 역할을 하지만, 마지막 순간 한실 중흥이라는 그의 정치적 비전에서 조조가 벗어날 기미가 보이자 조조에 저항하다 갈라선다. 그것이 결국 그를 죽음으로 내몬다. 조조가 순욱에게 빈 그릇을 보냈는데, 조조의 뜻을 간파한 순욱이 독주를 마시고 자살했다는 일화도 있다.

이와 같이 리더와 추종자는 가진 목표나 비전에 따라 서로 모이기도 하고 흩어지기도 한다. 또 리더의 비전과 그릇에 따라 따르는 사람의 수준이 결정되기도 한다. 즉, 리더는 다름 아닌 어떤 추종자를 갖느냐에 달라 그 질이 달라진다. 그것이 작은 조직이든 큰 조직이든 마찬가지다. 따르는 자 또한 마찬가지다. 어떤 그릇의 리더를 택하느냐에 따라 그 성공과 실패가 갈릴 수 있다. 그리고 리더와 추종자의 결합은 비전과 의기의 투합에 하나가 더해져야 한다. 바로 '도의에 부합해야 한다'는 것이다. 아래에서 살펴볼 고사들도 모두 이와 관련이 있다.

| 공격형 인재와 지원형 인재의 결합: 유방의 인물들 |

초한 쟁패의 짙은 안개를 뚫고 통일시대를 연 유방, 그의 입지전적 이야기는 수많은 사람들을 사로잡았다. 스스로 말했듯이 꼼꼼해서 한 치의 오차가 없는 소하가 군량이니 행정이니 하는 잡사를 맡아 뒤를 받치고, 장량이 전쟁터의 판을 짜고, 한신이 적진에서 적을 가차 없게 꺾도록 하면서 '역발산기개세力拔山氣蓋世'의 영웅 항우를 눌러버렸다. 그러니 소하, 장량, 한신을 이른바 '유방의 남자들'이라고 할 만하다. 그러나 인물이 여기서 그치는 것은 아니다. 한신에 버금가는 용맹한 장수 팽월彭越·영포英布·주발周勃, 소하의 대를 이은 조참曹參, 세 치 혀로 동방의 제후국들을 무릎 꿇게 한 역이기, 정공법이 안 먹히면 어김없이 등장해 한 방을 터뜨리는 꾀주머니 진평 등도 이들 못지않은 걸출한 인물들이다.

이들 영웅의 면모를 살펴보기 위해 약간 도식적으로 전국시대형 인재와 통일시대형 인재로 나누어 살펴보자. 전국시대형은 수단과 방법을 가리지 않고 승리를 쟁취하는 인물들이다. 반면 통일시대형은 승리를 쟁취한 후 지키는 것을 염두에 둔 인물들이다. 그러나 각 인물들의 개성은 섞여 있어서 명백히 구분할 수가 없다. 적을 만나면 반드시 승리하지만, 평화로운 시대를 다스리기에는 부족함이 보이는 인물이 한신이다. 유방이 자신의 군사에 대한 재능을 묻자, 한신은 이렇게 대답한다.

"폐하께서는 10만을 거느리실 수 있습니다."

유방이 한신 그대는 어떤가라고 묻자 또 대답한다.

"저는 많을수록 좋습니다[多多益善]."

잘 생각해 보라. 천하를 이미 얻은 자는 그 누구도 군사가 많을수록 좋다고 하는 사람을 달가워하지 않는다. 한신의 죽음은 범저에게 모함을 당해 죽은 전국시대의 영웅 백기의 최후와 너무나 비슷하다. 사냥은 끝났고 그래서 사냥개는 필요가 없어졌다. 영포와 팽월 등도 모두 비슷한 인물이었다. 그리고 그들의 최후도 비슷했다. 유세라면 소진과 장의에 버금가는 역이기도 한신에게 미움을 받아 어이없이 죽고 말았다. 그 역시 전국시대형 인물이었다. 이들은 공격조라고 할 수 있다.

반면 소하, 장량, 진평은 근신하여 살아남았다. 이른바 공격조 중에서도 주발과 조참은 용케 살아남았다. 초한전이 끝나고 유방이 논공행상을 할 때 소하에게 최상급을 주자 사람들은 놀랐다. '전쟁에서 목숨 걸고 싸운 이들보다 후방을 지원한 사람을 더 높이다니. 또 소하는 진나라의 하급 관리에 불과하던 사람이 아닌가?' 소하는 전형적인 지원조의 인물이었다.

물론 소하의 재능은 뛰어났다. 그러나 소하가 상국의 지위에 오른 것은 다른 이유가 있다. 유방이 보기에 소하는 평소의 행적으로 보아 반란을 일으킬 인물이 아니었기 때문이다. 소하는 한신처럼 군대를 부릴 수가 없다. 그러니 안전한 것이다. 또 소하는 제도를 빠르게 정착시킬 수 있는 관리형 인물이기에 통일시대에도 쓰인 것이다. 그리고 주발은 무력이 있었지만 어눌하고 우직한 면이 있었다. 그는 군사를 알았지만 권모술수에는 약했다. 그러니 그도 안전한 사람이었다. 시대가 평정된 이후에는 한신보다는 이런 군인이 필요한 것이다. 조참은 어떤가? 조참이 소하를 이어 승상이 되자 그는 소하가 만든 법을 하나도 건드리지 않았다. 그는 이른바 무위자연의 설에 도취된 사람으로 야망을 억누르는 것이 일신에 도움이 된다는 것을 알고 있었다.

이제 남은 사람은 진평과 장량이다. 《인물지》는 장량을 술가의 대부격으로 여기고, 진평을 술가의 지류인 지의, 즉 꾀 많은 사람으로 취급한다. 진평은 그저 뛰어난 인물이었지만, 이 장량이라는 인물은 전국시대형 인재들의 세상을 통일시대형 인재들의 세상으로 연결하는 다리 역할을 했다. 이제 진평과 장량을 비교해 보자.

전국시대와 통일시대의 가교, 장량과 진평

한 문제文帝가 당시 우승상 주발에게 "전국적으로 일 년 동안 옥사를 판결하는 건수가 얼마인가?"라고 묻자 주발은 모른다고 답한다. 그러자 또 일 년의 은량 수입과 지출이 얼마냐고 묻자 주발은 더욱 난처해 한다. 그러자 문제가 좌승상이던 진평에게 다시 이를 물으니, 진평이 "주관하는 관리가 있습니다[自有主者]"라고 답한다. 그럼 주관하는 관리가 누구냐고 묻자, 진평은 "폐하께서는 옥사 판결에 대해서 궁금하시면 정위廷尉에게 물으시고, 재정에 대해 궁금하시면 치속내사治粟內史에게 물으소서"라고 한다. 그러자 문제가 각기 주관하는 자가 있다면 당신은 뭐하는 사람이냐고 다그치자, 진평이 말한다.

무릇 재상이란 위로는 천자를 보좌하며 음양을 다스려 사시四時를 순

조롭게 하고, 아래로는 만물이 제때에 성장하도록 어루만져 주며, 밖으로는 사방 오랑캐와 제후들을 진압하고 어루만지며, 안으로는 백성들을 친밀히 복종하게 하여 경卿과 대부大夫로 하여금 그 직책을 제대로 이행하게 하는 것입니다.

군주와 신하의 역할이 다르고, 하급 관리와 재상의 역할이 다르다는 것은 《인물지》의 내용과 부합한다. 어수룩한 주발은 진평의 막힘없는 대답을 듣고는 감탄을 금치 못한다. 그러나 사마천이 이 이야기를 내보인 맥락은 다르다. 그는 우직한 주발에 비해 진평이 매우 약삭빠른 인물임을 보여준 것이다.

《인물지》는 이렇게 말한다. "큰일을 할 수 있는 사람은 작은 일도 할 수 있다." 소하가 그런 인물이었다. 소하는 후방 지원을 총괄하는 중임을 맡았지만 실상 자신이 하는 일은 매우 자질구레한 것들이었다. 진평은 꾀가 많았지만 세밀한 부분은 성글었다. 그리고 결정적으로 소하처럼 깨끗한 인물이 아니었다. 그래서 진평은 돈 때문에 자주 구설수에 올랐다. 진평은 자신의 몸을 잘 보존했지만 새 시대의 비전은 보여주지 못했다.

그러나 장량은 좀 다르다. 술책이 있으나 진평과는 다른 풍격을 가졌다. 장량은 한韓나라 명문 출신으로 젊어서 자객을 고용하여 시황제 암살을 시도할 만큼 혈기가 있었다. 하지만 암살이 실패하고, 하비下邳라는 지역에 은신하고 있을 때 한 기인을 만난다. 《사기》〈유후세가留侯世家〉에 나와 있는 다음의 고사는 장량이 혈기 왕성한 무모한 청년에서 경세지략을 갖춘 인재로 거듭나는 계기를 설명해 준다.

하루는 장량이 다리를 건너는데, 한 노인이 맞은편에서 걸어오더니 일부러 신발 한 짝을 다리 밑으로 떨어뜨리고는 그에게 주워오라고 했다. 장량은 내심 화가 치밀었으나 노인이 범상치 않은 인물임을 알고는 신발을 주워왔다. 그러자 노인은 아예 한술 더 떠서 장량에게 발을 내밀며 신을 신겨 달라고 했다. 장량은 무릎을 꿇고 공손하게 신을 신겨주었다. 이 모습을 바라보던 노인이 웃으면서 가버렸다.

장량이 놀라 다리 위에 서서 노인의 모습을 물끄러미 바라보고 있는데, 잠시 후 노인이 다시 되돌아와 장량에게 "너 이 녀석, 가르칠 만하구나! 닷새 뒤 새벽에 이곳에서 다시 만나자"라는 말을 남기고는 훌쩍 가버렸다. 장량은 갑작스런 노인의 말에 어리둥절했지만 꿇어앉아 "예" 하고 공손하게 대답했다.

그로부터 닷새가 지난 후 장량은 날이 밝자마자 다리 위로 나갔다. 하지만 벌써 나와 기다린 듯한 노인은 "늙은이와 약속을 하고서 늦게 나오다니 이것이 어찌 된 일이냐"라고 하면서 몹시 화를 냈다. 그러고는 "닷새 뒤에 좀 더 일찍 나오너라" 하고는 가버렸다.

다시 닷새가 지난 후 장량은 새벽닭이 울 때 다리로 나갔다. 하지만 이번에도 노인이 먼저 나와 그를 기다리고 있었다. 노인은 "또 늦게 오다니 어찌 된 거냐? 닷새 뒤에 좀 더 일찍 오너라" 하면서 화를 내고는 가버렸다.

또다시 닷새가 지난 후 장량은 노인과의 약속을 지키기 위해 한밤이 지나자마자 캄캄한 새벽에 다리 위로 나갔다. 잠시 기다린 후 노인이 왔고 노인은 기뻐하면서 "마땅히 이렇게 해야지"라고 말했다. 그러면서 노인은 장량에게 한 권의 책을 주며 말했다. "이 책을 읽으면 제왕帝王의 스승이 될 수 있고, 10년 후에는 그 뜻을 이룰 수 있을 것이다. 그리고 13년 뒤에 제수濟水 북쪽에서 나를 만날 수 있는데 곡성산穀城山

아래의 황석黃石이 바로 나다." 노인은 그렇게 떠났고 장량이 날이 밝은 후 책을 보니 바로 주나라 문왕과 무왕을 도와 나라를 세운 강태공의 병법 책인《태공병법太公兵法》이었다.

여기까지가《사기》에 나오는 이야기다. 마치 무협소설에서 주인공이 한 기인을 만나 절세 무공의 비급을 얻는 이야기처럼 들리지만, 여기에는 한 사람의 인재가 성장하는 의미심장한 내용이 있다. 당송팔대가의 한 사람인 소식蘇軾은《유후론留侯論》에서 이렇게 말했다.

> (진나라의 학정에 분노한) 장량은 분한 마음을 참지 못해, 필부의 힘으로 진시황을 단번에 때려죽이려 했다. 이때 장량은 머리카락 하나 차이로 간신히 죽음을 모면했으나 대단히 위험천만한 일이었다. (중략) 장량은 자신의 세상을 뒤덮을 만한 재주로 이윤이나 강태공의 지혜를 쓰지 않고, 오히려 형가荊軻나 섭정聶政과 같은 자객의 계책을 썼으니, 죽지 않은 것도 다행이었다. 그래서 은자는 거만하게 굴어, 장량을 심히 좌절시켰던 것이다. (중략) 은자는 장량이 재능은 넘치나 도량이 부족한 것을 우려했다. 그래서 젊은 장량의 강하고 날카로운 기를 꺾어, 작은 분노를 참고 큰 지략을 취하도록 한 것이다. (중략)
> 이어서 고조가 승리하고 항우가 패배한 원인은 모두 참을 수 있느냐 없느냐의 사이에 있었다. 항우는 백전백승했으나 그 예봉을 가벼이 사용했고, 고조는 그 예봉을 잘 갈무리했다가 항우가 지치기를 기다렸다. 이는 장량의 가르침이었다. (중략)
> 사마천은 장량의 체격이 장대하고 걸출할 것이라 생각했으나 막상 화상을 보고 그 모습이 아녀자 같아서 그 지략과 어울리지 않는다고 생

각했으나, 나는 이 점이 바로 장량다움이라고 생각한다.

소식은 장량이 보여준 인내심의 내력을 설명하고 있다. 그리고 사마천과는 달리 여자처럼 부드러운 장량의 외양이 바로 장량다움이라고 말한다. 사실 장량에게는 일반적인 술가 인재와는 다른 면이 있었다. 바로 지키는 방면에 대한 감이 있었던 것이다. 장량은 참을 줄 알았고, 명분을 이용할 줄 알았다. 그러니 그는 뛰어난 술가이지만 유자儒者의 미덕이 있었던 것이다.

유방이 항우보다 먼저 함양에 들어가서 그 화려함에 빠져 헤어나지 못할 때 장량은 대의를 들어 경계했다. 앞서 말했지만, 그는 왕도를 주장하고 있다. "진왕이 무도하여 패공(유방)은 백성들과 들고일어나 진군을 격파하고, 이곳에 왔습니다. 천하를 위해 폭군을 제거하고, 근검절약해야 합니다." 즉, 진이 망한 것은 진이 약해서가 아니라 진이 폭압 정권이었기 때문이고, 폭압 정권을 따르면 또 망한다는 이야기다. 유방은 영웅이고, 백성을 위하는 마음이 있었지만 맑은 사람은 아니었다. 유방에게 법을 극히 간소하게 해서 백성들의 삶을 안정시키라고 말한 사람은 바로 장량이었다. 장량은 뛰어난 모사인 동시에 새로운 질서의 설계자였던 것이다. 이로써 우리는 왜 한신이 팽烹을 당했고, 장량은 명철보신했는지 알 수 있을 것이다.

| 창업과 수성은 다르다: 육가와 가의 |

이제 우리는 지금까지 살펴본 영웅들과는 매우 다른 유형의 인재들을 만나 보게 될 것이다. 바로 뛰어난 유생들이다. 이른바 덕, 법, 술 중에서 덕을 주장하는 사람들이다. 앞 장에서 우리는 춘추전국과 통일 전쟁 시기의 영웅들을 살펴보았고, 법과 술의 인재들을 살펴보았다. 여기서는 통일시대의 인재, 즉 덕치를 통해 수성을 주장한 인재들을 살펴본다.

칼은 쓴 후에는 칼집에 보관한다, 육가

사마천은 학문적으로 엄정하기도 하지만 재치도 아주 뛰어나다. 열전에 역이기와 육가를 같이 넣은 것이다. 왜 그랬을까?

역이기는 유생이라고 하나 사실은 술가의 인물에 가깝다. 나이만 먹은 역이기라는 한 유생이 천하 통일의 대법을 안다고 떠벌리다 천신만고 끝에 유방을 만났으나, 그때 유방이란 작자는 여자들에게 발을 씻기고 있었다. 원래 관 쓰고 다니면서 말만 잘하는 유생들을 좋아하지 않던 유방은 처음부터 그를 홀대했다. 그러나 이 인물은 기가 죽지도 않고 이렇게 꾸지람한다.

"진실로 사람들을 모아 무도한 진나라를 치려 한다면 그렇게 걸터앉아서 나이든 사람을 맞아서는 안 됩니다."

이 무슨 당돌한 태도인가? 유방은 내심 뜨끔하여 역이기를 등용했고, 과연 그의 재능은 10만 대군에 맞먹었다. 동쪽으로 가서 형세만 설명하자 제나라는 항복을 약속했다. 그러니 그는 진짜 유생은 아니었다.

지금 말하려는 육가는 역이기와는 풍격이 완전히 다른 사람이다. 그는 원래 초나라 사람으로 빈객의 자격으로 유방을 수행했다. 그는 말을 조리 있게 잘하여 항상 사자의 역할을 맡았다.

이 후 중원이 평정되자 육가의 역할은 더 커졌다. 전쟁을 더 지속하기는 어려웠고 이제 내치와 외교가 문제였다. 당시 중원은 평정되었으나 남방은 여전히 중국 땅이 아니었다. 남월 왕 위타尉他는 공공연히 한나라에 반기를 들었다. 중국을 통일한 천자의 이름을 세워 정벌을 해야겠으나 가는 길은 멀고 정복해서 얻을 것도 적어서 고민이었다. 이럴 때 육가가 파견된다.

위타와의 첫 대면에서 육가는 한나라의 크기를 가지고 위협한다. 그러나 그것은 시작일 뿐이다. 위타와 육가의 대화가 이어진다. 위타가 묻는다.

"소하, 조참, 한신과 나를 비교하면 누가 더 뛰어납니까?"

"왕께서 더 현명합니다."

"그러면 한나라의 황제와 나를 비교하면 어떻습니까?"

"황제는 의로운 군대를 이끌고 포악한 진나라를 없애고 강한 초나라를 무찔러 삼황오제의 대업을 이은 분입니다. 중원의 인구는 많고, 영토는 사방 1만 리에 이어지며, 땅은 비옥합니다. 대왕이 다스리는 지역은 인구 수십만에 그것도 오랑캐의 무리들입니다. 땅은 험준한 산과 바다 사이에 있어 가난한데 어떻게 한나라의 황제와 비교하겠습니까?"

육가는 위타가 인간적으로 못하다고 하지 않고, 그저 중국이 매우 크고 의가 행해지는 곳이라고 말한 것이다. 위타는 매우 흡족해서 이렇게 말한다.

"나는 남쪽에서 일어나서 남월의 왕이 된 것입니다. 중원에 있었다면 어떻게 한나라 황제만 못하겠습니까?"

물론 말은 그렇게 했지만 위타는 육가가 매우 마음에 들어, 몇 달 동안 같이 술을 마시다가 한나라의 신하가 될 것을 약속한다. 한 유생의 외교적인 실력이 유감없이 발휘되는 순간이었다.

육가는 유방에게 말을 할 때마다 《시경》과 《상서》를 들어 이야기했는데, 유방이 기분 좋을 리가 없었다. 그래서 한마디 쏘아붙인다.

"나는 말 위에서 천하를 얻었는데, 어떻게 《시경》이나 《상서》 따위를 쓰겠소."

그러자 육가가 그 유명한 말을 한다.

말 등에서 천하를 얻었다고 말 등에서 천하를 다스릴 수 있겠습니까? 탕왕과 무왕은 무력으로 나라를 얻었으나 민심에 순응하여 나라를 지켰습니다. 문과 무를 같이 쓰는 것이 나라를 길게 보존하는 길입니다. 진나라가 천하를 통일한 후 인의를 행하고 성인을 본받았다면 폐하께서 어떻게 천하를 얻을 수 있었겠습니까?

역시 유학자다운 기세였다. 이에 유방은 부끄러워하며 국가가 오래 존속되는 방법을 알려 달라고 한다. 이후로 육가가 국가의 존망에 관한 논설 열세 편을 올렸는데 유방은 크게 칭찬했고, 신하들은 한 편이 나올 때마다 모두 만세를 불렀다고 한다.

장량이 한나라의 대업을 일으킨 사람이라면 육가는 대업을 지킨 사람이었다. 그 삶이 극적인 부분이 적어서 사람들이 간과하는 측면이 있지만, 이후 한나라 국가 경영의 이론적인 기초는 육가에서 나왔다고 해도 과언이 아니다. 남월에서 문제가 생기면 육가가 파견되곤 했는데, 육가 한 사람이 10만의 병력이 할 일을 처리하고도 칼에 피를 묻히지 않았다.

《인물지》가 말하는 '스스로 수양하고 몸을 깨끗이 하여 관직에 나아가는 자임自任의 재능, 덕행으로 교화하여 다른 사람의 모범이 될 만한 인사人事의 재능' 등은 바로 안정된 시대의 인재상이었고, 육가가 그 길을 열었다고 해도 과언이 아니다.

"계책과 술수를 사용하는 정치는 형세가 위급한 사태를 다스리는 데는 적합하지만, 평정된 상태를 다스리면 오히려 불안해진다"는 말은 바로 유생들의 주장이다. 《인물지》는 변방의 백성을 다스리면서 너무 따지고 엄정하게 다스리면 백성들이 도망간다고 말한다. 십만 대군을 이끌고 남월을 진압했다면 실익도 없이 사람들만 죽었을 것이다. 육가가 말 등에서 천하를 다스릴 수 없다는 말은 《인물지》가 "위엄과 용맹을 지닌 정치는 변란을 토벌하는 데는 적합하지만, 이런 정치로 선량한 사람들을 다스리면 오히려 포악해진다"고 한 것과 똑같은 말이다.

새 시대의 정치 이념을 열다, 가의

가의賈誼는 육가의 후대 사람으로 한 문제를 섬겼다. 그는 젊어서 수재로 이름을 날렸고 정통 유학을 공부했다. 문제가 이런 가의를 가까이하여 태중대부로 삼자 공신들의 불만이 많았다. 특히 관영灌嬰은 그를 싫어하고 헐뜯었다. 관영은 누구인가? 유방의 기마병 대장으로 어려움에 처할 때마다 돌격대를 이끈 사람이 아닌가? 이런 사람이 보기에 가의는 말만 잘하는 햇병아리로 보였을 것이다.

결국 가의는 조정의 중신들에게 밀려 장사왕의 스승으로 좌천되기도 했지만, 정치 문제에 대해 여러 번 간언했고 문제도 그의 재능을 알고 내심 쓰고 싶어 했다. 그는 어렸지만 농업 생산의 중흥이 왕조의 기본이라는 것을 절감했고, 봉건 제후들의 세력이 커지면 황실을 위협할 것이라는 점을 간파하고 있었다. 《자치통감》은 그의 상주문들을 자세히 전하는데 역시 육가의 후임자라고 할 만하다.

《관자管子》에 이런 말이 있습니다. '창고가 가득하면 예절을 알고, 의

식이 풍족하면 영욕을 안다.' (중략) 지금 백성들은 비 한 번 오지 않아도 목숨이 위태하여 자식도 판다고 합니다. 저축은 천하의 목숨입니다. 말업未業에 빠진 자들과 놀고먹는 백성들을 안정시켜 농사를 짓게 하면 저축이 늘어나고 천하는 부유해질 것입니다.

그러자 감동한 황제는 스스로 적전籍田을 갈아서 권농했다. 또 그는 이렇게 간했다.

무릇 장작을 쌓아 놓고 불씨를 그 밑에 두고 그 위에서 자면서 아직 불이 미치지 못했으니 편하다고 하는데, 지금의 형세가 이것과 무엇이 다릅니까? (중략) 지금 친동생(문제의 동생인 회남왕)은 동쪽의 황제가 되려 하고, 친형의 아들은 서쪽을 향해 치려고 하며, 오왕도 고발을 당했습니다. 지금 폐하의 춘추가 왕성하시고 허물없이 정치를 하는데도 이러한데, 시간이 지나고 나중에 제후들의 권력이 열 배가 되면 어떻게 하시겠습니까?

이것은 이후 한나라에서 다시 진행되는 중앙집권화의 이론적 기초라고 할 만한 논설이다. 제후국이 커지면 또 변란이 일어날 것이니 제후국을 점점 약하게 하라는 주문이다. 이후 무제가 행한 정치도 이 이론과 다르지 않다. 공신들은 모두 제후가 되어 대대로 부귀영화를 누리려고 한다. 그러나 이론가인 가의는 이들을 줄이지 않으면 천하가 가난해진다고 말한다. 그는 제후국들을 잘게 쪼개서 힘을 없애면, '어린아이를 천자로 세워도 안전할 것이고, 유복자를 세워도 천하는 어지러워지지 않을 것'이라고 말한다. 이는 모두 천하의 안정을 장구히 할 계책이 있는 사람이 할 수 있는 말이다. 물론 공신들과 제후 왕들이 이런 주장을 좋아할 리는 없었다.

그러나 가의의 말은 이에 그치지 않는다. 천자는 제후의 힘을 약하게 해야 하지만, 자신의 관리들은 예로 대해야 한다고 주장한다. 당시까지는 대신들이 죄를 지으면 황제가 나서서 목을 베라고 명했다. 한마디로 마땅한 제도가 없었던 것이다. 그러나 가의가 이런 주장을 하자 황제는 향후 대신들이 죄를 지으면 영예롭게 자결할 수 있게 하고 형벌을 받지 않게 했다. 이후 한나라는 지속적으로 형벌을 가볍게 하고 임의대로 고문하는 것을 방지하려 노력하는데, 이에 가의가 끼친 영향은 적지 않았다. 가의가 보기에는, 자기가 부리는 이들의 머리를 자르는 사람은 도살자이지 만인의 윗자리에 있는 군주가 아니었다.

그는 공신들의 힘을 제한하고 관료 체제의 기강을 제시했으며, 농업 생산을 장려하기 위한 시책들을 올렸다. 이후 한나라는 안정된 농업 국가, 안정된 황제 중심의 국가가 되는 데 가의의 이론은 지대한 공헌을 했다. 역시 가의는 한의 안정된 시대를 연 인물이라 할 만하다.

힘 있는 자는 작게 쓰고, 덕 있는 자는 귀하게 쓴다: 후한 광무제의 인물들

후한의 창시자 광무제의 이름은 유수劉秀다. 이 사람은 원래 남양의 호족으로, 성격이 극도로 신중한 사람이었다. 그는 큰일을 할 수 있는 사람은 작은 일에도 능하다는 것을 보여주는 예다. 남양에 있을 때 그는 성실한 농부였다. 태학에서 공부를 한 지식인이었지만 향촌에서 생활할 때 두드러진 점은 별로 없었다. 그랬던 그가 장기간의 내전에서 두각을 드러내더니 결국은 마라톤의 승자가 되었다.

왕망이 한나라를 대체하여 신나라를 세웠으나 거듭된 실정으로 백성들의 삶은 극도로 피폐해졌다. 이 시기 하남 남양의 호족 세력을 등에 업고 유수가 일어나 한漢을 중건한다. 그런데 여기서 주목해야 할 것은 유수가 처음부터 인재를 얻고 세력을 형성해 대업을 이룬 것이 아니라는 점이다. 이제 그가 어떻게 사람을 쓰고 어떻게 인심을 얻어 후한을 창시할 수 있었는지를 살펴보자.

후에 유수를 도와 한을 중흥한 28명의 공신들을 표창하기 위해 남궁의 운대雲臺에 그들의 초상을 걸어 놓았는데, 그들은 등우鄧禹, 마성馬成, 오한吳漢, 왕량王梁, 가복賈復, 진준陳俊, 경감耿弇, 두무杜茂, 구순寇恂, 부준傅俊, 잠팽岑彭, 견심堅鐔, 풍이馮異, 왕패王覇, 주우朱祐, 임광任光, 제준祭遵, 이충李忠, 경단景丹, 만수萬脩, 개연蓋延, 비동邳彤, 요기銚期, 유식劉植, 경순耿純, 장궁臧宮, 마무馬武, 유륭劉隆이다. 이들의 이야기는《후한서後漢書》에 자세히 기록되어 있다.

이들의 면면을 보면 광무제의 인사가 얼마나 광범위하고 세밀하게 짜여 있는지 알 수 있다. 광무제 유수의 인사는 무척 세밀하지만 하나의 방향성이 있다. 그 방향성은 무엇일까?

사령관, 선봉장, 돌격대장

경감은 유수의 야망에 불을 지른 인물이다. 유수는 반란 초기 황제로 추대된 경시제更始帝 아래서 큰 활약을 하지만 경시제는 유수의 세력이 더 커지는 것을 막기 위해 군권을 회수하려 했다. 유수가 화북을 평정하자 경시제는 그를 수도로 소환한다. 소환되면 병권을 잃게 되고 대권은 물거품이 된다. 이러지도 저러지도 못하던 상황이었다. 그때 경감이 등장한다. 경감이 군사를 더 모으자고 하니 유수가 말한다.

"왕랑이 소멸되었고 화북도 평정되었으니 군사를 더 모아서 무얼 하려 하는가?"

경감은 말한다.

"경시제는 원래 그릇이 안 됩니다. 그 부하들은 도성으로 들어가 오히려 노략질이나 하고 있습니다. 절대로 군대를 해산해서는 안 됩니다."

유수는 이 말을 듣고 속으로 기뻐하며 바야흐로 독자 노선을 걷기 시작한다. 경감은 웅략을 갖추고 있으면서, 또 강건한 기상도 있었다. 그러나 그는 매우 잔인한 사람이었다. 그는 성을 함락하면 성안의 사람들을 무자비하게 도륙했다. 사서도 그가 그렇게 많은 사람들을 죽이고 무사한 것을 신기해 했다.

선봉장인 오한도 마찬가지였다. 그는 원래 현의 말단 관리인 정장이었다. 오한은 사천을 평정할 때 반격을 받아 물에 빠져 죽을 뻔한 적이 있었다. 일단 성을 함락하자 보복으로 적 대장 공손술公孫述의 가족들을 멸족하고 궁실을 불태웠다. 이때 남녀노소를 불문하고 무려 1만 명이나 화장되었다고 한다. 유수도 이 소식을 듣고 크게 노했다. 오한은 원래 배움이 없어서 행동이 투박했지만 담력이 크고, 작전 수행 능력은 타의 추종을 불허했다. 그 역시 끝까지 광무제의 신임을 받았다.

마무는 경감이나 오한에 미치지 못하는 인물로 그저 그런 대장이었다. 그는 원래 녹림군에 있다가 유수에게 투항했다. 특히 신임을 얻기 위해 남을 헐뜯고 모함까지 했지만 충성심이 대단했다. 황제는 그를 썼지만 그가 어떤 사람인지 꿰뚫고 있었다. 황제가 마무에게 개국 대열에 들어서지 않았으면 무엇이 되었을까 묻자 그는 나름대로 겸손해 한다고 이렇게 말했다.

"무예를 좀 하고 용기도 좀 있으니 군에서 도적 잡는 위尉나 독督 정도는 할 수 있었을 것 같습니다."

그러자 광무제가 대답한다. 물론 연회에서 웃으며 즐거이 한 말이지만 뼈가 있었다.

"그대 스스로 도적이 안 되었으면 다행이겠네그려. 정장 정도는 할 수 있었을 테지."

정장은 그야말로 최말단이다. 광무제가 사람을 쓰되 그 사람의 한계와 장점을 얼마나 잘 파악하고 있는지 알 수 있는 대목이다.

경감, 오한, 마무 등은 전쟁을 잘 이끈 사람들이다. 그중에 지혜를 갖춘 경감이 최고이고, 오한이 그 다음이며, 마무는 말단이다. 그러나 이들 모두 자리를 차지했고 장기전에서 능력을 보여주었다.

유학자의 기풍이 있는 관리형 인재들

그러나 광무제가 진정으로 아끼며 쓴 사람들은 따로 있었다. 바로 유학자의 기풍이 있는 장수들이었다. 제준, 주우, 경순, 이충, 요기, 탁무卓茂가 바로 그런 인물들이다.

제준은 군대의 법령을 집행하는 일을 담당했다. 어느 날 유수의 시종이 법을 어기자 제준은 사정을 봐주지 않고 그를 처형해 버렸다. 화가 난 유수는 제준을 체포하려 했지만 주부 진부가 말렸다.

"제준은 존귀를 가리지 않고 법을 집행했습니다. 그가 바로 장군께서 요구하는 인재가 아닙니까?"

유수는 깨달은 바 있어 제준의 등급을 올리며 수하들에게 말했다.

"그대들은 모두 제준을 조심하게. 나의 시종도 사정을 봐주지 않으니 그대들의 사정을 봐주겠는가?"

제준은 상으로 받은 재물은 모두 부하들에게 주었고, 유학을 중시하여 전쟁터에서도 항상 제사를 지냈다. 제준이 죽자 황제는 백관을 모두 거느리고 친히 제사를 올렸다.

주우는 전형적인 유학자였다. 그는 성을 공략해도 노략질을 하지 않았기에 사람들의 마음을 크게 얻었다. 유수가 황제가 되자 그는 유수에게 사치하지 말고 군주의 일을 매일 근심하라고 죽음으로 간언한다.

이충은 강단이 있지만 기본적으로 순하여 호구를 늘리는 데 소질이 있었다. 그는 유가 경전을 아는 사람들을 등용해 지역을 안정시켰다. 호구를 늘리는 일은 국가를 부유하게 하는 길로 목민관의 고과 과목 중 제일 중요한 일이었다.

경순 역시 장수였지만 정치가의 재질이 있었다. 한때 경순이 동군태수로 있을 때 죄 지은 사람을 체포하려 하다가 그 사람이 자결한 일이 있었다. 이 때문에 경순이 파직되자 백성들이 울고불고 야단이었다. 그러자 광무제는 크게 감탄했다.

"경순은 한때 갑옷을 입은 장수였는데, 이제는 이토록 백성들의 사랑을 받는구려."

탁무는 원래 서한의 관리였고 개국 과정에서 한 일이 크게 없었다. 그러나 그는 후한의 건국이념의 사표 역할을 했다. 탁무는 성격이 매우 관대해 아래위 모두 친했다. 자신보다 못난 사람을 대할 때도 한결같이 공손했다. 그가 관리 생활을 할 때 어떤 사람이 탁무가 모는 수레의 말이 자신이 잃어버린 말이라고 주장했다. 물론 그 말은 그 사람의 것이 아니었다. 그러나 탁무는 그 말을 그 사람에게 주고, 자신이 직접 수레를 끌고 돌아갔다고 한다.

또 그는 성격이 너무 관대해 일이 쌓이는 경향이 있었다. 그래서 사람들은 탁무의 행정 능력을 비웃었다. 그러나 그는 끝까지 순후한 방식을 썼고 몇 년이 지나자 일 자체가 줄어들었다. 탁무를 따라 사람들도 순후해졌던 것이다. 광무제는 공신이 아닌 그에게 식읍 2천 호를 내리고 특별히 포상하며 관리들의 사표로 삼았다. 그리고 덕을 갖춘 탁무를 항상 예의로 대했다고 한다.

인물을 잘 천거한 개국공신, 등우

이제 마지막으로 살펴볼 사람이 등우다. 등우는 개국공신 중의 일인자였다. 그의 공로는 천하 쟁패의 관건을 알고 있었다는 점이다. 경감은 군사적인 일에서 등우보다 나았지만 성품이 잔인한 것이 흠이었다.

등우는 어릴 적에 유수와 함께 공부한 동창이었다. 그 역시 경감과 같은 정세 분석을 했다. 경시제는 황제의 풍모가 없고, 부하들이 민심을 잃었으므로 그를 버리라고 말했다. 매일 전쟁을 되풀이하지만 조그마한 기반밖에 없어서 실망하고 있던 유수에게 등우가 말한다.

"흥함이란 기반의 크기에 달려 있는 것이 아니고, 덕의 크기에 달려 있습니다."

유수는 이 말을 듣고 분발해서 차근차근 화북을 공략해서 기반을 넓혀 갔다. 화북 경략의 기본적인 대책은 등우가 짰다. 유수의 아래로 인재들이 모인 것도 등우의 공이 컸다. 유수는 어떤 싸움에서도 먼저 명분의 우위를 강조했다. 결국 유수가 가장 관대하며 인재를 아낀다는 소문이 나자 많은 지역들이 그에게 투항했다.

농민 봉기군인 적미군赤眉軍이 장안을 점령하자 제장들은 장안을 공격하자고 건의했다. 그러나 등우의 생각은 달랐다.

"적미군은 곧 해이해져 오래 못 갈 것입니다. 오히려 상군, 북지, 안정의 세 군에 의거해 양곡을 쌓고 휴식을 취하며 상대가 해이해지기를 기다려야 합니다."

등우의 전략은 대체로 이랬다. 하지만 등우도 작전에서는 여러 차례 실패하여 어떤 때는 자신의 몸만 빠져나오기도 했다. 그러나 등우가 최고의 공신이 된 것은 그가 천거한 인물들 때문이었다. 그가 천거한 인물들은 하나같이 일을 잘 완수했는데,《인물지》의 말대로 등우는 재상의 풍모가 있었던 것이다. 등우는 효성으로 이름이 높았고, 또 인재를 중시했다. 전란이 평정되자 그는 권세로부터 일부러 멀어지려 했다. 하지만 황제는 태산에 봉선할 때 그를 데리고 갈 만큼 등우를 특별하게 대했다.

광무제의 제왕학, "천자니까 백성과 다르게 행동한다"

유수는 항상 태연한 척하다가도 갑작스런 일격을 가할 만큼 권모술수에도 무척 능한 사람이었다. 매우 신중했지만 투항한 적의 진영을 단 몇 기의 부하만 데리고 사열할 정도로 도박가 기질도 있었다. 모두 사람의 마음을 얻기 위한 행동이었다.

광무제는 많은 일화를 남겼다. 황제의 여동생 호양공주의 노복이 사사로이 사람을 죽이고 공주의 집에 숨었다. 당시 낙양현령 동선董宣은 대쪽같이 강직한 사람이었다. 그는 공주가 외출할 때를 기다려 잠복하다가 살인자 노복이 나오자 당장 때려죽였다. 악이 받친 호양공주가 황제에게 고자질을 했고, 황제는 동선을 잡아들였다. 공주는 동선을 죽이라고 길길이 날뛰었다. 유수는 전쟁 중에 형과 가족들을 많이 잃었기에 남은 가족들에 대한 애정이 대단했다. 그래서 동선을 잡아와 심문하려 하니 동선은 한마디만 하겠다고 한다.

"영명한 폐하께서 천하를 평정했는데, 노복이 살인을 하는 것을 방조하시면 어떻게 법을 세우시겠습니까? 저야 죽으면 그만입니다."

그렇게 말하고는 기둥에 머리를 받아 죽으려 했다. 깜짝 놀란 황제는 말리면서 동선에게 공주에게 사과만 하라고 했다. 황제는 이미 동선을 아깝게 생각하던 차였다. 그러나 동선은 사과도 할 수 없다고 버틴다. 황제의 명도 받아들일 수 없다는 것이다. 어쩔 수 없이 광무제는 동선을 쫓아낸다. 물론 호양공주가 길길이 날뛰니 어쩔 수 없이 그런 것이다. 그러나 그는 동선에게 상으로 무려 35만 전을 내린다. 그러자 공주는 이렇게 비웃었다.

"문숙文淑(광무제의 자)이 예전에 평민일 때 우리 집에 망명객이 들어와도 관官에서는 어떻게 하지 못했는데, 막상 천자가 되니 현령 하나 어쩌지 못하는구려."

그러자 광무제가 말한다.

"천자니까 백성과는 다르게 행동하는 것이오."

이제 광무제의 인사 스타일의 윤곽이 드러났다. 광무제는 공성이 끝나자 바로 수성으로 돌아선 전형적인 유가형 인물이다. 그와 함께 행동을 한 공신들은 모두 무사했다. 고조 유방과는 확연히 다른 스타일이다. 그는 공신들이 정사에 참여하면 정변이 일어날까 두려워 애초에 공신들의 부귀를 보장해 주고 정사에 간섭하지 못하게 했다. 전쟁이 끝나자 바로 군대를 해산하고 노비를 풀어주었다. 기본적으로 유학의 이념을 따른 것이다.

광무제의 인사가 유방의 인사와 판이하게 다른 까닭은 왜일까? 전한은 진을 무너뜨리는 것을 기치로 했지만, 후한은 기본적으로 전한을 계승한다는 것을 이념으로 세웠기 때문이다. 그러니 권모술수도 필요했지만 도덕적인 기풍을 세우는 것이 더 필요했던 것이다. 집권 후 광무제는 지속적으로 부드러운 황제의 이미지를 강화한다.

동선은 《인물지》가 말하는 사찰의 재능을 가진 인물이다. 그러면 그는 깐깐한 장비의 재질을 가지고 있어야 한다. 앞서 《인물지》는 유학자인 자하의 제자들이 장비의 재질을 가지고 있다고 말했다. 그러니 유학자 황제인 광무제가 동선을 아끼는 것도 당연하지 않은가?

6

인재를 쓸 때 무엇을 고려해야 하는가
이해 利害

덕·법·술을 기준으로 인재의 유형을 여섯 종류로 나눈 뒤, 각각의 인재 유형들이 일하는 과정에서 보여주는 특징과 그 득실을 설명한다.

흔히 리더십 스타일을 비유하여 말할 때 덕장이니 용장이니 지장이니 하는 말들을 쓴다. 이는 리더가 갖는 고유한 캐릭터 혹은 타고난 성정에서 비롯된 리더십 스타일을 표현한 말일 것이다. 이와 더불어 리더가 처한 현실과 그가 가진 비전과 철학이 무엇인가에 따라 리더십의 스타일이 달라질 수 있다. 그래서 리더의 스타일은 사실 리더 개인의 성향만을 말하는 것으로 이해하면 안 된다. 왜냐하면 리더십의 스타일은 곧바로 리더가 이끄는 조직의 문화를 결정하고 나아가 일하는 방식에 영향을 미쳐 결국 리더십 스타일별로 서로 다른 결과를 가져올 수 있기 때문이다. 특히 최고 경영자나 국가 원수가 갖는 비전과 철학적 관점에 따라 그 조직이나 국가의 미래는 크게 달라질 수 있다. 특히 과거처럼 군주 하나에 모든 권력이 집중된 시기에는 더욱 그랬다.

《인물지》의 여섯 번째 장 〈이해〉는 앞의 3장 〈유업〉에서 이야기한 열두 가지 재질과 직분의 분류 중에서 정치 활동과 관련된 재능, 즉 청절가, 법가, 술가, 지의, 장비, 기량 등 여섯 종류의 인재를 뽑았을 때 드러나는 장점과 단점을 비교 분석한다.

| 덕·법·술은 모두 장단이 있다 |

사람마다 타고난 성정과 재질이 다르고 또 배움도 다르기 때문에 그가 행하는 치국의 방식도 다를 수밖에 없다. 앞에서도 말한 것처럼 이런 치국의 원리를 《인물지》는 기본적으로 덕, 법, 술 세 가지를 제시한다.

바로 청절가, 법가, 술가의 방식이다. 청절가가 덕치를 기본 정치 이념으로 하여 리더 개인의 덕으로 자연스럽게 백성들을 교화하는 정치 방식이라면, 법가는 법에 의한 통치를 기본 이념으로 하는 유파다. 반면 술가의 방식은 어떤 정치 이념에 의거한 통치 방식이라기보다는 주어진 상황이나 목표의 특성에 맞게 적절하게 대응하는 방식이다.

덕치란 주로 공자, 맹자, 순자荀子 등 유가에 의해 주장된 이상적인 정치 모델이다. 공자는 《논어》〈위정爲政〉에서 다음과 같이 말했다.

> 법령으로 백성을 다스리고 형벌로 나라의 질서를 유지하면, 백성들은 법과 형벌을 어떻게 해서든 빠져나가려고만 할 뿐 부끄러움을 알지 못한다. 그러나 덕으로 백성을 다스리고 예로 나라의 질서를 유지하면 백성들은 잘못을 부끄러워하며 착하게 살고자 한다.

맹자의 "천하에 올바른 도가 행해지면 덕이 없는 사람이 덕 있는 사람을 섬기고, 현명하지 않은 사람이 현명한 사람을 섬긴다"는 말처럼 지도자가 솔선수범하여 인과 의를 실천하면 백성들은 자연스럽게 교화되어 정치가 바로 선다는 것이 덕치의 내용이다.

《인물지》에서는 이런 덕치를 실행하는 청절가에 대해 다음과 같이 말한다.

> 그 공은 족히 혼탁한 무리를 없애고 깨끗한 이들을 북돋아 주어 동료들의 모범이 될 수 있다. 이런 청절가의 일하는 방식은 폐단이 없고(숨기는 바가 없고) 항상 드러내 놓기 때문에 세인들이 그를 존귀하게 여긴다.

하지만 앞서 말했듯이 춘추전국시대와 같이 핵심 화두가 '경쟁'에서의 '승리'였을 때는 덕치에 의한 정치 이론이 먹힐 리가 없었다. 이들이 백성들을 교화하고 세인들로부터 존경을 받을 수 있을지는 몰라도 냉혹한 현실 정치 무대에서 자신의 정치적 이상을 실현하기는 어려웠다. 그래서 공자나 맹자 모두 자신의 정치 이념을 현실에서 실행하기 위해 주유천하하며 왕들을 설득했지만 결국 등용되지 못한 것이다.

반면 법가의 집대성자라 할 수 있는 한비자는 "정치를 하는 사람은 수많은 백성을 상대할 수 없기 때문에 덕화에 힘쓸 수 없고 법률로써 다스리는 데 힘쓸 뿐이다"라고 말한다. 그래서 법가가 힘을 얻게 된다. 부국강병을 통해 자신의 권세와 이利에 관심을 가졌던 당시의 군주들에게 제왕지도나 왕도는 애초에 관심의 대상이 아니었고, 오직 법을 만들어 통치 질서를 세워 다스려짐을 얻을 수 있는 법가가 선택된다. 그래서 《인물지》에서도 법가에 대해 다음과 같이 말한다.

> 법가의 일하는 방식은 법률과 제도에 의거하기 때문에, 시행하여 성공

하기까지 기다린 후에야 그 효과가 나타난다. 법가의 도는 처음에는 피로하지만 나중에 다스려지는데, 엄격하기는 하지만 다 대중을 위한 것이다. (중략) 그 공은 족히 법을 만들어 통치 질서를 세워 다스려짐을 얻을 수 있다.

그러나 앞서 오기와 상앙의 예를 통해서 살펴본 것처럼 법가의 정치는 법률과 제도만을 지나치게 강조하여 결국 인정人情을 잃었다. 그래서 사람이 차마 하지 못하는 마음, 즉 '불인인지심不忍人之心'이 없는 엄격한 조칙과 가혹한 형벌만을 치도의 방책으로 선택하게 되었고, 그것이 결국 부메랑으로 돌아와 그들의 인생과 그들이 만든 나라를 비극으로 끝나게 한 것이다. 그래서 《인물지》에서도 법가의 인재를 "비록 공이 크더라도 끝이 좋지 못하다"라고 했다.

반면 술가의 정치 방식은 '책략을 세우고 변화에 정통한 능력'에 기초하여 공을 이루는 방식이다. 국가나 조직이 당면한 과제를 정확히 인식하고 전략을 세우고 실천하는 데 뛰어난 능력을 발휘하는 술가는 군주를 보좌하여 외교나 군사, 정치 방면에서 뛰어난 능력을 발휘한다. 그런데 술가의 도는 '처음에는 은미하다가 후에 드러나고', '정교하면서도 현묘하기' 때문에 보통 사람들이 쉽게 알아보기 힘들다. 그래서 술가의 인재들은 잘 드러나지 않고, 등용하기도 쉽지 않다. 하지만 술가의 인재를 알아보고 잘 쓴 현명한 군주들은 모두 대업을 이룰 수 있었다.

그러나 술가의 인재들이 능력을 발휘하는 주 무대는 주로 난세다. 앞서 살펴본 술가의 대가인 범려나 장량이 활약했던 시기가 바로 천하 쟁패의 난세였다. 이들은 자신이 보좌하는 군주를 위해 원대한 책략을 세우고 임기응변의 묘를 발휘해 자신의 군주를 당대 최고의 반열에 올렸다.

하지만 일단 천하가 평안해지면 이들이 가진 능력, 즉 '술'을 발휘할 공간이 없어진다. 그래서 이런 술가의 능력은 평화 시에는 잘 드러나지 않는 경향이 있다. 그래서 술가의 대가들은 술의 대상을 천하 쟁취의 책략에서 자신을 보전하기 위한 책략으로 바꾼다. 이를 실천한 술가 인재들은 다른 법가 인재들과는 달리 공을 이룬 후 명철보신할 수 있었다.

그런데 술가의 능력이 권력이라는 목표를 향할 때 우리는 이런 능력을 흔히 권모술수라고 부른다. 《삼국지》에서 제갈량에 필적하는 책략가 사마의司馬懿는 제갈량의 북벌을 오장원에서 막고 조비曹조가 위나라를 세우자 위나라의 권신이 된다. 하지만 그는 거기에 만족하지 않고 쿠데타를 통해 권력을 장악, 결국 그의 손자 사마염司馬炎이 진晉나라를 세우는 터전을 닦는다.

이렇듯 한 나라를 다스릴 때 덕을 중시할 것인지, 법이나 술을 중시할 것인지는 시대 상황과 군주의 생각에 따라 변화해 왔다. 평화 시에는 군주의 통치 덕목으로 덕치가 강조된 반면, 난세에는 법가와 술가의 방식이 중용되었다.

결국 《인물지》의 분류에 기초하여 간략하게 다시 요약하면 정치적으로 안정된 상태에서는 청절가의 능력이 바람직하지만, 사회적 구폐를 척결하고 새로운 세계를 추구할 때는 법가의 능력이 필요하다. 또 국가나 기업의 전략을 세우거나 대규모 프로젝트를 시행하기 위해서는 술가의 능력이 필요하다.

사실 역대 군주들은 대외적으로는 덕치를 주장하면서도 실제로는 법치와 술책으로 정치를 해왔다. 이른바 성세를 이루었다고 하는 어떤 군주도 이 중 하나만의 치국책으로 성공을 거두지는 못했다. 정치 상황의 변화와 요구되는 과제에 따라 필요한 인재들이 등용되었다.

이런 덕, 법, 술의 정치 철학은 현대 비즈니스나 조직 관리의 문제에서도 똑같이 적용된다. 어떤 리더는 조직 내 인화를 중시하고, 어떤 리더는 규율과 통제를, 어떤 리더는 조직 내부의 자유로운 창의력을 좋아한다.

결국 리더 개인의 특성과 그 조직이 처한 상황, 그리고 리더가 갖고 있는 철학과 비전 등에 따라 조직 문화나 조직 운영의 방식이 달라진다. 그에 따라 등용되는 인재 유형과 성과의 내용도 달라질 수 있다. 그렇기 때문에 최고 경영자는 자신이 등용한 인재가 어떤 철학을 기반으로 조직 내에서 정치력을 발휘하여 조직을 장악하고 성과를 낼 수 있는지, 그리고 그런 리더십 스타일의 문제는 무엇인지를 항상 고려해야 한다.

우리는 앞에서 고사를 통해 덕, 법, 술의 큰 이야기를 마쳤다. 그래서 이제는 좀 더 세부적인 문제로 들어간다. 즉, 덕, 법, 술의 지류들을 파악하는 것이다. 대부분의 인재는 한계가 있고, 그래서 묘미가 있다. 사실 인재 이론은 이런 편재들을 위한 것이다.

덕·법·술 지류의 장단점: 용인의 시작은 인재의 능력을 이해하는 것

용인에서 가장 중요한 것은 사람을 부리는 테크닉보다는 인재가 갖춘 능력을 먼저 이해하는 것이다. 능력을 이해한다는 말은 능력에 맞게 일을 맡긴다는 뜻과 능력 자체가 가지고 있는 단점에 대해 대비한다는 뜻이 동시에 포함되어 있다. 왜냐하면 능력이란 것도 사람마다 다 다르기 때문에, 어떤 일에서는 그것이 효과를 발휘하지만 어떤 일에서는 오히려 역효과가 나올 수도 있기 때문이다. 《인물지》도 이런 문제를 의식하여 지의, 장비, 기량의 재능을 가진 인재들이 일에 임했을 때 보이는 장단점을 함께 이야기하고 있다.

영리하나 보신에 능한 지의의 인재

먼저 술가의 지류인 지의의 인재를 살펴보자. 지의의 인재란 영리해서 머리가 잘 돌아가는 사람을 말한다. 이들은 일의 핵심을 잘 파악하고, 창의적인 아이디어를 내는 점에서 장점이 있다. 또한 시의적절하게 처신하는 데도 장점이 있어 주위 사람들로부터 칭찬을 받는 유형이다. 하지만 머리 좋은 사람이 보통 그렇듯 우직함이 부족하여 왕왕 정도를 벗어나 자신만 보전하려고 하는 폐단도 있다. 그래서 《인물지》는 지의의 인재에 대해 다음과 같이 말한다.

> 그 공은 족히 사람들을 도와서 계모를 드러나게 할 수 있으나, 나아갈 줄만 알지 물러설 줄을 모르고, 왕왕 정도를 벗어나 스스로를 보전하려고만 하는 폐단도 있다. 그래서 지의의 일 처리는 재지才智는 있으나 이를 오래 유지하지 못하고, 왕왕 처음에는 이익을 얻다가 나중에 해를 입게 된다.

이런 지의의 능력을 갖춘 사람이 군주의 심리를 잘 파악하여 아부하기 시작하면 곧 '유능한' 간신이 된다.

당 현종玄宗은 중국 역사상 많은 논쟁을 일으킨 황제 가운데 한 명이다. 그는 즉위 초, 국가 통치에 전력을 기울여 '개원의 치開元之治'를 이룬 현군이었다. 하지만 태평성대가 계속되자 점점 나태해져 말년에는 양귀비를 총애하면서 정사를 멀리하여 결국 당을 쇠망의 길로 접어들게 한 우군愚君이기도 했다. 그런데 이 시기에 무려 19년 동안 재상을 역임한 사람이 바로 구밀복검口蜜腹劍의 주인공 이임보李林甫였다. 이임보는 목적을 위해서라면 수단과 방법을 가리지 않은 인물이었다. 역대의 모든 간신배들이 그렇듯 그는 황제와의 관계에서 능란한 처세술을 보여주었다.

재상이 되기 전 그는 황제의 총애를 받기 위해 환관과 비빈들을 회유하여 현종의 일거수일투족을 파악하고, 황제가 무슨 생각을 하고 있는지를 알아냈다. 그러니 황제가 묻는 말마다 황제의 마음에 꼭 맞는 대답을 할 수 있었다. 그래서 현종은 이임보를 재상으로 승진시키려 한다.

당시 재상은 장구령張九齡으로 현종이 개원의 치를 이루는 데 공헌한 어진 정치가였다. 하지만 변해 가는 현종의 마음을 읽지 못하고, "무릇 재상은 국가의 안위에 직접적인 영향을 미칩니다. 이임보가 재상이 되면 장차 나라에 재난이 닥칠 것입니다"라고 강력 반대한다. 이 때문에 이임보의 재상직 일차 도전은 좌절된다.

하지만 기회는 곧 다시 왔다. 그 당시 변방 지역에 우선객牛仙客이라는 장수가 있었는데 그는 글자를 모르는 무식쟁이였지만 재정에는 밝아 군비를 절약하고 항상 풍족한 군수물자를 비축하고 있었다. 그래서 현종이 그를 승진시키려 하자 장구령이 반대했다. 현종의 마음을 속속들이 아는 이임보가 이 기회를 놓칠 리 없다.

이임보는 "우선객은 실로 현실감각이 뛰어난 인물로 재상이 된다 해도 전혀 손색이 없습니다. 하지만 장구령은 그저 죽은 지식에만 연연하는 책벌레와 다를 바 없습니다"라고 비난한다. 장구령이 계속 자신의 의견을 굽히지 않자 황제는 점점 장구령을 신뢰하지 않게 되고 결국 그를 파직하고 이임보를 재상으로 임명한다.

재상이 된 이임보는 달콤한 말로 황제의 비위를 맞추면서 문무백관의 간언諫言이 황제에게 전달되지 못하도록 언로를 막았다. 그리고 자신에 반대하는 대신들을 모함하여 죽이거나 내쫓았으며, 조정의 인사를 좌지우지하며 권세를 누린다.

그런데 그가 권세를 지속하기 위해 세운 방안이 결국 당나라를 멸망으로 이끄는 단초가 된다. 그는 변경에서 군공을 세운 인물이 조정으로 돌아와 자신의 반대 세력으로 성장하는 것을 막기 위해 문인들이 담당했던 변경의 절도사직을 이민족 출신의 번장番將들로 대체하도록 한다.

그는 현종에게 "문사들을 장수로 삼으면 화살과 돌이 비 오듯 쏟아지는 전장에서 무서워 군대를 지휘하지 못하므로 용맹한 한족이나 이민족을 장수로 삼는 것이 낫습니다"라고 상주하여, 안녹산安祿山, 고선지高仙芝, 가서한哥舒翰 등 이민족 출신의 장군들을 절도사로 임명한다. 이로 인해 훗날 안녹산의 반란이 일어나게 되고 결국 당 왕조는 쇠망의 길로 들어서게 된다.

역사서에는 이임보가 겉으로는 달콤한 말을 일삼으며 친한 척하지만, 뒤에서는 음해와 모함을 일삼아 사람들이 그를 "입에는 꿀이 있고, 뱃속에는 칼이 있다[口有蜜 腹有劍]"고 평했다는 이야기를 전하고 있다. 하지만 그가 19년간이나 재상직을 유지한 것을 보면 그의 정치적 수완이 만만치 않았음을 알 수 있다. 그래서《케임브리지 중국사》를 쓴 영국 학자도 이임보를 노련하고 치세에 재능을 갖춘 인물이라고 평한 반면, 장구령에 대해서는 오히려 속이 좁은 인물로 평가했나 보다. 아마도 그의 '지의'의 재능을 황제의 마음을 읽는 일 하나에 집중하여 발휘한 결과라 할 수 있다.

청렴하나 너그럽지 않은 장비의 인재

반면 청절가의 지류인 장비는 어떤가? "깨끗한 물에서는 물고기가 살지 못한다[水至淸則無魚]"라는 말이 있다. 물이 너무 맑으면 큰 물고기가 물에서 몸을 숨기지 못해 살 수 없는 것처럼, 사람이 너무 결백하면 남이 가까이하지 않음을 비유하는 말이다. 그래서 《인물지》는 장비의 일하는 방식의 장단점을 다음과 같이 이야기한다.

> 장비의 일하는 방식은 일의 옳고 그름을 판명하는 데 기초를 두고 있어서, 그 도는 청렴하고 날카롭다. (중략) 그 공은 족히 옳고 그름을 확실하게 구분할 수 있지만, 힐난을 받은 사람에게 원망을 듣게 되는 폐단이 있다. 그래서 장비의 일 처리는 엄하지만 너그럽지 못하여, 왕왕 처음에는 뭇사람의 지지를 얻지만 나중에는 잃어버리곤 한다.

《지낭智囊》에 다음과 같은 이야기가 있다. 반초班超는 후한시대 흉노 토벌에 참여하여 그 지역 오아시스 국가 50여 나라를 복속시켜 서역도호에 임명된 사람이다. 그런 그가 나이가 들어 내지로 돌아가려고 할 때 후임 도호로 임명된 임상任尙이 부임 인사차 찾아와 서역을 다스리는 데 유의할 점은 무엇인지를 묻자 이렇게 답한다.

"여기 북변의 관리와 군대는 대부분 유배를 온 사람들이고, 여기 변방의 민족들도 다스리기 어려운 사람들이네. 그런데 자네는 성격이 너무 급하고 엄격한 것 같아 그게 걱정이네. 원래 '물이 너무 맑으면 물고기가 살지 못하는 법'이야. 마찬가지로 정치도 모든 일을 너무 명철하게 밝힌다면 부하의 마음을 얻을 수 없네. 내 생각에는 일을 조금 너그럽게 처리하면서 작은 일들은 눈감아 주고 큰 원칙적인 문제들만 단단히 잡아주면 된단 말일세."

《인물지》에서도 "공정하고 잘못을 엄정히 따지는 정치는 간특한 세력을 바로잡는 데는 적합하지만, 이런 정치로 변방을 다스리면 백성들이 도망가기 마련이다"라고 했다. 이런 정치를 하는 사람이 사찰의 재능을 가진 장비의 인재다.

하지만 서역을 다스릴 묘책을 듣고자 했던 임상은 반초의 말을 귀담아 듣지 않았다. 그는 반초의 조언을 무시한 채 자신의 소신대로 엄격하게 서역을 다스렸다. 그런데 그 결과는 어떠했는가? 임상이 부임한 뒤 5년 후에 서역에서는 반란이 일어나 결국 서역도호부는 폐지되고 만다.

이처럼 장비의 인재는 "엄하지만 너그럽지 못하여, 왕왕 처음에는 뭇사람의 지지를 얻지만 나중에는 잃어버리곤 한다"고 《인물지》는 말하고 있다

세밀하나 큰 이치를 못 보는 기량의 인재

기량의 인재는 실무 능력에 뛰어난 사람으로 주로 상관들이 좋아하는 유형이다. 정확하고 신속한 판단으로 복잡한 일을 잘 처리하는 장점이 있으나, 대의를 파악하지 못하고 자신의 재능을 드러내기 위해 일을 만들어 주위를 수고롭게 하며 아랫사람을 피곤하게 하는 폐단이 있다고 《인물지》는 말한다.

> 기량의 공은 족히 복잡한 일을 정리하고 바르지 않은 것을 바로잡을 수 있으나, 백성을 지치게 하고 아랫사람을 피곤하게 하는 폐단이 있다. 그래서 기량의 일 처리는 세밀하지만 큰 이치를 고려하지 않아서, 이는 다스림의 최하위에 있다.

여기서 '기량'이라고 하는 유형은 설계도를 그리는 능력이 아닌 그 공정 하나를 담당하는 능력을 말한다. 앞서 기량은 법가의 지류라고 말한 점을 기억해 보라. 그래서 '기량'의 인재는 주어진 조건에서는 뛰어난 재주를 발휘하지만, 전략을 세우거나 큰 원칙을 세우는 데는 부족한 인재를 말한다. 하지만 오늘날과 같은 '실용'의 시대는 과거와 달리 테크노크라트technocrat(기술 관료)나 스페셜리스트specialist들이 존중받는 시대다. 근대화와 산업사회를 거치면서 '기량'의 의미를 법가의 지류를 넘어 확대해도 무방할 것 같다. 그들의 능력이 '치도治道의 말단'에서 '치도의 첨단'으로 변하고 있기 때문이다. 그렇다고 해서 《인물지》의 이야기가 시대에 뒤떨어진 쓸모없는 것은 아니다.

《인물지》에서 말한 대표적인 기량인 조광한이나 장창은 모두 범인을 잘 잡는 사람들이었다. 윗사람들이 보기에는 시원했을 것이다. 그러나 기량의 인재들에게 큰 틀을 기대하기는 어렵다. 일을 하는 사람은 항상 자신의 업적을 세우는 일에 전전긍긍하기 마련이다. 난세에야 공을 세울 기회가 많지만 치세에는 꼭 그렇다고 할 수 없다. 그래서 편안한 다스림보다는 이름이 남을 수 있는 사건을 만들고자 한다. 특히 일 좀 한다는 기량의 재능을 가진 사람들은 일의 실질적이고 장기적 효과보다는 자신의 능력이 드러나는 새로운 일을 만드는 것만을 좋아하는 경향이 있다. 그래서 이런 사람들이 남의 위에 있을 때는 조직을 피곤하게 할 가능성이 충분히 있다.

중국 역사에서 대규모 공사의 예는 진시황의 만리장성 축조와 수나라 양제煬帝의 대운하이다. 이 두 가지 대형 프로젝트는 사실 분열을 끝내고 새롭게 들어선 진나라와 수나라라는 통일 왕조의 야심찬 계획이었다. 모두 나름 타당한 이유도 있었다. 그러나 이런 공사로 말미암아 결국 두 나라는 조기에 멸망했다. 백성들이 각종 부역과 조세에 시달리니 민심이 이반하고 천하는 새로운 주인을 찾기에 이른다. 그래서 《인물지》도 "기량(건축, 토목, 기예)을 중시하는 정치는 부유한 지역을 다스리는 데는 적합하지만, 이런 정치로 가난한 지역을 다스리면 백성이 힘들고 더욱 곤궁하게 된다"고 했다.

우리는 지금까지 각각의 인재들이 갖는 정치 활동에서 보여주는 득과 실을 살펴보았다. 인사에서 가장 중요한 것이 적재적소라고 한다. 그런데 태어날 때부터 완벽한 인재는 사실상 없다. 또 국체나 기능과 같이 청절, 법, 술 등의 재질을 함께 갖춘 이도 드물다. 결국 대부분의 사람들은 한 부분에서 뛰어난 편재이기 때문에 그가 하는 일에서도 그 장단이 드러나기 마련이다. 그러므로 뛰어난 리더는 항상 일의 성격과 달성하고자 하는 목표와 그 인재의 능력을 파악하여 부족한 점을 보완할 대책을 세우는 것을 잊지 않았다.

사실 현실에서는 해결해야 할 다양한 상황과 문제들이 있기 마련이다. 어떤 성향을 가진 사람을 어떤 상황에 쓸 것인가, 이를 결정하고 인재를 배치하는 것 또한 중요한 용인의 키워드다.

삼국시대 1
과점 체제의 인사

| 무한경쟁보다 더 어려운 과점 체제의 인사 |

이제 우리는 중국사의 또 다른 단계로 넘어가 흥미진진한 《삼국지》의 시대를 살펴볼 것이다. 변화가 무쌍하여 어떤 상황에서는 법을 쓰고, 또 어떤 상황에서는 덕을 쓰며, 또 다른 상황에서는 술을 써야 하는 형세가 있다. 바로 과점 체제다. 과점 체제는 무한경쟁 체제나 독점 체제보다 오히려 더 복잡하다. 경제학 교과서를 한번 들춰보라. 과점에 대한 분석에서 게임이론이 나오고, 수많은 정책들의 효과분석이 등장한다. 현실은 사실 무한경쟁이나 완전독점보다는 과점에 가깝다.

현대인들이 《삼국지》에 열광하는 것도 《삼국지》가 현실과 유사한 과점 체제를 보여주기 때문일 것이다. 무한경쟁 체제에서는 힘이 곧 정의다. 전국시대가 그런 시대였다. 일종의 완전경쟁 시장이었다. 그러니 법과 술이 우세한 시절이었다. 그러나 통일 제국인 한은 일종의 독점 체제로 내부로부터의 전복을 가장 두려워했다. 그러니 이념을 열심히 세워야 했다. 앞서 소개한 육가나 가의 등이 세우고자 했던 체제다.

지금 말하려는 과점 체제의 대표격은 이른바 위, 촉, 오의 삼국시대다. 군웅할거의 시절은 급격히 정리되다가 꼭 '3'이라는 숫자에서 한 번 멈춘다. 왜일까? 바로 동맹에 따라 급격히 질서가 재편되었기 때문이다. 동맹은 술이고, 강병은 법이다. 그러나 천하의 우두머리가 되기 위해서는 덕을 가지고 있어야 하고 명분을 버릴 수가 없다.

그러니 그렇게 힘이 강한 조조도 한나라의 황제를 쉽게 폐하지 못하고, 한나라를 보좌한다는 명분으로 군사작전을 감행했던 것이다. 유비는 "착한 일이 아무리 작더라도 행하고, 악한 일은 아무리 작더라도 멀리하라"고 강조했지만, 실상 자신은 파촉巴蜀으로 들어가며 권모술수도 불사했다. 손권은 의뭉스럽게 동쪽에 똬리를 틀고 저자세를 보였지만, 실상 스스로 법을 수행하고 생산을 장려하여 오나라를 실속 있는 국가로 만들었다.

이들의 성패는 물론 인재에 달려 있었다. 인재 이론으로 볼 때도 이 시기는 극히 풍부하고 재미있다. 우리는 이제 과점 체제의 인물상으로 들어간다.

삼국시대는 진정으로 개성을 가진 사람들이 역사의 전면으로 나서던 시기였다. 인물 하나하나가 참으로 감탄을 자아낸다. 진수의 《삼국지》든 나관중羅貫中의 《삼국지연의三國志演義》든 거기에 나오는 인물들은 모두 뚜렷한 개성을 가지고 있다. 그 인물들의 중심에는 물론 조조, 유비, 손권이 있다. 《삼국지》를 자세히 읽다 보면 위, 촉, 오의 인사도 모두 뚜렷한 특징을 지녔음을 알 수 있다. 유비는 한때 이런 말을 했다. "내가 조조와 다르게 행동한 것은 다 성공했다." 즉, 조조가 술수를 쓰면

대의를 강조했고, 조조가 무력을 쓸 때 인화를 추구해서 그나마 기반을 잡았다는 것이다. 반면 손권은 극히 의뭉스럽고 느긋한 인물이었다. 그런데 이들 모두는 당대에 모두 나름대로 성공했다.

인사에는 하나의 방법만이 있는 것이 아니다. 인사는 조직의 크기, 조직이 해결해야 할 당면한 문제, 또 조직이 장기적으로 추구하는 이상에 따라 달라진다. 먼저 삼국 과점 체제에서 가장 약했던 촉한의 세계로 들어가 보자.

| 정으로 뭉친 조직: 유비와 촉한의 인사 |

인정의 인사, 유비와 제갈량

《삼국지연의》가 촉한의 인물들에게 큰 동정심을 보이는 것은 그 주인공들의 관계가 정으로 뭉쳐 있기 때문이다. 정으로 뭉친 조직은 대체로 작은 조직이다. 기록에 따르면 유비는 관우, 장비, 조운 등과 침실을 같이 썼다. 그리고 그는 시도 때도 없이 부하들 때문에 울었다. 방통과 법정法正이 죽었을 때도 차마 보내지 못해서 울었고, 관우가 실패하자 무모하게도 전군을 이끌고 복수전을 감행했다. 냉철한 조조라면 상상도 못할 일이다. 그러니 유비가 조조에게 쫓겨 번성을 떠날 때 무려 10만의 백성들이 따랐다고 한다. 이쯤 되면 백성들과의 관계도 정으로 맺어졌다고 할 수 있다.

그러나 사람을 받아들일 때의 도량은 조조보다 작았을지 몰라도 일단 받아들인 후 쓸 때의 도량은 더 커서 사람을 쓴 후에는 절대 의심하지 않았다. 그는 사천으로 들어간 후 유장劉璋이 쓰던 인물뿐 아니라 자신에게 대들었던 인물들을 가리지 않고 쓰니 "실력 있는 선비들치고 최선을 다하지 않는 사람이 없었다"고 기록되어 있다. 아마 유비에게는 빠지면 헤어나지 못하는 매력이 있나 보다. 알려진 대로 유비는 후사를 제갈량에게 위임한다. 유비의 유언을 그대로 옮겨보자.

> 그대의 재능은 조비의 열 배나 되니 틀림없이 나라를 안정시키고 대업을 이룰 것이오. 아들이 보좌할 만하면 보좌하고, 그렇지 않으면 그대가 스스로 취하시오.

《삼국지》의 저자 진수는 이것이 진심이었다고 쓰고, 고금을 통해 임금과 신하 사이 관계의 최고의 모범이라고 평했다. 유비의 사람 씀이 이런 식이었다.

그러면 제갈량은 어떤가? 제갈량은 유비보다 더 냉철한가? 제갈량은 상벌을 집행하는 데 한 치의 사심도 없었다고 기록되어 있다. 그러나 그도 극히 정에 이끌리는 사람이었다. 제갈량은 마속馬謖의 형 마량馬良의 인품을 특히 아꼈는데, 마량이 오를 정벌할 때 죽자 그의 동생 마속을 맡았다.

제갈량은 마량만큼 마속 또한 매우 아꼈는데 이것이 결과적으로 큰 패착이었다. 위나라 정벌 시 경험이 없는 그를 선봉에 세웠다가 기산에서 패하고 결국 원정에도 실패한다. 제갈량이 그를 선봉으로 쓰려 할 때 수많은 장수들이 말렸다. 객관적으로 보아 마속은 선봉의 자질이 없었던 것이다. 그러나 제갈량과 마속의 관계도 '정으로 뭉친' 유비와 그 형제들의 관계와 비슷하다. 마속과 제갈량은 정말 아버지와 아들 같은 사이였다. 아버지는 가끔씩 자기 아들의 능력을 과대평가한다. 《삼국지》

에 주를 단 배송지裴松之는 제갈량이 마속을 죽이기 전에 마속이 제갈량
에게 올린 편지를 제시한다.

공께서 저를 자식처럼 돌보았고 저도 공을 아버지처럼 여겼으니 되돌
아보면 곤鯀과 우禹의 의리처럼 깊다고 생각합니다. 평생의 교분이 여
기에서 무너지지 않게 할 것이며, 제가 죽어 황천에 가더라도 한이 없
을 것입니다.

이 편지를 보자 10만의 군중이 눈물을 비 오듯이 흘렸다고 한다. 그
러니 제갈량의 마음이야 오죽했겠는가? 제갈량은 마량을 동생으로, 마
속을 아들로 생각했는데 모두 잃은 것이다.

제갈량은 또 자신이 높게 평가하고 있던 마초馬超의 사촌인 마대馬岱
를 중용한다. 그 신임은 한 번도 변하지 않았다. 제갈량의 인사도 사실
유비를 닮았다. 오히려 유비가 냉철한 면이 있었다. 제갈량이 평소 마속
을 너무 아끼자 유비는 생전에 이렇게 충고했다.

"마속은 말이 실행을 앞서니 크게 쓰지 마십시오."

유비의 명철함이 제갈량을 넘어섰던 것이다.

제갈량의 인재 선택의 기준은 역시 의로움과 깨끗함이다. 유비의 기
풍을 그대로 이은 것이다. 하지만 그에게는 그다지 현명하지 못한 황제
를 보좌해야 하는 이인자의 고뇌가 있었다. 그래서 그는 사람 쓰는 일에
더욱 신중했다. 그가 후계자로 삼은 강유도 비록 재능은 제갈량을 넘어
서지 못했지만 역시 제갈량을 따라 청렴했다. 먹는 것, 입는 것 모두 아
꼈고, 나라의 돈은 아래 사람들에게 풀었다.

강해서 부러진 인재, 관우

우리는 이제 특정한 인사의 득실을 따지고 있다. 인간적인 인사의 득실을 따질 때 《삼국지》의 영웅 관우 이야기를 빼놓을 수가 없다.

《삼국지연의》를 읽는 동안 관우가 중원으로 통하는 형주를 잃고 맥성에서 맥없이 패배할 때 대부분의 독자들은 눈물을 흘렸을 것이다. 관우는 《삼국지》 전체를 통틀어 가장 용맹한 장수이고, 또 의리로 이름을 날린 장수이다. 하지만 그토록 지용智勇을 겸비한 장수가 왜 패했을까?

《인물지》의 관점에서 보면 관우의 성격에는 자만심과 고집이라는 치명적 결함이 있었기 때문이다. 그는 누군가에게 한 번도 굴복한 적이 없었기 때문에 결국 방심하다 여몽呂蒙의 계략에 빠져 형주를 잃었다. 《삼국지》에도 "관우는 성질이 너무 거세고 스스로를 지나치게 높이 여겼다"는 평가가 나온다. 스스로를 지나치게 높였다는 것은 그가 남다른 자부심을 지니고 있었음을 뜻한다.

유비가 제갈량을 처음 얻어 총애하자 관우는 제갈량을 시기하는 태도를 보인다. 또 마초가 유비에게 투항하여 평서장군으로 임명되었다는 소식을 듣고 관우는 제갈량에게 서한을 보내 마초의 사람됨을 묻는다. 관우의 고고한 성격을 아는 제갈량이 "마초는 문무를 겸비하고 위무와 용맹이 남달라 당대의 호걸이며, 경포와 팽월 같은 사람입니다. 장비와 말머리를 나란히 하고 달리면서 선두를 다툴 수 있지만, 미염공美髥公(관우)의 출중함에는 미치지 못합니다"라고 추켜세우자, 관우는 매우 기뻐하며 이 글을 사람들에게 보이기까지 했다고 한다.

또 황충黃忠이 정군산에서 위나라의 명장 하후연夏候淵을 죽이고 후장군에 임명되자 "대장부는 끝까지 늙은 병졸과 동렬에 서지 않으리라"라고 화를 냈다고 한다.

촉의 장수 중 관우는 독보적인 존재였다. 촉에서 혼자 작전을 펼 수 있는 장수로는 아마 마초와 관우를 들 수 있을 것이다. 관우가 형주에서 조인曹仁과 군사들을 수장시키고, 우금于禁을 사로잡자 중원은 일대 위기감이 감돌았다. 형주 북쪽의 위나라 성들은 관우가 오기만 하면 항복할 태세였다. 조조 또한 관우의 위용을 아는지라 급기야 관우의 예봉을 피해 수도를 옮길 생각까지 한다. 제갈량이 천하삼분지계에서 "익주에 웅거하면서 형주에서 상장上將 한 명을 보내 위나라를 치고, 또 익주의 군대를 진천으로 보내면 대업을 이룰 수 있다"고 했는데, 과연 관우가 그럴 기미를 보여준 것이다.

그러나 촉한의 인물 관우는《인물지》에서 말한 장비의 기질도 다분히 가지고 있었다. 스스로 너무 깨끗한 것을 찾았던 것이다. 이전에 손권은 관우의 위세를 존중해서 자기 아들을 관우의 딸에게 장가보내고 싶어 했다. 그러나 손권이 정치적인 의도로 자신과 친해지려 한다는 것을 안 관우는 사자를 모욕하고 혼인을 거절했다. 정세를 보면 손권의 제의는 당연히 받아들였어야 했다. 그것이 위나라를 공격하면서 뒤를 안전하게 하는 최선의 선택이었다.

또 강릉과 공안에 있던 미방麋芳과 사인士仁은 자신들을 경시한 관우를 싫어했다. 그래서 관우가 출병할 때 군수물자를 대는 데 최선을 다하지 않았다. 그러자 관우는 돌아가면 그들을 가만두지 않겠다고 공언한다. 돌아가서 벌을 줄 것이라면 오히려 그런 기미를 보이지 않았어야 했다. 그는 미방과 사인을 인격적으로 소인배로 보아서 그런 이야기를 했고, 그래서 스스로 후방을 불안하게 했던 것이다.

이때 모략이 출중한 조조는 손권을 이용해서 관우를 공격한다. 여몽이 관우를 이긴 전략은 명쾌했다. 일단 오나라는 전쟁의 의사가 없는 듯이 가장하여 관우가 위나라에 집중하여 후방을 돌아보지 못하게 하고, 그 사이에 빈 곳으로 들어가 관우에게 등을 돌린 사람들을 위무한다. 그러자 관우는 오도 가도 못하는 처지가 된다. 이렇듯 관우는 용맹과 의리로 사람들을 감동시켰지만, 그의 타고난 오만하고 고고한 성격은 주위로부터 스스로를 고립시켜 막중한 형주 방어의 임무를 실패하게 만든다.

이제 돌아보면, 유비가 관우를 쓴 것은 인정이 반, 실력이 반이었다. 관우가 형주를 잃고 촉이 패업의 무대에서 사라진 것은 반은 관우의 잘못이고, 반은 관우가 너무 뛰어나서 견제를 받았기 때문이다. 그때 정세는 불확실성이 많았다.

그러나 유비가 관우의 복수를 결심한 것은 심각한 오판이었다. 혹은 손권이 겁을 먹고 땅을 돌려주겠다고 했을 때 그쳤어야 했다. 그러나 유비는 인간적인 면모가 너무 앞서는 영웅이었다. 유비도 제갈량도 청렴한 면과 의리를 매우 중시했는데 그것이 그들 인사의 특징이었다.

의리와 인정은 사람을 최선을 다하게 만든다. 《인물지》도 사람은 사랑을 받으면 최선을 다한다고 말하고 있다. 유비의 인물들이 그랬다. 그 열악한 조건에서 힘의 차이를 계산하지 않고 제갈량이 끊임없이 밖으로 나가려고 한 것은 반은 유비에 대한 충성 때문이었다. 강유가 제갈량의 뜻을 어기지 않은 것도 마찬가지였다. 그러나 지나치게 인정과 의리에 기초한 촉의 인사는 기본적으로 작은 나라의 인사였다. 촉이 더 큰 나라였으면 아마도 다른 유형의 인사를 했을 것이다.

그러나 이런 촉의 인사가 딱히 잘못되었다고 할 수는 없다. 익주 하나에 기대에 무려 수차례나 중원을 공략한 예는 역사상 전무하다. 제갈량이 출사표에서 담담히 밝히는 요지는 이렇다. "나가지 않으면 스스로 기력이 소진되어 멸망할 것이다." 그래서 정과 의리로 뭉친 사람들이 열악한 기반에서도 단결하여 끊임없이 도전할 수 있었던 것이다.

우리는 열악한 기반을 가진 작은 조직이었던 촉나라의 인사를 세심히 살펴볼 필요가 있다. 조조나 손권과는 달리 애초부터 정계에 몸담고 있지 않았고, 토착 기반 또한 갖추지 못한 유비는 그야말로 입지전적인 인물이다. 진나라를 무너뜨린 무지렁이 반란군인 진승과 오광은 미천하던 시절의 사람들을 무시했다. 그러자 그 주위에 사람들이 다 떠나 외톨이가 되었다고 한다. 유비는 그들의 길을 가지 않았다. 그러나 유비와 제갈량의 정에 기초한 인사의 득실도 또한 명백하다.

| 도덕보다 능력: 조조의 인재론 |

조조의 인사 특징은 바로 능력 위주다. 또 조조는 큰 나라를 다스리고 있었으므로 인사의 스케일도 매우 컸다. 사람들은 흔히 조조가 촉과 오를 상대하여 싸운 것만 알지, 이른바 공자가 말한 '중국'을 지켜낸 사람이라는 것은 잘 모른다. 조조는 무력과 정치를 조화하여 북방의 선비계 민족들을 잘 통제했다. 촉이나 오는 북방 이민족을 걱정할 필요가 없었지만, 북쪽의 위나라는 완전히 다른 유형의 침입자들을 막아야 했다. 그러니 실제로 촉이나 오보다 더 강력한 북방 기마민족을 막을 수 있는 인재들을 무조건 실력으로 뽑아야 했다. 조조의 상황이 그랬으니 그의 인사의 원칙이 실력이 된 것은 당연했다.

조조의 인사 철학을 이야기할 때 가장 많이 언급되는 것이 〈구현령求賢令〉이다. '오직 능력만 있으면 쓴다'는 〈구현령〉은 당시 문벌 사족이 지배하던 관리 등용의 관습을 뛰어넘은 획기적인 방안이었다.

> 사람을 쓰는 데에 행실이 바른 자만을 쓴다면, 제 환공이 어찌 천하를 제패했겠는가! 당금 천하에 강태공이나 진평처럼 마음속에 큰 뜻을 갖추고 등용되기를 기다리는 자가 어찌 없겠는가? 오직 재능만 있으면 천거하라. 내가 등용하여 쓸 것이다.

조조는 이후에도 두 차례에 걸친 〈구현령〉을 발표한다. 요지는 이렇다. 소진은 말에 신의가 없었고 진평은 행동에 돈독함이 없었다. 그래도 그들은 각각 큰 공을 이루었다. 이로 보건대 "단점이 있는 인재라고 어찌 폐할 수 있겠는가?"라고 묻고, "비록 비천하거나 심지어 불인불효不仁不孝하더라도 치국 용병의 술만 있다면 모두 추천하라"는 내용이다.

그러면 〈구현령〉에서 조조가 언급한 진평과 관련된 이야기를 한 번 살펴보자. 위무지魏無知라는 사람이 유방에게 진평을 추천했는데, 당시 주변에서는 진평이 뇌물을 받았고 또 형수와 사통했다는 나쁜 소문이 있어 반대하는 사람이 있었다. 유방이 이를 물으니 위무지가 대답한다.

> 신이 말씀 드린 바는 능력이요, 대왕께서 물으신 바는 행실입니다. 지금 만약 그에게 미생尾生이나 효기孝己와 같은 행실이 있다고 하더라도 승부를 다투는 데는 아무런 보탬이 없을 것이니, 대왕께서 어느 겨를에 그런 사람을 쓰실 수 있겠습니까? 지금 바야흐로 초나라와 한나라가 서로 대항하고 있기 때문에 기모奇謀 있는 선비를 천거했으니, 생각건대 그 계책이 참으로 국가에 이로운가를 살필 따름이지 어찌 형수와 사통하거나 금을 받은 것을 의심해야겠습니까?

조조가 살았던 시절도 유방이 살았던 시절처럼 천하를 놓고 승부를 다투는 시절이었다. 처음 조조가 기병했을 때 주위에 사람이라곤 고작 친인척들뿐이었고, 그러모은 병사도 채 4천이 되지 않았다. 하지만 조조는 수년 만에 뛰어난 모사와 장수들을 거느리게 된다. 특히 그는 자신에게 대적하던 인재들을 포용하는 아량으로 인재를 모아 결국 라이벌 원소袁紹를 무너뜨리고 천하 쟁패의 기초를 다진다.

순욱과 곽가郭嘉는 원래 원소 휘하에 있었으나 원소가 그릇이 아님을 알고 조조를 선택한다. 관도대전 이전 조조를 비난하는 격문을 지은 진림陳琳을 조조는 오히려 그 재능을 높이 사서 등용한다. 허유許攸가 심배審配와의 갈등으로 조조에 투항하자 소식을 들은 조조는 맨발로 나와 그를 응접한다. 비록 가식이 있었더라도 그가 인재를 얻는 일을 무엇보다 중요하게 생각했음을 보여주는 일화다.

이렇듯 조조 내부의 주요 인물들은 상당수가 적이냐 아군이냐에 상관없이 모두 일신의 능력을 가진 사람이었다. 제갈량도 "조조가 원소보다 명성이 낮고 군사도 적었지만 원소를 무찌를 수 있었던 이유는 하늘의 도움 때문이 아니라 지혜를 잘 썼기 때문이다"라고 했다. 조조의 지혜 가운데 하나가 바로 조건 없이 인재를 수용한 넓은 도량이었다.

그런데 조조의 〈구현령〉에 드러난 능력주의 인사관과 관련해 오늘날에도 여전히 회자되는 이야기가 도덕적으로 '조그만' 흠결이 있더라도 능력만 있으면 등용해야 한다는 인사관이다. 이들이 주장하는 것은 중요한 것은 능력이지 도덕이 아니라는 것이다. 조조는 도덕성은 보지 않고 능력 있는 인물만을 써서 삼국을 통일하고 새로운 왕조의 기틀을 닦았다고 주장한다.

이런 주장은 일면 타당성 있는 듯 보이지만 사실 조조가 〈구현령〉을 발표한 시대적 배경을 고려하지 않은 아전인수 격의 해석이다. 조조가 살았던 시대는 과거제와 같은 합리적인 인재 등용의 통로가 없었다. 각 지역에 흩어져 있던 능력 있고 명망 있는 인재를 지방에서 등급을 정해 추천하면 그 등급을 심사하여 중앙의 관리로 임명하던 시기였다. 그런데 이 추천이라는 것이 원래의 취지대로 공정하게 적용된다면 문제가 없겠으나, 어디 현실이 그런가? 제도의 취지와는 달리 출신과 배경이 좋은 권문세족과 지방 호족들이 이를 이용하여 서로 추천하며 관직을 독점하던 시대였다.

또 당시는 후한 말 당고黨錮의 옥獄으로 많은 선비가 죽음을 당한 뒤 지식인들이 난세에 목숨을 잇고자 세속에서 도피하여 정치적 비판과 인물 평론을 주로 하는 청의清議가 유행하던 시기였다. 그랬기 때문에 관리 추천과 임명에는 정치 또는 행정의 실무에 관한 재능보다는 도덕적 교양을 더 중시했다.

하지만 조조는 자신의 정치적인 야심을 실현시키기 위해서 더 많은 인재를 필요로 했다. 〈구현령〉은 조조의 처지에서 보면 새로운 세상을 건설하기 위해 각지에서 필요한 인재를 구하는 것이었다. 그것은 당시 가문을 배경으로 능력이 없어도 등용되고, 실무 능력보다는 이것저것 사람의 조그만 흠을 잡아 평론하기 좋아하던 사회적 기풍을 일신하기 위한 것이었다.

'오직 재능만 있으면 등용한다'는 말은 당시의 출신과 문벌을 중시하는 사회 관행에 대한 이야기였고, '불인불효한 자라도 능력만 있으면 등용한다'는 말은 세속을 도피하여 청의를 일삼던 지식인을 향한 논리였다. 그렇기 때문에 〈구현령〉을 지나치게 확대하여 불인불효한 자도 능력만 있으면 만사 좋다는 인사관을 오늘날까지 인용하는 것은 지나친

감이 있다. 원래 작은 흠결도 시간이 지나면 큰 흠결이 될 수 있다. 사실 가만히 역사를 들여다보면 흠결 있는 사람을 잘 써서 성공한 사례보다는 재앙을 맞는 경우가 훨씬 많다.

아무튼 이런 능력 중심주의 인사관을 요즘 들어 인재 등용의 철학으로 다시 끄집어내 이야기하는 것은 이해할 만하다. 경쟁의 시대에 인재에 목마른 현실에서 이것저것 따지다 보면 어디 완벽한 사람을 찾을 수 있겠는가라는 현실적인 물음이다. 그러니 비록 작은 흠결이 있더라도 그것이 큰 문제가 아니라면 그가 가진 능력을 높이 사자는 이야기일 것이다. 조조는 원래 매우 큰 조직을 만들고자 했으므로 이런 태도를 보인 것이다.

《상서》〈진서秦書〉에는 "재주 많은 신하보다 성실한 신하가 낫다"라는 말이 나온다. 원래 고전에 나오는 말은 왠지 시대에 뒤떨어진 고리타분한 이야기인 것처럼 들리지만 오랜 시대를 거쳐 살아남은 그 이야기들은 곱씹어 볼수록 의미심장한 내용이 많다. 조조가 피땀 흘려 이룬 위나라는 재주는 뛰어났지만 '불인불효'한 사마의에 의해 넘어갔다는 사실을 상기할 필요가 있다. 《자치통감》은 사마의를 "크게 재주가 뛰어나고, 크게 간사하다"고 평한다. 조조가 들으면 가슴을 칠 이야기가 아닐 수 없다.

사실 도덕이냐 능력이냐의 문제는 사람과 상황에 따라 각기 다를 수 있다. 속담에 "털어서 먼지 안 나오는 사람 없다"고 하듯이 문제없는 사람이 어디 있겠는가? 무조건 도덕성을 강조하는 것도 너무 지나치고, 그렇다고 도덕은 안중에도 없이 오로지 능력만 가지고 사람을 평가하는 것은 더욱 지나치다.

결국 중요한 것은 흠결을 더 큰 흠결로 만들지 않고, 장점으로 발휘하게 하는 데 가장 중요한 것은 리더의 철학과 안목이다. 다음《자치통감》에 나오는 공자의 손자이며 맹자의 스승인 자사子思가 위나라 문후文侯에게 한 이야기를 한 번 들어보자. 능력을 선택할 것인지 도덕성을 선택할 것인지는 사실 현실에서 쉬운 일은 아니다.

자사가 구변苟變을 전차 500승을 거느릴 수 있는 장수라고 추천하자, 위왕이 "나도 그가 그 정도 거느릴 수 있다는 것은 아오. 그러나 구변은 이전에 관리로 있을 적에 백성들에게 세금을 거두면서 남의 계란 두 개를 먹었기 때문에, 그래서 내가 쓰지 않는 것이오"라고 말한다. 그러자 자사가 이렇게 말한다.

> 무릇 훌륭한 군주가 사람을 관직에 임명하는 것은 마치 목수가 나무를 쓰는 것과 같아서 그 좋은 부분은 취하고 그 나쁜 부분은 버립니다. 그래서 아름드리 버드나무와 가래나무에 몇 자 정도 썩은 부분이 있다 할지라도 훌륭한 목수는 버리지 않는 것입니다. 이제 임금께서는 전국戰國의 세상에 처하여 유능한 인재를 뽑고자 하시면서, 겨우 달걀 두 개 때문에 나라의 기둥이 될 인재를 버리려 하십니까? 이웃 나라가 듣게 해서는 안 될 것입니다.

도덕이냐 능력이냐의 문제는 또한 정치적인 상황과도 관련된 문제이기도 했다. 전국시대나 삼국시대는 천하가 분열되고 각국이 패권을 차지하기 위해 좌충우돌하던 난세였다. 당시는 능력 위주의 인사가 주를 이루었다. 하지만 평화 시의 인재 등용의 원칙은 좀 다르다. 위징은 당 태종에게 이렇게 말했다.

천하가 평정되지 않았다면 오로지 그 재주를 취할 뿐, 행실을 고려하지 않습니다. 그러나 이제 천하의 대란을 없애고 평정했으므로 재주와 행실을 둘 다 갖추지 않으면 등용할 수 없습니다.

한때 유비가 신의를 버리고 익주를 취할 수 없다고 말하자 방통은 이렇게 말했다.

무리한 수단으로 빼앗아도 바른 방법으로 유지하고, 도의로 보답하며, 일이 안정된 후에 대국으로 봉한다면 이것이 어찌 신의에 어긋나는 일이겠습니까? 지금 취하지 않으면 결국 다른 사람만 이롭게 할 뿐입니다.

방통의 의견은 조조와 무척 흡사하다. 일단 얻어야 할 때 생각할 수 있는 것은 실력뿐이리라. 크고 복잡하며 다방면의 인재가 필요한 조직은 조조를 보고 배울 일이 많을 것이다.

| 허명보다 실속: 손권과 동오의 인사 |

손권의 인사 특징은 실속이다. 역사의 기록을 검토하면 손권 주위에는 허풍쟁이가 없다. 어수룩한 척하다가 관우를 무찌른 여몽, 별 볼일 없는 듯하다가 유비군을 초토화시킨 육손陸遜, 마음은 일편단심이었으나 전쟁을 피하고자 항복을 권한 장소張昭 등은 모두 실속파다. 오의 힘은 촉보다 강했지만, 항상 장강을 사이에 두고 위나라의 행동을 주시할 뿐 함부로 모험을 하지 않았다. 물론 여러 가지 현실적인 제약이 있었지만 손권의 실리 외교, 실리 내정에는 오늘날 국가의 일을 맡고 있는 사람들이 배울 점이 많다.

손권은 지키기 위해 상당한 변신도 마다하지 않았다. 적벽 싸움이 있기 전에 손권은 사태를 면밀히 계산해서 조조와 싸움을 벌인다. 그 후 손권과 유비는 시종 동맹관계를 유지한다. 그러나 손권은 촉의 후방인 귀주와 운남의 호족들과 밀계를 맺어 촉을 배반하게 했고, 또 형주에서는 관우를 배반하고 후방을 기습했다. 유비가 대군을 일으키자 일단 회유책을 썼다가 다시 반격하여 치명상을 입혔다.

손권은 또 신하들에게 굽히는 일도 잘했다. 상황이 좋지 않으면 과감하게 머리를 숙였다. 동오의 주씨, 오씨 등의 문벌들은 군주 못지않은 권력을 가지고 있었는데 손권은 이들이 거슬리는 행동을 해도 잘 참았다. 손권이 왕명을 받지 않는 장소를 찾아가 사과한 것은 위나 촉의 군주라면 상상하기 힘든 일이다. 손권의 행동은 그래서 실속이 있다.

주유가 살아 있을 때는 손권의 야망이 매우 컸다. 원래 주유는 유비가 촉으로 들어가기 전에 촉을 먼저 차지할 생각이었다. 그래서 이렇게 말했다.

조조는 막 패했으므로 당장 싸움을 할 수가 없습니다. 저는 촉을 취하러 나가고 싶습니다. 촉을 얻어 장로張魯를 병합한 후 마초와 동맹 관계를 맺을 것입니다. 그리고 돌아와 장군(손권)과 함께 양양을 점거하여 조조를 추적하면 북방도 도모할 수 있습니다.

과연 주유다운 대단한 계략이었다. 손권은 주유의 전략을 지지했지만 주유는 출정 직전에 병으로 죽고 만다. 아마도 이때부터 손권은 더욱 지키는 유형의 군주가 된 듯하다. 그리고 이런 수성의 전략을 실천한 대도독의 계보는 노숙, 여몽, 육손으로 이어진다. 모두 전임자가 후임을 추천했고 그 추천은 성공했다.

《인물지》의 〈효난效難〉에서도 이야기하겠지만 아무리 뛰어난 인재도 누군가로부터 추천을 받지 못하거나, 추천을 해도 임명권자가 받아들이지 않으면 아무 소용이 없다. 앞서 말한 상앙의 경우가 그렇다. 재상 공숙좌는 자신의 뒤를 이을 사람으로 상앙을 위 혜왕에게 추천하지만 위왕이 받아들이지 않아 결국 상앙은 진나라에서 자신의 재능을 발휘한다. 이처럼 뛰어난 인재가 등용되기 위해서는 인재를 추천하는 사람과 그렇게 추천받은 사람을 알아보고 중하게 쓸 수 있는 리더의 안목이 필요하다.

그럼 주유의 뒤를 이어 오나라의 방어를 담당한 손권 진영의 최고 인물인 노숙이 어떻게 천거되었는지 《삼국지》〈오서 노숙전吳書魯肅傳〉에 근거해 살펴보자.

사실 손권 주변의 인재들은 주유나 장소처럼 그의 아버지 손견孫堅과 형 손책으로부터 물려받은 인재들이 대부분이었다. 그의 인사는 조조나 유비가 실력과 인정으로 인재를 모은 것과는 사뭇 달랐다. 하지만 노숙의 경우는 좀 다르다. 처음에 그는 손권 집단의 인재 풀pool에 속하지 않았다. 그래서 노숙은 손권에게 등용되기까지 두 번의 우여곡절을 겪는다.

노숙은 어려서부터 기략을 좋아하고, 자신의 재산을 풀어 곤궁한 자를 도우며 선비들과 교류하여 향리에서 명망이 높았다. 그래서 노숙의 명성을 들은 원술袁術이 먼저 그를 등용하려 했다. 하지만 노숙은 원술에게는 강기가 없어, 함께 대업을 일으키기 어렵다 여기고 거절한다.

두 번째로, 노숙의 친구인 유엽劉曄이 편지를 보내어 근방의 호걸인 정보程普에 의탁하자고 제안한다. 사실 정보도 후에 손권에게 귀의하기는 하지만 당시는 각지에서 군웅들이 자립하던 난세로 누가 천하의 주인이 될지 아무도 판단할 수 없는 시기였다. 노숙도 유엽의 말에 따라 북방으로 가려고 했다. 그런데 마침 주유를 만나게 된다. 그때 주유가 노숙에게 이렇게 말한다.

> 과거 마원은 "지금 천하에서는 군주가 신하를 고를 뿐 아니라, 신하 역시 군주를 선택합니다"라고 광무제에게 답했소. 지금 주군(손권)은 현자를 가까이하시고 선비를 존중하며, 기재를 받아들이고 특출한 재능 있는 자를 세우고 계시오.

주유는 또 노숙의 재능은 천명을 보좌할 만하며, 그와 같은 인재를 널리 모아 공업을 완성해야 할 것이니, 그를 떠나보내서는 안 된다며 손권에게 노숙을 추천한다. 인재가 인재를 알아보고 추천한 것이다. 서둘러 노숙과 회견한 손권은 크게 기뻐하고 따로 노숙을 불러들여 대업의 지혜를 묻자 노숙이 다음과 같이 답한다.

> 은밀히 생각해 보니, 한실漢室을 부흥하는 일도, 조조를 즉좌에서 제거하는 것도 불가능한 일입니다. 장군을 위해 진언한다면, 그저 강동에 솥발처럼 서서 천하의 틈을 노리는 것만이 방책일 것입니다. 이런 기준을 정하여 두면, 대처 방법을 몰라 당황할 일이 없을 것입니다. 어째서인지 아시겠습니까? 북방(조조군)은 실로 다망한 가운데 있으니, 그 기회를 틈타서 황조를 멸하고, 유표를 정벌하여 최종적으로 장강을

북쪽 경계로 삼아 할거하며, 장강 이남을 영유하면서 제위를 칭하여 천하를 공략하는 것, 이것이야말로 고제의 사업이 아니겠습니까?

하지만 손권은 "지금은 한나라 왕실을 보좌하기를 바랄 뿐이오. 그대가 한 말은 내가 감당하기 어렵소"라고 말하면서도 내심 노숙을 크게 본다. 손권은 매사에 겸손하게 말하면서도 뒤로 준비하는 인물이었다. 이런 노숙의 등용에 대해 당시 원로대신 장소는 노숙이 겸양함이 부족하고 나이가 어려 조야한 인물이니 임용하기에는 너무 이르다고 반대했으나, 손권은 이에 개의치 않고 더욱 노숙을 존중했다.

결국 손권이 노숙이라는 인재를 얻을 수 있었던 것은 인재를 알아본 주유의 추천이 있었고, 주위의 반대를 무릅쓰고 그를 등용했기 때문이다. 만약 주유나 손권이 노숙의 인물됨을 알아보지 못하고 그냥 지나쳤더라면 아마도 노숙은 어느 혼군 아래서 고단한 인생을 살았을 수도 있고, 적벽대전의 화려한 승리도 장담할 수 없었을 것이다. 손권은 지키는 것을 중시했지만 주유나 노숙 등 용기가 있는 인물들을 놓치지 않았다. 공격이 방어가 될 때를 알았기 때문이다.

노숙은 형주에서 관우와 대치했는데 변경에서 분쟁이 일어나면 항상 대범하게 처리했다. 관우도 그래서 노숙을 존중했다. 그러나 노숙도 나이 쉰이 되지 않아 죽었고, 손권은 후임으로 여몽을 등용했다. 손권이 여몽을 등용했다는 것 자체가 손권 인사의 파격을 보여준다. 여몽은 경서를 읽은 적이 없어서 표를 올릴 때는 구술을 해서 받아 적도록 했고, 또 사람이 화려하지도 않았다. 다만 실력만은 대단했다. 여몽이 성공할 수 있었던 것은 노숙이 그를 높이 봤기 때문이다. 이 여몽이 또 약관의 육손을 천거한다. 육손은 관우의 복수를 하려는 유비의 대군을 이릉에서 격파했고, 위나라와 싸울 때도 판판이 이겼다. 그리고 관우의 죽음으로 깨어진 삼국정립의 판국을 제갈량과 함께 회복했다. 이후 제갈량과의 문서는 모두 육손이 처리했다고 한다.

주유가 노숙을 천거하여 노숙이 삼국정립의 기반을 닦고, 노숙이 여몽을 천거하여 형주를 손에 넣었다. 또 여몽이 육손을 천거하여 다시 대세를 안정시켰다. 주유에서 육손까지 모두가 실속파들이었고, 큰 과실이 없는 인재들이었다. 손권은 인재를 쓸 때는 모두 실질에 의거했고, 비방하는 말에 영향을 받지 않았다. 비교적 안정된 조직을 지킬 때는 손권에게서 배울 것이 많다.

물론 손권의 인사에도 득실이 있다. 스스로 용감하다 했지만 여몽의 의견을 들어서 관우를 공격한 것은 그가 조조와 같은 큰 뜻과 유비와 같은 의지는 없었다는 것을 말해준다. 관우를 쳐서 형주를 얻는 이익은 있었지만 그로 인해 화북은 이제 바라볼 수 없게 되었다. 육손도 죽고 그 자신도 죽자 후계자들은 강남에 웅크리면서 방어만 하다가 결국 스스로 망했다. 촉이 무너지자 사마씨의 진晉나라는 장강을 따라 파죽지세로 오나라로 진격했고, 오나라의 수군은 싸움도 하기 전에 달아났다. 이렇게 오나라도 망했던 것이다. 촉나라는 투지가 과도했고, 오나라는 부족했다.

| 인사의 실패가 초래한 세력의 멸망: 원소 |

유비, 조조, 손권은 인재를 쓰는 측면에서는 모두 특출한 사람들이다. 이와는 반대로 인재를 보고도 놓치는 경우도 있다. 《삼국지》에서 사실 조조가 정치적으로 주도권을 장악하게 된 계기는 관도대전에서의 승리였다. 하지만 관도대전이 일어나기 전 조조와 원소의 군사력은 비교가 되지 않았다. 조조는 약 3만의 병력이었던 반면, 원소는 무려 10만 대군이었다. 조조도 내심 군사와 식량 면에서의 열세 때문에 관도를 포기하고 철수하려 했으나, 모사 순욱이 "우리 군은 약한 병력으로 강한 병력에 맞서 요충지를 지키고 있습니다. 만약 철수한다면 전선 전체가 무너져 수습하기 어려워집니다. 그러나 관도를 지켜낸다면 적을 물리칠 기회를 잡을 수 있으니 절대 놓쳐서는 안 됩니다"라고 건의하여 결국 전투를 승리로 이끌어낸다.

순욱이 누구인가? 원래 원소의 수하에 있다가 원소의 그릇이 작음을 보고 조조를 주군으로 선택한 사람이다. 조조는 순욱을 보고 기뻐하며 "나의 자방(장량)이로다"라고 하며 그를 중용한다.

반면 원소는 어떠했는가? 당시 원소 휘하에는 기라성 같은 장수와 참모가 있었다. 하지만 원소는 스스로 자만하고 자신의 마음에 반하는 계책을 듣지 않음으로써 결국 몰락한다.

저수沮授와 전풍田豐이 조조에 대한 공격 시기가 적합하지 않다는 건의를 하자, 군심을 어지럽힌다는 이유로 감옥에 가둔다. 원소가 전쟁에서 패하자 주위 사람들은 전쟁에 반대했던 전풍이 풀려날 것이라고 생각했지만, 오히려 전풍은 "원소는 속이 좁고 질투심이 강하다. 그가 승리했다면 기분이 좋아 나를 살려줄 수도 있겠지만, 패했으니 부끄럽고 분한 나머지 틀림없이 내게 분풀이를 할 것이다"라고 예언한다. 과연 목을 베라는 명령이 하달되자, 전풍은 "대장부가 세상에 태어나 진정한 주인을 식별하지 못했으니 죽어도 원망할 수 없구나!"라고 외친 뒤 자결한다.

또 허유는 어떤가? 원소는, 조조가 관도에 주둔하고 있으니 이참에 비어 있는 허창을 공격하자는 허유의 제안에 조조와 허유가 젊은 시절 서로 친구였던 사실을 떠올리며 오히려 허유를 첩자로 몰아 가두려 한다. 사람이 의심을 받으면 떠나는 길밖에 없다. 결국 허유는 조조 진영으로 도망가 오소에 있는 군량 창고를 공격하면 틀림없이 승리할 것이라는 결정적인 정보를 제공한다. 주변에서는 허유의 반간계反間計를 의심했지만 조조는 원소와 달리 허유의 말을 믿고 따른다. 조조가 관도대전에서 원소를 격파하고 천하의 주도권을 쥘 수 있었던 것은 이처럼 사람 쓰는 일에서 판가름 났다.

리더가 자신만의 눈을 고집하면 인재는 보이지 않게 된다. 원소는 자신의 관점으로만 사람을 대했기 때문에 뛰어난 인재를 떠나게 했고 그 결과 실패했다. 그리고 정말 뛰어난 리더라면 뛰어난 인재의 눈에 들 수 있어야 한다. 그렇지 않고 뛰어난 인재가 자기를 찾아오기를 기다리는 것은 마치 나무 그루터기 앞에서 토끼를 기다리는 것[守株待兎]처럼 어리석은 일이다. 마원의 말처럼 군주가 신하를 고르기도 하지만 신하도 군주를 선택하기 때문이다.

그리고 정말 뛰어난 인재라면 당연히 리더가 어떤 사람인지를 알아볼 수 있어야 한다. 전풍과 순욱의 운명은 여기서 갈린다.

7

어떤 인재가 성과를 내는가
영웅英雄

맨손으로 시작하여 탁월한 공훈을 이룬 인재를 영웅이라 한다. 여기에서는 그런 영웅들 가운데 유방과 항우를 비교함으로써 영웅의 인재 소질을 탐구한다.

영웅은 맨손으로 시작하여 탁월한 공훈을 이룬 인재를 말한다. 이 장은 이런 걸출한 인물의 인재 소질을 탐구하는 내용이다. 《인물지》 원본에는 〈접식接識〉 다음 부분에 나오는 장이다. 그러나 이 장 역시 인물의 자질을 평하는 장으로, 특히 뛰어난 인물들의 특성을 보여주고 있다. 그래서 순서를 바꾸어 앞의 여러 장들과 연결시키는 것도 무방하다. 특히, 영웅시대인 삼국시대를 보충하기 위해 이 장을 먼저 설명한다.

| 영웅, 지혜와 힘의 결합 |

베르톨트 브레히트Bertolt Brecht의 희곡 〈갈릴레이의 생애〉에는 "영웅을 갖지 못한 나라는 불행하다" "아니야, 영웅을 필요로 하는 나라가 불행해"라는 명대사가 나온다. 하지만 영웅의 역사는 항상 우리를 들뜨게 한다.

《초한지》나 《삼국지연의》를 읽으면서 명멸해 가는 영웅들의 이야기에 밤새 잠 못 이룬 경험은 누구나 한 번쯤은 있을 것이다. 아마 우리 모두의 마음속에는 항상 자신이 영웅이 되는 꿈을 간직하고 있기 때문일 것이다. 그런데 영웅이란 과연 어떤 사람을 가리키는 말인가? 《인물지》는 이렇게 말한다.

> 초목의 정수를 영英이라 하고, 짐승 가운데서 가장 특출한 것을 웅雄이라 한다. 그러므로 여기서 이름을 따서 사람 가운데서 문재文材와 무재武材가 남다르게 뛰어난 이들을 영웅이라 부른다.

총명함이 출중한 사람을 영재英才라 하고 담력이 다른 사람보다 뛰어난 사람을 웅재雄才라 하는데, 영웅이란 이 둘의 재능을 모두 갖춘 사람을 이른다. 그래서 영웅은 계책을 세우고 기미를 살피는 총명함과 대담하게 이를 실행하는 실천력을 함께 갖춘 사람이다. 역사상 많은 창업 군주나 대업을 이룬 사람들은 모두 이런 영웅의 범주에 속한다고 할 수 있다. 오늘날로 말하면 판단력과 실천력을 겸비한 리더다.

그런데 《인물지》는 이런 영웅론에 한 가지 단서를 덧붙인다. 뛰어난 영웅도 영재의 재능과 웅재의 재능이 고르게 갖추어지지 않아 어떤 사람은 영재의 재능이 더 많고, 어떤 사람은 웅재의 재능이 과해 그가 이루는 일과 성취에 차이가 남을 설명하고 있다. 즉, 영웅도 스타일이 있다는 이야기다.

중국 역사상 대조적인 스타일을 가진 영웅이 천하를 놓고 다툰 시기가 있었다. 바로 초나라의 항우와 한나라의 유방이 싸운 초한 쟁패의 시기다. 여기서 유방과 항우라는 두 영웅이 보여준 스타일과 리더십의 비교는 오늘날에도 리더십에 대해 이야기할 때 자주 등장하는 화두를 제공한다.

명문가 출신으로 '힘은 산을 뽑고 기세는 세상을 덮는다[力拔山氣蓋世]'는 항우가 출신도 미천하고 천박한 시정 골목길 대장 출신 유방에게 패했다. 어떻게 그것이 가능했을까? 《인물지》는 이렇게 분석한다.

> 그러나 영재의 자질이 웅재의 자질보다 많으면 괜찮으나, 영재의 자질이 적어서는 안 된다. 영재의 자질이 적으면 지혜로운 자들이 떠나게 된다. 그런 연유로 항우는 기력이 세상을 덮었고, 명찰明察로 변화에 능란하게 대처했지만, 기이한 계책을 듣고도 채택할 수 없었다. 반면 고조는 영재의 성분이 많았던 까닭에 여러 웅재들이 복종하게 되고, 영재들도 그에게 귀순하여 양자가 모두 쓰임을 받았다.

즉, 특정 상황을 돌파하는 전투가 아닌 긴 호흡을 필요로 하는 전쟁에서 승리하기 위해서는 웅재보다는 영재의 능력이 더 중요하다는 말이다. 항우는 매번 유방과의 싸움에서 승리했지만 결국 패했다. 웅재의 능력이 과하면 자신감이 지나쳐 독선에 빠지기 쉽다. 그래서 다른 사람의 이야기를 잘 듣지 않는다. 그리고 자기 기준으로만 사람을 판단하고 자신과 다른 재능을 가진 인재는 무시하는 경향이 있다. 8장 〈접식接識〉에서도 나오지만 자신의 재능이 최고라 생각하면, 설사 상대의 재능을 보았더라도 그건 결국 자신보다 낮은 재능으로 인식하고 귀하게 쓰지 않기 때문이다. 이런 스타일이 결국 인재를 떠나게 하는 원인을 제공한다.

《인물지》는 영웅을 분석하는 기본 자질로 총명聰明과 담력膽力을 들었다. 총과 명은 영재가 갖는 기본 자질이고, 담과 력(역)은 웅재가 갖는 기본 자질이다. 여기서 총은 일의 기미를 잘 포착하여 기획하는 능력[聰智]이고, 명이란 명찰의 의미로 일의 미세한 변화에 잘 대처하는 능력을 말한다. 그리고 담은 배짱, 력은 말 그대로 기운이 센 것을 의미한다. 그래서 이 네 가지 요소의 배합에 따라 영재와 웅재도 차이가 난다고 말하고, 이를 여섯 가지 유형으로 분류한다.

첫 번째, 총지로 계책을 세웠으나 명찰로 기미機微를 보지 못한다면 탁상공론에 그친다.

두 번째, 총명한 지혜로 계책을 세우고 명찰로 기미를 볼 수 있으나 실천할 수 있는 용기가 없으면 변화하는 상황에는 대처할 수 없다.

세 번째, 힘이 다른 사람보다 뛰어나지만 용기가 없어 일을 실행할 수 없는 경우라면 역사ヵ士라 불릴 수는 있지만 선봉이 될 수는 없다.

네 번째, 힘이 다른 사람보다 뛰어나고 용기는 일을 수행하기에 충분하지만, 일을 판단하는 지혜가 부족하다면 선봉은 될 수 있겠지만 장수가 되기에는 부족하다.

다섯 번째, 총명한 지혜로 계책을 세우고, 명찰로 기미를 파악하여 담력으로 결단을 내릴 수 있어야 영재라 할 수 있는데, 장량이 그 예다.

여섯 번째, 기력이 다른 사람들보다 뛰어나고, 일을 추진할 수 있는 용기가 있으며, 지혜로 일을 판단할 수 있는 사람을 웅재라 할 수 있는데, 한신이 그 예다.

즉, 총명함에 담과 력의 성분 중 하나를 겸비할 때 영재라 하고, 담력에 총과 명 중 하나의 능력을 겸비했을 때 웅재라 한다. 영재는 재상의 능력이고, 웅재는 대장군의 능력이다. 그래서 《인물지》는 대업을 성취하려는 영웅에게 필요한 자질을 다음과 같이 말한다.

그러므로 웅재는 웅재를 얻을 수 있지만 영재를 얻을 수는 없고, 영재
는 영재를 얻을 수 있지만 웅재를 얻을 수 없다. 따라서 한 사람의 몸
에 영재와 웅재의 자질을 모두 갖추고 있어야, 마침내 영재와 웅재를
부릴 수 있으며, 영재와 웅재를 부릴 수 있기 때문에 대업을 성취할
수 있는 것이다.

삼국시대 2
시대를 이끈 영웅들

| 영웅의 시대는 끝났는가: 조조, 손권, 유비 |

《초한지》와 더불어《삼국지》는 동양적 영웅에 대한 모티브를 다양하게 꽃피운다. 유비, 관우, 장비 삼형제의 영웅적인 면모와 조조와 그 수하들의 활약, 손견, 손책, 손권으로 이어지는 강동의 호랑이들의 숨 막히는 대결의 드라마는 동양의 영웅 모티브를 모두 모아놓은, 문학을 넘어 정치가나 경영자 등에게 영감을 불어넣는 장대한 서사다. 특히 조조, 유비, 손권 세 사람의 리더십 스타일에 대한 비교는 오늘날에도 여전히 회자되는 주제이기도 하다.

그런데《삼국지》의 이 세 명을 우리는 왜 영웅이라고 부를까?《인물지》의 분석대로 이들 모두가 총명함과 담력을 모두 갖추어서일까?

사실 총명함과 담력으로 말하면 조조에 비해 유비나 손권은 좀 떨어진다. 유비와 손권의 총명과 담력의 상당 부분은 자신이 아닌 자신의 부하들의 능력에 기반을 둔 것이다. 그래서 이들의 영웅성은 오히려 그 리더십 부분에서 잘 드러난다.

유비는 맨손으로 시작해서 인의라는 무기 하나로 천하의 한 부분을 차지하고 수하를 마음으로부터 복종시켰으니 과연 뛰어난 리더임에 틀림없다. 손권은 손견과 손책으로부터 물려받은 땅과 인재들을 잘 관리하여 조조의 백만 대군을 적벽에서 무너뜨리고 창업의 기틀을 다진 수성의 리더십으로 분류된다. 그리고 이들이 창업 과정에서 보여준 인간적인 면모는 모두 특이한 바가 있다. 이런 면모들이 후세인들을 감동시켜 이들을 영웅으로 부르게 하는 것은 아닐까?

예전에 이연걸이 주연한 〈영웅〉이라는 영화가 있었다. 자객 형가荊軻와 진시황의 이야기를 소재로 한 이 영화는 영웅을 '오랜 분열기를 끝내고 천하를 통일할 수 있는 의지와 능력을 가진 사람'으로 묘사했다. 《사기》〈자객열전刺客列傳〉에 나오는 이야기와는 많이 다르지만, 아무튼 과거의 영웅은 보통 사람들의 원망願望을 실행하는 역할을 기꺼이 수행했다. 그 일이 비록 실패하거나 성공하거나 상관없이 그 의지와 결단력 그리고 그 과정에서 보여준 개개인들의 뛰어난 개성이 아마도 오늘날까지 이들 영웅에 대한 흠모가 지속되는 이유일 것이다.

그런데 시대가 흐르면서 영웅의 면모도 조금씩 변해간다. 중국이 통일되고 유교가 지배 체제의 이데올로기로 채택되어 충효를 국가의 근간 이념으로 삼은 통일의 시대에 영웅은 반드시 황제 한 사람이어야 했기 때문이다. 그래서 한 무제는 자신보다 명망이 더 높다는 이유로 유협 곽해郭解를 죽인다. 그나마 한 무제의 시절은 영웅들의 시절이었고, 과거제가 정착된 송나라 이후의 역사에서 영웅들은 더 파편화된다. 이제《초한지》나《삼국지》에 나타난 영웅의 고전적인 낭만성은 점차 사라지고,

대신 권력을 쟁탈하고 유지하는 음모와 모략이 영웅호걸에 대한 낭만적 향수를 대신하게 된다.

혹자는 이제 영웅의 시대는 끝났다고 한다. 이런 시대에는 개인적 영웅의 풍모나 카리스마보다는 조직의 힘, 시스템의 힘이 세상을 지배하는 원리가 된다. 이제 리더의 역할은 조직과 시스템을 장악하고 운영하는 능력이 중요하게 된다. 그래서 영웅론이 아닌 '제왕학'이 출현한다. 《정관정요貞觀政要》, 《자치통감》은 이와 관련된 책이다.

하지만 조직과 시스템을 장악하여 권력을 유지하는 것은 명분으로만 이루어지는 것은 아니다. 군주와 신하 사이, 신하와 신하 사이의 권력 게임이 전개되면 과거 영웅의 낭만성은 흔적도 찾기 힘들어진다. 오로지 음모와 모략만이 판을 친다. 그렇기 때문에 《삼국지》 이후에 등장하는 영웅들의 삶은 대부분 비극적이다. 영웅을 필요로 하는 불행한 상황에서 그들이 출현하지만, 현실은 영웅을 오래 용인할 수는 없었던 것이다. 금나라와의 항전을 주장하다 주화파 진회秦檜의 참소로 죽은 악비가 그렇고, 명말 요동에서 만주족과 맞서 싸우다 환관 위충현魏忠賢과 엄당閹黨에 의해 억울하게 처형된 웅정필과 원숭환이 그렇다.

이제 정치에서는 영웅을 찾아볼 수 없으니 사람들은 《수호지水滸誌》의 양산박에 모여든 호걸이나 무협소설의 주인공에서 영웅에 대한 향수를 달랜다. 영웅의 사회적 지위가 군주에서 신하, 신하에서 서민으로 점점 변한다. 그들은 사회의 부패와 불의에 대항하고, 고절한 무공의 환상 속에서 영웅의 풍모를 발휘한다.

그런데 이런 영웅 이야기에는 항상 의리와 충효라는 전통적인 도덕 원리가 밑바탕에 깔려 있다. 그들이 영웅의 길을 걷게 된 계기도 다 의리와 충효 때문이다. 아마 권모술수와 배신이 판치는 현실이 의리와 충효로 사람의 마음을 모으고 적들을 물리치는 영웅에게 환호하게 한 것일 것이다.

그래서 오늘날에도 충효의 이념을 조직 관리에도 적용한 리더십이 거론되기도 한다. 크게는 애국심이고 작게는 애사심을 강조하는 리더십이다. 그래서 혹자는 서양의 자본주의 발전에 프로테스탄트 윤리가 있고, 동양의 자본주의 발전의 근간에는 충효라는 동양적 윤리가 있다고 이야기한다.

일면 타당성 있는 이야기 같기도 하지만 이를 가지고 오늘날의 현실을 모두 설명하기에는 부족한 점이 있다. 오늘날과 같이 글로벌 환경에서 기업 간 시장 점유를 위해 다투는 상황은 마치 춘추전국시대 부국강병을 위해 각국이 다투던 시기를 떠올린다. 당시의 군주들은 출신과 지역을 가리지 않고 인재를 구했고, 인재들도 각국을 주유하며 자신을 등용할 군주를 찾아다녔다.

지금도 마찬가지다. 뛰어난 인재들은 자신의 행복과 영달을 위해 하나의 국가, 하나의 기업에 만족하지 않고 자신의 재능을 진정으로 발휘할 수 있는 곳을 찾아다닌다. 이제는 충과 효라는 고전적인 이념만으로는 뛰어난 인재를 모으거나 거느릴 수 없는 시대가 되었다.

이처럼 시대가 다변화하고 복잡해지고, 경쟁도 글로벌화한 상황에서 리더십의 개념도 세분화되고, 요구되는 능력과 덕목도 다양화되었다. 그렇다면 오늘날 국가 간, 기업 간 치열한 경제 전쟁의 시대에 이런 고전적인 영웅의 리더십은 어떤 의미가 있을까?

사실 고대의 영웅은 모두 오늘날의 스타트업 창업자와 유사하다. 유비가 자신의 정치적 대의 하나를 무기로 인재를 모아 세상에 도전하는 것과 마찬가지로, 오로지 자신의 기술과 의지 하나만을 믿고 새로운 시장에 도전하는 스타트업 창업자가 바로 오늘날의 영웅상이다.

영웅의 자리에 이미 오른 사람에게는 충효가 필요하겠지만, 영웅이 되려 하는 사람에게는 그래서 꿈과 비전이 필요하다. 과거 영웅들이 꿈과 비전으로 사람을 모으고 자신의 세계를 개척한 것처럼, 오늘날의 스타트업 창업자들도 과거의 영웅들처럼 사람의 마음을 사로잡는 고전적 영웅의 리더십이 필요하지 않을까?

| 동양적 영웅의 영원한 표상: 제갈량 |

오늘날의 영웅은 웅재의 자질보다는 영재의 자질이 더 필요하다. 특히 리더십과 팔로워십followership의 관점에서 보면 더욱 그렇다. 그래서《삼국지》최고의 영웅 제갈량을 다시 한 번 살펴보기로 한다.《인물지》의 기준에 따르면 제갈량은 영재 분야의 인재다. 하지만 그는 당시 아무런 정치적 기반이 없었던 빈털터리 유비와 함께하며 '간흉을 물리치고 한실을 부흥하는 것'을 꿈꾸고 삼국정립의 기반을 닦았다.

흔히 제갈량은 과대평가되었다고 한다. 정사로 인정받는《삼국지》에서 보는 그의 역할은 소설《삼국지연의》에는 훨씬 미치지 못하기 때문이다. 그러나《삼국지》는 이미 진晉나라의 신하가 된 진수가 쓴 것으로, 촉과 오에 대한 폄훼가 심하다. 그런 진수도 제갈량을 높이 평가하는 위험을 무릅썼다. 제갈량이라면 조씨와 사마씨의 큰 적이 아닌가?

진수는 조조의 으뜸 참모인 순욱, 순유荀攸, 가후賈詡를 이렇게 평했다.

순욱은 학식에 통달하고 단아하여 왕을 보필할 풍모를 지녔다. 순유와 가후는 계책이 틀린 경우가 거의 없었다. 두 사람은 권모에 빈틈이 없었고 변화에 따르는 융통성이 있었으니, 아마도 장량과 진평에 버금간다고 할 수 있을 것이다.

그리고 제갈량에 대해서는 이렇게 평한다.

제갈량은 세상을 다스리는 이치를 터득한 뛰어난 인재로서 관중, 소하와 비견할 만하다. 해마다 군대를 움직이고도 성공하지 못한 것은 아마 임기응변의 지략이 그의 장점이 아니었기 때문인 듯하다.

또 제갈량의 글들을 모아 저작국에 보내며 황제에게 이런 사죄의 글을 올린다.

그(제갈량)의 가르침이나 유언은 모든 일에 바르게 대처하고 있으며, 공정하고 진실한 마음이 그 문장에 보이니 그의 의도를 알 수 있고, 당대에도 이로운 점이 있습니다. (중략) 신은 삼가 제갈량의 저작을 초록하여 위의 것을 저작국에 주었습니다. 신 진수는 두렵고 불안합니다. 폐하께 머리를 조아리고 조아립니다. 죽을죄를 지었습니다. 죽을죄를 지었습니다.

《삼국지》에서 관중, 소하와 같은 인물로 평가를 받은 사람은 오직 제갈량밖에 없다. 그러나 제갈량은 관중, 소하보다 한 발 더 나아간다. 그는 관중이나 소하보다 더 깨끗한 인물이다. 제갈량이 후주後主 유선劉禪에게 이런 표를 올렸다.

성도에 뽕나무 팔백 그루와 메마른 밭 열다섯 경이 있습니다. 그러니 자손의 의식衣食은 남음이 있습니다. 신이 밖에 임무를 맡을 때는 별도로 조달할 필요가 없고, 입는 것 먹는 것을 다 관에서 대주니 따로 생업을 벌려 조금이라도 늘릴 필요가 없습니다. 제가 죽을 때 안으로 남는 비단이 없고, 밖으로 남는 재산을 없게 하여 폐하의 은덕에 보답하겠습니다.

과연 그가 죽자 말 그대로였다. 그러니 남의 아래 있는 사람(신하)으로 제갈량이 최고의 인물로 평가받는 것은 무리한 일이 아니고, 《삼국지연의》가 제갈량을 일세의 영웅으로 그리는 것도 그다지 과장이 아니다. 진수는 감히 촉의 힘이 부족했고, 또 촉이 공격하는 입장이었기 때문에 제갈량의 정벌이 실패했다고 말한다. 제갈량의 재능으로도 어쩔 수 없었다는 이야기다.

정사에 다음과 같은 이야기가 있다. 제갈량의 막하에 있던 재간꾼이자 마음이 한결같은 장예張裔는 남쪽의 옹개가 반란을 일으켰을 때 그를 회유하러 사신으로 갔다가 오히려 억류되어 오나라로 보내졌다. 그는 오나라에 도착한 후 바로 달아나 지방을 떠돌았다. 유비가 죽자 제갈량은 사신을 보내 장예를 돌려 달라고 했다. 그래서 손권은 다시 장예를 찾아 보냈으나 인물이 내심 아까웠다. 그래서 다시 잡으려고 했으나 장예는 기를 쓰고 달아났다. 제갈량에 대한 장예의 마음이 그랬고, 돌아온 그를 제갈량은 다시 중하게 썼다. 장예는 가장 가까이서 제갈량을 모신 사람이다. 항상 이렇게 말했다고 한다.

공은 상을 줄 때 멀리 있는 사람을 빼놓지 않고, 벌을 줄 때는 가까운 사람에게 치우치지 않으며, 공로가 없으면 작위를 취하지 못하게 했고, 형벌은 귀함이나 권세에 의지해서 면하지 못하게 했다. 그러기에 현명한 사람이든 어리석은 사람이든 자기 몸을 잊고 명령에 따랐다.

원래 상벌은 제왕의 일이나 제갈량은 후주를 대신해 정사를 돌보았기 때문에 상벌을 주관했다. 제갈량의 용기는 말할 나위도 없지만 그는 사람의 마음을 이렇게 얻었다. 《인물지》는 용맹한 자와 지혜로운 자를 모두 쓸 수 있는 사람이 영웅이라고 했다.

사실 정치적, 경제적, 군사적인 면에서 아무런 기반이 없었던 유비는 인간적인 매력 하나로 가는 곳마다 사람을 얻었다. 그리고 불세출의 정치가 제갈량을 얻었다. 제갈량은 워낙 기반이 없던 유비를 선택했기 때문에 대업을 이룰 수 없었지만, 후대의 평은 역시 최고였다. 유비도 영웅이었고, 제갈량도 영웅이었다. 촉이라는 나라가 선 것은 유비와 제갈량이라는 특출한 영웅들 때문이었다.

조조가 영웅이라지만 유비만큼 출발이 미천하지는 않았다. 조조가 사람을 많이 모았지만 그 대신들은 다 기반이 튼튼한 집안의 사람들이었다. 순욱과 순유는 명문가의 자제들이었고, 가후와 종요鍾繇는 모두 천거된 사람들이었다. 그러나 제갈량은 유비가 스스로 찾아가서 가르침을 청했던 사람이다. 그들의 이야기는 탕왕과 문왕의 고사처럼 아름답다. 영웅이 사라진 시대라고 하지만, 영웅은 무에서 유를 창조할 수 있는 인물들이다. 인재 이론 면에서 유비와 제갈량은 두고두고 살펴볼 만한 사람들이다.

3부

지인의 기술

8

왜 사람을 평가하는 것이 어려운가
접식接識

> 인재를 처음 접했을 때 그 재질과 능력을 식별하는 방법을 설명하면서 흔히 범하는 잘못과 그 원인을 제시한다.

인재를 소중히 해야 한다는 말은 누구나 잘 알고 있다. 또 나름대로 사람 볼 줄 안다는 사람도 많다. 사실 사회생활의 경력이 어느 정도 쌓이면 누구나 자신의 경험치를 근거로 자신만의 사람 보는 안목을 갖게 된다. 그래서 경험이 많은 사람이라면 당연히 사람 보는 안목이 그렇지 않은 사람보다 뛰어날 가능성이 높다. 아마도 많은 실패를 통해서 단련되었기 때문일 것이다.

이렇듯 대부분의 사람들은 사람 보는 일에서 한 번쯤 실패한 경험이 있을 것이다. 공자나 제갈량 같은 사람들도 사람 보는 일에서 어려움을 겪었다. 왜 그런 일들이 벌어질까? 《인물지》의 여덟 번째 장 〈접식〉은 사람들과 접하고 상대를 평가하면서 흔히 범하는 오류와 그 원인을 지적하고 있다.

| 자신의 기준으로 사람을 평가할 때 생기는 오류 |

《인물지》는 이렇게 말한다.

> 사람을 알아보는 일은 대단히 어려운 것인데도, 사람들은 모두 자신
> 이 사람을 잘 알아볼 수 있다고 생각한다. 그러나 다른 사람이 관찰
> 한 내용을 보고는 그가 사람 볼 줄을 모른다고 생각한다. 왜 그럴까?
> 사람들은 자신과 같은 유형인 사람의 장점은 쉽게 알아보지만, 종종
> 자신과 다른 기량을 가진 사람의 장점은 놓쳐버리기 때문이다.

원래 사람은 유유상종한다고 한다. 사람은 누구나 자기와 비슷한 사
람을 좋아하기 마련이다. 사람은 대부분 자신의 성정이나 생각을 기준
으로 다른 사람을 판단하고 호불호好不好를 결정한다. 친구를 사귀는 일
도 그렇고, 인재를 추천하고 등용하는 것도 마찬가지다. 자신과 비슷한
유형의 사람을 좋아하는 것은 인지상정이다. 그래서 사람마다 서로 다
른 인사 스타일이 생겨난다.

제갈량과 손권의 인사

앞서 말한 것처럼 제갈량은 덕재德才를 용인의 준칙으로 삼았다. 제갈량
이 요구한 덕이란 마음을 한漢 왕실의 부흥에 두고 사적인 이해를 염두
에 두지 않는 태도를 말한다. 그래서 그가 요구한 재능도 치국과 천하
를 다투는 재지才智였다. 그래서 그는 덕재를 겸비한 장완蔣琬이나 강유
와 같은 촉한에 충성하고 청렴한 인재를 등용했다. 천하의 10분의 1밖
에 안 되는 촉나라가 10분의 7이나 되는 위나라에 반세기에 걸쳐 대항

할 수 있었던 이유가 여기에 있었다.

하지만 공명은 자신이 명사名士였기 때문에 문사는 편애하는 면이 있었으나 무장은 그렇지 않았다. 《삼국지》〈촉서〉에 보면 그가 문사를 존중한 내용은 많아도 무장을 존중한 내용은 많지 않다.

이는 제갈량이 위연魏延을 대하는 태도에서 명확하게 드러난다. 《삼국지연의》에서는 위연이 반골 기질이 있어 처음부터 제갈량이 싫어했다고 하지만 그것은 소설 속의 꾸며낸 이야기이다. 실제로 위연은 용맹과 지략을 겸비한 인물이었다. 위연은 유비가 형주에 있을 때부터 함께 있었고, 익주 공략 때는 종군하여 공을 세웠다.

이에 유비가 한중왕漢中王을 칭하고, 위연을 한중태수로 발탁한다. 대부분의 사람들은 연륜 있는 장비가 한중을 맡을 것으로 예상했는데, 당시 별로 이름이 없었던 위연이 자리에 올랐으니 뒷말이 없을 수 없었다. 유비는 이런 여론을 무마시키기 위해 공개석상에서 위연에게, "그대가 지금 맡은 중임을 어떻게 해낼 것이오?" 하고 묻자, 위연은 당당하게 말한다.

"조조가 천하를 일으켜 쳐들어온다면 왕을 위해 그를 막을 것이고, 장수가 10만 군대로 쳐들어온다면 왕을 위해 그들을 섬멸할 것입니다."

유비의 생각대로 그 자리에 있던 군신들은 위연의 기백에 감명받아 이후 별다른 뒷말을 하지 않았다고 한다. 유비에게 등용된 후 위연은 뛰어난 군사적 재능으로 승진에 승진을 거듭했고, 제갈량의 북벌에도 종군하여 큰 공을 세운다.

하지만 위연에 대한 제갈량의 생각은 조금 달랐던 듯하다. 위연은 북벌 시 무능한 하후무夏侯楙가 장안의 수비를 맡게 되었다는 사실을 알고 제갈량에게 자오곡子午谷을 통해 장안을 침공하자는 대담한 계책을 낸다.

역사에 가정이란 없지만 만일 제갈량이 위연의 계책을 채택하여 장안을 취했다면 삼국의 역사는 달라졌을지도 모른다. 하지만 제갈량은 이를 위험한 계책이라 하여 받아들이지 않았다. 그래서 위연은 제갈량을 겁쟁이라고 말하며 자신의 능력을 펼치지 못한 것을 한탄한다.

그렇다면 제갈량과 위연 사이에는 어떤 문제가 있었을까?《인물지》의 관점으로 볼 때 제갈량과 위연은 서로 성격이 맞지 않았다고 할 수 있다. 제갈량은 신중하기로 소문난 사람이다. 그리고 덕 있는 사람을 좋아했다. 일견 오만하고 모험적인 계략을 좋아하는 위연이 그런 제갈량의 눈에는 항상 불안했을 것이다. 반면 위연도 자신의 용맹만을 믿고 긍지가 높아 주위 사람들과 조화하지 못했다. 위연도 편재였다. 이는 제갈량으로 하여금 위연에 대해 마음을 놓지 못하도록 했고 결국 위연이 낸 계책을 진심으로 고려하지 않게 했다. 이런 제갈량의 덕재 중심의 용인책이 "촉나라에는 대장이 없어 요화가 선봉을 맡았다"라는 말이 나오게 된 연유다.

반면 손권은 제갈량과 달리 장수들을 존중하고 문인들을 경시했다. 장수들에 대한 그의 태도는 지극해서 설사 그들이 잘못해도 추궁하지 않았다. 감녕甘寧은 사람됨이 거칠어 자주 군령을 위반했으나 용서해 주었다. 반면 손권이 죽이거나 추방한 사람은 모두 덕재를 겸비한 사람들로 왕에게 감히 간언할 수 있는 사람들이었다.

특히 말년에 이런 경향이 심해졌는데, 이는 결국 오나라에 나라를 편안하게 잘 다스릴 수 있는 신하가 부족한 원인을 제공했다. 손권이 죽자 덕재를 갖춘 인재가 부족한 오나라는 왕위 계승에 따른 궁중 암투와 내분으로 결국 쇠퇴 일로를 걷는다. 이는 촉나라의 유선이 무려 41년 동안 무탈하게 보좌에 있을 수 있었던 것과 사뭇 대조된다.

흔히 '사심 없이 인재를 추천하고 능력이 있으면 쓴다'는 용인 관련 원론들은 누구나 기억하지만 그것이 말처럼 쉽지는 않다. 왜냐하면 사람이 사심이 없기는 힘들고, 설사 사심이 없다고 하더라도 사람마다 능력을 보는 관점도 서로 다르기 때문이다.

예를 들면, 싸움을 잘하는 사람은 싸움을 잘하는 사람이 능력 있다고 생각하고, 공부를 잘하는 사람은 공부 잘하는 사람을 능력 있다고 생각한다. 또 덕치를 주장하는 사람은 법치에 능한 사람을 경시하고, 법치를 주장하는 사람은 덕치에 능한 사람을 경시한다. 이들은 아무리 오래 만나도 자신의 관점만을 가지고 상대를 평가하기 때문에 상대의 장점을 알아보지 못한다.

《인물지》는 한 가지 재능에 치우친 편재가 사람을 알아보는 데 실패하는 원인을 다음과 같이 설명하고 있다(자세한 내용은 해석 참조).

청절지인淸節之人은 정직을 사람을 판단하는 척도로 삼는다. 그러므로 여러 재능을 관찰함에 본성과 행동의 한결같음은 식별할 수 있으나, 법가와 술가의 기이한 말은 의혹을 가지고 신뢰하지 않는다.

법제지인法制之人은 원칙과 법도를 사람을 판단하는 척도로 삼는다. 그래서 임기응변의 술수는 귀하게 여기지 않는다.

술모지인術謀之人은 지략과 계책을 사람을 판단하는 척도로 삼는다. 그래서 법을 준수하는 선량함은 알아주지 않는다.

기능지인器能之人은 판별하고 통솔(관리·감독)하는 능력을 판단의 척도로 삼는다. 그러나 제도의 근본 원칙은 알지 못한다.

지의지인智意之人은 남의 속뜻을 헤아리는 능력을 판단의 척도로 삼는다. 그래서 계략은 높이 사지만 예법과 교화의 일관됨은 귀하게 여기지 않는다.

기량지인伎倆之人은 공업을 이루는 능력을 판단의 척도로 삼는다. 그러니 도덕으로 교화하는 일은 이해하지 못한다.

장비지인臧否之人은 사찰 능력으로 사람을 판단한다. 그러니 호방하고 예법에 구속되지 않는 다른 차원은 이해하지 못한다.

언어지인言語之人은 논리적으로 판단하고 분석하는 능력으로 사람을 판단한다. 그러니 속에 품어 감추고 있는 말로 드러나지 않는 아름다움은 알아주지 않는다.

이와 같이 한 종류의 재능을 가진 대부분의 편재들은 자신의 기준만으로 상대를 보는 실수를 하기 쉽다. 이런 사람들은 자신과 같은 유형의 사람들에 대해서는 서로 칭찬하고 추천하지만, 그렇지 않은 상대에 대해서는 상대의 장점이 무엇인지 알려고 하지 않는다. 그래서 사람을 보고 평가할 때 기준이 편협한 사람은 자칫 자신과 다른 유형의 인재를 알아보지 못할 수 있다. 바로 눈앞에 인재가 있어도 알아보지 못하고 능력을 의심한다.

명재상의 실수, 적인걸

적인걸狄仁傑은 당나라 최초의 여 황제 측천무후則天武后 대의 명재상이다. 측천무후는 권력을 장악하여 황제로 등극하기까지 행한 음모와 공포정치로 세인들에게는 좋지 않은 이미지를 주고 있지만, 그녀가 황제가 된 후 행한 여러 정책들은 당 태종이 다스리던 '정관의 치'에 버금간다는 평가를 받아 '무주의 치武周之治'라고 불린다. 적인걸은 재상으로서 '무주의 치'를 실질적으로 이끈 인물이다. 그리고 장간지張柬之, 환언범桓彦范, 요숭

姚崇 등 새로운 인재들을 추천해 당나라가 계속 전성기를 누릴 수 있는 기반을 마련했다. 하지만 그런 그도 사람을 몰라본 적이 있다.

측천무후 시대 때 루사덕婁師德이라는 신하가 있었다. 그는 40여 년간 지금의 감숙성 지방의 관리로 있으면서 백성과 소수민족을 잘 다스린 사람이다. 그런 루사덕을 적인걸은 수차례 변방으로 보내라고 측천에게 청하자, 측천이 적인걸에게 "루사덕은 현명한 사람이오?"라고 묻는다.

"장군으로서 능히 변방을 엄중히 지킬 수는 있으나 현명한지는 모르 겠습니다."

"루사덕은 인재를 잘 알아보는가?"

"신은 일찍부터 그와 동료였으나, 그가 인재를 잘 알아본다는 말은 듣지 못했습니다."

그러자 측천은 "짐이 경을 알게 된 것은 루사덕이 경을 추천했기 때문이다. 그렇다면 루사덕도 인재를 잘 식별하는 사람이다"라고 한다.

적인걸은 이 말을 듣고 "루사덕은 성대한 덕이 있었고, 내가 그에게 포용된 지가 오래되었구나! 나는 그의 범주를 넘볼 수 없다"라고 탄식 했다고 한다.

적인걸도 문사인 자신의 기준으로만 루사덕을 보았다. 그러니 그의 재능을 단지 변방을 지키는 일에만 있는 줄 알았다. 이처럼 인재의 진면 목을 알아보는 일은 쉽지 않다. 면밀하게 살피지 않으면 인재를 놓칠 수 있다.

인사권자가 어떤 사람이냐에 따라 인재가 등용될 수도 있고 안 될 수 도 있다. 또 등용된다 하더라도 작게 쓰일 수도 있다. 그래서 인사권자 의 넓은 안목이 중요하다.

| 인재가 인재를 알아본다 |

그렇다면 인재를 제대로 알아볼 수 있는 사람은 어떤 능력을 가진 사람인가? 《인물지》는 다음과 같이 말한다.

> 어떻게 겸재兼材인지 편재偏材인지를 알아 더불어 말을 할 것인가? 그 사람됨이 상대가 말하고 행하는 바를 잘 헤아려서(상대의 부류를 헤아려서), 그 사람의 장점을 드러내고 아울러 합당한 명칭까지 부여한다면 이 사람은 겸재다. 만약 자신의 장점을 늘어놓고 상대가 칭찬해 주기를 바라고, 상대의 장점에 대해서는 알고자 하지 않는다면 이 사람은 편재다.

사람을 알아보는 능력을 보면 그 사람이 겸재인지 편재인지 알 수 있다고 한다. 즉, 여러 재질을 겸비한 겸재만이 인재를 올바로 알아볼 수 있다는 이야기다. 하지만 모든 인사권자가 여러 재능에 통달한 사람이 아닐진대 어떻게 실수하지 않고 인재를 알아보고 등용할 것인가? 앞서 우리는 군주의 덕목 중 하나가 신하들의 말을 잘 듣는 것이라고 이야기했다. 인재 추천의 경우도 마찬가지다. 인재가 인재를 추천하기 때문이다.

《전국책戰國策》에 다음과 같은 이야기가 나온다.

제齊나라 선왕宣王이 신하들에게 유능한 인재를 추천하라고 하자, 대부 순우곤淳于곤이 하루 사이에 무려 일곱 명이나 추천한다. 그러자 왕이 놀라 "어찌 하루 만에 일곱 명의 현자를 추천할 수가 있소"라고 묻자 순우곤이 답한다.

새들은 같은 종류끼리 모이고 짐승들도 같은 종류끼리 함께 삽니다. 좋은 약재를 연못에서 찾는다면 평생 한 뿌리도 구하지 못하겠지만, 큰 산에서 찾는다면 얼마든지 쉽게 찾을 수 있을 것입니다. 무릇 사물은 같은 종류끼리 모이는 법인데, 신은 현자들과 늘 함께 생활하기 때문에 제가 그들을 찾는 일은 강에서 물을 긷고 부싯돌로 불을 일으키는 것처럼 쉬운 일입니다.

역사상 리더로서 업을 이룬 사람들은 모두 인재를 알아보는 능력도 뛰어났지만, 인재를 추천하는 사람의 말을 들어주는 능력도 뛰어났다. 그 인재들이 자신의 입맛에 맞지 않을 경우에도 그랬다.

춘추시대 첫 번째 패업을 달성한 제나라 환공의 위업은 관중이 있었기에 가능한 것이었다. 관중은 누구인가? 바로 관포지교의 그 관중이다. 원래 관중과 포숙은 어렸을 때부터 친구였으나 정치적으로는 다른 길을 갔다. 기원전 785년 제나라 양공襄公이 피살되자 공자 소백小白과 규糾는 서로 군주가 되기 위해 다투었다. 그때 포숙은 소백을 보좌하고 관중은 규를 보좌했다. 규는 관중에게 군대를 인솔하여 소백과 싸우게 했는데 관중이 활을 쏘아 소백의 허리띠를 맞힌 적이 있었다. 하지만 공자 규는 임금 자리를 놓고 싸운 싸움에서 지고 만다. 결국 소백이 왕으로 등극하니 그가 바로 제 환공이다. 이제 왕위에 올랐으니 정적을 숙청하는 것은 당연하다. 관중이 붙잡혀 옥에 갇혀 있을 때 제 환공은 관중을 죽이고 포숙을 재상으로 임명하려 했으나 포숙이 이렇게 말한다.

저는 다행히도 임금을 섬기게 되었는데 임금께서 마침내 즉위하셨습니다. 임금께서는 이미 높이 되시어 저로서는 더 높여 드릴 수가 없습니다. 임금께서 장차 제나라를 다스리시려고 한다면야 고혜高傒와 저 포숙아로 충분할 것입니다. 그렇지만 이제 패왕이 되려고 하신다면 관중 없이는 안 됩니다. 관중이 사는 나라는 그 위세가 커지게 될 것 이니, 그를 놓치면 안 됩니다.

환공은 포숙의 말을 따르기로 하고 옛 정적인 관중을 두터이 예우하 여 정치를 맡겼다. 관중은 40년 동안 재상 자리에 있으면서 정치, 경제, 군사 등 모든 방면에서 개혁을 단행하여 제 환공이 춘추시대 첫 번째 패 자의 지위에 오르는 데 결정적 역할을 하게 된다. 반면 포숙아는 관중을 추천하고 자신은 그 아랫자리에 앉으니 세상 사람들은 관중의 현명함 을 칭송하기보다는 사람 보는 눈을 가진 포숙을 더 칭송했다. 그래서 관중도 "나를 나아 준 이는 부모이지만 나를 알아준 이는 포숙이다"라 고 말한 것이다.

이처럼 친구의 재능을 알아보고 그를 추천한 포숙도 훌륭하지만 한 때 자신을 죽이려고 했던 정적을 신하의 추천을 믿고 등용한 환공도 대 단한 인물이다. 그래서 '비록 적이라도 재능이 있으면 쓴다'는 인재 등 용의 원칙은 파당을 나누고 작은 원한에 연연하여 서로 음해하고 배척 하는 오늘날의 인재 등용의 풍토에도 시사하는 바가 크다.

| 편재의 문제는 사람을 알려고 하지 않는 것이다 |

이렇듯 뛰어난 인재들은 인재를 알아본다. 선수는 선수를 알아보는 것 이다. 반면 편재들은 그렇지 않다. 이들 편재들은 '자신의 장점을 늘어놓고 상대가 칭찬해 주기를 바라고, 상대의 장점에 대해서는 알고자 하지 않는' 사람들이다. 《인물지》도 이들 편재가 흔히 범하는 인물 감식의 오류를 다음과 같이 이야기한다. 혹시 독자들도 동료나 상사, 혹은 부하를 이런 식으로 평가한 적이 없는지 생각해 보라.

> 여러 번 강조해서 정직한 처사를 이야기하면, 장점을 과대 포장한다고 생각한다.
> 조용히 들으면서 아무 말도 하지 않으면, 생각이 없어 아무것도 모른다고 생각한다.
> 웅변조로 높은 이치를 말하면, 불손하다고 여긴다.
> 겸손해 하면서 계속 양보만 하면, 견식이 천박하고 비루하다고 생각한다.
> 말하는 중에 한 가지 장점만 칭찬하면, 견식이 넓지 않다고 생각한다.
> 사례를 들어 여러 기묘한 계책을 내놓으면, 복잡하다고 생각한다.
> 상대의 뜻을 미리 알아 이야기하면, 자신의 좋은 생각을 훔친 것으로 생각한다.
> 상대의 말을 잘못 들어서 반박하여 물어보면, 오히려 이해하지 못했다고 생각한다.
> 상반된 관점을 조목조목 이야기하면, 자기와 겨루려 한다고 생각한다.
> 박식하게 잡다하고 기이한 일을 말하면, 요점이 없다고 생각한다.

상대를 올바로 알려고 하지 않고 자신의 관점으로만 상대를 보려 하는 것이 편재의 문제다. 이렇게 상대를 알려고 하지 않으면 점차 상대를 의심하게 되고, 결국 돌아서 서로 비난하게 된다고 《인물지》는 이야기한다. 조직 구성원 간에 이런 상호 불신과 상호 비난이 생기면 그 조직은 오래가기 힘들다. 특히 인사를 담당하는 위치에 있는 사람이 이런 편견을 가지고 있는 경우에는 말할 것도 없다. 뒤에 우리가 살펴볼 단명한 대부분의 나라들이 바로 그랬다.

그런데 여기서 한 가지 주의할 점이 있다. 인간의 마음에는 질투심이라는 독약이 있다. 이것이 좋은 측면으로 작용하면 선의의 경쟁으로 발전하지만 동일한 파이를 놓고 경쟁할 때는 꼭 그렇지는 않은가 보다.

앞서 말한 전국시대의 손빈과 방연은 동창이었지만 방연은 손빈의 재능을 시기하여 그를 모함에 빠뜨리고 사지를 잘라버린다. 이사도 동문수학한 한비자가 진왕에게 등용될 경우 자신의 자리가 없어질 것을 두려워하여 한비자를 참언하여 죽인다. 원래 자신보다 뛰어난 인재를 시기하여 앞길을 막는 사람들이 종종 있다. 방연이나 이사처럼 재능이 뛰어난 사람도 결국 질투심이라는 독배를 거부하지 못했다. 이들의 경우에는 상대의 능력을 알아보았기 때문에 오히려 상대를 모함했다.

아무튼 상대를 제대로 이해하지 못하고, 단지 같은 유형의 사람과 서로 칭찬하며 천거하는 것은 사실 인지상정이다. 하지만 인사란 인지상정을 벗어나도 문제가 되지만, 인지상정을 그대로 적용해도 앞에서와 같은 오류에 봉착하게 된다. 그래서 인사는 '성인'의 일이라 했다.

위진남북조시대
편협한 인재 풀의 시대

| 물과 기름이 대치하던 시대 |

알다시피 사마씨가 조씨의 위나라를 빼앗으면서 진晉나라가 성립한다. 그러나 얼마 지나지 않아 황족 여덟 명이 가담한 '8왕의 난'이 일어나 진 나라는 공중분해된다. 이때부터 중국사에는 매우 특이한 현상이 벌어진 다. 난을 일으킨 사람들이 저마다 군사력을 확보하기 위해 흉노나 선비 등의 이민족들을 끌어들인 것이다. 그러나 이들 용병들은 화북으로 들 어오자 서서히 독자 세력을 구축하여 이른바 '5호16국시대'라는 대혼란 기를 연출한다.

그렇다면 남쪽에서는 어떤 일이 벌어졌나? 진나라는 망했지만 진의 일족들 일부가 남쪽으로 내려가 예전에 손권이 차지했던 땅에 동진東晉 을 세운다(317년). 그래서 남쪽에는 한족의 정권, 북쪽은 호족胡族의 정권 이 들어서 서로 대치하는 상황이 연출되었다.

그런데 북방의 호족 정권, 즉 이민족들이 세운 나라들의 상황은 어떻게 되었을까? 가만히 이 열여섯 나라들을 살펴보니 왕조 평균 수명이 30년도 되지 않는다. 그야말로 하루살이 같은 왕조들이 명멸했던 셈이다. 결국 북위北魏가 혼란기를 마감하며 북방을 장악하고 남쪽의 한족 왕조들과 대치하니, 이른바 남북조시대라는 그나마 안정된 시기가 시작된다.

인재를 살펴볼 때 이 시기는 매우 중요한 의미가 있다. 인재들의 종족이 바뀌기 때문이다.

5호16국 시절 화북 각 나라의 인사는 한마디로 포악 그 자체였다. 군인들의 안목은 대개 고만고만했고, 권력을 얻은 이들은 인사를 지극히 자의적으로 행했다. 그러니 하나의 왕조가 십수 년 만에 망하는 것도 당연지사였다. 또 북방의 유목민족이 농경민족인 한족을 어떻게 다스릴 것인가 하는 것도 골칫거리였다. 인구의 다수를 차지하는 한족 인재를 제대로 쓸 준비는 안 되었고, 호족의 군대로 한족을 강압적으로 다스리는 것은 더 어려웠다. 이 문제를 그나마 해결하면서 북방을 평정한 나라가 선비족鮮卑族의 북위 정권이다.

그렇다면 남쪽은 어땠을까? 남쪽으로 내려온 한족 문사들은 북쪽이 그리웠다. 그러나 돌아갈 힘이 없었다. 동진 조정의 파행과 실패는 훗날 금金나라에 밀려 남쪽으로 쫓겨난 송宋나라의 모습을 사전에 보여주었다. 한마디로 역부족이었다. 이 역부족 상황에서의 남쪽 왕조들의 인사 역시 고찰의 대상이다.

이 시기에는 손권의 동오 때부터 남방에 자리를 잡은 거족들과 북방에서 이주한 거족들의 싸움도 치열해진다. 이른바 밥그릇 싸움이 시작된 것이다. 박힌 돌과 굴러온 돌의 싸움은 유능한 인재를 등용하는 데 커다란 장애로 작용했다. 이들은 밥그릇 싸움에서 나눠 먹기식 해법을 고안하는데, 바로 문벌끼리 추천하고 자기들끼리 중요한 자리를 차지하는 것이었다. 흔히 위진남북조시대의 남조를 문벌 귀족 사회라고 부른다. 이 문벌들은 대토지를 소유하고 농민들을 소작농으로 전락시켰다. 그러니 포의抱義의 선비들은 등용의 길이 막혀 버린 것이다.

이렇게 인재의 풀pool이 작아지자 자신이 좋아하는 사람, 자신과 비슷한 부류에게 자리를 주는 것은 당연지사였다. 남북이 공히 이런 상황이었다. 그러니 이 시기 인재 등용을 보면, 《인물지》에서 말한 자기와 유사한 인재들만 등용하면서 생기는 문제들을 여실히 볼 수 있다. 그리고 또 인재가 아닌 사람이 인사권자(군주)가 되면 어떤 일이 벌어지는지도 적나라하게 목도할 수 있다. 난세에 한자리를 차지한 사람들은 자신과 다른 사람은 무조건 배척하는 경향이 있다. 이들의 인사는 전형적인 편재들의 잔치였다. 여기에 민족 간의 갈등, 토착민과 이주민의 갈등이 더해져서 전국시대보다 더 무서운 시절이 도래했다.

물론 이 난세에도 인재들은 드러났고, 인재를 알아보고 쓴 나라는 역시 흥했다. 그래서 인사권자가 가장 경계하고 두려워해야 할 잘못은 인재의 풀을 스스로 작게 만드는 일이다. 인재의 풀이 작아지면 비슷한 부류의 인재들만 쓰이게 되고, 이렇게 편재들이 판을 치면 큰 배는 기울기 시작한다.

| 용기는 있으나 덕이 없는 자를 믿은 결과: 석륵 |

북방 16국은 강한 나라와 약한 나라가 섞여 있었다. 그중 후조後趙를 세워 스스로 황제를 칭하고 일약 북방의 최강자가 된 석륵石勒이라는 걸출한 영웅이 있다.

석륵은 갈족羯族 출신이다. 갈족은 원래 중국의 하서회랑河西回廊에 있던 월지족의 후손이다. 대체로 월지족은 백인으로 보는데, 이들은 흉노에게 격파된 후 주변 민족들에게 흡수되기도 하고 서쪽으로 떠나기도 했다. 석륵의 조상들은 산서성으로 이주한 갈족 부족장들이었다.

그런데 이 석륵이 '인물'이었다. 유목민답게 말과 활을 잘 썼고, 또 자기 부족 사람들의 아낌을 받았다. 석륵의 비범함을 본 서진西晉의 대신이 그를 죽이려 했지만 잡지 못했다는 이야기가 《진서晉書》에 나오는 것을 보면, 석륵은 외양도 비범하기도 했지만 스스로 업을 일으킬 배포도 있었던 것 같다.

석륵이 젊었을 때, 산서 지방에 기근이 들자 자사 사마등司馬騰은 유랑하는 호족胡族들을 잡아 노예로 팔았다. 그때 약관의 나이였던 석륵도 노예로 팔려갔다고 한다. 그런데 석륵을 산 사람은 곧장 이 인물이 보통내기가 아니라는 것을 직감했다. 호랑이 같은 노예를 부릴 수는 없지 않은가? 그래서 짐짓 은혜를 베풀어 석륵을 놓아준다.

우리에서 탈출한 호랑이는 옛 친구들을 모아 계를 만든다. 겨우 열몇 명에 불과했지만 생사를 같이할 전우들을 만든 것이다. 당시 8왕의 난 때 석륵은 화북에서 반기를 든 공사번公師藩의 막하로 들어가 군공을 세운다. 그러나 공사번이 패하자 그는 유연劉淵에게 몸을 맡긴다. 유연은 바로 전조前趙를 세운 광문제光文帝다. 유연 휘하에서 석륵은 성장을 거듭하여 기주의 100여 성을 함락시키고, 10만의 군대를 이끄는 대장으로 성장한다.

그런데 석륵은 여기에 머물지 않았다. 즉시 인재를 모으는데 사람들이 몰려들어 '군자영君子營'을 이루었다고 한다. 그 군자들이란 대다수 한족들이었다. 그 군자 가운데 장빈張賓이라는 사람이 있었다. 장빈은 스스로 "실력은 장자방에 뒤지지 않지만 다만 고조를 못 만났을 뿐이다"라고 말했던 사람이다. 그런 그가 여러 인물들을 관찰하다가 석륵을 택한다. 석륵은 그를 보자 단번에 반해 모사로 쓴다. 장빈을 얻은 후 석륵은 자신의 용기에 장빈의 지혜를 더하게 된다. 석륵은 과연 인재를 알아보는 영웅이었다. 장빈은 석륵에게 장차 독립을 권한다.

장빈을 얻은 석륵은 자신의 근거지를 만든 후 학교를 세워 인재를 양성한다. 그는 호족이 하북을 통치하는 데 한족 지식인들이 필요하다는 것을 간파하고 있었다. 그 자신은 글을 몰랐지만, 항상 글을 아는 사람들을 옆에 두고 책을 소리 내어 읽게 했는데, 글의 서두만 들으면 결과를 알 정도로 영민했다. 그러니 안정된 인재의 풀을 만든 후조後趙가 강해지는 것은 시간 문제였다. 그는 전조를 멸망시키고 스스로 황제를 칭한다.

이렇게 보면 석륵은 매우 입지전적인 인물이다. 한족에게 잡혀서 노예 생활까지 했지만 그는 한족 지식인들을 등용하고 학교를 세워 인재들을 키웠다. 또 사서를 읽으면서 한족의 문화에서도 배울 것은 배웠다.

그가 장빈을 어떻게 여겼는지는 《진서》에 잘 나와 있다. 장빈이 법도를 중시하자 석륵은 매번 조회 때 마다 옷매무새를 고쳤고, 감히 이름을 부르지 않고 우후右候라고 불렀다.

일단 장빈을 얻은 후 석륵은 더욱 인재의 중요성을 느꼈다. 그래서 장수들에게 이런 명을 내린다.

"이제부터 적을 이기면 선비는 죽이지 말고 반드시 산 채로 잡아와라."

또 상황에 따라서는 자신의 기호까지 포기할 정도였다. 당시 전란이 그치지 않아 양식이 부족하자 왕실에서는 일체 발효시킨 술을 쓰지 않았다. 술을 빚으려면 양식을 많이 소모해야 했기 때문이다. 이렇게 보면 석륵은 어떤 한족 임금보다 개인적인 기량이 나은 사람이었다.

그러나 최고의 모사 장빈은 명이 짧아 석륵보다 먼저 죽는다. 그러자 석륵은 이렇게 울부짖었다.

"하늘이 내게 대업을 이루게 하지 않으시려는가? 어찌 나의 우후를 이렇게 빨리 앗아 간단 말인가?"

그리고 장빈의 후임과 이야기를 하다가 막히면 또 눈물을 비 오듯 흘렸다.

"우후가 나를 버렸다. 어찌 이렇게 혹독한가?"

장빈이 살아 있었다면 아마 석륵의 후대는 더 길었을 것이다. 그러나 이 영웅이 지도자의 기준으로 보는 것은 용기였다. 지도자란 용기가 있어야 하고, 지혜 있는 사람은 등용해 쓰면 된다고 생각했다. 그 자신이 수많은 전쟁을 통해 성장한 인물이어서 용기를 가장 귀하게 여겼던 것이다.

그의 조카 석호石虎는 극도로 잔인한 자였다. 석륵도 처음에는 그 성품 때문에 죽일까 고민했다. 그러나 석호는 잔인한 만큼 용맹했다. 성을 공격할 때는 목숨 따위는 아랑곳하지 않았다. 일단 이기면 적들을 모두 도륙해 버렸다. 그와 맞선다는 것은 실로 두려운 일이었다. 석륵은 그런 석호의 용기를 높이 샀다.

반면 석륵의 아들 석홍石弘은 인자하고 독서를 즐겼지만 무재가 없었다. 아버지가 일부러 사람을 써서 무예를 가르쳐도 성정이 바뀌지 않았다. 당시 석호는 중산왕이었는데 한족 신하들은 이구동성으로 간했다.

"중산왕은 군권을 잡고 있고 성정이 포학합니다. 폐하께서 돌아가시면 나라를 해칠 사람입니다. 빨리 손을 써야 합니다."

그러나 석륵은 석호를 버리지 못한다. 석륵은 계속 권하는 신하 서광徐光에게 이렇게 대답한다.

"지금 천하에 전쟁이 끊이지 않는데, 석홍을 보필할 강한 인물이 필요하오. 정 걱정이 되면 중산왕을 그대 아래 작위로 두면 되지 않겠소?"

하지만 석륵이 죽자 석호는 결국 석홍을 죽이고 황제가 된다. 사서에 나오는 석호의 행동은 차마 입에 담기 어려울 정도로 잔인하다. 나라의 미녀 3만 명을 뽑아 궁녀로 삼았는데, 처녀들이 모자라자 관리들이 유부녀로 그 수를 채웠다고 한다. 전쟁을 일으키는 것을 낙으로 삼았고, 여자들을 범한 후 삶아서 술안주로 먹었다고 한다. 그의 아들 석수石邃도 만만치 않은 인간으로 아버지(석호)를 살해하려 했고, 아버지는 보복으로 아들의 일족을 다 죽여버린다. 황태자로 삼은 석선石宣이 형제 석도石韜를 죽이자, 이에 분개한 석호는 석선의 눈을 뽑고 산 채로 불에 던졌다고 한다. 그도 모자라 그 일족 300명을 도륙하기까지 했다. 인간사가 파란만장하다 해도 이런 인간들은 쉽게 찾아보기 힘들 것이다.

그렇다면 무엇이 문제였던가? 석륵은 뛰어난 영웅이었지만 용맹으로 일어선 까닭에 용맹을 지나치게 아꼈다. 석호는 석륵과 달리 지혜는 없고 힘만 있는 인간으로 용맹이 곧 잔혹함으로 바뀐 것이다. 석륵 같은 영웅도 자신의 경험에만 의지해 사람을 판단하여 이런 결과를 초래한 것이다. 비극은 여기서 끝나지 않는다. 석호의 자식들이 서로 죽이고 싸우는 동안 한족인 염민冉閔이 권력을 찬탈하고는 호족胡族들을 모두 죽여 씨를 말리라고 명한다. 그때 코가 크고, 수염이 많은 사람들은 모두 호족으로 몰려 죽음을 당했다고 한다.

사람은 자신만의 눈으로 인재를 판단하지만, 만약 그 판단이 틀리면 대가가 너무 참혹하다. 《인물지》에서 말하는 것처럼 인재를 알아보면서 가장 쉽게 저지르는 실수가 바로 자신의 눈으로만 사람을 보는 것이다. 이렇게 북방은 군인들이 정권을 잡았고, 군주들은 대개 석호의 범주를 크게 벗어나지 못했다. 이 시절에는 석호에 버금가는 군주들이 즐비했다. 군인들의 좁은 안목으로는 인재를 찾으려야 찾을 수가 없었다.

| 자비를 모르는 자에게 자비를 베풀다: 양 무제 |

북쪽에 대비하여 남쪽의 상황을 잠깐 정리해 보자. 북쪽의 혼란기는 북위라는 강대국이 등장해서 정리된다. 그때 남쪽에서는 어떤 일이 벌어졌을까? 420년 동진이 망하고 송宋, 제齊, 양梁, 진陳이 차례로 섰는데 공통된 특징이 있었다. 모두 문약해서 힘으로는 북위의 상대가 되지 않았다는 점이다. 남방 사람들이 천성적으로 유약한 것도 아닌데 이들은 왜 그렇게 허약하게 되었을까? 여러 가지 이유가 있겠지만 엄격한 문벌 제도가 한자리를 차지했다.

우리 역사에서 조선을 한 번 생각해 보자. 글을 익힌 양반이 보통 사람보다 더 뛰어날 까닭도 없는데 평민은 평생 일만 하고 양반이란 자들은 뜯어먹기만 하니 나라가 강해질 수가 없었다. 또 끼리끼리 해 먹다 보면 서로 알력이 생기기 마련이고, 또 기풍이 유약하게 타락해서 외부의 조그만 충격에도 바로 대응할 수 없게 되었다. 조선이 왜란, 호란 동안 그토록 무기력했던 이유 중의 하나는 바로 양반의 무능이었다. 문벌이니 양반이니 하는 부류로 인재의 폭을 제한하면 필연적으로 백성들은 가난해지고, 나라는 약해진다. 남북조시대 남조의 상황이 대체로 그랬다.

당시에 신분이 얼마나 위세를 떨쳤는지 그때 "귀족과 일반인(하급 귀족 포함)은 함께 앉지 않는다[士庶不同席]", "귀족과 일반인은 서로 결혼하지 못한다[士庶不通婚]" 따위의 어이없는 규칙들이 생겨났다. 이들 이른바 귀족들은 좋은 직위는 다 차지하고 그 지위를 유지하기 위해 악착같이 착취했다.

실력에 따라 인재를 등용하는 것은 예부터 황제(인사권자)의 권한이었지만, 이 시대에는 이 원칙도 잘 지켜지지 않았다. 바로 이런 풍토에서 실력은 없으면서도 폼만 잡는 남조의 풍격이 생겨난 것이다. 그러니 북쪽은 난폭한 자들이 망치고, 남쪽은 밖으로는 약하면서 안으로는 착취하는 자들이 망쳤던 것이다. 《인물지》의 관점에서 보면 양자의 인사가 파행을 겪은 것은 넓은 바다에서 다양한 인재를 모으려 하지 않고, 좁은 기반에서 자신과 가까운 유형의 인재들만 등용했기 때문이다.

남조의 네 번째 나라인 양나라의 무제武帝도 역시 영웅이었다. 무제는 양나라의 창시자다. 모든 창시자처럼 그는 무재武才가 있었다. 양나라가 처음 서자 북위는 함부로 내려올 생각을 못했다. 그러나 그의 천성은 극히 부드러웠다. 무제 자신이 대단한 문학가였을 뿐 아니라 음악가였다. 철학적인 그는 독서에 묻혀 살았는데 급기야 불교에 입문한다. 입문한 정도가 아니라 아예 승려가 될 결심까지 했던 모양이다. 그는 채식을 주장했다. 산해진미가 황제의 큰 낙일진대 몸소 채식을 했으니 그 의지 또한 대단하다고 할 수 있다.

그러나 그는 황제가 넘지 않아야 될 선을 넘었다. 누가 뭐래도 황제는 세속의 권력자다. 세속의 황제가 세속을 넘으려 하니 문제가 자못 심각해졌다. 그는 불사에 돈을 퍼부었고, 자비를 원칙으로 세웠다. 그러나 자비는 후경侯景과 같이 항심이 없는 자에게는 애초에 통할 수 없는 법이었다.

후경은 원래 갈족羯族으로, 북방 동위東魏의 장수였지만 상황을 살펴 서위西魏로 투항했다. 이 배신을 밥 먹듯이 하는 자는 다시 자신의 세력을 기반으로 양나라에 붙어 한자리를 할 요량으로 자신이 관할하던 땅을 들고 양나라로 항복한다는 서신을 보낸다.

일부 대신들은 후경을 믿을 수 없다고 반대했다. 상서복야 사거謝擧가 경고의 당부를 했다.

"지금 모처럼 위와 사신이 오가고 변경이 안정되었는데 배신자를 받아들이기는 곤란합니다."

그러자 무제가 말한다.

"그렇기는 하나 후경을 받아들이면 북방이 깨끗해지고, 이런 기회는 쉽게 오는 것이 아닌데 어떻게 버릴 수 있겠는가?"

그리고 무제는 꿈에 북방의 주들이 다투어 땅을 바치는 꿈을 꾸었다는 이야기를 하며 후경을 받아들일 것을 고집한다. 그러고는 동위와의 화친을 끊고 대립하기 시작한다. 《자치통감》이나 《양서梁書》 같은 사서들은 무제가 사람을 잘못 봤다고 이야기하지만, 여기까지 무제의 잘못은 크게 없다. 문벌 귀족들이야 무력을 갖춘 북방 이민족을 반길 까닭이 없다. 그러나 문제는 그 다음에 생긴다.

후경을 받아들인 후 그에게 북방의 방위를 맡겼는데, 그는 동위의 대군에게 패하고 남은 군사 800명만 데리고 겨우 도망친다. 후경이 패하자 양나라의 대신 하경용何敬容은 이렇게 말했다.

"후경이 대패했다면 이것은 오히려 나라의 복이다. 후경은 믿을 수 없는 자라 장차 나라의 화가 될 테니까."

사태를 자세히 파악해 보면 이것은 우스운 말이다. 아무리 후경이 못 미더워도 자기 나라의 군대가 패한 것을 오히려 다행으로 생각하는 대신이 있을 수 있는가? 이것이 남조의 대신이란 사람의 행태였다.

그러면 황제는 어떻게 해야 하는가? 신상필벌을 제대로 하면 된다. 그러나 황제의 행동은 그 반대였다. 후경은 벌을 청했지만 황제는 오히려 그를 남예주목으로 임명하고 자비를 베푼다. 무제 나름대로의 셈이 있었겠지만 이것이 결국은 패착이었다. 그 사이 동위는 계속 양나라와의 관계를 회복하고자 했다. 동위는 후경이 도발해서 양나라를 공격한 것뿐이지 원래 원한은 없다고 주장했다. 동위는 자국을 배신한 후경이 마땅할 리가 없었다. 그러나 화친을 하면 양나라의 포로 소연명蕭淵明과 후경의 남은 가족까지 보내주겠다고 했다.

결국 무제는 화해를 원했고 후경은 불안해졌다. 후경은 양나라가 동위와 우호관계를 맺으면 자신의 존재 가치가 없어질 것이 두려웠다. 그래서 무제의 본심을 떠볼 요량으로 동위에서 보낸 것이라고 속이고, 무제에게 소연명과 후경을 바꾸자는 편지를 쓴다. 무제의 대답은 소연명이 먼저 도착하면 후경을 보낸다는 것이었다. 무제의 본심을 파악한 후경은 결국 난을 일으킨다. 결국 양 무제는 반란을 일으킨 후경에게 잡혀 갇힌 후 한을 품고 죽는다. 그는 이렇게 말했다.

"이것이 다 자업자득이다."

후경이란 자는 과연 잔혹한 자로서 이후 사람 죽이기를 수시로 하다가 강남 백성들의 반란으로 죽음을 맞는다.

자비는 개인의 일이고, 신상필벌은 나라의 일이다. 양 무제는 나름대로 후경을 용서해 주었지만, 그는 배신을 업으로 삼는 사람이었다. 그리고 자비를 베푼 자에게 오히려 역습을 당했으니 얼마나 억울했겠는가?

무제는 문벌들이 자신들의 신분 기준에 의해 사람을 판단한다는 것한 가지는 알았다. 그러니 문벌들의 만류를 물리치고 후경을 받아들였다. 그러나 그 자신도 자신의 기준에 따라 사람을 대하고 있다는 것은 알지 못했다. 후경이 전쟁에 패했을 때, 죽이지는 않더라도 군권은 빼앗았어야 했다. 원칙 없는 자비가 나라를 망친 것이다. 물론 양나라에 후경의 무재를 반만 가진 인재가 있었다고 해도 무제에게 그런 일은 일어나지 않았을 것이다. 나라에 무략을 갖춘 인재가 없으니 후경과 같은 일개 사이비 하나에게 당했던 것이다. 모두 인재 풀이 부족해서 일어난 일이었다.

| 옛 기준으로 지금의 천하를 다스릴 수 없다: 효문제 |

어제는 통하던 방법이 오늘은 안 통하는 일이 수두룩하다. 어제의 기준이 오늘의 기준이 되지 못할 때도 있다. 북위의 효문제孝文帝 탁발굉拓跋宏은 이른바 한화漢化 정책이라는 것을 들고 나왔다. 한화는 한족의 제도를 따른다는 것이다. 한족 지식인들을 등용했다고는 하지만 화북을 통일하고 강남을 압박하며, 또 북으로 유연柔然을 친 것은 다 북위의 지배층인 선비족의 용맹 때문이 아닌가? 그런데 왜 한화를 들고 나온다는 말인가? 용맹한 선비족의 기풍을 버리면 어떻게 인구의 대다수를 차지하는 한족들을 다스릴 수 있단 말인가? 귀족들은 크게 반발했다. 나약한 한족들에게 무엇을 배운단 말인가?

북위는 화북을 완전히 통일한 중국 최초의 이민족 왕조로, 서쪽으로 진출해 실크로드를 복원했다. 소수민족이 다수의 한족을 지배한다는 것은 보통 복잡한 일이 아니다. 북방 16국 중 15국은 호족胡族, 흔히 오랑캐라 불리는 종족들이 세웠는데, 막판에는 항상 한족 농민들이 저항하며 들고일어났다. 그러나 농민들은 국가 생존의 기반이었으므로 마구잡이로 탄압할 수도 없었다.

당시 북위는 초기 선비족 귀족들의 연합 정권에서 농민에 기반을 둔 정주 정권으로 점차 바뀌고 있었다. 그러나 선비족 귀족들은 여전히 자신의 특권과 전통을 고수하고 싶어 했다. 이때 황제의 자리에서 특단의 대책을 가지고 나온 사람이 효문제다. 그는 농부들을 다스리는 데 유목민의 방법을 쓸 수 없다는 것을 알고 있었다. 어차피 한족 농민이 대다수인 장강 북쪽을 통치하고, 또 장기적으로 강남까지 차지하려면 차라리 한족과 똑같이 되자는 것이 효문제의 생각이었다.

그래서 그는 한족 관리들을 전면에 배치해서 개혁을 추진한다. 먼저 옹주자사 백택白澤이 주장한 봉록제를 시행했다. 이는 기존의 귀족들이 봉록을 받는 관리로 바뀌는 것을 의미했다. 물론 저항은 격심했다. 저마다 부족을 다스리며 한자리를 차지하던 귀족들이 가만히 있었겠는가? 그러나 유목 군장 사회에서 조세를 징수하는 농경 국가로 가기 위해서 봉록제는 필수 과제였다.

그 다음은 균전제다. 역시 한인인 이안세李安世가 토지의 겸병을 제한하는 균전제를 주창한다. 귀족들의 토지 겸병을 막고 토지를 농민들에게 돌려주자는 것이었다. 물론 반발은 불을 보듯 뻔했다. 그러나 효문제는 다시 정교한 논리를 들어 이를 돌파한다.

그 다음은 수도를 낙양으로 천도하는 것이었다. 북위의 수도 평성(오늘날의 대동)은 전국시대부터 북방의 흉노를 막기 위해 중시되던 곳이었다. 그곳은 북방으로 진출하고 방어하기에는 매우 좋지만, 좋은 경작지는 아니었다. 물이 부족했으며 곡식을 모두 수레로 날라야 했고, 겨울이 길어서 수확량도 적었다. 이 지역은 지금도 매우 빈곤한 지역이다. 그러나 이 지역이야말로 선비족 귀족들의 근거지였다. 그러니 쉽게 천도에 동의할 리가 없었다. 오로지 형을 이해하던 동생 탁발징拓跋澄만이 이 정책을 지지했다.

그래서 효문제는 천도를 위해 약간의 꾀를 낸다. 바로 남방의 제齊나라를 친다는 구실을 댄 것이다. 그는 남방의 제나라를 친다고 하면서 점을 쳤는데 '혁革'괘가 나왔다. 이는 탕왕과 무왕이 걸·주를 칠 때의 괘이니 이보다 좋을 수가 없었다. 신하들은 정벌을 반대했지만 감히 두려워 말을 하지 못했다. 그러자 탁발징이 이렇게 말한다.

"폐하께서 비록 탕왕과 무왕의 괘를 얻었다고 하지만 꼭 길상은 아닙니다."

효문제는 짐짓 대노하며 말한다.

"사직은 나의 것인데 감히 그대가 막는가!"

탁발징도 맞받았다.

"사직은 폐하의 것이나 신은 폐하의 신하이니 위태로움을 보고도 어찌 말하지 않을 수 있습니까!"

시간이 지난 후 효문제는 탁발징을 몰래 불렀다.

"물론 정벌은 쉽지 않소. 평성(대동)은 전쟁하기 좋은 곳이지 문치하기 좋은 곳은 아니오. 이제 정벌을 빌미로 남쪽으로 천도하려고 하는데 그대의 생각은 어떤가?"

그러자 탁발징이 대답한다.

"궁을 중원에 두고 사해를 경략한 것이 바로 주와 한이 흥성한 이유입니다."

대화는 이어진다.

"그러나 반대가 심하지 않겠는가?"

"이는 보통의 일이 아니니 보통의 사람들이 알 수 있는 바가 아닙니다. 폐하께서 성지를 가지고 결정했는데 저들이 어떻게 하겠습니까?"

이렇게 밀계는 성립했다.

그래서 여름에 기병 30만을 동원하여 남진한다. 때는 장마철이었다. 장마철에 공격을 한다는 것은 매우 어리석은 일이다. 비가 오면 기병도 활도 모두 무용지물이다. 낙양에 이르자 전쟁을 잘 아는 선비족 수령들은 모두 남진을 반대했다. 안정왕 탁발휴는 울면서 남진을 반대했다.

그러자 효문제가 이렇게 말한다.

"이미 수십만 군대가 출정했는데 어떻게 성과도 없이 군대를 돌리겠는가? 그러면 사람들이 우리를 어떻게 생각하겠는가? 남진을 반대한다면 기왕 나섰으니 도읍을 낙양으로 옮기는 게 어떻겠는가?"

그러고는 일사천리로 표결에 부쳐 천도를 결정해 버린다. 효문제는 원래 큰 뜻이 있었다. 그는 귀족들에게 집요하게 "북쪽 땅에 머물러 있으면 우리는 우물 안 개구리로 남을 것이오"라고 설득했다. 낙양 천도는 북위가 명실상부한 화북의 주인이 된다는 것을 의미했다. 평성은 '전쟁을 하기에는 좋은 땅이지만 다스리기에는 좋지 않은 땅'이었기 때문이다.

남북조시대에 남쪽에서 정권이 세 번 바뀔 때 북쪽에서 북위가 건재했던 것은 다 이유가 있었다. 선비족의 강한 군대와 한족의 행정 체제를 결합하고, 한족이든 선비족이든 가리지 않고 인재를 등용하니 대단한 실책이 없었다.

생각해 보면 선비족의 입장에서 봉록제, 균전제, 낙양 천도 등을 어떻게 생각할 수 있겠는가? 이런 정책들은 그들의 전통적인 유목 생활과 너무나 위배되는 것이었다. 그러나 과거의 원칙을 고수하면 새로운 시대로 나아갈 수 없다. 효문제가 이안세 등의 한인 관료들을 등용해 그 의견을 들은 것은 사고의 혁신이 필요한 조직들이 새겨들을 부분이다. 또 의기투합한 형제 탁발징을 몰래 심어 두고 서서히 준비하다가 거사를 행한 것도 보통의 사람들이 할 수 있는 것이 아니다.

북위가 북방의 군소 군벌 국가들과 남방의 유약한 한족 정권들을 압도할 수 있었던 것도 다 이유가 있었다. 흰 고양이든 검은 고양이든 쥐만 잡으면 되는 것이 아닌가?

9

인재를 감별하는 여덟 가지 방법은 무엇인가
팔관八觀

인재를 관찰하여 감별하는 여덟 가지 방법을 체계적으로 설명한다.

《인물지》의 아홉 번째 장 〈팔관〉은 인재를 감별하는 여덟 가지 방법을 소개하는 장이다. 이제부터 본격적으로 인재 감식과 관련한 구체적인 기술을 알아보는 내용이 시작된다. 여덟 가지 관찰법이란 뜻의 팔관은 이전부터 여러 책에서 전해 오던 인물 감식 방법을 종합 정리한 것으로 원문의 내용도 비교적 이해하기 쉽다.

사실 말과 행동은 다를 수 있고, 또 말이나 행동은 그 속마음과 다를 수 있다. 인재를 감식한다는 것은 훌륭한 인재를 선발하기 위한 것이기도 하지만 사이비 인재, 즉 가짜 인재를 골라내기 위한 것이기도 하다. 사람은 원래 꾸밈이 있고, 상황에 따라 정情도 변한다. 그렇기 때문에 꾸밈과 변하는 정을 파악하기 위해서는 단순히 외부로 드러난 모습이 아닌 다면적인 관찰이 필요하다.

| 말과 행위의 이면을 살펴 이중인격자를 알아내는 법 |

《인물지》가 이야기하는 첫 번째 방법이다.

'탈奪'과 '구救'를 관찰하여, 여러 성정이 뒤섞여 있는 것을 명확하게 밝혀내는 것이다[觀其奪救, 以明間雜].

여기서 '탈奪'이란 '부정적인 성정이 올바른 성정을 침해하여 어지럽히는 것[惡情奪正]'이고, '구救'는 '양호한 성정이 부정적인 성정을 보완하는 것[善情救惡]'을 말한다. '간잡間雜'이란 성정의 좋은 면과 나쁜 면이 복잡하게 뒤섞인 사람을 말한다. 이 방법은 간잡, 즉 이중인격자를 식별하기 위한 방법이다. 즉, 인간 성정의 양면성, 혹은 복잡성을 이해하고 그 사람의 말과 행위의 이면을 잘 살펴 그 사람이 본래 어떤 사람인지를 알기 위한 것이다.

먼저 좋지 않은 성정이 올바른 성정을 침해하는 경우를 살펴보자. 만일 어떤 사람이 불쌍한 사람을 보고 눈물을 흘린다고 하자. 이를 보고 '아, 저 사람은 인정이 많은 사람이구나!'라고 생각할 수 있지만, 만약 누군가가 "불쌍한 사람을 도와주게 가진 것 좀 나눕시다"라고 할 때 인색해지는 사람은 인정이 많은 사람이라 할 수 없다. 이런 경우를 "마음 속에 있던 인색함이 자애로운 마음을 침탈했다"라고 한다.

또 위급한 상황을 보고 도와주려는 마음이 생기지만 막상 나아가 도와주려 할 때 두려움과 걱정 때문에 아무것도 못 하는 사람은, 손해에 대한 두려움이 어진 마음을 침탈했기 때문에 겉으로는 어진 듯하나 실제로는 도와주려는 마음이 없는 사람이다. 또 잘못된 행위를 보면 엄정한 듯하여도 그것이 자신의 이익과 관련될 때 마음이 흔들리면 이 또한 욕심이 엄정함을 침탈한 경우로 반드시 강직하다고 말할 수 없다.

《논어》〈공야장公冶長〉에서 공자가 "나는 아직 강직한 자를 보지 못했다"고 하자, 어떤 사람이 "신장申棖이 있지 않습니까?"라고 답하는 내용이 나온다. 그러자 공자는 "신장은 욕심이 앞서는 사람이니 어찌 그를 강직하다 하리오?"라고 말한 것이 바로 이 경우라 할 수 있다.

《인물지》도 이와 같이 "인자하지 않은 기질이 우세하면 재주와 힘은 자신을 해치는 도구가 되고, 탐욕으로 어그러진 성정이 우세하면 강인함과 용맹함이 화를 초래하는 계단이 된다"고 말하고 있다. 이런 사람은 좋은 인재가 아니다.

이와는 반대로 '양호한 성정이 부정적인 성정을 보완하는 것'을 예를 들어보자. 역시 〈공야장〉에는 다음과 같은 공자의 말이 있다.

누가 미생고尾生高를 정직하다 하는가? 어떤 이가 그에게 식초를 얻고자 했더니[乞醯焉], 식초를 이웃집에서 얻어다 주었다[乞諸其隣而與之].

여기서 '얻어다 준다'의 한자는 구걸할 때의 걸乞 자다. 미생은 남을 도와주는 일에 지나치게 후하여 구걸까지 했다. 공자에겐 미생고도 군자는 아니다. 그러나 《인물지》는 "선한 감정이 우세하여 나쁜 점을 보완하면 크게 해가 되지 않는다"라고 말한다. 《인물지》의 관점에서 미생은 해로운 사람은 아니지만 불완전한 인재라 할 수 있다.

《논어》에 "날씨가 추워진 후에야 소나무와 잣나무가 늦게 시듦을 알 수 있다[歲寒然後 知松柏之後彫]"는 말이 있다. 이처럼 자신의 안위나 이익과 관련될 때 겉으로 드러난 말과 행동이 어떻게 일치하는지를 보면 그 사람이 어떤 사람인지를 알 수 있다는 것이다.

| 상황 변화에 따른 반응을 살펴 평상의 태도를 알아내는 법 |

두 번째 방법은 인물 감식의 가장 기본적인 방법으로, 각종 상황과 마주쳤을 때 드러나는 감정이나 태도의 변화를 살펴 성정의 가장 기본적 특징을 알아내는 방법이다.

> 특정 상황의 변화에 따른 감정의 변화를 관찰하여, 평상시 가지고 있는 원칙을 알아내는 것이다[觀其感變, 以審常度].

눈치 빠른 사람들은 대체로 이 방면에 통달한 사람들이다. 사람들은 원래 자신의 속마음을 잘 드러내지 않는다. 그래서《인물지》는 이를 위한 두 가지 방식을 제시한다. 하나는 상대의 말하는 바를 관찰하는 것이고, 두 번째는 안색이나 태도의 변화를 통해 속마음을 알아내는 방법이다[察言觀色].

《인물지》네 번째 장〈재리〉에서 알아본 것처럼 상대의 말하는 것을 보면, 그가 지혜롭고 총명한지 아니면 잡스럽거나 허황된지를 알 수 있다. 그렇다고 겉으로 드러난 말을 잘 살핀다고 해서 상대를 온전히 파악할 수 있는 것이 아니다. 어떤 경우는 말과 표정이 일치하지 않는 경우도 있다. 이런 경우 안색이나 태도의 변화를 통해 상대의 속마음을 알아내야 한다. 예를 들어 말로는 아주 즐거워하나 표정이 따르지 않으면 마음속에 못마땅함이 있는 사람이고, 하는 말이 어긋나더라도 표정이 가히 믿을 만하면 말솜씨가 민첩하지 못한 사람으로 평가할 수 있다는 것이다.

이런 찰언관색을 통해 상대의 생각이나 분위기를 파악하는 능력은 인재 감별뿐 아니라 임기응변의 지혜나 처세의 지혜를 제공하기도 한다. 자고로 눈치가 빠르면 밥 한 숟가락이라도 더 얻어먹는다고 했다. 반면 눈치 없는 사람은 잘못하면 따돌림 당하기 십상이다. 찰언관색의 예를 살펴보자.

제 환공이 조회에서 관중과 함께 위衛나라를 칠 일을 상의하고 후궁으로 돌아갔는데, 위나라에서 시집온 위희衛姬가 제 환공 앞에 무릎을 꿇고 사죄를 했다. 환공이 이상하게 여겨 그 까닭을 물으니 위희가 이렇게 말한다.

"신첩은 왕께서 의기양양한 얼굴로 씩씩하게 들어오시는 것을 보고 이미 다른 나라를 치기로 결심했다는 걸 알았는데, 왕께서 신첩을 대하면서 안색이 순간 변하시는 걸 보고 위나라를 치려 하신다는 것을 알았습니다."

다음 날 환공이 조회에 나가 관중을 아주 겸손하게 부르니 관중이 대뜸 이렇게 물었다.

"대왕께서는 위나라를 치지 않기로 하셨습니까?"

"그대는 그걸 어떻게 아시오?"

"대왕의 말씀이 오늘따라 유난히 느리신 데다 태도도 겸허하시고, 신의 물음에 매우 부끄러워하는 빛이 안색에 나타난 것을 보고 알았습니다."

이처럼 고수들은 예리하다. 작은 기미로도 전체 상황을 파악한다. 《인물지》분류대로 하면 술가의 재능이다. 그렇다고 위희나 관중이 단순히 낯빛이나 태도만으로 그것을 알았을까? 위희는 궁중에 있으니 나라 돌아가는 사정에 대해 어느 정도 알고 있었을 것이고, 관중도 위나라 치는 일에 위희가 걸림돌이 될 수 있다는 것쯤은 예상했을 것이다. 이렇듯 찰언관색은 단순히 말과 안색을 살피는 것이 아니다. 그 사람이 말하는 상황을 전체적으로 고려해서 판단해야 올바른 결론에 이를 수 있고 실수가 없는 법이다.

│ 타고난 자질을 살펴 명성의 실체를 알아내는 법 │

《인물지》는 사람에게 확인할 수 있는 외재적 특징과 내재된 소질 또한 감별의 근거가 될 수 있다고 알려준다.

> 사람의 신상에 구비하고 있는 각종 자질의 특징을 관찰하여, 그가 가지고 있는 명성의 근거를 알아내는 것이다[觀其至質, 以知其名].

여기서 '지질至質'이란 인재가 타고난 소질이나 체질을 말한다. 1장 〈구징〉편에서 설명한 대로 타고난 체질이란 뼈대, 기력, 근력과 같은 신체적인 면과 더불어 그로부터 만들어진 품성의 특징을 포괄하는 내용이다.

《인물지》가 쓰였던 시기는 인물평이 유행하여 인물 품평자들이 품평을 하면 자연 그 사람에 대한 평판이 생겨났다. 그런데 다음 장 〈칠류七

繆)에서 자세히 이야기하겠지만, 이 평판이란 것이 실재와 다르게 왜곡될 수도 있다. 그래서 인재를 감별할 때는 인재가 구비하고 있는 각종 외재적 특징과 내재된 소질을 직접 관찰하고 그에게 부여된 명성을 비교하여, 그 인재에게 부여된 명성이 적절한지 아닌지를 판단해야 한다는 내용이다.

마치 이력서나 추천서에 기록된 내용이나 주위의 평판을 실제 면접을 통해 검증하는 것과 같다. 《인물지》에서는 당시 인재들에게 부여된 품평과 그 품평의 근거를 다음과 같이 예시하여 소개하고 있다.

> 뼈대가 곧고 기색이 맑으면 '아름답다[休]'라는 명성이 생겨난다. 기색이 맑고 힘이 굳세면 '위엄 있다[烈]'라는 명성이 생겨난다. 지혜가 탁월하고 이치에 정치하면 '능통하다[能]'라는 명성이 생겨난다. 바르게 처리할 지혜가 있고 근면함에 힘쓰면 '일을 맡길 만하다[任]'라는 명성이 생겨난다.

이 이야기는 《인물지》의 처음부터 계속 반복되고 있다. 일단 품평을 듣는 것도 중요하지만 이를 검증하는 노력이 필요하다는 내용이다.

| 행위의 전후관계를 살펴 사이비를 알아내는 법 |

인물 감별의 네 번째 방법은 사이비 인재, 즉 가짜 인재의 감별법이다.

> 행위의 전후관계나 동기를 관찰하여, 그럴듯한 사람(사이비적 인물)인

지 아닌지를 판별하는 것이다[觀其所由, 以辨依似].

　여기서 '그럴듯한[依似] 사람'이란 편재와 유사한 능력을 가진 것 같지만 사실은 가짜 인재인 사람이다. 예를 들어보자. 정직하면서도 온화한 사람은 덕이 있는 사람이다. 정직하지만 남의 잘못을 지적하기 좋아하는 사람은 편재다. 그런데 주의할 사람은 남의 잘못을 지적하기 좋아하지만 정직하지 않은 사람이 있다. 이들이 바로 사이비 같은 인물이다. 즉, 남의 잘못을 지적하는 행위는 같지만 그 동기는 다르기 때문이다.

　일 좀 해본 사람이면 이런 사람들을 주변에서 흔히 본다. 《인물지》는 이런 사이비 인재의 특징을 아래와 같이 말하고 있다. 사람을 쓰는 입장에 있는 사람이라면 곰곰이 되씹어 볼 필요가 있는 예시다.

　　가볍게 승낙하는 이는 뜻이 열렬한 듯하지만 실제는 믿음성이 적다.
　　자주 바꾸는 이(혹은 여러 일을 건성으로 쉽게 하는 자)는 마치 일을 잘하는 것 같지만 실제로는 효과가 없다.
　　나아감이 예리한 이는 매우 날래고 용감한 듯하지만 뒤로 빠지는 것도 빠르다.
　　꾸짖기를 잘하는 자는 시시비비를 잘 살피는 것 같지만 사실은 일을 번거롭게 한다.
　　거침없이 남의 잘못을 지적해 주는 이는 마치 상대에게 은혜를 베푸는 듯하지만 상대방의 기분을 상하게 해 이루는 것이 없다.
　　면전에서 순종하는 이들은 마치 충성스러운 것처럼 보이지만 뒤에서는 거스른다.

이런 주장들은 경험과 관찰을 통해 얻은 결론들이다. 그러면 어떻게 이들과 진짜 인재를 구별하여 알아볼 것인가?《인물지》는 그 사람의 동기와 내력을 관찰하면 이들 사이비들을 구별할 수 있다고 한다.《논어》에서 공자가 그 방법을 제시한다.

> 그의 행위의 까닭을 살펴보고 그의 내력을 관찰하고 그가 마음 둔 곳을 이해한다면 그가 어디에 숨을 수 있겠는가, 어디에 숨을 수 있겠는가[子曰 視其所以 觀其所由 察其所安 人焉廋哉 人焉廋哉].

하지만 여기서 더 주의해야 할 것이 있다. 바로 겉만 보면 사이비인 듯하지만 진짜 인재가 있기 때문이다. 앞에서 이야기한 것처럼 이윤은 탕왕을 도와 상나라를 건국한 명신이다. 그런데 그는 자신이 모시던 국왕 태갑이 포학하게 법을 어지럽히자 그를 동궁으로 쫓아내 반성하게 한다. 여기까지만 보면 그는 왕을 쫓아낸 나쁜 신하로 여겨질 수 있다. 그러나 그는 3년 후 태갑이 반성한 기미가 보이자 다시 왕으로 받아들여 태갑이 정치를 잘하도록 보좌한다. 이렇듯 이윤이 왕을 동궁으로 쫓아낸 동기와 결과를 이해하면 이윤이야말로 진정한 인재임을 알 수 있다는 것이다.

《인물지》는 겉으로 보이는 것만이 전부가 아님을 다음과 같이 이야기한다.

> 큰 지혜를 가진 이는 겉으로는 어리석은 듯 보이지만 안으로는 명철하다. 널리 사랑을 베푸는 이는 공허한 것처럼 보이지만 실제로는 두텁다. 바른 말은 잘하는 이는 마치 단점을 잘 지적하는 것처럼 보이지

만 실제로는 충정이 있다.

그런데 사이비이지만 아닌 것처럼 보이는 사람과 사이비처럼 보이지만 그렇지 않은 사람을 분별하는 일은 "인정人情의 이면을 완전히 파악하는 것으로, 송사訟事를 심리하는 것과 유사하여 그 실체를 판별하기가 어렵다"고 《인물지》도 실토한다. 그래서 다음과 같이 강조한다.

> 그러므로 말을 곧이곧대로 듣거나 외모만 믿고서 인물을 판단한다면 진실한 인재를 놓칠 수 있고, 인정에 어긋난다고 해서 그 부정적인 면을 들어 인물을 판단하면 현명한 인재를 놓칠 수도 있다. 현명한가의 여부를 관찰하는 데에 핵심은 상대가 준거하는 바에 달려 있다.

중요한 것은 공자의 말처럼 행위의 까닭과 마음 둔 곳, 즉 진심을 파악하기 위해 힘써야 한다는 것이다. 하지만 사람의 진심을 알기는 쉽지 않다. 또 행위의 전후관계를 파악하는 일은 시간이 필요하다. 《사기》와 《한서》에 나오는 공손홍公孫弘과 복식卜式의 이야기는 행위의 전후관계 속에서 한 사람의 진심이 어떻게 드러나는지를 잘 보여준다.

공손홍은 바닷가에서 돼지를 키우다 마흔이 넘어서야 공부를 하고 예순이 되었을 때 비로소 한 무제에 등용되어 재상까지 된 인물이다. 한마디로 늦게 때를 만나 성공한 사람으로 매사 검소했고 남과 싸우지 않고 적절히 아부도 할 줄 아는 노회한 사람이었다.

그런데 한 무제가 흉노와 한창 전쟁을 벌일 때 어느 날 복식이라는 양을 키우던 사람이 자신의 재산 절반을 군비로 헌납하겠다고 상주한다. 무제가 사자를 보내 관직을 원하느냐고 묻자 "저는 어려서부터 양을 길렀습니다. 관직의 일은 잘 몰라 원하지 않습니다"라고 대답한다. 그러자 사자가 억울한 일이 있어 그러느냐고 묻자 "신은 살아오면서 다른 사람과 다툰 적이 없습니다. 마을에 어려운 사람이 있으면 도와주고, 좋지 않은 사람이 있으면 가르쳐 모두 저를 따르는데 무슨 원망이 있겠습니까"라고 답한다.

그러자 사자가 왜 재산을 헌납하려 하느냐고 묻자 복식이 답한다.

"천자가 흉노와 싸우는데 현자는 마땅히 목숨을 던지고, 재산이 있는 자는 돈을 내놓아야 비로소 흉노를 멸할 수 있다고 생각합니다."

사자가 이를 황제에게 보고하니 황제는 어찌할지를 승상인 공손홍에게 물었다. 그러자 공손홍이 말한다.

"이는 인정이 아닙니다. 궤를 벗어난 신하는 교화되기 어렵고 법을 어지럽힙니다. 허락하지 마십시오."

사실 공손홍이 이렇게 판단한 것은 다 이유가 있었다. 당시는 흉노와의 전쟁으로 국가의 재정이 바닥나자 나라에서 법을 제정하여 작위의 가격을 매겨 국고를 보충하던 시기였다. 심지어 돈을 내면 죄를 지은 사람도 형을 면할 수 있었다. 사마천도 이를 "부끄러움을 모르는 사람들이 청렴한 사람을 대신하게 되었고, 강폭한 사람들이 추천되어 임용되었다"라고 힐난할 정도였다.

그리고 사람이란 돈이 있으면 모두 감추고 더 모으기 위해 힘쓰는 게 인지상정이다. 그런데 복식은 궤를 벗어나 아무것도 바라는 것 없이 자기 재산을 국가에 내놓는다고 한다. 그러니 노회한 공손홍은 복식을 무언가 꿍꿍이가 있는 사람으로 보았을 것이다. 결국 복식의 청은 거절되었고 복식은 다시 양 치는 일로 돌아간다.

하지만 얼마 지나지 않아 나라의 창고가 비고 하남 지방에 대규모

유민이 발생하자 복식은 자신의 재산을 털어 유민을 구제한다. 당시 부호들은 모두 재산을 감추기에 바빴는데 오직 복식만이 재산을 내놓았다.

황제가 이 소식을 듣고 복식의 사람됨을 다시 평가하여 관직에 임명하려 하자 복식은 상림원上林園(한 무제의 정원)에서 양이나 키우게 해달라고 했다. 복식이 중랑에 임명되어 양을 기르는데 그가 기른 양들이 모두 통통하게 잘 자랐다. 무제가 상림원에 들러 복식의 양 기르는 법을 칭찬하자 그가 의미심장한 말을 한다.

"비단 양만이 아닙니다. 백성을 다스리는 것도 또한 마찬가지입니다. 나아가고 들어가는 것을 때에 맞춰서 하고, 해가 되는 것은 제거하여 무리 전체에 해가 되지 않도록 해야 합니다."

이 말을 들은 무제는 일리 있는 말이라 생각하고 이후 그를 더 크게 쓴다. 조직을 좀먹는 모리배와 같은 무리를 없애야 백성이 편안해진다는 복식의 정치론에 대해 실학자 성호 이익李瀷은 "백성을 해치는 자는 포악한 관리보다 더한 것이 없는데, 백성을 해치는 자를 제거하고 백성으로 하여금 각기 제대로 삶을 도모하도록 한다면 어찌 다스림이 이루어지지 않을 리가 있겠는가?"라고 하며, 그가 한나라 시절 가장 정치를 잘 아는 사람이라고 평하고, "그가 어찌 재물을 팔아 영달을 구하려고 했던 뜻이겠는가?"라고 말했다. 복식은 사이비인 듯하지만 진정한 인물이었던 것이다.

| 자애와 공경의 태도를 살펴 소통하는지를 알아내는 법 |

타인에 대한 자애로움과 공경함의 태도를 관찰하는 것은, 인물 감별의

다섯 번째 방법이다.

> 사랑[愛]과 공경[敬]에 대한 태도를 관찰하여, 다른 사람과 소통하는
> 지 막히는지를 알아내는 것이다[觀其愛敬, 以知通塞].

여기서 애愛란 자애로움을 말하고, 경敬이란 예법에 따른 공경을 말한
다. 타인에 대한 자애로움과 공경함의 태도를 보면 그 사람의 성정을 알
수 있고, 나아가 그 사람이 막힌 사람인지 소통하는 사람인지도 알 수
있다는 것이다. 즉, 성정의 바탕에 애와 경의 진실함이 있으면 항상 사
람의 마음을 얻을 수 있지만, 그렇지 않고 공경만을 엄격하게 주장하면
사람의 마음을 얻기 힘들다는 이야기다.

그런데 여기서 유소는 자애가 공경보다 적어서는 안 된다는 중요한
말을 던진다.

> 그런데 애는 경보다 적어서는 안 된다. 만약 애가 경보다 적으면 청렴
> 하고 절개 있는 사람은 따르겠지만, 보통 사람들은 함께하지 않으려
> 할 것이다. 그리고 만약 애가 경보다 많다면 비록 청렴하고 절개 있는
> 사람은 기뻐하지 않을지라도, 사랑을 접한 자는 죽을힘을 다할 것이다.

초나라 장왕莊王은 춘추오패春秋五霸의 한 사람으로 이름을 떨친 왕이
다. 전한前漢 때 유학자 유향劉向이 지은 《설원說苑》에는 그가 부하의 과
실을 덮어줌으로써 과실을 만회할 기회를 준 이야기가 나온다.

이야기는 장왕이 조정의 문무백관을 초대하여 성대한 연회를 개최하
면서 시작된다. 그런데 연회가 한창 무르익던 중 갑자기 바람이 불어 연

회장의 등불이 꺼진다. 주위가 갑자기 칠흑같이 어두워지자 이때 어둠을 이용하여 장왕의 애첩에게 손을 뻗어 옷 위를 더듬거리며 희롱한 사람이 있었다. 애첩은 놀라 그 사람의 갓끈을 잡아 뜯고는 왕에게 등불을 켜서 갓끈이 없는 자를 잡아 달라고 이른다.

이 경우 보통 사람이면 당연히 불을 켜 무례한 범인을 잡으려 했겠지만 장왕은 다르게 처신한다. 화를 내기는커녕 오히려 불을 켜지 못하게 하고, 큰 소리로 모두에게 갓끈을 떼고 화끈하게 술을 마시자고 제안한다. 문무백관들 모두가 갓끈을 던지고 술을 마시니 그 자리에 모인 사람 중 누가 그런 무엄한 짓을 했는지 알 수 없었다. 장왕으로서는 술김에 일어난 작은 일로 전체의 여흥을 깨고 싶지 않았을 것이다.

그런데 2년 후 초나라가 진晋나라와 전쟁을 벌였다. 그때 장왕이 진나라 군대에 포위된 위급한 상황이 발생한다. 그때 한 부장급 장수가 목숨을 내던질 각오로 분전하여 왕을 구한다. 장왕이 이상하게 생각하여 그를 불러 물으니 그 장수가 엎드려 말했다.

"제가 2년 전 연회에서 갓끈을 뜯겼던 자였습니다."

결국 한때 장왕이 베풀었던 작은 관용이 자신을 구한 것이다. 갓끈을 끊고 노는 잔치라는 뜻의 '절영지회絶纓之會'라는 이 고사를 단순히 옛날이야기로만 흘려들어서는 안 된다. 정情의 문제는 동서고금을 막론하고 인간이 공유한 공통의 정서다. 애정 없이는 충성도 나오지 않는다. 오기가 전쟁에서 항상 승리할 수 있었던 이유도 부하의 종기를 빨아줄 정도로 병사들에게 애정을 보였기에 병사들이 전쟁터에서 충성으로 보답한 것이다.

이처럼 '경'이란 예법을 따르는 것으로 엄격하고 상호 간에 거리를 두는 것이기 때문에 오래 지속하기가 어려운 반면, '자애로움'은 친근하게 정을 나누고 사람을 감동시키기 때문에 오랫동안 사람의 마음을 얻을 수 있는 것이다.

이와는 반대로 인간의 본성을 넘어서서 공경을 중시하는 사람들은 항상 조심해야 한다. 이는 바로 사이비들의 전매특허다. 관중이 병들자 제 환공이 관중의 후임으로 누굴 선택할지에 대해 상의하는 대화를 한번 들어보자.

제 환공이 "많은 신하 중 누구를 재상으로 할 수 있겠소?"라고 물었다. 그러자 관중은 이렇게 떠본다.

"신하를 임금만큼 아는 이가 있겠습니까[知臣莫如君]?"

"그럼, 역아易牙가 어떻소?"

역아는 자신의 아들을 삶아 임금의 병에 썼다는 사람이니 환공은 그의 충성을 믿고 있었을 것이다.

그러자 관중이 말한다. "아들을 죽여 임금을 모신다는 것은 인정이 아닙니다[非人情]. 그는 안 됩니다[不可]."

"그럼, 개방開方이 어떻겠소?"

개방은 아버지가 돌아가신 후에도 집에 돌아가지 않고 환공을 보좌했다고 한다.

그러나 관중은 "어버이를 등지고 임금을 모시는 것은 인정이 아닙니다. 그는 가까이하기 힘듭니다[難近]"라고 말한다.

"그럼, 수조豎刁는 어떻소?"

수조는 환공을 모시기 위해 스스로 환관이 되었다고 한다. 대단한 충성이 아닌가?

그런데 관중은 "스스로 성기를 잘라 임금을 섬기는 것은 인정이 아닙니다. 그는 친할 사람이 아닙니다[難親]"라고 말한다.

관중의 말은 한마디로 역아와 개방, 수조는 안 될 사람이니 가까이 두지도 말고, 친해져서도 안 된다는 것이다. 그러나 관중이 죽자 환공은 이 셋에게 전권을 주었고, 역시 관중의 예측처럼 역아와 수조 등은 환공을 굶겨 죽였다고 한다.

이처럼 자애로움에 바탕을 두지 않고 겉으로 꾸미는 '경'만 보이는 사람은 사이비 인재일 가능성이 있다. 역사를 돌아보면 혼란이 시작된 계기를 마련한 사람은 거의 모두 '자애'보다는 '공경'이 넘치는 간신들이었고, 그들에 의해 혼란이 시작되었음을 알 수 있다. 처음부터 간신인 줄 알았다면 누가 그를 중용했겠는가? 그렇기 때문에 조직의 리더는 공경함이 지나친 사람을 항상 경계해야 할 것이다. 남의 윗자리에 있는 사람들은 참으로 새겨들을 내용이다.

| 감정의 미세한 움직임을 살펴 군자인지 알아내는 법 |

인물 감별의 여섯 번째 방법은 군자인지 소인인지를 판별하는 방법이다.

감정의 미세한 움직임을 관찰하여, 그가 어진 사람인지 아니면 미혹됨이 있는 사람인지를 판명하는 것이다[觀其情機, 以辨恕惑].

이는 주어진 상황이나 말에 대해 어떻게 반응하는지를 보고 그가 가진 뜻과 자질을 판단하는 방법으로, 여기서 정기情機란 감정의 미세한 움직임을 말한다.

《인물지》는 사람이 기뻐하고 슬퍼하고 화내고 미워하는 감정이 생기는 이유 중 하나를 남과 비교하는 마음에서 생긴다고 말한다. 그래서 사람이 희로애락을 느끼는 정황을 잘 관찰하면 그 사람이 지향하는 바가 무엇이고, 또 그가 겸손한 사람인지 아닌지, 군자인지 소인인지를 알 수 있다는 것이다.

> 군자는 타인과 교제함에 남이 침범해도 되갚지 않는다. 남에게 되갚으려 하지 않으므로 공경하게 자신을 낮추게 되고, 그럼으로써 그 해로움을 피하는 것이다. 그러나 소인들은 그렇지 못하여, 상대의 감정 상태를 미리 살피지도 않고 무조건 남들이 자기를 따라주기만 바란다.

소인은 마음속으로 이루고자 하는 것을 도와주면 기뻐하고, 재능을 펼치지 못하고 마음속에 지향하는 바를 이루지 못하면 원망한다. 그 기뻐하고 원망하는 근거를 파악하면 그가 지향하는 바가 무엇인지를 파악할 수 있다. 예를 들면 물질에 기뻐하고 원망하는 사람인지, 아니면 명예에 기뻐하고 원망하는 사람인지를 구별할 수 있는 것이다.

상대가 겸손하게 자신을 낮추어 대하면 즐거워하고, 자기 자랑을 늘어놓고 잘난 척하는 사람은 소인이다. 이런 사람은 이기려는 마음이 강해 항상 남보다 앞서고자 하는 사람이다. 그래서 충고도 모함으로 받아들여 미워하고, 잘난 상대와 비교하면 질투심으로 인정하려 들지 않는다. 이들 소인배들은 자신의 단점은 감추고 장점만을 드러내는 성향을 보이면서 자기보다 나은 사람에게 배우려 하지 않고 오히려 무시하며 넘어서려는 성향을 보인다.

사람은 누구나 자신의 감정이나 속마음을 꾸미고 드러내지 않으려 한다. 그래서 여러 개의 '사회적 가면'을 쓰고 살아간다. 그 때문에 한 면만으로 소인인지 군자인지 파악하는 것이 어렵다. 미세한 감정의 움직임을 파악한다는 것이 말처럼 쉽지 않기 때문이다.

전국시대 종횡가의 비조라고 알려진 귀곡자의 유세 방법 가운데 비겸飛箝의 방책이 있다. 이는 상대를 띄워서 상대의 본심을 드러내게 하는 말의 기술이다. 고수들은 말로 사람의 감정을 움직이고, 그로부터 그 사람의 본심을 드러내는 데 특출하다.

초한 쟁패의 시기 유방의 참모이자 유세가로서 이름을 날린 역이기도 그런 고수 중 하나다. 유방이 역이기와 처음 만나는 장면에서 유방은 상대를 모욕함으로써 상대의 반응을 보고, 역이기는 유방의 마음속 욕망을 정면으로 건드려 유세에 성공한다. 아무리 갓끈을 둘러쓴 유생을 싫어한다고 해도 여자들에게 발을 씻게 하면서 역이기를 맞는 유방이나, 절도 안 하고 대뜸 "당신은 진나라를 도와 제후를 치려고 하십니까? 아니면 제후들을 이끌고 진나라를 치려고 하십니까?"라며 정면으로 유방의 욕망을 건드리는 한마디를 던진 역이기나 상대의 마음을 파악하는 데는 고수였던 것이다.

이와 같은 상황은 면접에 참여해 본 사람들이라면 한 번쯤은 경험했음직한 이야기다. 상대를 추켜세우거나 모욕하여 상대의 대응을 보면 그 사람 본래의 모습을 볼 수 있기 마련이다. 유방으로서는 아마도 이런저런 유생들이 폼깨나 잡고 입으로 천하 대사를 논하는 꼴이 아니꼬웠을 것이다. 원래 그런 사람은 유방의 취향이 아니었다. 그래서 사람을 불러놓고 예의 없게 행동했다. 하지만 역이기는 그것에 화내지 않고 정면으로 유방에게 큰 뜻이 있는지 없는지를 묻는다. 그것은 결국 자신의 뜻을 역으로 밝힌 셈이다. 그러니 유방이 태도를 바꿔 진지하게 나오게 된 것이다.

｜ 단점을 살펴 장점을 알아내는 법 ｜

일곱 번째 방법은 편재를 감정하기 위한 방법이다.

> 단점을 관찰하여 역으로 그의 장점을 파악하는 것이다[觀其所短, 以知 所長].

편재란 늘 그 장점에 상응하는 단점을 함께 갖고 있다. 단점은 편재가 자신의 장점을 보전하기 위한 불가분의 것이다. 예를 들면 정직한 사람의 단점은 거리낌 없이 직언하는 것이고, 의지가 굳센 사람의 단점은 너무 엄격한 것이며, 잘 화합하는 사람의 단점은 유약한 것이고, 절개 있는 사람의 단점은 융통성 없이 고집스런 것이다. 그래서 《인물지》는 다음과 같이 말한다.

> 단점을 가진 사람이 반드시 장점을 가지고 있는 것은 아니지만, 장점을 가진 자는 반드시 단점으로 장점의 특징을 보여준다. 그러므로 그 재질의 단점을 잘 관찰하면 그 장점도 알아낼 수 있다.

사마천이 '모든 고초를 참고 견뎌내어 공명을 이룬 강인한 대장부'라고 평한 오자서도 정직하고 강직한 성품 때문에 거리낌 없이 직언하다 목숨을 잃었다. 《사기》〈오자서열전伍子胥列傳〉에는 그가 부모와 형제를 살해한 초나라 소왕을 피해 달아나 오나라를 섬겨 복수하는 이야기와 거리낌 없이 직언하는 강직한 성품 때문에 정적의 모함을 받아 죽게 되는 비극적 결말이 드라마틱하게 쓰여 있다.

그의 인생 후반부의 비극은 오왕 부차와 월왕 구천의 와신상담의 치열한 복수전의 한가운데서 시작된다. 오왕 합려闔閭가 월왕 구천에 패해 죽자 합려의 아들 부차는 땔나무 위에서 잠을 자는 와신臥薪의 생활을 하며 원한을 되새긴 끝에 월나라와의 전투에서 대승을 거둔다.

패배한 구천이 범려의 조언에 따라 자신은 오왕의 신하가 되고 자기 부인은 그의 첩이 되도록 하겠다며 강화를 요청하자, 오자서는 "월나라 왕은 아무리 힘든 고통도 잘 견뎌내는 사람입니다. 지금 그를 없애지 않으면 훗날 반드시 후회할 것입니다"라고 반대했지만, 부차는 듣지 않고 구천에게 재기의 기회를 준다.

또 오자서는 부차가 제나라를 치려 하자 '월나라는 오나라에게 치료하기 어려운 뱃속의 질병[心腹之患]과 같으므로 지금 멸망시키지 않으면 반드시 후환이 있을 것'이라며 제나라를 공격하는 것을 반대한다. 하지만 부차는 오자서의 말에 귀 기울이지 않고 제나라를 공격하여 대승을 거두고 점차 그를 멀리하게 된다.

자신의 간언이 받아들여지지 않자 오자서는 오나라가 곧 망할 것이라며 자신의 아들에게 "네가 오나라와 함께 죽는 것은 덧없는 일이다"며 아들을 제나라에 맡긴다. 그런데 이 일이 그의 정적인 태재 백비의 귀에 들어간다. 백비가 이 일을 내세워 "오자서는 고집이 세고 사나우며, 정이 없고 시기심이 강합니다. 그는 왕께 원한을 품고 있어 큰 화근이 될까 걱정스럽습니다"라며 모함한다. 오자서의 간언이 항상 귀에 거슬

렸던 부차도 "그대의 말이 아니더라도 나 역시 그를 의심하고 있었소"라며 오자서에게 촉루屬鏤라는 칼을 내려 자결하도록 명한다.

결국 오자서는 하늘을 우러르며 "아! 참소를 일삼는 백비가 나라를 어지럽히고 있는데 왕은 도리어 나를 죽이려 하는구나!"라고 탄식한 뒤 자결하고 만다. 그런데 결과는 어떠했나? 오자서가 예견한 대로 지나친 대외 전쟁으로 국력을 낭비한 오나라는 구천의 공격 한 번으로 멸망에 이르고, 부차도 오자서의 간언을 듣지 않은 것을 후회하며 자결하기에 이른다.

이렇듯 오자서는 강직하고 정직한 성품 때문에 융통성을 발휘하지 못하고 결국 스스로를 해쳤다. 이를 부차의 관점에서 해석해 보자. 보통의 편재에게 장점과 단점은 동전의 양면처럼 동시에 존재하는 것이다. 그렇기 때문에 리더는 장점이든 단점이든 한 면만으로 사람을 평가하는 오류를 범해서는 안 된다. 그리고 장점을 취했으면 단점을 알고 있으면 될 뿐이지, 부차처럼 장점을 취하고도 단점 때문에 상대를 의심한다면 진정한 용인의 고수라 할 수 없다.

| 총명함의 정도를 살펴 수준을 알아내는 법 |

〈팔관〉의 마지막 초식招式은 사람마다 총명의 정도를 관찰하여 그 인재 수준의 높고 낮음을 파악하는 방법이다.

> 총명한 정도를 관찰하여 그가 통달한 바를 알아내는 것이다[觀其聰明, 以知所達].

여기서 말하는 바는 인재의 수준을 평가하는 기준이다. 인재의 수준을 의미하는 '달達'의 의미는 두 가지 정도로 생각해 볼 수 있다. 하나는 달성한다는 의미이고, 다른 하나는 그래서 일에 통달한다는 의미다. 이는 지금까지 말한 인재 감별법의 종합편이다.

《인물지》에서 '총명'의 개념은 매우 중요한 위치를 차지하고 있다. 서문에도 "무릇 성현이 아름답게 여겨지는 이유 중에서 그 총명보다 나은 것이 없으며, 총명이 귀하게 여겨지는 이유 중에 인물을 잘 식별하는 능력보다 귀하게 여겨지는 것은 없다"고 하여 '총명'이 지인知人의 가장 중요한 조건임을 강조했다. 여기서는 이런 '총명'을 인재의 수준을 매기는 기준으로 이야기하고 있다.

그런데 '총명'이란 무엇인가?《인물지》는 "사람에게 낮에 밝은 해가 있고 밤에 촛불이 있는 것처럼, 총명함이 더할수록 시야가 원대해지고 멀리까지 볼 수 있다"고 이야기한다. 그래서 개인적인 자질로는 인이 가장 중요하지만 전체를 아우를 수 있는 자질은 총명함이라고 이야기한다.

그리고 인재를 평가하는 데 배움보다는 재질, 재질보다는 이치에 밝은 것, 이치에 밝은 것보다는 지혜, 지혜보다는 도에 통달한 사람이 더 훌륭하다고 본다.

> 그래서 재질이 같고 모두 배우기를 좋아한다면, 그중에서 이치에 밝은 자가 스승이 된다. 또 비슷한 이치를 터득한 자들이 다투게 되면 지혜로운 자가 승자가 된다. 덕을 비슷하게 갖추고 나란히 선다면, 도에 통달한 자가 성인으로 불린다.

《사기》〈중니제자열전〉에 자장이 공자에게 "선비는 어떠해야 통달했다고 할 수 있습니까"라고 묻는 대화가 나온다. 이에 공자가 "네가 말하는 '통달'이란 무슨 뜻이냐"라고 되묻자, 자장은 "나라에서도 이름이 알려지고 집에서도 이름이 알려지는 것입니다"라고 대답한다. 그러자 공자가 이렇게 말한다.

> 그것은 명망이지 통달이 아니다. 대체로 통달한 사람은 질박하고 정직하여 의를 좋아하고, 남의 말을 잘 듣고 표정을 잘 살피며, 깊이 생각하고 다른 사람에게 자신을 낮춘다. 이렇게 하면 나라에서나 집에서나 반드시 통달하게 된다. 그러나 명망 있는 사람은 겉으로는 어진 척하지만 실제 행동은 완전히 어긋나면서도 그런 것에 물들어 조금도 의심 없이 행동한다. 이렇게 하면 나라에서나 집에서나 반드시 이름을 얻게 된다.

위진시대 죽림칠현竹林七賢은 각자의 독특한 기행과 재능으로 이름을 날렸다. 이들은 유가의 예법을 멸시하고 노자와 장자의 무위 사상을 숭상하여 죽림에 모여 술을 마시며 기행과 청담으로 세월을 보냈는데 그 중심인물 중 하나가 혜강嵇康이다. 다음《세설신어世說新語》에 나오는 고사는 공자와《인물지》가 말하는 통달하지 못한 비운의 천재에 대한 이야기다.

혜강은 이전에 은자인 손등孫登을 스승으로 모시고 3년 동안 글을 배웠다. 그런데 3년 동안 혜강은 스승으로부터 자신에 대한 어떤 평가를 듣지 못했다. 그래서 공부를 마치고 떠나갈 때 "스승님께서는 마지막으로 저에게 가르쳐주실 말씀이 없습니까"라고 물었다. 그러자 손등은 다음과 같이 말했다.

그대는 불을 아느냐. 불은 생기자마자 빛을 발하지만 그 빛을 계속 유지하지는 못한다. 중요한 것은 빛을 유지하는 방법에 있다. 사람도 태어나면서 재능을 갖추게 되지만 그 재능은 바로 쓰이지는 못한다. 중요한 것은 재능을 사용하는 방법에 있다. 빛을 이용하려면 땔나무가 있어야 그 빛을 보전할 수 있고, 재능을 이용하려면 세상에 대한 식견이 있어야 자기를 보존할 수 있다. 너는 재능은 출중하나 식견이 적기에 지금 같은 난세에 자기를 보존할 수 있을지 근심된다.

여기서 손등이 강조한 것은 재능이 아닌 식견이다. 하지만 혜강은 스승의 충고를 귀담아 듣지 않았다. 그는 위魏나라 왕족과 결혼한 귀족 출신이었지만 올곧은 성격과 자유분방한 행실로 인해 권력층의 미움을 받았다. 한번은 죽림칠현 중 한 사람인 산도山濤가 이부랑吏部郞 벼슬에 있을 때 자신의 후임으로 혜강을 천거했는데, 혜강은 산도에게 편지를 보내 자신은 속된 업무를 맡을 수 없다면서 탕왕과 무왕을 경박하다고 비난했다.

당시 위나라는 사마소司馬昭에 의해 권력이 장악된 때였다. 탕왕과 무왕은 모두 왕조가 바뀌는 역성혁명을 이룬 사람들이다. 역성혁명을 준비하고 있던 사마소가 이 얘기를 듣고 분노하지 않을 리 없었다.

게다가 혜강은 일찍이 사마소의 총애를 받던 종회鍾會의 미움을 산 일이 있었다. 혜강의 명성을 듣고 찾아간 종회에게 혜강이 무시하며 예의를 차리지 않았던 것이다. 그러니 종회는 혜강을 해칠 기회만 노리고 있었는데, 마침 혜강이 친구 여안呂安이 일으킨 사건에 말려들어 그를 변호하게 된다. 그러자 종회는 여안과 혜강을 "세상에 이름을 날렸지만 말과 논의가 방탕하여 시국을 해치고 예법과 교육을 어지럽히고 있으니 이 기회에 그들을 제거해야 합니다"라고 사마소에게 건의하니 사마소가 기다렸다는 듯 마침내 그들을 죽인다.

손등이 말한 식견이란 말 그대로 지혜다. 지혜가 없이는 이렇게 무위의 담론도 헛되며, 뛰어난 재능도 자신을 보전하지는 못한다.

그래서 《인물지》는 "총명이 없으면 어떤 일도 이룰 수가 없다. 듣기를 좋아해도 실제로 행하지 않으면 소용이 없고, 변론을 좋아하나 이치에 이르지 못하면 번잡하게 되며, 법을 좋아하지만 생각이 깊지 못하면 각박하게 되고, 술수를 좋아하지만 책략이 부족하면 헛것이 된다"고 이야기한다.

수·당시대
관리와 자율의 인사

| 수·당 창업 영웅들의 명암 |

이번 이야기의 주제는 위진남북조시대의 혼란기를 정리하고 통일 왕조를 이룬 수隋나라와 당唐나라의 창업 영웅들이다. 5호16국에서 위진남북조에 걸친 시절은 중국이 극도로 분열된 시기였다. 그러나 이렇게 분열된 중국은 수 문제文帝에 의해 다시 통일된다. 비록 수나라는 고구려 침략과 대운하 건설 등으로 단명하고, 당나라에게 천하의 주인 자리를 내주었지만, 이 시기에 인재 등용과 관련한 획기적인 사건이 발생한다. 바로 '과거 제도'의 등장이다. 과거제는 훗날 송나라 때 가서야 실질적으로 쓰이지만, 지인의 추천이나 문벌 귀족 중심의 인재 등용 체제가 객관적 평가 중심의 과거제로 바뀐 것은 세계사적으로도 대단한 일이었다.

통일 왕조의 창업자로서 수나라 문제의 역할은 과거제 도입에만 그치는 것은 아니다. 그는 율령을 정비하고 호구를 정리해 중앙정부 통제를 받는 인구를 급격히 늘렸다. 또 국가 창고에 곡물을 비축하는 데 집중해 우리가 흔히 성세라고 말하는 당 태종 때도 당시 수나라의 부유함을 따라잡지 못했다고 하니, 수나라 문제는 정치인으로서는 어쩌면 당 태종 이상의 인물이라 할 수 있다.

그러나 수나라는 3대를 넘기지 못했다. 아버지에 비해 아들은 심하게 용렬했던 것이다. 아버지가 물려준 자산이 너무나 컸고, 또 초기의 성공으로 오만함이 극에 달했다. 그래서 역사상 전무후무한 공사인 대운하를 단기에 완성하려다가 나라의 명을 재촉한다.

수나라에 이어 명실상부한 세계 제국이 된 당나라 때가 되면 그야말로 출신과 국적이 각양각색인 인물들이 우후죽순처럼 나타난다. 당 태종이 썼던 위징, 방현령, 두여회 등은 모두 일세의 명신들이었고, 이민족 출신 장수들은 서역과 몽골 원정을 마다하지 않았다. 급기야 고구려 출신의 무장 고선지는 파미르를 넘어 아랍 세력과 일전을 겨루기도 한다. 물론 당의 힘이 커지자 적수들의 힘도 커졌고, 이들을 막기 위해 등용한 변방의 장수들이 독자적인 세력이 되어 중앙정부를 위협하는 폐단도 있었다. 흔히 '안녹산의 난'을 당나라 쇠락의 분기점으로 잡는데, 그 역시 변방을 방어하던 이민족 군인이었다.

이처럼 수나라 문제와 당나라 태종은 모두 일세의 영웅이었는데 그들이 세운 나라의 명암이 갈린 까닭은 무엇인가? 우리는 인재 감별과 등용에서 그 결정적 단서를 찾을 수 있다.

결론적으로 말하면 수 문제는 사이비 감별에 실패했다. 그는 모략이 뛰어난 인물이었기에 의심이 많았다. 그런데 역으로 보면 의심을 받는 상대도 의심에 대응할 방법이 있기는 마찬가지다. 즉, 가면으로 자신을 가리는 것이다. 결국 수 문제가 후계자 선정을 위해 고심 끝에 둔 수는 최악수였다. 문제의 뒤를 이은 수 양제楊帝 양광楊廣은 양의 탈을 쓴 승냥이였기 때문이다.

반면 문제 못지않게 지략이 있었던 당 태종은 어떻게 처신했던가? 그는 다 의심하는 것보다 차라리 감화시키는 방법을 선택했다. 바로 사랑이었다. 둘 다 영웅이었지만 사랑의 차이가 문제와 태종의 명암을 갈랐던 것이다. 그래서 당나라의 인재 등용의 폭은 매우 크다. 그 중심에 있는 태종 이세민의 인재들만 살펴보아도 재미가 무한하다.

| 고심 끝에 사이비를 고르다: 수 문제 |

수나라 문제 양견楊堅은 원래 북주北周의 귀족 출신의 군인이자 외척이었다. 그는 북주의 혼란스러운 정치 상황에서 처신을 잘해 승상의 자리에까지 오른다. 후에 북주의 선제가 죽자 어린 아들을 보위하다 선양을 받아 황제가 된다.

중국사에서 수 문제 이전에도 선양을 받은 사례가 있다. 신나라의 왕망도 이렇게 정권을 얻었다. 왕망이나 양견이나 모두 정치력이 대단했다. 그러나 양견은 허풍이 심한 왕망과는 차원이 다른 인물이었다. 마흔이 되어 나라를 얻을 때까지 겪은 정치적인 풍상으로 그는 이미 조정이 돌아가는 모양을 훤히 꿰뚫고 있었고, 군사작전도 신출귀몰한 점이 있었다.

수 문제가 남방의 진陳을 공격하여 천하를 통일하려 할 때 자문한 사람은 고경高潁이었다. 고경의 작전은 대략 이런 것이었다. 일단 대규모로 침공할 준비를 마친 후 매년 수확 철에 공격하는 척만 하다가 돌아온다.

그리고 진나라의 곡식 창고에 계속 불을 지르며 상대를 고생스럽게 한다. 그러면 상대는 국경에서는 태만해지고, 내부에서는 피로해진다. 그럴 때 수륙으로 한꺼번에 밀고 들어가 단번에 끝장을 낸다는 것이었다.

수 문제와 고경은 이 전쟁에 얼마나 공을 들였는지 진의 군주를 비방하는 전단지를 수십만 장 준비하여 돌리며 심리전까지 펼쳤다고 한다. 수륙병진에 심리전까지 준비하는 그들은 실로 궁합이 맞는 군신이었다. 고경을 사령관으로 하고, 하약필賀若弼, 한금호韓擒虎 등이 이끄는 수나라의 대군과 진나라의 군대는 애초에 승부가 되지 않았다.

이처럼 고경은 수나라 창업과 통일의 일등 공신이었다. 그 후 문제는 고경을 비난하는 말이 들려도 이렇게 대답했다.

"군신의 마음이 하나인데 유언비어가 우리를 이간할 수 없네."

하약필이나 한금호는 물론 양소楊素, 소위蘇威 등의 뛰어난 인물들을 등용한 사람이 고경이었고, 또 북방의 돌궐 문제를 해결한 이도 그였다. 그러나 수 문제가 태자를 폐하고 양광을 세울 때 고경이 장자를 폐하고 차자를 세우면 나라에 큰 혼란이 올 거라 반대하자 그를 유배시킨다. 산전수전 다 겪은 군신 간의 궁합도 후계자 선정 문제에서는 어찌할 수 없었다. 후에 고경은 양제의 폭정을 반대하는 고언을 올리다 죽임을 당하고 만다.

흔히 수 문제의 통치 시기를 '개황의 치開皇之治'라고 부른다. 치세가 대단했던 모양이다. 수나라의 황제들을 마땅찮게 여긴 당나라 때 쓰인 《수서隋書》에도, 문제를 '훌륭한 군주'라고 평가하는 것을 보면 그의 실력을 짐작할 수 있다. 그러나 그도 자기 자식을 알아보는 데는 실패했다. 《인물지》에서 말한 팔관의 이치를 곰곰이 새겨볼 일이다. 팔관의 이치가 말하는 것은 간단히 말해 '진심'이다. 진심을 가진 진짜인가, 아니면 사이비인가를 여러 가지 방법을 동원해서 알아보라는 것이다. 그러나 사람의 마음이란 영웅도 쉽게 파악하기 힘든 것인가 보다. 문제가 결국 양광을 후계자로 세우자 그 아들은 진나라의 2세만큼이나 빨리 아버지가 세운 나라를 와해시켰다.

그럼 후계자 선정에 어떤 일이 벌어졌던 것일까? 《수서》의 여러 부분을 편집해서 요약하면 내용은 이렇다. 결론적으로 문제 양견은 스스로 근신하고 백성들의 삶을 아끼는 면에서는 대단한 영웅이 분명했지만, 사람을 알아보는 면에서는 고집스러운 면이 있었다. 이것은 모두 자신의 경험 때문이었던 듯하다. 앞서 우리는 이윤이 《상서》에서 한 말을 읽었다. 그중에서도 중요한 내용은 '선왕께서는 남이 다 갖추지 못했다고 나무라지 않았다'는 부분이다. 대인은 자신의 장점을 남에게 반드시 주입시키려고 하지 않는다. 그리고 자신의 기준에 남을 맞추려 하지 않고, 그 사람의 진심이 무엇인지를 판단하는 데 힘을 쓴다. 그런 면에서 수 문제는 결함을 가지고 있었다.

문제가 처음 태자로 세운 장자 양용楊勇은 어려서부터 정사에 참여했는데 크게 보는 식견이 있었다고 한다. 그러나 양용은 화려한 것을 좋아하여 '촉개蜀鎧', 즉 촉의 철갑을 자주 입고 치장을 했던 모양이다. 양견이 어떤 사람인가? 산전수전 다 겪고 보좌에 오른 그는 이전 왕조의 멸망을 모두 분수를 모르는 사치 때문이었다고 생각하는 사람이었다. 그는 《상서》의 말을 이용하여 이렇게 말한다.

아들아, 듣건대, 하늘은 딱히 친하게 여기는 사람이 없다. 다만 덕이 있는 자를 친하게 여길 뿐이다. 역대 왕조의 제왕들을 보아라. 사치한 자 중 오래간 자가 있느냐? 만약 위로 하늘의 마음을 얻지 못하면 어떻게 아래 백성들의 마음에 부합하고, 그들 위에 있으면서 종묘를 보존하겠느냐?

참으로 옳은 말이다. 아버지 자신은 낡은 적삼을 입고 그 적삼이 헤어질 때야 바꾸었으며, 호구가 천만에 달해도 궁실을 개축하는 등의 일은 하지 않았다. 또 공처가 기질이 다분해 여자를 밝히는 사람도 싫어했다. 그러나 관리들을 감독할 때는 표독한 면이 있었고, 모든 정사를 스스로 관리하는 꼼꼼한 사람이었다.

그런데 양용은 여자도 좋아했다. 그래서 문제는 더 걱정이 심해졌다. 하루는 문제가 과거 자신이 입던 피 묻은 전포를 아들에게 보여주며 이렇게 말한다.

"이것은 내가 제나라 군대와 싸울 때 입은 것이다. 이 피는 내가 화살에 맞아 흘린 것이다."

부디 근검하고 항상 어려운 때를 생각하라는 당부다. 그러나 사람은 지나치게 몰아세우면 더 빗나가는 법인가 보다. 양용은 잔소리가 심한 아버지가 싫었다. 그럴수록 문제의 조바심도 더 커졌다. 이 기회를 이용한 사람이 바로 '진심'은 검지만 겉은 흰 동생 양광이었다.

양광의 행동은 매우 이중적이었다. 그는 형과 달리 윗사람의 마음을 끄는 행동이 무엇인지를 알고 있었다. 그는 자신의 왕부에 여자를 거의 두지 않고 아버지와 어머니의 마음을 끌었다. 그러나 후에 밝혀졌지만 양광과 같은 호색한은 고금에 드물었다. 일단 제위를 얻자 욕망의 봇물이 걷잡을 수 없이 터졌던 것이다. 그는 또 겉으로 근검하는 생활 태도를 보였다. 그리고 마지막으로 문제의 권신인 양소와 손을 잡고 음모를 꾸몄다. 태자가 무고를 하고, 아버지를 해치려 한다는 것이었다. 의심이 많은 문제는 밤에 화장실 갈 때도 겁을 냈는데, 이런 참소가 들어오자 당장 양용을 폐하고 양광을 태자로 세운다.

이것은 일생 동안 궁중 암투를 겪으면서 제위에 오른 문제 자신이 만든 변고였다. 인정으로 사람을 믿지 못하고 일단 의심을 하는 일에 이력이 난 노회한 정치가가 나이가 들어 기력이 쇠하자 그런 경향이 더 커졌던 것이다. 명군이라고 일컬어지는 청나라 강희제도 태자가 자신을 해하려 한다는 망상에 시달린 것을 보면 지나치게 세심한 사람들이 기력이 쇠하면 대체로 이런 행동을 하는 듯하다.

제위에 오르기 전 양광의 언행을 들으면 보통 사람들은 모두 그를 군자라고 생각할 수밖에 없다. 사냥을 갔다가 비를 맞게 되어 좌우에서 기름 먹인 비옷을 권하자 그는 "사졸들이 모두 비에 젖었는데, 내가 어찌 홀로 이것을 입겠는가"라고 말한다.

물론 이 사람이 운하를 파는 농민들을 물속에 빠트려 죽이고, 고구려를 공격할 함선을 만들던 장인들의 하체가 썩어 나가게 하면서도, 자신은 무수한 여자들을 데리고 남쪽으로 놀러 다니던 사람이다. 사졸이 비에 맞는 것을 걱정했던 이가 수만 명을 태연스레 죽이는 이 대단한 변신을 어떻게 이해할 것인가?

이뿐이 아니었다. 태자가 되기 전 그는 형을 몰락시키기 위해 갖은 연극을 벌이고 은밀히 뇌물로 대신들을 매수해 태자를 모함했다. 우문술宇文述은 양광의 사주를 받아 파당을 만들어 양용을 비난하는 말들을 뿌렸다. 이들이 양광을 칭찬하는 것은 당연지사였다. 양광은 또 태후에게 자신의 임지로 가기 전에 거짓 눈물도 뿌린다.

저는 제 자신의 모자람을 알아서 그저 형제의 정을 평생 지키기만을 바라는데, 어떤 이유로 동궁의 미움을 받아 헐뜯음을 당하고 언제 독살될까를 두려워할 지경이 되었는지 모르겠습니다.

문제는 급기야 양광이 뿌린 모함을 전적으로 믿게 되고 결국 태자를 폐위시킨다. 이렇게 형을 밀치고 태자가 된 이중인격자 양광은 제위에 오른 후 아버지와는 완전히 반대의 길을 간다. 이 사람은 원래 아버지의 행동이 못마땅했던 자다. 그래서 낙양의 궁을 건축하는 데 국가의 재력을 탕진하기 시작하더니, 무리하게 운하를 파느라 수많은 백성이 죽어나가도 아랑곳하지 않았다. 그는 궁녀들을 데리고 남방으로 놀러가는 것이 낙이었고, 또 이름을 세우느라 전쟁을 일으켰다. 고구려 원정 때 이미 후방은 반란을 준비하고 있었으니 나라가 멸망하는 것은 시간 문제였다.

이처럼 수 양제가 행한 일들은 모두 평소에 문제가 꺼려하던 행동이었다. 수 문제는 나름 고심 끝에 양광을 후계로 선택했지만 결과는 그가 의도한 것과는 정반대로 나타났다. 그렇다면 무엇이 문제였을까?

수 문제는 본질적으로는 술가의 인물이었지만 자신의 단점을 청절가의 좋은 점으로 보충하려 했다. 자신의 치세뿐 아니라 후계 선정에서도 그랬다. 그래서 화려한 것을 좋아하고 여자를 밝히는 양용을 버리고 양광을 선택했다. 그는 양광과 같은 사이비가 청절가의 자질이 있다고 오판한 것이다. 왜 그랬을까? 그것이 술가의 약점이다. 《인물지》는 술가의 지류인 지의지인智意之人은 "남의 속뜻을 헤아리는 능력을 판단의 척도로 삼는다. 그러나 예법과 교화의 일관됨은 귀하게 여기지 않는다"고 이야기했다.

수 문제는 권모술수를 꿰뚫는 능력은 있었지만 관용과 신뢰의 실제

의미는 몰랐다. 그러니 덕으로 스스로 감화시키는 것보다는 자꾸 가르치려 하고, 또 계속 의심했던 것이다. 그러자 큰아들은 비뚜로 나갔고, 작은아들은 아버지의 본성이 실은 술가에 가까운 것을 알고는 이를 역으로 이용한 것이다. 진정으로 청절가라면 믿음이 더 앞섰어야 할 것이다. 그랬다면 의심이 꼬리를 물고, 결국 아들에게 속는 비극은 없었을 것이다.

| 다 알 수 없다면 차라리 아끼고 믿는 것이 낫다: 당 태종 |

당 태종의 인재관에는 뭔가 특별한 것이 있다. 개성이 워낙 뚜렷해서 일반적인 인재 이론을 넘어설 때도 있다. 그는 청절가가 아니지만 청절가를 높이 샀다. 또 법의 가치를 알았지만 가혹한 사람을 멀리했다. 스스로 권모술수를 쓰는 것을 마다하지 않았지만 막상 사람들을 쓸 때는 원칙을 준수하는 사람을 선호했다. 큰 원칙을 중시했지만 각기 전문적인 기량을 가진 사람들을 곁에 두었다. 속으로 남의 마음을 넘겨짚는 일에도 능했지만 궁극적으로는 교화의 방법을 더 존중했다.

당 태종의 군주로서의 능력, 즉 사람을 적재적소에 잘 쓰는 것, 신하의 말을 잘 듣는 것, 신상필벌을 잘 실행하는 것에 관한 이야기는 앞에서 이미 이야기했다. 여기서는 그가 신하들로부터 충성을 이끌어내는 방식에 대한 것을 살펴볼 것이다.

《인물지》가 말하는 사람을 알아보는 여덟 가지 방법 중에도 가장 중요한 원칙은 '사랑[愛]과 공경[敬]에 대한 태도를 관찰하여, 다른 사람과 소통하는지 막히는지를 알아내는 것'이다. 태종은 사람을 쓸 때 공경보다는 사랑을 더 중시했다. 그러니 그의 부하들이 모두 목숨을 바쳐 충성했던 것이다. 사랑의 감정은 어디서 오는가? 누구나 인간다운 사람을 좋아한다. 인간다운 사람이란 바로 자신의 한계를 인정하는 자다. 자신의 한계를 인정하면 남의 한계도 인정하게 된다. 그러면 사람들은 그를 가까이 대한다.

《정관정요》는 당 태종의 철학을 담은 정치 교과서다.《정관정요》와 《당서》를 오가며 그의 원칙들을 확인해 보자.

> 태종이 소우蕭瑀에게 물었다.
> "수 문제는 어떤 군주라고 할 수 있습니까?"
> 그러자 소우가 답한다.
> "그는 욕정을 누르고 성실하게 나랏일을 보았습니다. 정무를 돌보는 데 시간을 잊을 정도였습니다. 인자하거나 지혜롭지는 않았지만 그는 전력을 다한 군자라고 들었습니다."
> 그러자 태종이 말한다.
> "나의 생각은 다르오. 천하는 넓고 일은 수도 없는데 어떻게 개인이 다 처리할 수 있겠소. 혼자서 수없이 일을 처리한다고 해도 어떻게 틀린 것이 없겠소. 틀린 것이 쌓이면 어떻게 나라에 좋은 일이 있겠소. 많이 하여 틀리는 것보다 틀리지 않고 적게 처리하는 것이 낫소. 왜 널리 현명하고 훌륭한 재능을 가진 사람을 찾아 그에게 지위를 주어 일을 맡기지 않는단 말이오?"

이것은 대단한 통찰이다. 군주가 옳다고 하면 누가 감히 그르다고 하겠는가? 그러나 군주가 계속 자신이 옳다고 하면 사람들은 그가 두려워 공경할 수는 있어도 사랑하지는 않는다. 속으로 '그래 너 혼자 다 해먹어라'고 생각할 뿐이다. 수 문제가 그토록 뛰어났지만 수나라가 단명한 것은 한 사람이 일을 너무 많이 했기 때문이다.

《정관정요》의 많은 부분이 위징과 태종 사이의 대화로 채워져 있다. 그 위징은 원래 태자였던 형 건성의 신하로 태종을 일찍 제거하여 화근을 없애자고 한 인물이다. 장손무기는 위징이 태종의 중임을 얻어 연회에 참여하자 이렇게 말했다.

"위징은 옛날 태자를 섬겨서 저희들은 그를 원수처럼 대했는데, 오늘 그와 함께하게 될 줄은 생각도 못했습니다."

이에 태종이 "위징은 나의 적이었지만, 과거에 자신의 주군을 전심전력으로 섬겼소. 칭찬할 만하지 않소?"라고 대답한다.

위징은 너무 감격해서 그 자리에서 충성을 맹세했다. 태종은 상대방이 처한 상황을 헤아릴 줄 알았다.

당나라 최고의 명장 이정李靖도 마찬가지다. 그는 원래 수나라를 도와 당 태종의 아버지 이연李淵을 막으려고 했던 인물이다. 이연은 장안을 점령하자 이정을 당장 죽이려 했다. 그때 "지금 대업을 이루려는데 인재를 죽이면 어떻게 합니까"라며 이정을 살린 사람이 태종이었다.

태종은 이런 식으로 많은 인재들을 긁어모았다. 그는 일단 인재를 얻으면 사랑으로 대했다. 어쩌면 그에게 등을 돌리려 했던 사람들도 그와 마음이 통하자 돌아서지 못했다.

그는 나이든 명장 이적李勣이 잠이 든 것을 보고 감기가 들까 자신의 옷을 입혔다. 이적은 깨어나서 감동하지 않을 수 없었다. 창의 명수 위지경덕尉遲敬德이 반란하려 했다는 모함을 받자 그런 참소를 일소에 부친 것도 그였다. 그런 모함을 받은 위지경덕이 화가 나서 옷을 벗고 자신이 태종을 위해 싸우며 입은 상처를 보여주자 태종은 눈물을 흘리며, "나는 그대를 의심하지 않는다"며 만류했다. 사람의 인정이란 은혜를 입으면 갚고자 하는 것인데, 인재들의 마음은 더욱 그렇다.

돌궐 왕자인 아사나사이阿史那社爾는 고구려 침공 때 돌궐군을 이끌고 참전했던 인물로, 태종의 부마이기도 했다. 또 그는 당나라가 서역을 점령할 때 매우 큰 역할을 했던 사람이다. 그런데 태종이 죽자 이 사람은 황제의 능침을 지키기 위해 함께 따라 죽으려 했다. 그들 둘 사이의 우정은 신하와 군주 사이의 우정을 넘어서는 바가 있다. 태종은 이런 변방의 이민족 사나이를 여럿 거느리고 있었고, 그들은 태종을 어버이처럼 대했다. 이렇게 중국의 황제를 진심으로 존경한 초원의 영웅들은 이후에는 없다. 흉노인들은 중국인들을 조그마한 집에서 사는 짐승 같은 존재로 여겼고, 선비인들과 몽골인들도 이들을 방목의 대상으로 여겼다. 그러나 태종 주위에는 돌궐에서 거란까지 종족이 다른 수많은 인물들이 모여 있었다. 그는 실로 국제적인 영웅이었다.

하지만 시간이 흐르면서 당나라는 이런 국제적인 인재들을 용납하기 어려워진다. 황실을 강하게 한다는 이유로 권신들은 이들을 항상 변방에 두고 끊임없이 의심했다. 또 변방에서 힘을 기른 이들도 나름대로의 속셈이 있었다. 당나라 침체기의 신호라고 보는 안사의 난도 작은 의미에서는 양귀비의 친척인 양국충楊國忠이 계속 안녹산을 의심했기 때문이다. 그러니 호락호락 당할 안녹산이 아니었다.

당 태종 시기 군주와 신하 사이에 오가던 사랑과 충성은 이 시기가 되면 이제 사랑과 충성의 형식만 남게 된다. 《인물지》의 표현대로 하면 '경'이 '애'를 앞서는 사람들이 출현한다. 현종과 양귀비의 총애를 한껏 받았으나 결국 난을 일으켜 당나라를 쇠퇴의 길로 이끈 안녹산의 경우가 바로 그렇다.

안녹산은 아버지와 어머니가 모두 이민족 출신이고 젊어서 무역 중개인을 한 덕택에 여섯 개 나라말을 할 수 있었다고 한다. 그래서 중국 동북 지방의 이민족들을 다스리는 데 뛰어난 능력을 보여 현종의 신임을 얻는다.

사서는 그를 겉으로는 어리석고 우직한 척했지만 속은 교활하고 간특한 사람이었다고 표현하고 있다. 그는 무척 살이 쪄 뱃살이 무릎을 지나칠 정도였는데, 한번은 황제가 농담으로 "그 오랑캐 뱃속에는 무엇이 들어 있기에 이렇게 큰가"라고 묻자, "다른 것은 없고 단지 일편단심만 있을 뿐입니다"라고 대답할 정도로 황제 앞에서 민첩하게 응대하고 농담도 잘 섞었다.

그는 양귀비의 양아들이 되어 양귀비의 총애를 받았고, 황제 또한 그를 위해 집을 지어주기까지 했다. 당시 열 곳의 절도사 가운데 세 곳의 절도사를 겸임하면서 당나라 병력의 40퍼센트를 장악할 정도로 위세를 누렸다.

하지만 재상 양국충과의 갈등으로 결국 반란을 일으킨다. 이 사건으로 말미암아 당 현종은 수도 장안을 떠나 몽진을 가고, 양귀비도 목 졸려 죽게 된다. 결국 8여 년에 걸친 안녹산의 난은 평정되지만, 이후 당나라는 지방의 절도사들을 제압할 힘을 잃고 쇠퇴의 길로 들어선다.

이렇듯 어떤 사람이 진정한 인재인지 아니면 가짜 인재인지를 금방 구별하는 것은 쉬운 일이 아니다. 그래서 진정 사람을 안다는 말은 훌륭한 인재를 알아보는 능력과 아울러 가짜 인재를 가려낼 수 있는 능력을 겸비할 때 비로소 쓸 수 있는 말이다.

그러나 안녹산이 원래 그렇게 음험한 인물이었을까? 사서의 기록처럼 원래 본성이 간특한 사람일 수 있다. 하지만 그가 그렇게 행동한 이유는 기본적으로 의심을 받았기 때문이다. 의심을 받으면 마음이 떠날 수밖에 없다. 안녹산의 난을 평정하는 데 힘을 썼던 이민족 무장 중 복고회은僕固懷恩이라는 사람이 있다. 그 역시 조정의 의심을 받자 반란을 일으켰다.《인물지》에서 말하듯이 의심하기 시작하면 끝이 없는 것이다.

《당서》는 변방의 장수들이 글을 읽지는 않았어도 순박함과 충성스러움이 중원 사람들을 넘는다고 기록해 두었다. 그러나 시절이 지나 안녹산도 아사나사이와는 이미 다른 사람이었고, 현종도 태종과는 다른 인물이었다. 아첨을 하는 안녹산의 대답은 순박하지 않았고, 장수를 희롱하는 현종의 태도도 태종의 말처럼 인정스럽지 않았다. 인재를 감별하는 여덟 가지 기준을 태종에 비추어 본다면 그의 기준은 '사랑'이다.

10

인재를 감별할 때 흔히 범하는 오류는 무엇인가
칠류七繆

인재를 감식하고 평가할 때 자주 발생하는 일곱 가지 오류에 대해 설명한다.

'능력에 따라 적재적소에 사람을 쓴다'는 말은 비단 인사 관련 업무에 몸담고 있는 사람이 아닐지라도 누구나 다 공감하는 이야기일 것이다. 하지만 원칙을 안다는 것이 곧 실천을 의미하지는 않는다. 일단 사람들의 서로 다른 능력을 객관적으로 파악하는 일이 어렵고, 여기에 인사권자 개인의 주관적인 애호가 개입되기 때문이다. 그래서 인사권자 자신은 적재적소에 사람을 썼다고 생각하고 그에 맞는 결과를 기대하지만, 현실은 종종 기대하는 것과 정반대의 결과를 초래하기도 한다.

그런데 이런 인재 임용에 관한 오류는 비단 어리석은 군주만이 아니라 비범한 사람에게도 나타난다. 《삼국지》의 영웅 제갈량도 마속을 잘못 써서 이전의 공을 다 날렸다. 하지만 객관적으로 보면 마속이 뛰어난 인재가 아니었다고는 말할 수 없다. 마속은 제갈량을 따라 촉으로 들어간 이래 여러 차례 계책을 내어 촉군이 승리하는 데 기여했다. 특히 남만을 정벌할 때 마속은 다음과 같은 계책을 내놓는다.

남만은 스스로 땅이 멀고 산의 험준함을 믿고 늘 돌아서니, 이번은 평정해도 다음에 또 반란을 일으킬 것입니다. 승상의 대군으로 반란을 평정하고 만약 철수하여 후에 북벌에 나서게 되었을 때 그들이 만약 우리의 허를 안다면 반드시 다시 돌아설 것입니다. 무릇 용병의 도는 '공심을 최고로 치고[攻心爲上], 공성을 아래로 칩니다[攻城爲下]. 심전을 최고로 치고[心戰爲上], 병전을 아래로 칩니다[兵戰爲下].' 바라건대 승상께서는 마음을 복종시키면 충분합니다.

그래서 나온 것이 맹획을 일곱 번 놓아주고 일곱 번 생포한 '칠종칠금七縱七擒'의 계책이다. 제갈량은 맹획의 마음을 복종시킨 후 맹획을 비롯한 현지의 모든 수령들을 지방장관으로 임명했다. 이로 인해 남쪽이 안정된 촉은 북벌의 기반을 다질 수 있었다. 사서도 맹획의 남만은 제갈량이 세상을 떠날 때까지 한 번도 반란을 일으키지 않았다고 쓰고 있다.

이로 보건대 마속은 제갈량을 보좌하는 모사로서는 나무랄 데 없는 뛰어난 인재였다. 하지만 장수로서의 능력은 문제가 있었다. 일단 그는 실전 경험이 없었고 장수로서 가져야 할 덕목도 부족했다. 그럼에도 제갈량은 그를 선봉의 총대장으로 임명했다. 아마도 마속이 자신이 시킨 일 정도는 해낼 수 있을 것이라고 생각했을 것이다. 그리고 혹시 있을지 모를 변수를 생각해서 경험 많은 왕평王平을 부장으로 붙여주었다. 하지만 마속은 제갈량의 당부를 저버리고 자신의 재능을 과신해 결국 일을 그르친다.

이는 결과적으로 보면 뛰어난 인재도 잘못된 임무 배치로 실패할 수 있다는 사실을 보여준다. 제갈량 같은 천재도 마속의 일을 예측하지 못하고 잘못 썼으니 보통 사람의 경우는 어떨까?

사실 '지인의 어려움[知人難]'이라는 인식은 요순시대부터 오늘날까지 계속되는 화두다. 춘추시대 이래로 많은 사상가들이 인재 선발의 잘못과 그 원인에 대해 여러 이야기를 해왔지만《인물지》만큼 체계적이지는 못했다.《인물지》의 열 번째 장 〈칠류〉는 일곱 가지 오류라는 뜻으로 인재의 능력을 평가하는 데 오류가 발생하는 이유를 체계적으로 설명하고 있다. 그럼《인물지》의 이야기를 들어보자.

| 명성으로 실력을 가늠한다 |

첫째, 인물의 명성을 편파적으로 받아들이는 잘못이 있다[察譽有偏頗之繆].

여기서 편파란 주위의 평판만 듣고 그 사람을 평가할 때 생기는 오류를 말한다. 평판이 좋으면 인재라고 생각하고, 그렇지 않으면 문제가 있는 사람으로 생각한다. 그래서 자신이 보기에 그렇지 않다고 하더라도 남이 그렇게 주장하면 자신의 생각에 의심을 품고 남의 말을 따라가게 된다.

그런데 평판이라는 것이 항상 옳은가? 평판이란 윗사람의 평판도 있고, 동료의 평판도 있으며, 아랫사람의 평판도 있다. 그래서 윗사람의 편애를 받아도 아랫사람의 신임을 잃으면 명예가 훼손되고, 아랫사람의 존경을 받아도 윗사람의 신임을 잃으면 나아가도 중용되지 못한다. 그래서 이 셋을 다 고려하지 않고 어느 한쪽만의 평판을 취했을 때 오류가 생긴다는 것이다.

그런데 또 하나의 문제가 있다. 유소는 모든 사람이 이구동성으로 칭찬을 해도 그 사람이 인재가 아닐 수 있고, 또 모든 사람이 이구동성으로 아니라고 해도 그 사람이 인재일 수 있다고 말한다. 왜일까? 바로 당파와 붕당 때문이다. 즉, 사사로운 이익으로 야합해 칭찬하거나 비방하는 경우가 있을 수 있기 때문이다. 역사상 정직하고 올바른 인재들이 이런 붕당의 폐해로 사라져 간 경우는 무척 많다. 강태공의《육도》는 이를 정확하게 지적하고 있다. "이름만 가지고 사람을 쓰면 큰 붕당을 가진 사람들만 등용되게 되고, 허명만 취할 뿐 실질은 없게 된다"고 지적한다.

그래서 귀로 듣고 취합한 내용이 많다고 해서 그것을 곧이곧대로 믿는 것이 명성만 살피는 데서 비롯되는 오류인 것이다. 공자도 "다른 사람에 대해 말할 때 누구를 비난하고 누구를 칭찬하겠는가? 만일 칭찬할 것이 있으면 사실을 살펴본 연후에 한다"라고 했다.

| 자신의 기준으로 판단한다 |

둘째, 사람들을 대하면서 자신의 좋아하고 싫어하는 기준에 따라 사람을 잘못 평가하는 미혹이 있다[接物有愛惡之惑].

원래 사람이란 절대적으로 좋은 사람도 없고 절대적으로 나쁜 사람도 없다. 나쁜 사람도 좋은 점이 있기 마련인데, 만약 그 좋은 점을 내가 좋아한다면 그가 나쁜 사람임을 망각하게 된다. 앞서 말한 제갈량과 마속의 경우도 이와 마찬가지다. 마속은 제갈량의 지모는 갖고 있었으나 제갈량의 신중함은 갖고 있지 못했다. 하지만 제갈량은 기본적으로 마속과 같은 스타일이다. 그래서 마속이 지닌 참모로서의 능력을 높이 사고 그 장점만을 보다가 마속의 경솔한 성정을 살피지 못한 실수를 범한 것이다.

이와 마찬가지로, 좋은 사람도 단점이 있기 마련이다. 그런데 그 단점이 부각되면 결국 그 사람을 싫어하는 마음이 생기게 된다. 이것이 객관성을 잃고 좋아하고 싫어하는 감정에 미혹되어 사람을 잘못 판단하는 이유 중 하나다.

사람은 감정의 동물이니 가끔 감정에 현혹되어 올바른 판단을 하지 못할 수도 있다. 그런데 최고 리더가 이런 감정에 휘둘리면 리더의 심리를 재빠르게 간파하는 능력을 가진 간신들이 판을 치거나, 요령 없는 우직한 신하는 불우한 결말을 맞게 된다. 《인물지》가 사람을 아는 일을 성인의 일로 시종일관 이야기하는 것도 감정에 미혹되는 인간의 특성을 이해했기 때문이다.

| 포부의 크기가 중요한 것은 아니다 |

셋째, 사람의 심지를 헤아리면서 그 크기의 대소로만 판단하는 오류가 있다[度心有大小之誤].

여기서 마음[心]은 두 가지 의미를 가지고 있다. 하나는 사람이 마음속에 품은 뜻을 말하고, 다른 하나는 일을 할 때의 심리적 상태를 말한다. 그래서 마음에 품은 뜻이 넓고 크지만, 겸손하고 신중한 사람이 가장 훌륭한 인재다. 유소는 마음에 품은 뜻과 심리적 상태라는 각도에서 다음 네 가지 인재 유형을 제시한다.

> 마음이 신중하고 뜻이 큰 사람은 성현의 범주에 속하고, 마음도 크고 뜻도 큰 사람은 호걸이며, 마음은 크나 뜻이 작은 사람은 오만 방자한 자고, 마음도 작고 뜻도 작은 사람은 구애되고 나약한 자다.

즉, 유소가 이야기하고자 하는 것은 사람의 마음을 살피는 데 반드시 그 뜻의 크기와 더불어 심리적 상태까지 함께 고려해야 한다는 것이다. 그래서 "뭇사람들은 인재를 살피면서 마음이 신중한 것을 작아서 볼품 없다 여기고, 그 뜻이 크면 장하다고 여기는데, 이것이 심지의 크고 작음으로만 판단해서 생기는 오류다"라고 지적한다.

그런데 이런 오류를 은폐의 수법으로 역으로 이용하는 사람들도 있다. 대부분 뜻이 있으나 세력이 약할 때 자신의 본심을 숨기고 상대의 경계심을 풀기 위해 사용하는 방법이다.

유비가 조조에게 의지하고 있을 때, 조조는 유비의 마음을 떠보기 위해 "영웅이란 모름지기 가슴에 큰 뜻을 품고 뱃속에 큰 계획을 숨기고 하늘을 감쌀 듯한 기개와 땅을 삼킬 만한 기량을 가지고 있는 사람이라야 하오. 지금 천하의 영웅이라고 하면 아무리 둘러보아도 영웅은 우리 둘뿐이오. 원소는 우리와 비교할 수 없지요"라고 말한다. 유비 또한 이 말의 의미를 아는 사람이다. 깜짝 놀라 들고 있던 젓가락을 떨어뜨린다. 그런데 때마침 하늘에서 천둥소리가 크게 났다. 유비는 자신의 거동이 의심을 살까 얼른 둘러대며 말한다.

"천둥소리 한 번에 젓가락을 떨어뜨렸습니다그려."

이렇듯 짐짓 놀라는 척 꾸며 조조를 안심시킨다. 유비는 뜻은 크지만 마음 씀은 섬세한 면이 있었다.

초한 쟁패의 시기 유방도 이런 은폐의 술로 항우의 의심에서 벗어난 경우가 있었다. 잘 알려진 것처럼 항우와 유방이 천하를 놓고 다툰 싸움에서 초반전은 항상 항우의 승리였다. 비록 유방이 관중에 먼저 진입하여 진나라를 멸망시켰지만 여전히 힘의 우위는 항우에게 있었다. 당시 항우에게 대적할 힘이 없었던 유방은 어떻게든 항우의 의심권에서 벗어나 자신의 세력을 키우는 것이 급했다. 그래서 장량의 계책에 따라 항우에게 납작 엎드려 충성을 맹세한 후 겨우 항우의 칼날을 피한다.

하지만 항우에게 유방은 여전히 거슬리는 존재였다. 그래서 유방을 한왕漢王으로 삼아 중원과 떨어진 파촉과 한중으로 보내버린다. 지도를 보면 잘 알겠지만 지금의 사천四川에 해당하는 이 지역은 한 번 들어가면 나오기 힘든 곳이다.

술가의 고수 장량은 여기서 또 한 번 은폐의 술을 발휘한다. 유방이 자신의 봉국으로 갈 때 장량은 "대왕께서는 지나가는 곳의 잔도棧道를 불태워 끊어서 천하 사람들에게 동쪽으로 돌아올 뜻이 없음을 보여주고, 그것으로써 항왕의 마음을 안정시키십시오"라고 권유한다. 유방이 장량의 말대로 지나온 잔도를 모두 불태워 한중에서 나올 마음이 없음을 보이자 항우는 비로소 유방에 대한 의심을 풀게 된다. 하지만 결과는 어떠했나? 유방은 한중에 들어가 한신을 등용하고 군사를 길러 방심한 항우를 공격하여 마침내 천하를 얻게 된다.

반면 뜻은 있으나 마음가짐이 세심하지 못한 이들도 있다. 《인물지》는 이들을 오만하다고 말한다. 5대10국시대 후진後晉의 경연광景延廣은 당시 북방의 최강자인 요遼의 태종 야율덕광耶律德光에게 말한다. "우리는

10만의 횡마검을 준비해 두었다. 오랑캐 따위는 무섭지 않다." 이에 태종이 분노해서 쳐들어오니 10만은커녕 제대로 맞서지도 못하고 나라가 결딴이 났다. 《인물지》는 이런 것을 경계하고 있다. 뜻이 장대하니 듣기에는 얼마나 좋은가? 그러나 세심한 마음의 준비도 없이 뜻만 내세우다가는 조직을 박살낼 수 있다.

| 성취의 빠르고 늦음으로 평가한다 |

넷째, 사람의 자질을 평가하면서 성취의 빠르고 늦음으로만 판단하는 오류가 있다[品質有早晚之疑].

신동이라는 말도 있지만 대기만성이라는 말도 있다. 이는 사람의 재질에 따라 성취의 빠르고 느린 점이 있다는 말이다. 유소는 재질의 빠르고 느림에 따라 네 가지 유형으로 나눈다.

재지才智가 일찍 발휘되어 빨리 성공하는 사람이 있고, 늦게 발휘되어 늦게 성공하는 사람이 있다. 어려서도 재지가 없고 늙어서도 끝내 아무것도 이루지 못하는 사람도 있고, 어려서부터 뛰어나다 결국 출중한 인물이 되는 사람도 있다.

이는 사람의 재질을 평가할 때 과거와 현재, 그리고 앞으로의 발전 가능성 등을 종합해서 판단해야 한다는 것을 말하고 있다. 그런데 이를 고려하지 않고 눈앞에 드러난 현상만 보고 그 사람을 평가할 때 비롯되는 오류가 있다.

이런 경우는 특히 대기만성의 인재에게 많이 보인다. 다음은 《삼국지》〈강표전江表傳〉에 나오는 이야기다.

오나라 장수 여몽은 지략이 뛰어난 장수로 황조黃祖 토벌과 적벽대전 등의 일련의 싸움에서 전공을 올렸으나 교양은 전혀 갖추지 못했다. 그래서 손권이 "경이 요직에 앉아 일을 하고 있으니 이제는 공부 좀 하라"고 권한다. 하지만 여몽은 군대 일이 많다는 핑계를 대고 공부하지 않았다.

그래서 손권이 말했다.

"내가 어찌 경이 경전을 연구하여 박사가 되기를 바라겠는가? 다만 폭넓게 책을 훑어보아, 지나간 일이라도 알게 하려 할 따름이다. 경이 많은 임무가 있다고 말하지만, 누가 나보다 더 일이 많겠는가? 내가 늘 책을 읽는 것은 크게 이로움이 있다고 생각하기 때문이네."

그래서 여몽은 공부를 하기 시작한다. 훗날 노숙이 여몽과 만나 이야기하다 깜짝 놀라 말한다.

"경은 이제 재능과 지략을 갖추었으니 더는 현과 같은 작은 고을에 썩고 있을 여몽이 아닙니다."

그러자 여몽은 다음과 같이 말한다.

"선비는 3일만 떨어져 있어도 눈을 비비고 다시 상대한다는데[刮目相對], 노형께서는 사리를 이해하는 것이 어찌 이렇게 더디시오?"

이후 여몽은 노숙에 이어 대도독이 된다. 진수는 여몽을 '용맹하면서도 지략에 능했으니, 무장으로써 그만한 인물은 없었다'고 평했다. 여몽의 경우처럼 인재는 발전할 수 있다는 사실을 간과하면 자칫 인재를 놓치는 우를 범할 수 있다.

| 자신과 다르다고 배척한다 |

다섯째, 사람을 변별하면서 자신과 비슷한 부류를 좋아하고 다른 부류를 배척하는 오류가 있다[變類有同體之嫌].

　사람이 명리를 구하고 손해는 피하고자 하는 것은 인지상정이다. 그리고 누구나 일 잘한다는 평판을 얻고자 한다. 그래서 자신과 같은 재질을 가진 사람끼리 서로서로 장점을 추켜세우고 다른 장점을 가진 사람을 깎아내려, 자신들의 재질이 남보다 뛰어나다는 것을 드러내고자 한다. 그러니 같은 유형의 사람끼리 칭찬하는 말은 항상 과할 수 있다. 예를 들면 영업 직종의 사람들은 영업이 최고라고 하고, 관리 직종의 사람들은 관리 직종이 가장 중요하다고 서로 이야기한다.

　그런데 더 큰 문제는 다른 데 있다. 일반적으로 사람은 자신과 같은 재질을 갖고 있으면 서로 추켜세운다 하더라도, 막상 서로 비교하거나 경쟁할 때 자신을 낮추려고 하는 사람은 거의 없다. 그래서 성향이 같고 재능에 차이가 있으면 서로 이끌어주고 의지하지만, 그렇지 않은 경우는 서로 경쟁하며 상대를 해칠 수도 있다. 방연이 손빈을 해친 것도 그렇고, 이사가 한비자를 해친 것도 이 때문이다.

　《후한서》〈양수전楊修傳〉의 '계륵鷄肋'의 고사로 잘 알려진 양수의 경우도 마찬가지다. 양수는 명문가 출신으로 조조 군대의 문서와 장부를 관할하는 주부主簿로 일했다. 그는 《인물지》가 말한 예리한 관찰로 사물의 미세한 움직임을 알아챌 수 있는 달식지재達識之材였다.

　한번은 조조가 집에 대문을 세우고는 그것을 돌아보고 그 대문에다 '활活' 자를 하나 써 놓고 들어갔다. 그것을 본 양수는 즉시 그 대문을 줄여 다시 세우도록 했다. 문門 안에 활 자가 있으니 이는 '넓을 활闊' 자가 아닌가? 대문이 너무 크다고 조조가 나무랐기 때문이다.

또 조조가 유비와 한중 땅을 놓고 싸울 때, 조조는 진격이냐 후퇴냐 결정을 내릴 수 없는 곤경에 빠져 있었다. 장군들도 계속 전진하는 것이 좋을지 아니면 한중을 그냥 지키는 것이 좋을지 누구도 모르고 있었다.

그러던 어느 날 조조는 영채를 나가다가 갑자기 '계륵'이라는 말을 했다. 다른 장군들은 그게 무슨 말인지 몰랐으나 양수만은 "닭의 갈비는 살이 적어 먹을 것은 없지만 그대로 버리기는 아까운 것이다. 결국 이곳을 버리기는 아깝지만 대단한 땅은 아니라는 뜻이니 버리고 돌아갈 결정이 내려질 것이다"라고 하며, 군사들에게 남몰래 돌아갈 준비를 하도록 지시했다. 과연 얼마 지나지 않아 조조는 며칠 뒤 철수하라는 명령을 내렸다.

그런데 《삼국지연의》에서는 이때 조조가 군심을 어지럽혔다는 이유로 양수를 죽였다고 하지만, 정사에서는 문벌 출신이었던 양수가 조조의 아들인 조비와 조식曹植의 후계 싸움에서 조식 편에 있었기 때문에 조비의 미래를 위해 죽였다고 한다. 아무튼 조조가 자신의 마음이 들킨 이 사건을 결코 탐탁해 하지 않았음은 짐작할 수 있다.

원소가 자신의 마음을 읽어주는 사람을 좋아했다면 조조는 그 반대였다. 그의 유명한 "차라리 내가 세상을 저버릴지언정 세상이 나를 저버리게 하지 않겠다[寧教我負天下人, 休教天下人負我]"는 말에서 알 수 있듯이, 조조는 자신보다 뛰어난 사람을 좋아할 수 없는 사람이었다. 특히 출신 배경이 자신보다 좋았을 때는 더욱 그랬다. 앞에서도 이야기했듯이 조조는 〈구현령〉을 통해 자신이 인재를 좋아한다고 했지만, 자기가 쓸 수 없는 인재나 자신의 통치나 이익에 위협을 주는 사람들은 가차 없이 제거했다.

조조 같은 인물도 재주를 경쟁하게 되면 상대를 해치기도 한다. 그러니 보통 사람들은 어떻겠는가? 자신과 비슷한 사람들을 처음에는 이끌지만 나중에는 싸우게 되는 것은 참으로 흔히 있는 일이다.

｜ 지금 처한 상황으로 평가한다 ｜

여섯째, 재질을 논하면서 신세가 펴지거나 쪼그라드는 것에 따라 평판이 변하는 것을 고려하지 못하는 오류가 있다[論材有申壓之詭].

사람이란 잘나갈 때와 못 나갈 때가 있다. 그런데 재질이 뛰어난 사람은 잘나갈 때나 못 나갈 때나 한결같이 겸손하게 노력하여 칭찬을 받거나 절개를 밝게 드러낸다. 그런데 문제는 보통 재질의 사람이다. 이들은 세상의 흐름에 따라 영욕이 부침하는 사람들이다. 잘나갈 때는 이리저리 베풀 수 있기 때문에 도움을 받은 사람들이 그 사람을 당연히 추켜세울 것이다. 그래서 큰 재주가 없어도 그런대로 이름을 날릴 수가 있다. 하지만 못 나갈 때는 베풀고 싶어도 돈이 없고, 누군가를 이끌어주고 싶어도 권세가 없다. 그러니 주변에 칭찬하는 사람보다는 원망하거나 비난하는 사람이 많게 된다. 같은 재질을 갖고 있어도 이처럼 잘나갈 때와 그렇지 못할 때의 결과가 다를 수 있다.

유소는 여기서 한 발 더 나아가 인재에 대한 평판을 고려할 때 개인의 경제 상황뿐 아니라 사회 전체의 경제적 상황과 사회관계도 아울러 고려해야 한다고 주장한다. 왜냐하면 사회 전체가 어려워 모두가 가난해지면 궁핍에 따른 걱정거리로 누구라도 베풂을 통해 좋은 평판을 얻기 어렵기 때문이다.

또 주변에 지지해 주거나 도와주는 이가 있으면 잘나갈 수 있지만, 도와주는 이는 없고 오히려 누를 끼치는 사람만 있으면 뛰어난 재능을 가진 사람도 일을 이루기가 힘들다고 말한다. 속된 말로 뒷배가 든든하면 출세가 쉽지만 그렇지 않으면 자리 지키기도 어려운 세태를 말한 것이다.

그래서 전체 상황을 보고 사람을 평가해야지 단순히 개인이 현재 처한 상황만을 보고 평가하는 우를 범해서는 안 된다는 것이다. 소진이 가난했을 때 형수가 그를 모욕했는데, 그가 금의환향하자 머리를 조아릴 수밖에 없었다는 고사가 있다. 소진은 일세의 외교가였지만 그가 가난했을 때는 알아주는 사람이 없었다. 진나라 통일의 기틀을 다진 백리해는 시집가는 여자의 시종으로 따라가기도 했고, 진나라 목공이 그를 얻기 위해 지불한 몸값은 고작 양가죽 다섯 장이었다고 한다. 그러나 그 인물이 얼마나 대단했던가? 하북의 원소 일가는 명문거족으로 화려할 때는 모두 영웅이라고 칭송했지만, 막상 끈 떨어진 갓이 되자 그들의 행동은 또 얼마나 하찮았던가? 깊은 심지를 가진 사람은 당장 처한 상황으로 판단해서는 안 된다.

| 보이는 것으로 판단한다 |

일곱째, 기발한 점을 관찰하면서 그 겉만 보고 진짜 출중한 인재인지 아니면 겉만 화려한 허탕인지를 제대로 파악하지 못하는 실수가 있다 [觀奇有二尤之失].

사실 어느 정도 뛰어난 인재들은 형체와 기질이 밖으로 드러나기 때문에 관찰할 때 비교적 실수가 적다. 하지만 특별히 뛰어난 것처럼 보이는 인재의 경우에는 사정이 다르다. 그중에는 진정으로 뛰어난 사람[尤妙之人]이 있는 반면에, 겉만 화려하고 내실은 없는 사람[尤虛之人]도 있기 때문이다. 그런데 보통 사람들은 겉모습이 초라하면 능력 없는 인물로 여기고, 있는 그대로를 다 내보여도 내실이 없다고 의심한다. 반면 겉모습이 수려하면 대단한 인물이라고 여기고, 정교하게 잘 꾸미면 진실하다고 여긴다.

한신이 평민 시절 빨래하는 아낙네한테 밥을 얻어먹고 "내 언젠가는 이 은혜에 반드시 보답하겠소"라고 했을 때, 아낙네는 "사내대장부가 제 힘으로 살아가지 못하기에 내가 가엽게 여겨 밥을 주었을 뿐인데 어찌 보답을 바라겠소"라고 했고, 동내 불량배의 가랑이 사이로 기어갈 때 모두들 그를 겁쟁이라고 비웃었다. 하지만 한신이 초왕楚王이 되어 빨래터의 아낙네에게 천금을 내리고, 자신을 욕보인 젊은이를 불러 초나라의 벼슬을 줄지 누가 알 수 있었겠는가?

하지만 진정 뛰어난 인재인 줄 알고 등용했는데 실은 허탕인 경우도 많다. 지상병담紙上談兵의 조괄이 그렇다. 이런 경우가 대부분 사이비 인재다.

그렇다고 실수를 줄이기 위해 인재를 발탁할 때 시간을 갖고 순서를 밟아 차근차근 관찰하면 어떤가? 이 경우에는 뛰어나게 허탕인 사람은 추려낼 수 있겠지만, 진정 걸출한 인물의 재능을 알아내기는 힘들다. 왜냐하면 재능이 월등하게 뛰어나면 보통 사람으로서는 도무지 그 재능을 식별할 방법이 없기 때문이다.

다음의 '한신과 소하의 고사'는 탁월한 인재란 진정으로 그 능력을 알아줄 사람이 있을 때에야 비로소 진정한 인재로 태어난다는 사실을 잘 말해준다.

　　한신은 처음 항우 밑으로 들어가 낭중이 되어 수차례 계책을 올렸으나 받아들여지지 않아 항우를 떠난다. 그리고 유방이 촉으로 들어가자 한나라로 귀순한다. 하지만 그의 이름이 알려지지 않았기 때문에 처음에는 창고 관리라는 보잘것없는 직책을 맡는다. 하후영夏侯嬰이 추천하자 유방은 그를 치속도위로 삼기는 했지만 비범한 인물로 여기지는 않았다. 단지 소하만이 그가 뛰어난 인물임을 알아본다. 소하가 여러 번 추천했으나 유방이 등용하지 않자 한신은 또 달아난다.

　　한신이 달아났다는 소식을 듣자 소하가 그를 뒤쫓는다. 그리고 며칠 뒤에 소하가 돌아와 유방을 찾으니, 유방이 묻는다.

"그대는 어째서 도망갔소?"

"신은 도망친 게 아니라 도망친 자를 쫓아갔던 것입니다."

"그대가 뒤쫓은 자가 누군가?"

"한신입니다."

　　그러자 유방은 "장수들 가운데 도망친 자가 수십 명이나 되는 데도 그대는 쫓아간 적이 없소. 한신을 뒤쫓았다는 것은 거짓이오."

　　그러자 소하는 "왕께서 계속 한중의 왕으로 만족하신다면 한신을 문제 삼을 필요는 없습니다만, 반드시 천하를 놓고 다투려 하신다면 한신이 아니고서는 함께 일을 꾀할 사람이 없습니다"라고 하며, 계속해서 한신과 같은 인재를 등용하지 않으면 떠날 것이라고 말한다.

　　할 수 없이 유방이 "그대를 보아 장수로 삼겠소"라고 하자, 소하는 "장수로 삼을지라도 한신은 머무르지 않을 것입니다"라고 한다.

결국 유방은 "그러면 대장군으로 삼겠소"라고 말하고 한신을 예를 갖추어 대장군으로 삼게 된다.

이처럼 아무리 뛰어난 인재라도 그 재능을 알아줄 사람이 없으면 범용한 인재로 평가받거나 조용히 무대에서 사라질 수 있다. 소하가 한신이 그저 능력 있는 장수가 아닌 대장군감임을 알지 못했다면 아마도 그를 붙잡지는 않았을 것이다. 그리고 한신도 자신의 포부와 능력에 걸맞은 자리가 없었다면 유방에게 돌아가지 않았을 것이다. 진정 뛰어난 인재는 그 그릇에 맞는 곳에서 비로소 능력을 발휘한다.

그렇다면 진정 뛰어난 인재는 어떻게 알아볼 수 있을까? 《인물지》는 오로지 성인만이 알 수 있다고 한다. '지인'의 일은 이처럼 쉬운 일이 아니다.

이상의 일곱 가지 오류는 인재를 감식하는 사람의 주관적 요인에 의한 오류와 피감식자 자신이 처한 상황에 의해 생기는 오류가 있다. 즉, 인재가 처한 경제적 조건 및 사회경제 상황이 인재의 명성과 활동에 영향을 미치기 때문이다. 또 인재를 감식하는 사람의 수준 문제도 이런 어려움을 더한다. 나아가 그 사회의 일반적인 인재에 대한 인식의 기준도 정말 뛰어난 인재를 알아보지 못하게 하는 원인이 될 수 있다.

송·요·금·원시대
호방함과 섬세함의 대비

│ 붕당과 인재 │

"재능만 있으면 등용한다"라고 쉽게 말하지만 그게 어디 쉬운 일인가? 그게 쉬웠다면 모든 재능 있고 능력 있는 사람들은 다 등용되어, 아마도 뛰어난 재능을 갖추고도 등용되지 못해 불행하게 죽어간 수많은 인재들의 이야기는 없었을 것이다. 오히려 등용과 관련하여 우리가 더 많이 듣는 이야기는 학연이니 지연이니 코드니 하는 말이다. 즉, 인재 등용의 기준이 재능이 아니라 인사권자와의 친소관계나 투합에 있다는 말이다. 어쩌면 이는 현실에서는 당연할 수도 있는 일이지만, 이런 인사 시스템에서는 진짜 인재가 소외되고 가짜 인재, 사이비가 등용될 가능성이 크다.

송나라 때 구양수歐陽脩는 〈붕당론朋黨論〉에서 군자의 붕당과 소인의 붕당을 나누어 군자의 붕당을 옹호하고, 소인의 붕당을 거짓이라고 했다. 당시 구양수가 간관으로 있던 시절 범중엄范仲淹 등이 개혁 정치를 주장하자 혹자들은 이들을 붕당으로 몰아 범중엄을 처벌하기로 결정한다. 당시 간관으로 있던 구양수는 〈붕당론〉을 지어 이들을 변호한다.

> 군자는 지키는 바가 도의요, 행하는 것이 충이며, 아끼는 것이 명예와 절개다. 그것으로써 몸을 닦으면 도를 함께하여 서로 이롭고, 나라를 섬기면 같은 마음으로 함께 다스려 끝과 시작이 한결같으니, 이는 군자의 붕이다.
>
> 그러므로 임금이 된 자는 다만 마땅히 소인의 그릇된 붕을 물리치고 군자의 진정한 붕을 쓴다면 천하가 다스려질 것이다.
>
> 반면 소인은 좋아하는 것이 이익과 녹봉이고, 탐내는 것은 재물과 화폐다. 그 이로움이 같을 때를 맞아 잠시 서로 끌어들여 당을 만들어 붕이라고 하는 것은 거짓이다.

즉, 코드도 코드 나름이라는 것이다. 그래서 임금이 된 자는 마땅히 군자의 붕을 지지하고 소인의 붕을 멀리해야 한다고 주장했다. 하지만 현실은 구양수가 말한 것처럼 간단하지 않았다. 오히려 군자의 붕당은 적고 소인의 붕당이 주를 이루었다. 모두 자신이 군자의 붕당이라고 주장했지만 사실 그 근본은 녹봉과 재물을 탐하는 소인의 붕당이었다. 소인의 붕당이 가져온 폐해는 한두 가지가 아니었다.

중국 역사에서 흔히 혼란기라고 이야기하면 크게 두 가지 요인에서 비롯된다. 밖으로는 북방 이민족의 침입으로 야기된 혼란이고, 안으로는 환관 등 권력과 재물을 탐내는 사람들이 황제와 결탁하여 권력을 전횡할 때 생기는 혼란이다. 한나라 때 당고黨錮의 금禁이나 명나라의 엄당

閹黨 등은 소인들이 붕당을 이루어 나라를 망국으로 몰아간 대표적인 사례들이다.

그런데 이런 붕당의 폐해는 대부분 군주가 줏대가 없고 무능하거나 군주 자신이 소인일 경우에 항상 나타났다. 군주가 항상 자신이 듣고 싶은 말만 듣고자 하는데 권력과 이익을 추구하는 사람들이 그런 군주를 가만두겠는가?

게다가 황제 권력이란 것이 얼핏 보기에는 무소불위의 권력 같지만 언제 자리를 빼앗길지도 모르는 불안한 자리이기도 했다. 그래서 황제 스스로가 신하들의 권력을 제어하기 위해 붕당을 이용하기도 했다.

이런 붕당의 경우는 보통 정치적 이해 또는 견해 차이에서도 비롯된다. 송나라 때 신법파와 구법파의 붕당이 그렇고, 우리나라의 당파 싸움도 그렇다.

우리나라의 경우는 환관이 당을 이루어 정치를 혼란에 빠지게 한 경우는 없었지만, 조선 중기로 넘어오면서 정치적 이해관계에 따라 파당을 지어 관직을 탐하는 위선 군자들이 나타난다. 이들은 자신의 정치적 이익, 즉 관직을 얻기 위해 온 나라에 피바람을 일으키고 수많은 인재들을 귀양 보낸다. 그 사람의 능력이 실재 어떠한가보다 누구에게 배웠느냐, 즉 어느 파당에 속해 있는가가 더 중요하게 된다. 이런 환경에서 능력에 따라 인재를 등용한다는 말은 사실 공염불에 가깝다.

아마도 붕당의 문제는 어느 나라, 어느 시기를 막론하고 인간의 재물과 권력을 탐내는 보편적인 성향이 없어지지 않는 이상 없어지기 힘든가 보다. 당나라 문종이 "하북의 역적들은 제거하기는 쉽지만, 조정의 붕당을 없애기는 어렵다"라고 한탄한 것도 아마 이런 이유일 것이다. 하지만 사마광은 《자치통감》에서 붕당의 문제는 결국 리더의 자질 문제라고 딱 잘라 말한다.

> 현명한 인물이 황제의 자리에 있으면 덕을 헤아려 지위를 주고, 능력을 헤아려 관직을 맡기며, 공이 있으면 상을 주고, 죄가 있으면 형벌을 주어 간사한 자가 황제를 현혹하지 못하게 하며, 아첨하는 자가 황제의 마음을 움직이지 못하게 한다. 이렇게 되면 어디서 붕당이 생겨나겠는가?
>
> 그러나 어리석은 군주는 이와 다르다. 총명함을 기준으로 말하면 사리를 밝히지 못하고, 견고함을 기준으로 말하면 결단을 내리지 못한다. 사악함과 올바름이 함께 나아가고, 훼방과 칭찬이 뒤섞여 있으며, 취하고 버리는 선택이 자신에게 있지 않고, 위엄과 복을 짓는 권한이 암암리에 타인에게 옮겨져 있다. 그러므로 참람하고 간특한 자들이 제 뜻을 펴고 붕당의 의견을 일으킨다.

| 시대의 기풍에 따라 필요한 인재도 다르다 |

이제 우리들이 살펴볼 시대는 한족이 건국한 송나라, 그리고 송나라의 북방에 있었던 이민족 왕조인 요, 금과 송나라를 무너뜨리고 중국을 지배한 몽골족의 원나라다. 이들 거대 조직들의 인사를 유기적으로 파악하다 보면 조직의 목표와 인재의 등용 사이의 모순을 발견할 수 있다.

《인물지》의 열 번째 장인 〈칠류〉에서 말하는 것은 인물을 알아보는 데 흔히 범하는 오류에 대한 것이다. 왜 인물을 잘못 알아보는가? 그 이유의 첫 번째는 자신의 기준으로 인재를 파악하기 때문이며, 두 번째는 인재의 진상을 파악할 능력이 없어 남의 말이나 외관에만 의존해 판단하기 때문이다. 또 《인물지》는 시대 전체의 분위기가 인물의 선택에 영향을 준다고 한다. 인물의 선택도 전체 사회의 영향을 받을 수밖에 없다. 예컨대 문치를 숭상하는 사회에서 뛰어난 무인이 두각을 나타내기는 어려운 일이다.

또한 〈붕당론〉에서 제기했듯이 인물을 평가할 때 그 뒤에 붕당이 있다는 것도 고려할 필요가 있다. 붕당이란 기준이 비슷한 인물들이 모인 곳이다. 그러나 그 붕당도 상황에 따라서는 더 심한 내분에 말려든다. 기준이 비슷하다 보니 그 안에서 우열을 가리고자 하는 욕망이 생기는 것이다. 이런 《인물지》의 내용을 기준으로 이 시대의 인재들을 살펴보자.

송나라는 5대10국이라는 분열기를 끝내고 중국을 통일한 왕조다. 당나라 말기 절도사들은 군벌이 되었고 앞다투어 나라를 세워 할거했다. 갓 세운 왕조들은 그야말로 뚜렷한 강자 없는 시대의 지방 군벌에 지나지 않았다. 이때 후주後周의 근위군 사령관으로 있다가 왕조를 찬탈한 이가 바로 송나라 태조 조광윤趙匡胤이다.

태조는 군인이었기 때문에 군인들의 생리를 잘 알았다. 군인들 중 매우 큰 야망을 가진 이들도 있었지만 대부분은 탐욕적이어서 부귀영화만 있으면 그만이었다. 태조는 자신의 왕좌를 보호하기 위해 매우 특이한 정책을 쓰는데, 바로 군인들을 돈으로 매수하는 것이었다. 그리고는 무를 경시하고 문을 중시하는 기풍을 세웠다. 이런 정책은 과연 태조 시절에는 효과가 있어서 송나라의 황실은 안정을 찾았다.

그러나 매수당한 군인들이 힘이 있을 리가 없었다. 송나라는 서하西夏, 요, 금, 원과 차례로 싸웠는데 아주 특이한 경우 몇 번을 빼고는 거의 전패를 기록했다. 그렇게 패하면서도 송나라가 유지될 수 있었던 이유는 강남의 거대한 부 때문이었다. 강남의 부로 전쟁 대신 적까지 매수하자는 것이 송나라의 정책이었다. 하지만 막대한 전쟁배상금과 북방의 이민족 정권들에게 평화의 대가로 바치는 조공은 나라의 커다란 부담으로 작용했다.

물론 군대를 강하게 하는 것에 관심을 가졌던 사람들이 없었던 것은 아니다. 왕안석王安石의 신법은 송나라의 특이한 '매수 정책'에 제동을 건 시도였다. 그는 국가재정을 강화하고, 지방의 호족들이 농민들의 토지를 겸병하지 못하도록 했다. 또 군사훈련을 강화해서 군대를 군대답게 만들려고 했다. 그러나 개혁은 이내 반대에 부딪혔고 결국 송은 금나라의 공격을 받아 북쪽을 내주고 남쪽으로 내몰렸다가 원나라에게 망한다.

송나라는 당시 지구상에서 가장 방대한 관료 조직을 거느린 나라였다. 송대에 인구는 계속 늘어나 1억을 돌파한다. 드디어 1억을 다스리는 나라가 중원에 출현한 것이다. 이 많은 인구를 다스리기 위해서는 그에 걸맞은 이론이 등장해야 했는데, 주희朱熹의 이학理學은 그 정수라고 할 수 있다. 이학은 내정內政에 맞는 학문이다. 이학은 대체로 진취성을 제한하기 때문에 안정감이 있다. 그러나 말이 너무 많으면 실속이 없어진다. 송대의 예송 논쟁이나 조선의 예송 논쟁은 모두 송나라 이학에 기반을 둔 논쟁이었다.

송나라 시기는 참 말이 많았던 시절이다. 말이 많으면 자연히 붕당이 생긴다. 붕당이란 기본적으로 말로 시비를 가리고자 싸우는 집단들이다. 송나라를 생각할 때, 방대한 조직에 구성원들은 모두 좋은 옷을 차려 입고 입바른 말을 하지만, 밖에 나가서는 항상 맥을 못 추는 그런 조직이 연상된다.

그렇다고 송나라를 무시해서는 안 된다. 여타 왕조와는 달리 송나라는 내부의 반란으로 무너지지 않고 무려 320년이나 유지되었기 때문이다. 그러니 그 체제는 문약했지만 섬세했다고 할 수 있다. 그 체제를 실질적으로 이끌어간 사람들이 문치의 꽃이라고 할 수 있는 재상들이었다.

그러면 북방의 정세는 어떠했는가? 5호16국 시절 북쪽의 왕조들은 거의가 이민족들이 세운 왕조였다. 그러나 이들은 이민족 군인들이 화북에 세운 왕조들이라 중국을 정복했다고 할 수는 없다. 그러나 요, 금, 원은 모두 자신들의 근거지인 북방 초원에서 나라를 세우고 남쪽으로 내려와 중국 땅을 차지한 왕조들이다. 그래서 이들 왕조를 '정복왕조'라고 부른다.

이들 모두는 남쪽의 송을 상대하면서 반은 송을 닮아가고 반은 자신의 특징을 유지했다. 북쪽은 문약한 송나라와는 달리 거친 영웅들의 세계였다. 요를 세운 야율씨, 금을 세운 완안씨, 그리고 몽골제국을 세운 칭기즈 칸成吉思汗 가문의 인물들은 모두 웅대한 스케일의 전쟁 서사시를 남겼다.

그러나 그들은 정복왕조의 지도자답게 남쪽의 환경에 재빨리 적응했다. 요는 거란족과 한족을 이원적으로 통치하는 체제를 만들었고, 금은 화북 전체를 차지하고는 기존의 조세 체제를 그대로 두고 착취했다. 세계 제국이었던 원나라만은 독특하게 한족의 중국을 깔보았다. 그들은 자신들의 체제를 그대로 쓰면서 한족들을 매우 느슨하게 다스렸다. 정해진 세금만 잘 낸다면 개인적인 생활은 상관할 바가 아니라는 식이었다.

하지만 이들 정복왕조가 정복한 지역을 다스리기 위해서는 반드시 한족들의 도움이 필요했다. 그만큼 이들의 인사는 송나라와는 달리 이학의 좁은 테두리를 벗어나 있었다. 여러 면에서 남쪽과 북쪽의 인사는 대비된다.

다음에서 검토할 명나라는 기본적으로 송나라를 계승한 나라다. 이 남쪽의 인사와 북쪽의 인사를 최종적으로 종합한 이들은 아마도 명나라의 뒤를 이은 만주족의 청나라가 아닐까 생각된다. 이제 북쪽의 카리스마적 인사와 과거제와 이학의 뒷받침을 받은 남방의 인사의 차이점을 즐겨보자.

도덕과 명분이 지배한 송나라의 재상들: 여몽정, 왕안석, 진회

군인들이 정치를 할 때는 참으로 참혹한 일이 많았다. 송나라가 통일하기 전 북방의 정권들은 모두 요나라의 눈치를 보고 있었다. 후진後晉의 초대 황제 석경당晉高祖은 아예 요나라 황제의 신하를 자청했다. 또 군인들이 하는 내정은 포악하기 그지없어 5호16국시대를 능가했다. 조광윤은 이런 인물들을 관찰하면서 정치적으로 성장했다. 그가 이런 군벌들을 신뢰하지 못하는 것은 당연했다. 이런 분위기를 타고 송나라에서는 군벌과는 완전히 다른 인재들이 탄생했다. 이들의 중심에는 황제보다 더 똑똑한 이인자인 재상들이 있었다.

덕과 신념, 강직함을 갖춘 청절가, 여몽정

송나라 초기 두 명의 명재상이 등장한다. 조보趙普와 여몽정呂蒙正이다. 이들은 송나라 건국 이래로 세 번이나 재상이 된 인물이다. 송 태조 때 재상을 지냈던 개국공신 조보는 민심을 수렴하고 관리를 단합하는 데 힘썼다. 그래서 자신이 재상으로 있을 때 자기 자리 뒤에다 큰 항아리 두

개를 놓고는 개인의 이해득실만 따지는 건의가 올라오면 그 건의를 항아리에 넣어버리고, 항아리가 차면 그것을 불살랐다고 한다. 관리들 사이의 암투가 국가를 위험에 빠뜨린다는 것을 지난 역사를 통해 너무나 잘 알았기 때문이다. 이 사람은 원래 문사는 아니었지만 사태의 조정 능력이 있어서 크게 쓰였다. 그는 평생《논어》반 권만 읽었다고 전해진다. 이때까지 송나라는 초기였다.

조보와는 달리 여몽정은 과거에서 장원급제한 후 등용된 인물이다. 송 태종은 송 태조 조광윤의 동생으로 전통적인 부자 승계의 원칙을 저버리고 왕위에 오른 사람이다. 그래서 자신의 정치적 약점을 무마하고 새로운 지지 세력을 얻기 위해 대규모 과거시험을 치러 무려 5백 명에 달하는 관리를 뽑는다. 이때 치른 과거에서 장원급제한 여몽정은 불과 12년 만에 재상이 된다. 그의 빠른 승진은 당연히 주위의 시샘을 불러일으켰다.

그가 처음 입조했을 때 누군가가 "이런 어린애도 정사에 참여한단 말인가"라고 비아냥거렸다. 하지만 여몽정은 못 들은 척 그냥 지나갔다. 그런데 동료 한 사람이 화를 내며 그 사람이 누군지 알아내려 했다. 그러자 여몽정이 그를 만류하며 "그의 이름을 알면 평생토록 잊을 수 없을 것 같네. 차라리 모르는 편이 낫네"라고 하며 화를 내지 않고 태연하게 처신했다. 사람은 감정의 동물이다. 여몽정이 자신을 비난하는 사람을 찾으려 들었다면 아마 적만 만들었을 것이다.

그러나 후덕한 그도 군주에게 간하는 일에서는 추상같았다. 태종이 주연을 베풀면서 지난 5대 시절과 비교하여 나라가 안정되고 백성들이 살기 좋아진 것은 다 자신이 직접 정사를 하면서부터 시작됐다고 자찬하자 여몽정이 일어나 찬물을 끼얹는다.

이곳에는 수레와 가마가 있고 많은 백성들이 모여 있는 곳입니다. 당연히 번화해 보일 것입니다. 하지만 도성 밖으로 몇 리만 나가보면 추위와 굶주림으로 죽는 백성들이 허다하니 반드시 그렇다고 할 수 없습니다. 원컨대 부디 눈길을 먼 곳까지 두신다면 곧 천하 백성들의 복입니다.

한껏 고무된 황제에게 이렇게 찬물을 끼얹자 황제는 얼굴빛이 변하고 아무 말도 못 했다고 한다. 이렇듯 여몽정은 자신이 옳다고 여긴 의견에는 끝까지 말하는 강직함과 신념을 지닌 인물이었다. 그는 전형적으로 과거가 배출한 인물이었고 '일인지하 만인지상'의 직위인 재상의 소임을 잘 알고 있었다.

법가적 유학자, 왕안석

하지만 송나라는 중기로 들어서면서 서서히 문제를 드러내기 시작한다. 과도한 중앙집권과 문신 관료의 우대로 관료 기구가 비대해져 행정 효율이 떨어지고, 대외적으로는 서하와 요나라와 전쟁을 치르면서 막대한 군비와 배상금을 지출해야 했다. 수입은 제한되어 있는데 지출이 늘어나니 결국 국고가 비기 시작한다. 이런 대내외적인 위기 상황에서 20세의 젊은 신종神宗이 황위에 오른다. 그는 요나라와 서하에 패했던 과거의 굴욕을 기억하며 악화 일로에 있는 국가재정을 개혁하기 위해 왕안석을 전격 발탁한다.

왕안석은 기본적으로 유학자였다. 그렇다고 그가 글만 알고 세상 물정은 모르는 이상주의자는 아니었다. 그는 신종에게 발탁되기 전 지방관으로 근무하면서 관개 사업과 후에 신법의 모태가 되는 정책들을 직접 시행하여 중앙에까지 명성이 널리 알려진 인물이었다. 또한 과거 인종에게 자신의 정치적 이상과 그것을 실현하기 위한 구체적인 정책을 서술한 〈만언서萬言書〉를 작성하여 개혁의 추진을 주장한 적이 있었다.

왕안석은 신종의 적극적인 지지를 등에 업고 젊은 신진 관료를 불러모아 국정 전반에 걸쳐 포괄적이고 전면적인 개혁 작업에 착수한다. 그가 내세운 신법은 일시적인 아이디어에서 나온 것이 아닌 오랜 기간 심사숙고하여 완성된 것이었다. 만약 신법이 제대로만 실행된다면 송나라는 장기적인 번영을 누릴 수 있는 기반을 다질 수 있었다. 하지만 그의 의도와는 달리 그의 신법은 추진 과정에서 많은 문제를 드러낸다.

첫 번째 문제는 신법이 의도와는 달리 실행 과정에서 많은 부작용을 드러내면서 발생했다. 법 집행이 일괄적으로 적용되다 보니 백성을 이롭게 하려고 한 취지와는 달리 오히려 백성을 피곤하게 했다. 그러니 백성들의 원성이 있을 수밖에 없었다. 하지만 신법의 하나인 보갑법保甲法을 피하기 위해 손가락이나 팔을 절단하는 백성들이 있다는 보고에 대해서도 왕안석은 "사대부들도 신법을 이해하지 못하는데 백성들은 오죽하겠느냐"라며 이런 문제를 개혁이 정착되기까지의 수업료라고 생각하고 밀어붙인다.

그런데 여기에 더해 신법을 시행하는 부패한 관료들과 지방 호족들이 오히려 신법을 이용해 백성들에게 이득을 취하면서 문제를 더욱 악화시켰다. 결국 본래 취지와는 다르게 신법의 폐해가 곳곳에서 드러나고 백성들의 원성이 점점 커지자 신법도 더는 추진할 수 있는 힘을 잃게 된다.

두 번째가 사마광을 중심으로 한 구법당舊法黨의 반대다. 신법의 시행과정에서 그의 독단적인 일 추진 방식이 내부의 합의를 이루지 못하고 사마광 등 많은 조정 관료를 적으로 만든다. 사마광을 중심으로 한 구법당은 개혁 초기에는 개혁 자체에 반대했다기보다는 개혁의 속도 및 개혁의 범위에 반대했다고 볼 수 있다. 사마광을 비롯한 신법에 반대한 사람들은 이전부터 개혁을 주장하던 사람들이 많았다. 어쨌든 조정의 국고가 빈 것은 사실이었기 때문이다. 하지만 이들은 이 문제를 경제 시스템으로 이해하지 않고 정치적 문제로 이해했다. 그래서 신종에게 국가의 씀씀이를 줄이고 대책을 마련하기 위해 충분한 시간과 노력을 기울이라고 간한다.

하지만 세상의 일들이 다 그렇듯 신법당과 구법당의 개혁 방법에 대한 논란은 상호 도덕성 시비로부터 시작되어 감정싸움으로 발전된다. 구법당이 "간사함을 충심으로 포장하고, 교활함을 신뢰로 위장했다"라는 말을 보내면, 신법당은 "밖으로는 직간을 서슴지 않으며 안으로는 민심을 매수한다"라는 말로 되받아쳤다. 말의 내용으로만 보면 어느 쪽 이야기인지 알 수 없을 정도로 같은 내용이다. 이러다 보니 서로 조그만 꼬투리만 잡으면 상대를 공격하고 비방하며 시간을 보내어 법이 아무리 좋아도 올바로 추진될 수 없었다. 그러다 결국 밖의 문제, 즉 금나라의 침입으로 북송은 멸망한다.

세 번째는 왕안석이 등용한 인재들이 문제였다. 왕안석은 변법을 시행하기 위해 신진 관료들을 대거 등용했다. 그중 여혜경呂惠卿은 그가 직접 발탁하여 키운 최측근으로 변법 시행 초기 실질적 업무를 도맡아 했다. 하지만 여혜경은 훗날 왕안석이 궁지에 몰리자 자신이 재상이 될 욕심으로 왕안석이 모반에 참여했다는 누명을 씌우기까지 한다. 자신의 오른팔이었던 인사가 이런 소인배이니 어찌하겠는가? 그 후로 그는 모든 관직 생활을 접는다. 이후의 변법은 여혜경과 이정李定 등이 권력을 독점하고 추진하니 당쟁은 갈수록 심해진다.

왕안석이 목표로 한 세상은 요순의 시대였다. 하지만 그는 유학의 도덕주의적 전통에서 벗어나 '법치'를 강조했으며, 이를 실천으로 옮겼다. 변법을 시행하기 전 일종의 인터뷰에서 신종이 "다른 사람들이 당신을 이론에만 강하고 세상사를 처리하는 데는 부족하다고 말하던데 정말이오"라고 묻자, 그는 "본디 이론이 실천을 이끄는 법입니다. 이른바 이론가라는 자들이 용렬했기 때문에 이론이 실천으로 이어지지 못한다고 오해받는 것입니다"라고 답할 정도로 그는 신법 추진에 대한 확고한 의지를 표명했다.

이렇게 왕안석은 고집이 무척 셌고, 남의 불의를 곧잘 질타했다. 황제가 넌지시 문제 삼더라도 그는 "하는 일이 도의에 맞으면 남의 비난을 걱정할 필요가 없습니다"라고 대답할 뿐이었다. 그는 꼬질꼬질해서 의복과 음식도 따지지 않았다. 걸리는 대로 입고 걸리는 대로 먹었다. 분명히 그는 일심이 있었다.

하지만 그에 대한 평가는 극단을 오간다. 주희는 일찍이 신종이 왕안석의 상사였던 한기韓琦에게 물었던 대화를 인용하여 다음과 같이 왕안석을 평했다.

> 일찍이 신종이 재상을 임명하고자 한기에게 "안석은 어떠냐"라고 물으니 "안석은 한림학사로는 충분하지만 재상으로는 불가합니다"라고 했는데 신종이 이를 듣지 않고 안석을 재상으로 임명했으니, 오호라! 이는 송나라의 불행이며 안석의 불행이다.

왕안석에 대한 세간의 평가는 오늘날까지 이 범주를 크게 벗어나지 않는다. 하지만 신법의 시행이 송나라의 쇠망을 가져왔다는 것은 좀 지나치다. 문제는 신법이 시행된 것 자체가 아니라 시행할 수밖에 없었던 원인과 그 과정에서 드러난 오류가 문제였다.

신법이 과정상의 문제가 많았다고 해서 동기 자체가 잘못된 것은 아니며 또 모든 법이 실효를 거두지 못한 것은 아니었다. 부분적으로는 상당한 성과도 있었다. 그래서 당시 저명한 문사였던 소동파蘇東坡는 신법의 폐지를 주장하는 사마광에게 말한다.

> 과거 왕안석이 급히 신법을 실행하려 한 것은 확실히 부당하나 오늘 신법을 완전히 폐지하자는 것 또한 마치 물에서 돌을 껴안고 있으면서 목숨을 구해 달라고 하는 격으로 타당하지 못합니다.

생각해 보면 왕안석은 많은 것을 말했지만 그가 한 말에 비해 얻은 것은 적었다. 또 스스로 군자인 줄 알았지만 남들의 배척을 받았다. 이론으로 시비를 가린다는 것은 극히 어렵다. 실제의 일로써 시비를 가리고 이론으로 보충한다고 생각하지 않고, 이론 자체로 일을 재단하면 싸움이 생긴다. 이것이 바로 붕당이다.

주희는 왕안석의 반대편에 서 있었지만 만약 주희의 이론대로 북쪽은 오랑캐니 상대도 안 해야 한다는 식으로 외교를 펼쳤다면 송은 더 일찍 멸망했을 것이다. 그 극단에는 극단적인 화친주의자 진회가 있다.

주군의 뜻만 좇은 주화파 재상, 진회

난세에 영웅이 난다고 하지만 난세에는 간신도 난다. 난세야말로 진정 인간의 본질을 시험하는 시기다. 특히 재능이 뛰어나지만 도덕성이 없는 사람에게는 더욱 그렇다. 이들은 자신의 능력을 오로지 자신의 영달을 위해 사용한다.

왕안석의 변법이 좌절되고 송나라는 북쪽의 금나라에 밀려 흠종_{欽宗}과 휘종_{徽宗} 두 황제가 금나라에 포로로 잡히는 굴욕을 당한다. 그 때문에 이 시기 송나라의 주요 이슈는 주전이냐 주화냐였다. 이때 한 명의 유명한 간신이 등장하니 그가 바로 개인의 영달을 위해 나라를 팔아먹었다고 비난받는 주화파 진회다.

금나라에 황제가 붙잡혀 가자 왕족 조구_{趙構}가 남하하여 남송을 건립한다. 그런데 이 조구라는 인물은 황제 자리만을 탐할 뿐 난국을 타개할 아무런 능력과 계책이 없었다. 북송 정권의 멸망으로 대외적으로는 금나라에 항거하는 분위기가 팽배했으나, 그는 내심 금나라와의 전쟁을 원하지 않았다. 왜냐하면 만약 금나라와 싸워 이기면 금나라에 잡혀간 흠종과 휘종이 돌아올 것이고, 그렇게 되면 자신은 더는 황제 자리를 차지할 수 없기 때문이었다. 또한 항전의 분위기를 타고 무관들이 세력을 키운다면 결국 그 칼끝이 자신에게 돌아올 것이 두려웠기 때문이다.

그래서 그는 주화파 진회를 재상으로 임명한다. 황제의 불안한 마음을 정확히 알고 있던 진회는 이 과정에서 하남 지역에서 금나라 군대를 크게 무찌르고 대대적인 진격 준비를 하던 주전파 악비의 병권을 빼앗고 역모의 혐의로 죽인다. 결국 진회는 철저한 항전을 주장하는 여론을 누르고 금과 송이 중국을 남북으로 나누어 영유하기로 합의하는데, 그 조건이 송나라가 금나라에게 신하의 예를 취하고, 세폐_{歲幣}를 바치는 것이었다. 이 때문에 그는 중국 역사에서 매국노로서 악명을 남긴다. 지금도 항주_{杭州} 서호_{西湖}에 있는 악비의 묘에는 무릎 꿇고 고개 숙인 진회의 동상이 남아 있어 그의 악명이 지금까지 전해지고 있다.

하지만 진회가 아무리 간교한 술책으로 황제를 미혹시키려 했다고 하더라도 만약 황제가 애초부터 그럴 마음이 없었다면 과연 오늘날의 진회가 있었을까? 결국 진회라는 인물은 무능하고 무기력한 황제가 만들어낸 사람이다. 사실 술가의 재능을 가진 그는 금나라 정권이 흠종을 인질로 삼아 남송 황제를 견제하고, 고종 조구 또한 화친 쪽에 마음이 있다는 사실을 잘 파악하고 거기에 대처했을 뿐이다.

진회에 대한 중국인들의 평가는 다분히 민족주의적 성격이 짙다. 그런데 금나라 역사도 중국 역사의 일부로 보는 오늘날 중국인들에게 과연 진회는 간신일까 아니면 황제의 마음을 읽고 충성하여 평화를 가져온 인물일까?

결국 진회가 모든 책임을 졌지만 진회를 중용하고 그가 아니면 안 된다고 한 이는 바로 황제였다. 진회가 죽자 진회를 그토록 그리워한 사람도 황제였다. 그러면 왜 진회가 인정을 받았던가? 진회가 "금나라를 이길 수 있습니까"라고 물으면 황제는 "물론 이길 수 없네"라고 대답할 수밖에 없었던 것이 당시의 객관적인 상황이었다. 송은 양자강 이남에서 버티기만 하면 왕조가 유지된다고 생각했다. 북벌은 이름만 있었지 판판이 실패하고 전쟁배상금만 늘어나는 상황에서 대신들은 자신이 싸우지 않는다고 무책임하게 전쟁을 주장하는 것이 황제는 내심 불만이었다.

또 하나 송나라가 무기력했던 이유는 송나라 체제 내부에 있었다. 태조 조광윤이 무장들을 매수했듯이, 황제는 악비 등 병권을 가진 무장들을 용납할 수 없었던 것이다. 애초에 건국이념이 무장을 약하게 하자는 것인데, 어떻게 강한 무장들을 용납할 수 있었겠는가?

너무 고운 천은 눈바람을 막지 못한다

이제 송나라를 대표했던 재상들에 대해 약간의 평가를 해보자.

여몽정은 청렴하여 내치에 힘썼다. 그는 군주를 분발시킬 능력이 있었다. 그러나 그는 송의 무기력한 기풍에 일조를 했다. 학자들은 《송사宋史》를 도대체 시비가 분명하지 않다고 비평한다. 속으로는 서로 멸시하면서도 덮어두고 가는 것이 조정의 기풍이었던 것이다.

왕안석은 그런 무기력한 나라를 개혁하려고 했다. 그러나 그는 인격적으로 독단적인 면이 있어서 적들이 벌떼처럼 일어났다. 적들은 바로 기존 체제의 옹호자들이었다. 그들은 자신의 위치만 고수하면 된다고 생각해서 자신들과 비슷한 사람만 좋아했다. 주희가 왜 왕안석을 싫어했을까? 바로 자신과 다른 기질을 가진 사람이었기 때문이다.

그러면 주희 일파를 거짓 학문[僞學]을 하는 이들이라 몰아낸 또 다른 재상 한탁주韓侂冑는 어떤 인물이었나? 그도 후세에 간신이라는 이름을 얻었지만, 진회와는 달리 북벌을 추진하다가 오히려 죽음을 당한다. 어설픈 북벌이 실패하고 금나라가 북벌을 주장한 대신을 잡아 보내라고 명하자, 황제는 어이없게도 자신이 어제까지 지지하던 신하의 머리를 보낸다.

그런데 한탁주와 주희의 이론의 내용이 50보 100보인데 그들 둘도 극도로 대립했다. 한탁주와 진회의 외교론은 극과 극인데 한꺼번에 간신이라는 평가를 받았다. 무엇이 진실인가? 누가 옳고 그르고, 누가 충신이며 간신인가? 송대의 사회는 너무나 세련되고, 또 너무나 이학이 과도하게 남용되어 시비를 가리기가 힘들어졌다. 말로만 싸우니 말 속에서 시비가 묻혀 버렸다. 이것이 당시 사회의 분위기였다.

그렇다면 이학과 명분 중심의 투쟁의 결과를 보자. 당시 이학의 중심은 물론 충효였다. 그러나 남송이 멸망했을 때 나라와 운명을 같이한 명신들은 누가 있을까? 문천상文天祥이 원에 대항하다가 죽음을 택했다는 말이 전한다. 그러나 역사책을 들추어봐도 그 외에는 대단한 저항 인사가 보이지 않는다.

반면 금나라가 몽골에게 패할 때는 달랐다. 곽하마郭蝦蟆는 화살이 다할 때까지 싸우다가 불속으로 뛰어들었고, 양옥연楊沃衍과 진화상陳和尙 등은 모두 죽음으로 국가에 보답하여 이름을 날렸다. 죽어도 싸우다 죽겠다는 것이다. 그러나 아침저녁으로 충효를 입에 달고 살던 송의 대신들은 다 어디로 갔을까? 그들이 변절한 것은 모두 말이 지나쳤기 때문이고, 나라가 약해진 것은 과거를 통해 말 잘하고 글 잘하는 인사만을 등용하여 나라에 강고한 기풍이 없어졌기 때문이다. 그나마 강고한 기풍이 있는 자들은 모두 천명을 다하지 못했다. 한족 문인들을 흠모했던 북위 효문제가 "강남의 인사들은 뛰어나군"이라고 말하자, 신하 중 한 사람이 "강남의 인사들은 뛰어나서 1년에 한 번씩 주군을 바꾸고, 우리는 못나서 100년에 한 번 주군을 바꿉니다"라고 대답했다고 하는데, 이 말은 말과 실질의 차이를 극명하게 풍자한 것이다.

이는 모두 서로 비슷한 50보 100보의 사람들이 등용되면서 생긴 문제였다. 주희가 탄핵을 당한 것은 학문이 뛰어났기 때문인데, 《인물지》의 지적대로 비슷한 길을 가는 사람들은 자신보다 더 뛰어난 사람을 용납하지 못한다. 차라리 서로 다른 사람들이었다면 용납했을지도 모를 일이다.

학자들은 《송사》를 질퍽한 강남의 소택지 같다고 평한다. 눅진눅진해서 빠져들면 헤어나지 못하고, 이야기에 결론이 없다는 것이다. 그것이 그 시대의 기풍이었다. 그래서 붕당의 부침에 따라 한 번은 이리로, 한 번은 저리로 가면서 그러다가 망했다. 그러나 뛰어난 재상들이 그 소택지 속에서 작은 배를 타고 이리저리 다니면서 부지런히 내부를 갈무리했다. 남송은 우아한 강남의 비단 같은 정권이었다.

송나라의 아름다운 문장과 단아한 그림은 중국 역사에서 단연 독보적이다. 북송의 황제 휘종은 뛰어난 서예가이자 화가였다. 그러나 붓으로 칼을 막을 수 있었으면 좋았겠지만 현실은 그렇지 않았다. 밤낮으로 외던 충과 효는 일이 급해지면 막상 실천되지 않았다.

| 자신에게 없는 것을 귀중히 여기다: 요 태조 |

《인물지》에서 사람은 자신과 비슷한 부류를 천거한다고 말한다. 그러나 우리는 송나라의 예에서 그런 방식이 결국은 붕당으로 이어지고, 소모적인 싸움으로 끝난다는 것을 확인했다. 반면 요나라를 세운 태조 야율아보기耶律阿保機는 도량도 컸지만 자신에게 없는 것이 무엇인지를 잘 아는 인물이었다.

요나라는 중국 역사상 최초의 정복왕조다. 지금의 몽골고원 동쪽에서 흥안령까지를 무대로 하던 한 민족이 몇 명의 영웅적인 지도자를 배경으로 부상하기 시작하는데, 그때가 바로 당나라가 곧 멸망하려 하던 혼란기였다.

잠깐 《인물지》 1장의 〈구징〉의 형식으로 이 사람의 외형을 묘사해보자. 이 사람은 태어날 때부터 체격이 엄청나게 컸는데, 다 자라자 무려 9척에 달했다고 한다. 그리고 300근짜리 활을 당겼다고 한다. 이 사람은 전형적으로 근육과 뼈대가 장대하고 용감한 무인의 상이었다. 그러나 이 거한은 또 하나의 특징이 있었으니 체격만큼이나 도량도 컸다는 점이다.

아보기는 선거를 거쳐 거란 8부의 수령으로 추대된 사람으로 능력이나 용모가 애초에 출중했다. 그러나 같은 피를 받은 형제들도 만만치 않은 영웅이었던 모양이다. 특히 자갈剌葛과 안단安端을 중심으로 한 몇몇 동생들은 아보기를 용납하지 못했다. 그들은 급기야 반란을 일으켰다. 첫 번째 반란이 종결되자 아보기는 다시는 반란을 일으키지 말라고 주의를 주었다. 그러나 동생들은 또 반란을 일으켰고 아보기는 이들을 또 용서했다. 그러나 여기서 끝나지 않고 세 번째 반란이 일어났다. 자갈 등은 결국 잡혀왔고 아보기는 이들을 또 용서했다. 형제들은 살려주고 나머지 반란자들 300명을 죽이면서 아보기는 이렇게 말했다고 한다.

"사람은 죽으면 다시 살아날 수 없다."

무슨 뜻인가? 초원에서 제일 귀한 것은 사람이다. 특히 초원의 변두리에서는 더 심하다. 금나라 태조가 "재물 때문에 사람을 죽일 수 없다"라는 명언을 남긴 것도 이 지역에서는 사람이 너무나 귀했기 때문이다. 아보기는 자갈을 잡은 후 죽이지 않고 다만 몽둥이로 때린 후 보내주었다. 이 정도의 도량은 아마 스스로 타고난 기질에다 넓은 초원의 기상이 더해져서 만들어진 것일 것이다. 그는 이렇게 자신의 전사들을 살려주었다. 만약 송나라에서 이런 일이 벌어졌다면 아마도 가문이 몰살당했을 일이다.

당나라에서 유주절도사를 하다가 후연을 세운 유수광劉守光에게는 한연휘韓延徽라는 모사가 있었다. 후량後梁의 공격을 받자 유수광은 한연휘를 보내 거란의 도움을 받고자 했다. 그러나 한연휘는 아보기 앞에서 무릎 꿇기를 거부한다. 화가 난 아보기는 그를 말먹이꾼으로 삼으려 했지만, 황후 술율평述律平은 한연휘의 재능을 알아보고 말한다.

"절개를 굽히지 않는 신하이니 크게 쓸 수가 있을 것입니다."

아보기는 깨닫는 바가 있어 그를 등용하기로 한다. 과연 한연휘는 인재였다. 태조를 도와 서하를 제압하는 데 큰 계략을 내었고, 또 결정적으로 요나라의 체제를 만들었다. 그는 태조의 큰 야망을 실현하려면 한인들과 거란인들의 화합이 필요하다고 생각했다. 그래서 점령한 한족 지역을 약탈하지 말고, 그곳 한인들과 거란인들을 혼인시켜 정착시키자고 건의한다. 그 건의는 맞아떨어져 거란이 중원으로 들어갈 기반을 마련할 수 있게 된다.

그러나 그는 고향이 너무나 그리웠다. 초원의 생활이란 얼마나 단조로운가? 그는 고향이 그리워 요나라를 떠나 후당後唐으로 귀의한다. 하지만 정작 그를 반겨줄 사람은 거기에 없었다. 오히려 장군 왕함王緘과 척을 져서 친구 집에 숨기에 이른다. 급기야 숨어 지내는 생활도 한계에 다다르자 친구에게 거란으로 돌아갈 뜻을 비치니 친구는 놀라며 만류한다.

"이 사람아, 어떻게 사지로 들어간단 말인가? 달아난 모신을 태조가 가만히 두겠는가?"

그러나 한연휘에게는 믿는 구석이 있었다. 과연 태조는 격이 다른 사람이었다. 태조는 한연휘가 떠난 후 그의 재능이 더 아깝고, 또 그리워서 견딜 수가 없었다. 그러던 어느 날 급기야 꿈에 백학이 천막으로 들어오는 꿈을 꾸고는 말한다.

"한연휘가 돌아올 것이다."

과연 한연휘는 돌아왔고, 태조는 그저 반가울 뿐이었다. 그리고 묻는다.

"그대는 어째서 나를 떠났는가?"

한연휘는 답한다.

"신은 부모를 잊지 못해 고향에 다녀왔습니다. 그러나 항상 폐하를 생각하고 있었습니다. 그래서 돌아왔습니다."

태조는 추궁하지도 않고 크게 기뻐했다.

이후 한연휘는 태조, 태종, 세종 3대에 걸쳐 요나라의 법도를 세우고, 내정과 외정을 모두 관장했다. 중요한 인재를 대하는 태도가 이러하니 요나라가 중원의 연운 16주를 얻은 것은 오히려 당연했다.

태조가 한연휘를 좋아한 것은 그가 자신에게는 없는 것을 가지고 있었기 때문이다. 9척 거구에 세 사람이 가까스로 당기는 활을 쏘는 영웅이, 한연휘를 말만 잘하는 사람이라고 배척했다면 어떻게 되었겠는가? 거기다가 그는 적국으로 달아났다가 다시 돌아온 사람이 아닌가? 송나라처럼 규율이 세밀하게 정비된 사회라면 아마 한연휘를 받아들일 수 없었을 것이다. 정적들이 비난하며 당장 그를 축출했을 것이다. 아보기는 자신의 기준으로 인재를 보아서는 안 된다는 것을 가장 잘 아는 사람이었다. 한연휘를 받아들이고 신뢰한 것은 역시 거친 북방의 호방한 분위기 때문이었다.

| 제국에 걸맞은 대범함을 택하다: 칭기즈 칸과 우구데이 |

칭기즈 칸의 몽골제국은 역사상 존재했던 가장 큰 국가였다. 1271년 원나라가 세워지고 1368년까지 현재의 중국 영토를 점령했기 때문에 몽골제국을 원나라와 동일시하기도 하지만, 사실 몽골제국은 원나라가 다스린 현재의 중국 영토보다 훨씬 광범위한 지역에 영향을 미쳤다. 전성기 때 몽골제국은 현재 중국 영토에다가 러시아의 대부분과 유럽의 일부, 페르시아와 아랍 문화권까지를 차지했으니 그 크기를 상상하기가 어렵다.

칭기즈 칸은 그야말로 영웅이었지만 인간적으로는 혹독한 사람이었다. 칭기즈 칸의 적수들에게는 선택지가 딱 하나밖에 없었다. 사전에 항복할 것인가, 아니면 싸워서 이길 것인가? 싸워서 진 후에 자비를 구하고자 하면 때는 이미 늦었다. 칭기즈 칸은 되로 받으면 말로 갚는 정책을 써서 전쟁에서 승리했다. 몽골고원에서 싸움을 벌일 때도 칭기즈 칸은 적들을 용납하지 않았다. 금나라를 공략했을 때도 사정이 없었다. 완강하게 저항한 서하를 점령하고 그는 수레바퀴보다 키가 큰 남자는 모조리 죽이라고 명했다. 호라즘Khorezm을 점령했을 때도 마찬가지였다.

오늘날 세계를 하나로 연결시킨 몽골제국과 칭기즈 칸에 대한 관심이 높아져 그의 리더십을 조명하고 따르고자 하는 사람들이 많지만, 그들이 개인적으로 칭기즈 칸을 만난다면 아마도 기가 질릴 것이다. 그는 공공연히 이렇게 말했다. "남자의 최대의 낙은 적을 죽이고, 그 아내를 취하는 것이다."

그런데 몽골인들은 그 큰 제국을 어떻게 다스렸을까? 그리고 그 큰 제국을 다스리는 몽골인들의 숫자는 모두 얼마나 되었을까? 현재의 몽골 인구를 기준으로 하면 아무리 크게 잡아도 200만을 넘지는 않았을 것이다. 송나라 때 중국은 이미 인구가 1억을 넘었다. 중앙아시아와 페르시아와 아랍권, 그리고 러시아인들까지 합치면 이 소수의 종족이 다스리던 지역의 인구를 상상할 수 있을 것이다. 어떻게 소수의 인원으로 이렇게 많은 인구를 다스릴 수 있었을까? 방법은 하나, '안 다스리는' 것이었다. 원나라 시절에 몽골인들은 한족들을 하나하나 다스리는 데 흥미가 없었다. 한자를 배우지도 않았고, 또 당나라나 송나라 때의 제도를 답습하려고도 하지 않았다. 원래 자신들의 방식과 금나라의 제도

를 합쳐서 나라를 다스리고, 관리를 보내 세금을 걷되 나머지는 거의 상
관하지 않았다. 그러니 비대한 관료제를 운영하지 않고도 국가가 운영
되었던 것이다.

그들은 초원의 후예답게 몽골인 전사들을 오른팔로 쓰고, 색목인 재
무 책임자들을 왼팔로 쓰면서 국가의 은을 긁어모았다. 그리고 그 나머
지는 별로 신경 쓰지 않았다. 그들은 이념으로 세상을 다스리려 하지 않
았기에 종교에도 간섭하지 않았다. 그러니 당시 몽골제국은 거대한 네
트워크식 영리 집단이었다고 할 수도 있다. 이런 집단에 어울리는 지도
자는 누구일까?

칭기즈 칸의 위대한 점은 자신에게 없는 재능을 존중할 줄 알았다는
점이다. 그는 몽골제국이 유지되는 이유가 바로 씨족 내부의 단결과 부
족들의 협조라는 것을 잘 알고 있었다. 그들의 지지를 잃으면 제국은 금
세 분열한다. 그래서 그는 유언으로 제국을 통치하는 요강을 알려준다.
"형제들끼리 친목하고 벗들을 존중하라."

물론 형제들끼리 친목하라는 유언은 지켜지지 못했지만 벗들을 존중
하라는 유언은 대강 지켜졌다. 그래서 '다스리지 않는 나라'인 원나라가
그의 사후에도 150년간이나 유지되었다. 그가 선택한 후계자는 장남이
아닌 셋째 아들 우구데이窩闊台(오고타이)였다. 왜 우구데이인가? 칭기즈
칸이 스스로 밝힌 이유는 이렇다. "우구데이가 도량이 가장 넓다."

칭기즈 칸과 가장 닮은 아들은 장남 조치朮赤(주치)였다. 조치는 백전
의 용사였고 장군들을 휘어잡을 줄 알았다. 전공을 최우선시하는 초원
의 전통상 그는 최적의 후계자였다. 그러나 조치는 칭기즈 칸의 부인이
납치되었다가 풀려난 후 나은 아이였으므로 그 혈통을 의심받았다. 또
결정적으로 조치는 칭기즈 칸보다 먼저 죽었다. 둘째 차가타이察合台는

예의범절을 알고 법을 집행할 만한 그릇이었고, 막내 툴루이拖雷는 어리기는 했지만 영민하고 용감했다.

그러나 칭기즈 칸이 차가타이도 아닌, 툴루이도 아닌 우구데이를 후계자로 택한 것은 그가 몽골제국이 가진 약점인 인구의 부족을 매울 수 있는 '느긋한 성격'이 있었기 때문이다. 느긋하지 못해서 형제들끼리 다투기라도 하면 제국은 전쟁으로 돌입하고, 또 성격이 강퍅해서 사방에 적들을 만들면 소수가 다스리는 제국은 금방 전복될 수 있었다. 그래서 자신과는 판이하게 다른 우구데이를 선택했던 것이다.

우구데이는 현명하고 판단력이 뛰어나며 너그러웠지만 술을 좋아했다. 그러니 칭기즈 칸은 자주 그를 책망하고 나무라기도 했다. 라시드웃딘의 《집사集史》는 칭기즈 칸이 우구데이와 툴루이 사이에서 고민을 했다고 전한다. 그러나 그는 노상 술병을 잡고 있는 우구데이를 택했다. 그의 선택은 정확했을까?

기록은 우구데이가 얼마나 관대한지 수많은 일화를 들어 소개하고 있다. 그가 너무 관대해서 재물을 많이 쓴다고 대신들이 반대를 하면 이렇게 말했다고 한다. "세상은 어떤 피조물에게도 덧없는 것이며, 지혜는 (우리에게) 한 인간이 생명을 갖게 되는 것이 (오로지) 불후의 좋은 이름을 통해서라는 사실을 말해준다."

라시드웃딘은 그의 관대함을 무려 46개의 일화로 소개한다. 그중 한 개만 소개하면 다음과 같다.

> 몽골의 관습법에 따르면 여름에는 흐르는 물에 몸을 씻어서는 안 되었다. 칭기즈 칸도 이를 엄격히 금했다. 그런데 우구데이가 차가타이와 함께 사냥을 하고 돌아오는데 누군가가 물가에서 몸을 씻고 있었

다. 차가타이는 금률에 엄격했기 때문에 사람들을 시켜 그를 죽이라고 했다. 그러자 우구데이가 말했다.

"(형님) 오늘은 너무 늦었고 우리도 피곤하니 오늘 밤에는 그를 구금해 두고 내일 심문해서 처형합시다."

차가타이는 그렇게 하기로 했다. 그런 뒤 우구데이는 몰래 은화 한 닢을 물에 빠트리고는 그 사람에게 이렇게 일러주었다.

"심문할 때 '저는 가난한 사람입니다. 제가 가지고 있던 얼마 안 되는 재산이 물에 빠져 그것을 건지려고 들어갔습니다'라고 말하라."

과연 심문을 받을 때 그는 그렇게 말했고, 우구데이는 이에 이렇게 설명했다.

"금률을 어길 사람이 어디 있겠는가? 이 불쌍한 사람은 극도의 절망과 곤경에 빠져 이 보잘것없는 것 때문에 자신을 희생한 것이다."

그렇게 말하고는 그를 용서하고, 또 그에게 물에 빠트린 것의 열 배의 은을 주었다. 사관은 우구데이를 평하여 이렇게 말한다.

"이런 까닭에 세상의 자유인들은 그의 품성의 노예가 되었다. 그의 관대한 심성은 풍부한 재물보다 더 나았기 때문이다."

우구데이의 이런 품성은 칭기즈 칸에게는 없던 것이었다. 또 우구데이가 아버지의 총신 야율초재耶律楚材를 끝까지 중용하여 정주민들을 다스리는 전통적인 도덕들을 받아들인 것도 보통의 군주들이 할 수 있는 일이 아니었다. 금나라를 정복한 후 우구데이는 야율초재의 권고를 받아들여 성을 사수하던 군인들과 백성들을 죽이지 않았다. 만약 그때 대량 살육을 자행했더라면 제국의 운명은 달라졌을지도 모른다.

물론 이후의 원나라 시대는 한족들에게는 비통한 시절이었다. 몽골인들은 숫자가 적어서 속속들이 파고들지 못했을 뿐이지 한족 백성들을 존중하기보다는 착취의 대상으로 여겼다. 그렇다고 우구데이의 공을 과소평가할 수는 없다. 송나라의 군주들과 신하들은 항상 충효를 논했지만, 그들이 끝까지 상호 간에 신용을 지킨 적은 극히 드물었다. 그러나 우구데이는 자신과는 완전히 다른 지식인인 야율초재에게 정치를 맡기고 믿었다. 그래서 한족의 기록인 《원사元史》도 우구데이가 '과오가 없는' 황제였다고 평한다.

　참으로 뛰어난 사람이란 자신과 다른 사람을 용납하는 것이 아닐까? 참으로 뛰어난 인재는 자신과 다른 성격의 인재를 추천할 줄 아는 사람이 아닐까? 칭기즈 칸이 술꾼 우구데이를 후계자로 삼은 것은 분명히 조직에 새로운 생기를 불어넣었다.

11

왜 인재 발굴과 추천이 어려운가
효난效難

뛰어난 인재가 매몰되는 원인을 설명하면서, 인재를 알아보고 올바로 쓰는 일의 어려움을 이야기한다.

앞서 우리는 인재를 감식하는 방법과 감식할 때 흔히 범하는 오류를 살펴보았다. 그런데 감식하는 방법을 잘 활용하고 오류에 대해 주의하더라도 여전히 문제는 남는다. 인재를 올바로 알아보는 일은 여전히 어렵고, 설사 누군가 인재를 온전히 알아보고 그를 천거한다고 해도 인사권자가 알아보지 못한다면 그 인재가 쓰임을 받기는 어렵기 때문이다. 《한비자韓非子》에 나오는 화씨지벽和氏之璧의 고사는 안으로는 뛰어난 재능을 갖추고 있지만 알아주는 사람이 없어 등용되지 못한 인재들의 슬픈 이야기다.

> 화씨가 초산에서 옥돌을 발견하여 여왕廠王에게 바쳤는데 왕이 옥 세공인을 시켜 감정하게 하니 이를 돌이라 했다. 여왕은 화씨가 왕을 기만했다고 여겨 그 벌로 그의 왼쪽 뒤꿈치를 잘랐다.
> 여왕이 죽고 무왕武王이 즉위하자 화씨는 그 옥돌을 이제 무왕에게 바

쳤다. 그런데 이번에도 옥 세공인이 돌이라 하자 무왕도 그 벌로 그의 오른쪽 뒤꿈치를 잘랐다.

무왕이 죽고 문왕文王이 즉위하자, 화씨는 그 옥돌을 품고 초산 아래에서 3일 밤낮을 울었다. 왕은 그 까닭을 알고자 사람을 시켜 "천하에 월형刖刑을 받은 이가 많은데, 그대는 어찌하여 슬피 우는가"라고 물으니, 화씨가 말한다.

"나는 월형을 받아서 우는 것이 아니라, 저 보옥이 돌이라 불리는 것을 슬퍼하는 것이며, 곧은 선비를 사기꾼이라 부르니 이것이 내가 우는 이유입니다."

이에 왕이 옥 세공인으로 하여금 그 옥돌을 다듬게 하여 보옥을 얻으니, 마침내 '화씨의 옥'이 탄생한다.

이처럼 아무리 아름다운 보옥도 알아주는 사람이 없으면 그냥 평범한 돌로 남을 수밖에 없다. 인재의 경우도 마찬가지다. 인재도 알아주는 사람이 있어야 인재가 되는 것이다. 《인물지》의 열한 번째 장 〈효난〉은 인재를 선발하여 추천하는 일이 성공하기 어려운 이유를 설명하는 장이다.

| 인재를 알아보기가 어렵다 |

인재를 올바로 이해하는 일이 어려운 이유는 앞서 여러 차례 이야기된 것처럼 사람들이 각기 자신의 단편적인 기준으로만 인재를 관찰하고 평가하기 때문이다. 그래서 《인물지》는 인재를 알아보는 일에 실패하는 경우를 다음과 같이 이야기한다.

어떤 사람은 형상과 용모를 자세히 보고, 어떤 사람은 동작을 살피며, 어떤 사람은 처음과 끝이 부합하는지 살펴보고, 어떤 사람은 사고방식을 보며, 어떤 사람은 미세한 감정의 반응으로 추측하고, 어떤 사람은 지난 잘못으로 위협을 해서 반응을 보며, 어떤 사람은 그가 한 말을 찬찬히 되돌려 보고, 어떤 사람은 그가 일을 하는 방식을 검토한다.

그러나 처음 인재를 감별할 때 이런 개별적인 방법을 모두 쓰기는 어렵다. 그래서 처음에는 대충 외형만 보고 판단하거나, 겉으로 드러난 행실과 명성만을 쫓아 인재라고 생각하여 등용한다. 그래서 어떤 작은 재능이라도 크게 내보이면 그가 인재라고 착각하고, 사람이 과묵하면 오히려 생각이 없다고 평가하는 오류를 범하기도 한다.

면접시험장에 가보면 누구나 다 자신이 인재라고 주장한다. 물론 그 중에 진짜 인재가 있겠지만, 아마도 꾸미고 부풀리는 사람도 있을 것이다. 《장자》〈전자방田子方〉에는 겉으로 드러난 행동과 이름만 보고 인재를 판단할 때 진정 재능을 갖춘 사람을 알아보지 못할 수 있다고 경계하는 이야기가 나온다.

장자가 노나라를 방문하자 노나라 애공哀公이 말한다.

"우리 노나라에는 유학자가 많으니, 선생의 말을 들을 사람은 적습니다."

이에 장자가 "노나라에는 유학자가 적습니다"라고 하자, 애공은 "온 나라에 유생의 복장을 갖춘 사람이 많은데 어찌 적다고 하십니까"라고 말한다. 이 말에 장자는 이렇게 대답한다.

"들건대 유학자가 둥근 관을 쓰는 것은 천시를 안다는 뜻이고, 모가

난 신을 신는다는 것은 지형을 안다는 뜻이며, 오색 실로 결玦이라는 구슬을 허리에 차는 것은 일이 종국에 달하면 결단한다는 것을 뜻한다고 합니다. 그러나 군자가 도를 얻었더라도 꼭 그런 복장을 하는 것은 아니고, 또 그런 복장을 한 자가 반드시 도를 아는 것도 아닙니다. 공께서 만약 그렇지 않다고 생각하시면, '도를 체득하지 못하고서 유학자의 옷을 입는 자는 죽음으로 벌한다'라고 영을 내려 보십시오." 애공이 그런 명령을 내린 후 5일 만에 노나라에는 감히 유복을 입은 자가 없었는데, 오직 한 사람만이 유복을 입고 궁궐 문 앞에 서 있었다. 애공이 그를 불러 국사를 물으니 천전만변千轉萬變으로 막힘이 없었다. 그러자 장자가 애공에게, "노나라에 유학자는 한 사람뿐인데, 어찌 많다고 할 수 있습니까"라고 했다.

이렇게 이름만 있지 내용이 없는 사람들은 일을 해보면 금방 바닥이 드러난다. 명문대 졸업장이나 화려한 경력이 꼭 인재인지 아닌지를 판가름하는 것은 아니다. 오히려 이름은 없지만 일을 통해서 자신의 숨은 재능을 드러내는 사람도 많다.

그래서 나온 방법이 시간을 두고 그 사람의 행동거지를 관찰한 연후에 그의 진면목을 식별하는 것이다.

재야에 머물 때 편안하게 여기는 게 무엇인지를 보고, 벼슬길에 올랐을 때 누굴 추천하는지를 보고, 부유할 때 어떻게 베푸는지를 보고, 궁할 때 어떻게 처신하는지를 보고, 가난할 때 무엇을 취하는지를 보아야 한다.

위나라 문후가 자신의 동생인 위 성자成子와 적황翟璜 중 누구를 재상으로 삼을지 고민하다 이극의 생각을 묻는다. 그러자 이극이 말한다.

> 왕께서 잘 살펴보시지 않았기 때문에 정하지 못하고 있을 따름입니다. 평소 생활 속에서 그와 가까이 지냈던 사람이 누구인지 살피고, 부귀할 때 그와 왕래한 사람을 살펴보십시오. 관직에 있을 때 그가 천거했던 사람을 살피고, 어려운 처지로 내몰렸을 때 그가 하지 않은 일을 살펴보십시오. 마지막으로 가난했을 때 그가 취하지 않은 재물이 무엇인지를 살펴보십시오. 이 다섯 가지를 기준으로 두 사람을 비교해보면 족히 결정할 수 있으신데, 어찌 굳이 저의 조언을 기다릴 필요가 있겠습니까?

하지만 이극이 제시한 다섯 가지 기준도 모든 경우에 다 적용할 수 있는 것은 되지 못한다. 왜냐하면 사람은 변하기 때문이다. 어떤 이는 뜻과 취향이 상황에 따라 변하기도 하고, 어떤 이는 목표를 바꾸기도 하며, 어떤 이는 궁할 때만 힘써 행하고 뜻을 이루면 방종을 일삼기도 한다. 이처럼 사람의 일은 항상 곁에서 함께할 수 없기 때문에 그 사람의 행동거지만으로 평가하는 것도 오류가 있을 수 있다.

중국 역사에 왕망이라는 지식인 황제가 있다. 그는 원래 한나라의 최고 권력자 위치에 있었지만 갖가지 권모술수로 선양禪讓에 의해 황제 권력을 빼앗아 신나라를 세운 인물이다. 하지만 신나라는 그가 추진한 개혁 정책의 부작용과 지방 호족 세력의 반발로 결국 15년 만에 멸망하고 후한이 뒤를 이었다.

그런데 이 왕망이란 사람은 중국 역사에서 가장 많은 논쟁을 불러일으키는 사람 가운데 한 명이다. 어떤 사람은 그를 개혁가로 칭하고, 어떤 사람은 복고광復古狂으로 배척한다. 어떤 사람은 그를 충신 효자의 모범으로 보고, 어떤 사람은 난신적자의 우두머리로 본다. 어떤 사람은 그를 야심가라고 하고, 어떤 사람은 그를 구세주라고 한다. 어떤 사람은 그를 거짓되고 간사하다고 말하지만, 어떤 사람은 당당하고 사심이 없었다고 한다. 중국 신문화운동의 선구자인 호적胡適은 왕망을 '2천 년 전의 사회주의자'라고 평했고, 당나라 시인 백거이白居易는 〈방언放言〉에서 그를 위선군자라 평했다.

하지만 왕망이 정권을 탈취하기까지의 행적과 당시의 정치 상황을 보면 꼭 처음부터 자신을 의도적으로 꾸민 것 같지는 않다. 《자치통감》과 같은 사서에 기록된 그의 행적을 살펴보면 명성을 얻기 전까지 그는 효성스럽고 청렴했다.

"어머니와 과부가 된 형수를 잘 섬기고, 형의 아들을 잘 키우면서 그 행동을 매우 바르게 했다. 또한 밖으로는 뛰어난 인재들과 사귀고, 안으로는 태후의 형제들을 섬기면서 자기를 굽히고 예의를 차렸다."

그런데 그는 권력을 잡자 당시 한나라 조정의 무능과 부패를 틈타 황제가 되기 위해 결국 진실하지 않은 본성을 드러낸다. 그는 제위를 찬탈하기 위해 황룡이 내려오느니, 자신이 황제가 되어야 한다느니 하는 신비한 자연현상들을 빙자하는데, 당시가 현대와 같이 개명된 사회는 아니었더라도 누가 그런 말을 믿었겠는가? 급기야는 우물에서 "왕망이 황제가 되리라"라는 글을 발견했다고 하는데, 당연히 그것은 조작이었을 것이다. 각 지방의 수령들이 그런 황당한 조작들을 수도 없이 만들어 중앙으로 보고하고 그때마다 왕망은 자신의 지위를 올렸다.

아무튼 왕망의 처음 동기가 어떠했든지 혹은 그에 대한 역사적 평가가 어떠하든지 우리가 여기서 확인할 수 있는 것은 사람이란 상황이 변하면 마음도 변하고, 마음이 변하면 행동도 변한다는 사실이다. 수많은 시간이 흐른 지금에도 그에 대한 평가가 여럿인데 어떻게 변화하는 사람의 다양한 모습을 한마디로 판별할 수 있을 것인가? 그래서《인물지》는 "인재를 판단할 때는 여러 가지 상황에 따른 그 사람의 대처 방법을 봐야지 당장의 모습으로는 판단할 수 없는 것이다"라고 말한다. 이처럼 인재의 숨은 재질과 행동거지를 파악하는 일은 어렵고도 어려운 일이다.

| 천거할 위치에 있기가 어렵다 |

그런데 진정한 인재를 만났다고 하더라도 자신이 결정권자가 아닌 이상 그를 추천해 등용하는 일은 또 다른 문제다.《인물지》는 다음 몇 가지 경우를 들어 이를 설명하고 있다.

> 재능이 너무 뛰어나 이해하는 사람이 적어서 누군가 추천해도 화답하지 않고, 혹은 신분이 비천하고 기력이 미미하여 말에 담겨 있는 밝은 헤아림을 보지 못하는 경우도 있다.

그렇다. 재능이 아무리 뛰어나면 뭐하나? 경우에 따라서는 인재의 숨은 능력을 알아줄 사람이 없으면 그 능력도 무용지물이다. 설사 누군가 추천을 해도 초나라 왕처럼 보옥을 알아보지 못하면 슬피 우는 도리밖에 없다. 역사상 너무 뛰어나서 진면목을 알아볼 수 없었던 인재들이 얼마나 많겠는가. 오직 종자기鍾子期만이 자신의 음악을 이해했는데 그가 죽자 백아伯牙는 목숨을 버린다. 인물을 알아보아야 추천을 할 것이 아닌가?

그러나 인물을 알아본다고 해서 어려움이 끝나는 것은 아니다. 추천하려 해도 추천할 위치에 있어야 할 것이 아닌가? 또 추천할 위치에 있어도 다른 사람의 방해를 뚫어야 할 것이 아닌가? 참으로 인재를 추천하는 일은 쉽지 않다. 그래서 《인물지》는 말한다.

> 뛰어난 인재의 진면목을 식별할 수 있는 사람은 만에 하나도 만나기 힘들고, 모름지기 진면목을 식별할 줄 안다고 해도 그 사람이 천거할 위치에 있기는 또 백에 하나도 힘들며, 지위와 권세가 있어도 천거하는 데 있어 적합하게 할 수 있는 경우란 열에 하나도 어렵다.

뛰어난 업적을 남긴 리더들은 인재를 구하는 일의 어려움을 잘 알기 때문에 일단 인재라고 생각되면 등용하는 데 의심이 없었다. 그리고 작은 단점은 크게 연연하지 않았다. 작은 흠집이 있다고 보석이 빛을 잃는 것은 아니기 때문이다.

제나라 환공은 인재를 등용할 때 중요한 것이 무엇인지를 아는 군주였다. 그가 포숙의 말을 듣고 관중을 등용한 것처럼 그는 인재를 등용할 때 자신의 틀을 넘어서서 인재를 등용했다. 환공이 영척寧戚을 등용할 때의 고사는 군주가 어떤 태도로 인재를 등용해야 하는지를 잘 보여준다.

환공이 영척을 등용하려 하자 군신들이 "그는 위衛나라 사람입니다. 위나라는 제나라와 멀지 않으니 사람을 시켜 알아보면 그가 현인인지 아닌지를 알 수 있을 것이니 그때 등용해도 늦지 않을 것입니다"라고 말했다. 그러자 환공은 이렇게 말하며 그를 경으로 삼아 크게 등용한다.

그렇지 않다. 물어보아 만약 작은 문제가 있으면 그 사람의 큰 장점을 잊게 될까 두렵다. 이것은 군주가 천하의 선비를 잃는 것이다. 또 만약 완전하지 않다면 그 장점을 헤아려 쓰면 된다.

제 환공은 확실히 지인과 용인 방면에서의 고수다. 겉으로 드러나지 않은 비범한 인재를 알아보고 출신에 관계없이 과감하게 등용했다. 그리고 만약 문제가 있으면 그 장점만 쓰면 된다는 확실한 용인의 철학이 있었다.

하지만 세상에 아무리 드러나지 않은 인재가 많다고 하더라도 인재를 찾아 등용하는 것은 쉬운 일이 아니다. 앞서 말한 것처럼 누가 인재인지도 알기 어렵고, 인재가 와도 그 진면목을 알아보고 올바로 등용하기는 더욱 어렵기 때문이다. 그래서 전국시대 연나라 소왕은 대신 곽외郭隗의 건의를 받아들여 인재 스스로가 찾아올 수 있는 환경과 제도를 만들었다.

어느 날 소왕이 아버지 대에 제나라에 당한 치욕을 씻기 위해 인재를 초빙하고자 대신 곽외에게 말했다.

"우리 연나라가 작고 힘이 없어 이 상태로는 복수를 할 수가 없소. 그러나 어진 인재를 얻어서 함께 국가를 다스려 선왕의 치욕을 말끔히 씻는 것이 과인의 소망이오. 만약 마땅한 사람을 찾게 되면 내가 직접 찾아서 모셔 오겠소."

그러자 곽외가 말한다.

"옛날 한 왕이 천금을 들여서라도 천리마를 꼭 사고 싶어했습니다. 하지만 3년이 지나도 살 수 없었습니다. 이때 궁중에서 왕을 모시던 신하가 자신이 사오겠다고 자청했습니다. 그 신하가 세 달을 찾아 헤매다 마침내 천리마를 찾았지만 그 말은 이미 죽은 뒤였습니다. 그 신하는 500냥을 주고 이 말의 뼈를 사서 궁으로 돌아와 왕에게 보고했습니다.

왕이 크게 노해 '내가 천리마를 사오라 했지, 누가 쓸모없는 죽은 말을 500냥이나 주고 사오라 했는가!'라고 하자, 그 신하가 말했습니다.

'온 천하가 왕께서 죽은 말도 500냥이나 주고 샀다는 것을 알았는데, 하물며 살아 있는 말이야 오죽하겠습니까? 사람들은 분명 대왕께서 거금을 아끼지 않고 좋은 말을 살 것이라 여기고 앞다퉈 말을 가지고 나타날 것입니다.'

과연 1년도 안 되어 천리마가 세 마리나 당도했습니다. 지금 왕께서 현명한 인재를 초빙하고 싶다면 우선 저부터 불러주십시오. 그러면 저보다 현명한 사람들이 어찌 천 길을 마다하겠습니까?"

그리하여 소왕은 곽외를 스승으로 삼아 날마다 가르침을 청했다. 또한 연나라 도성 밖에 '초현대招賢臺'를 쌓아 황금을 놓아두고 천하의 인재들을 끌어들이니, 군사 전략가 악의가 위나라에서 달려왔고, 음양오행에 해박한 추연趣衍이 제나라에서 달려왔으며, 그리고 힘이 세기로 이름난 극신劇辛이 조나라에서 오는 등 많은 인재들이 앞을 다투어 연나라로 몰려왔다. 결국 악의가 군대를 이끌고 제나라를 공격해 제나라 수도를 점령하고 성 70여 개를 빼앗는 전공을 세우게 된다. 곽외는 일종의 제도를 도입해 인재를 천거한 것이다.

하지만 인재란 늘 외부에만 있는 것은 아니다. 내부의 인재를 찾아내 쓰는 것도 중요하다. 북송 때의 정치가인 범중엄은 문인을 임용하는 데에 사소한 일에 구애하지 않고 오로지 인품을 중시했다. 그래서 그는 세인들의 존경을 받고 있으나 사소한 과오로 좌천당한 채 아직 복직되지 못한 사람들을 주로 등용해 비서와 조수로 썼다. 이에 대해 어떤 사람이 물으니 그가 이렇게 답한다.

재능 있고 과오 없는 사람들은 조정에 이미 임용되어 있기에 근심이 없지만, 직위가 낮아지는 일을 당한 불행한 관리들은 그렇지 않소. 그들을 다시 써주지 않고 그대로 놔둔다면 폐인이 되고 말 것이오.

인재란 어디에나 있다. 조직의 내부나 외부 모두 훌륭한 인재가 있을 수 있다. 과오가 조금 있더라도 장점을 알아보고 그들을 쓰는 일이 리더의 역할이다. 그러나 리더가 인재의 진면목을 식별할 지혜가 없이 무조건 주위에 인재 없음을 탓하기만 하면 어떻게 되겠는가? 다시 《자치통감》에 수록된 당 태종의 이야기로 되돌아가 보자.

태종은 즉위하자마자 여러 차례 백관들에게 인재 추천을 요구했다. 그런데 승상 봉덕이封德彛는 오랫동안 아무도 추천을 하지 않았다. 태종이 그 이유를 물으니, 봉덕이는 "지금 특출 난 인재가 없어서 어쩔 수 없이 추천하지 못했습니다"고 대답한다. 그러자 태종이 이렇게 나무란다.

군자가 사람을 쓰는 것은 도구를 다루는 것과 같아 그 장점을 취해야 한다. 자신이 사람을 알아보지 못하는 것을 걱정해야지 어찌 세상 사람들을 모욕한단 말인가.

명·청시대
배제와 포용의 인사

| 감시와 자율, 체제와 개성의 조화 |

우리는 먼 상고시대부터 시작하여 춘추전국시대를 거쳐 드디어 명나라
와 청나라까지 이르렀다. 이 시기를 흔히 '명·청시대'라고 하는데, 명나
라와 청나라는 사실 송나라와 원나라만큼이나 큰 차이가 있다.

명나라는 중국 역사상 매우 특이하게도 남방에서 기원한다. 그래서
명나라의 인재 풀도 주로 남방에 집중되어 있었다. 그들은 청나라에 나
라를 내줄 때까지 줄곧 남방의 몇몇 지역에 크게 의지했다.

반면 청나라는 인구 30만의 여진족이 만주에서 건국한 후 중원을 점
령한 나라다. 초기 청나라 조직은 오늘날 스타트업과 비견될 수 있을
만큼 작았지만 급속히 성장한다. 중원을 점령하자마자 청나라는 서쪽
으로 팽창해서 타림분지까지 진출한다. 몽골은 청의 동맹이 되었으므로
사실상 몽골까지 그들의 판도에 들었다고 할 수 있다.

명나라와 청나라는 이처럼 기원부터가 달랐다. 그래서 이 두 나라의 인재들의 구성도 판이했다. 물론 비슷한 점도 있다. 과거제가 정착되면서 인재들의 개성이 점점 사라졌다는 점이다. 사실 과거라는 것은 답안만 달달 외우는 예전의 '고시'와 비슷했다. 이렇게 뽑은 인재들이 꼭 인재라는 보장은 없었다. 그러니 조직의 활력이 점점 떨어졌고, 실력은 없고 학벌만 있는 '무용한' 사람들이 조직을 채웠다. 이 점에서는 명나라가 청나라보다 훨씬 심했다.

사실 어떤 제도든지 폐단은 있기 마련이다. 그전의 천거제가 일반인들의 출사의 기회를 앗았다면, 당시의 과거제는 가난한 사람들의 출사의 기회를 막았다. 과거를 치르려면 상당한 여윳돈이 있어야 했으니 가난한 농민들로서는 쉽게 꿈꿀 수 없는 일이었다. 그러니 삼고초려니, 오고대부니 하는 극적인 일들은 잘 생기지 않았다. 설사 삼고초려해서 인재를 등용했다고 하더라도 그 인재는 금방 기존 과거를 통해 등용된 사람들의 미움을 사 배척되었다. 붕당은 이 시기에도 여전히 힘을 발휘했다.

이제 인재 이론의 측면에서 명나라를 좀 더 구체적으로 살펴보자. 명나라를 세운 주원장은 안휘성 봉양 사람이다. 어려서부터 고생을 하다가 가뭄이 든 해에 출가를 했는데 그 출가는 해탈을 위해서가 아니라 끼니를 위한 것이었다. 원나라 말기에 먹을 것 없는 백성들이 유랑하면서 난을 일으킬 때, 그는 홍건 기의군 수장 곽자흥郭子興의 수하로 들어간다. 지모나 담력만큼은 타의 추종을 불허했던 그는 결국 남방의 온갖 반란군들 중에서 마지막으로 살아남았고, 또 북경을 점령해 원나라를 북쪽으로 몰아낸다.

주원장은 매우 명석한 사람임과 동시에 극도로 이기적인 인간이었다.

그는 명나라를 세워 중국 문명을 한 단계 끌어올린 영걸이었지만, 그의 일차적인 목적은 자손들이 천대 만대 부귀영화를 누리는 것이었다. 물론 그는 과거 역사를 통해 그 방법을 배웠다. 천대 만대 부귀영화를 누리기 위해서 그가 한 일은 무엇이었을까? 그는 좋은 일과 나쁜 일을 자신의 이익을 위해 섞어가면서 했다.

우선 그는 진나라의 방식대로 백성들을 국가의 지배 아래 강하게 묶어야 한다고 생각했다. 그래서 완전한 병농 일치와 중농주의를 숭상했다. 그래서 군인들을 토지에 묶어 관리하는 위소衛所 제도를 만든다. 또 하나는 한나라의 방식을 따서 주씨들에게 분봉을 해서 주씨 천하를 만드는 것이었다. 그래서 아들들에게 영지를 줘서 왕으로 봉한다.

그 다음은 이념이다. 유교를 이념으로 하되, 중요한 내용은 거세하고 무조건 따르는 것만을 숭상하게 했다. 그는 황제의 명령을 무조건 따르는 사람들을 좋아했다.

그리고 송나라의 재상 제도를 없애버렸다. 송나라 때의 재상들은 정무를 관장하는 사람으로 황제의 대리인이었다. 주원장은 그런 대리인을 황제의 권한을 잠식한다고 생각했다. 그는 초기의 창업 공신들을 거의 제거했다. 그래서 이후에는 과거를 통해 등장한 남방의 문사들이 관료의 주류를 이루었지만, 다른 한 축에는 황제와 그의 가신들인 환관들이 버티고 있었다.

그리고 마지막으로 한 행동이 있는데 이것이 결국 명나라의 명을 끊어 놓고 말았다. 바로 특무정치다. 황제를 중심에 놓고 검교檢校라는 특무들을 풀어 감찰을 하게 한 것이다. 그는 신하들의 일거수일투족을 모두 감시하여 조금이라도 이상한 징후가 있으면 법으로 옭아맸다. 그런데 이 은밀한 특무정치의 권한을 점점 황제의 가신이라고 할 수 있는 환관들이 가져가면서 명나라의 신하들은 점점 무기력한 존재로 바뀌었다.

몽골인들을 몰아내고 세운 명나라는 순수한 한족의 정권이었다. 그러니 명나라는 스스로를 '하늘의 왕조', 즉 천조天朝라고 불렀다. 그러니 여타 다양한 민족들은 쓰일 길을 잃었다. 명나라는 많은 인구를 정치하게 다스릴 제도를 갖추고 있었다. 그러나 그 근본적인 이념 속에는 배제하는 것이 너무 많았다. 강한 군인, 권한을 가진 대신, 독창적인 사상을 가진 문사, 다양성을 갖춘 이민족 등을 다 배제하니 남는 것은 가신인 환관과 남쪽에 기반을 둔 사대부 붕당들이었다. 좋은 시절에는 이렇게 흘러가도 조직은 안정감이 있다. 그러나 험한 시절이 오면 이런 체제는 금방 무력해진다.

이제 눈길을 돌려 청나라로 가보자. 말했듯이, 청나라는 거대한 스타트업이었다. 청나라의 창업자들은 만주어, 몽골어, 한자를 능란하게 사용했다. 인재들은 만주족에만 국한되지 않고 한족, 몽골인 등 다양했다.

누르하치는 건주여진建洲女眞의 좌장으로서 원래 명나라에 복무하고 있었다. 그러나 명나라에 개인적인 원한이 있던 차에 명나라의 실력이 별거 아니라는 것을 느끼고 서서히 거사를 계획한다.

이 만주족은 이른바 '하이브리드hybrid형 인간'이었다. 누르하치는 조선의 세종世宗처럼 자신들의 글을 만들었다. 그는 극도의 실용주의자였는데, 글이란 소리를 그대로 전달하면 그만이라는 것이다. 예를 들어 몽골어로 '아'라고 표기되는 글자들과 '마'라고 표기되는 글자들을 엮어 '아마(만주어로 어머니)'라고 쓰면 그게 바로 어머니라는 뜻이 아니냐는 것이다. 극단적인 단순화지만 이런 생각 자체가 복잡하고 중의적인 글자가 만든 사상을 고수하고 있던 중원을 앞서 가고 있었다. 그러나 그는 야망은 있었으나 여전히 부족장이었다.

그의 아들 홍타이지(청 태종)는 아버지를 능가하는 잡식성 천재인 데다, 몽골과 조선을 매우 잘 이해하고 있었다. 그는 만주에 살던 한족을 대거 기용한다. 그리고 싸움의 목적을 사람을 얻는 것에 두었다. 적이 항복하면 적장에게는 벼슬을 주어 곁에 두었고, 백성들은 이민시켜 자신의 기반으로 삼았다. 만약 기존 만주족의 전통대로 항복한 자들을 함부로 대하거나, 차별을 하는 귀족 버일러[貝勒]가 있으면 사정을 봐주지 않고 처단했다. 어차피 중원이 목표라면 만주족뿐 아니라 한족을 포용해야 했기 때문이다. 그의 후계들인 도르곤多爾袞, 순치제順治帝, 강희제로 이어지면서 이런 이원적인 지배는 민족 간의 융합 체제로 점차 이행한다.

그리고 강희제 때가 되면 만주족은 국경의 의미를 깨닫기 시작한다. 그래서 국경을 확정하기 시작하는데 지금 중국은 모두 강희제 이후 만주족이 넓혀 놓은 것이다. 그들은 이렇게 주장한다. 명나라는 좁은 범위에 갇힌 한족의 지방정권이지만, 청나라는 몽골과 서방의 무슬림까지 모두 포괄하는 진정한 하늘의 정권이라는 것이다.

그러나 활력을 보이던 만주족 정권도 시간이 지나자 명나라와 같은 길을 가며 활력을 잃어갔다. 잠깐의 안정기 동안 급격히 불어난 인구를 먹여 살릴 능력이 없었기 때문이다. 기본적으로 조직은 생산력을 증가시킬 창의성이 있어야 존재한다. 거의 2억을 넘어선 인구는 자연재해가 생기면 유랑을 했지만, 대외적인 위협이 사라지고 관료제가 정착되면서 이미 부패한 관리들은 이에 대응할 능력이 없었다. 그때를 맞춰 아편전쟁이라는 서방의 충격까지 전해지자 만주족과 한족은 다시 분리되기 시작하고, 만주족 사이에서는 복고주의가 싹튼다. 믿을 만한 이들은 만주족이라는 것이다.

이 시기에 다시 남방에서 거대한 스타트업이 등장하는데 이들은 중국의 농민반란의 전통에 서방의 사상을 결합시켰다. 천하의 만민은 다 평등하다는 청천벽력 같은 주장을 내세운 것이다. 이들이 조선의 동학에 비견될 태평천국太平天國의 신봉자들이었다. 태평천국운동은 그나마 유지되던 만주족과 한족의 융합을 완전히 깨뜨렸으며, 또 황제 중심의 중국사에도 치명타를 가했다.

제도든, 인재를 등용하는 방식이든 하나의 조직에 반드시 필요한 것이 무엇인지 딱 부러지게 말하기는 어렵다. 변수들이 끊임없이 등장하기 때문이다. 그래서 《인물지》가 말하는 평담한 마음의 상태를 확장해서 해석해 볼 필요가 있다. 과거는 훌륭한 교과서이긴 하지만 과거는 똑같이 되풀이되지는 않는다. 어떤 때는 자신을 죽여 널리 사람을 쓰고, 어떤 때는 임의적인 등용을 막고자 제도를 활용할 수 있다. 그러나 제도가 완벽한 것이 아니라는 것을 인정하고 항상 다른 길을 염두에 두어야 한다. 결국 인재 이론에서도 유일하게 변하지 않는 진리는 세상과 조직은 다 변한다는 사실이다. 세상에 영원한 것이 없으니 변화의 징후를 파악하는 것이 가장 현명한 방법이다.

그러나 변화를 따라가기만 하면 변화에 휘둘린다. 이 점에서 《귀곡자》라는 책이 주는 교훈이 있다. 대세를 따라가되 항상 그 안에서는 주도권을 잡으라는 것이다. 인재의 등용도 비슷하지 않은가 여겨진다. 담담한 마음으로 변화를 포착하고, 일단 포착하면 그 안에서 자신이 할 일을 찾아내 최선을 다하는 것이다. 이제 명·청 대의 이야기로 들어가 보자.

| 상황이 바뀌면 전략과 인재도 바뀐다: 주원장과 그의 인재들 |

원나라 말기 반원을 기치로 하되, 실상은 살길을 찾지 못해 반란군이 된 농민들의 군대는 수도 없이 많았다. 특히 원의 통치력이 사라지자 군벌들이 할거할 기반이 있는 장강長江(양쯔강)과 회수淮水(화이허강) 사이의 공간이 반란의 중심 지역이 된다.

과거 대권을 잡으려는 반란군들이 노린 지역은 주로 황하 유역이었다. 장안(지금의 서안)이 중심일 때는 관중평원이 핵심 지역이었고, 그래서 이 지역은 흔히 '왕토王土'라 불렀다. 유방과 항우가 서로 노리던 곳이 바로 그곳이었고, 이세민이 오매불망 그리던 곳도 그곳이었다. 하지만 그 후 쟁탈지는 서서히 낙양, 개봉 등의 하남성으로 옮겨간다. 그리고 원나라 이후가 되면 북경이 중심지가 된다. 대운하는 남방의 항주에서 북경 동쪽의 통주까지 이어진다. 남쪽의 곡물을 얻고, 북쪽의 초원을 바라보는 땅이 북경이었다.

그렇다면 주인 없는 천하를 쟁탈하는 싸움에서 북경에 먼저 진입하는 자가 우두머리가 될 자격이 있지 않았을까? 남쪽에서 반란군들끼리 싸우는 혼란기에 주원장의 일급 모사 주승朱升이 낸 책략은 과거 반란군들의 전략과는 판이하게 달랐다. 《명사明史》에 전하는 그가 낸 책략은 아홉 글자로 되어 있다.

> 성벽을 높이 쌓고, 양식을 널리 비축하며, 천천히 왕을 칭한다[高築墻 廣積糧緩稱王].

주원장은 이 계책을 받아들인다. 그리고 10년 동안 이 계책을 그대로 시행하며 때를 기다린다. 그런데 그 사이 어떤 이가 먼저 북경으로 들어가 황제를 칭하고 민심을 모았다면 어떻게 되었을까? 결과적으로 주원장이 중국을 통일했기 때문에 이 전략은 큰 평가를 받고 있다. 그렇지만 이 전략이 세워질 당시에 주원장이 어떤 생각을 했는지는 아직 명확하지 않다. 아마도 그의 의뭉스런 성격으로 보아 이런 판단을 했을 것이다.

'일단 군벌들 각자가 원나라를 몰아낼 수는 없다. 그렇다면 군벌들은 누구도 먼저 원나라와 정면 대결을 원하지 않을 것이다. 또 원나라는 남방을 평정할 위력이 없다. 그런데 내가 왜 먼저 북쪽을 공격해서 손해를 본단 말인가? 일단 남방의 싸움을 정리하는 것이 급선무다. 남방에서 싸울 때는 말을 쓸 수도 없으니 배와 병력의 수가 모든 것을 결정한다. 그것을 뒷받침하는 것은 곡식이다. 홍건적이란 다 먹고 살고자 온 사람들이 아닌가? 곡식만 많으면 군사들은 언제든지 끌어모을 수 있다. 그러니 곡식을 쌓자.'

그는 일단 남북 대치 상황을 먼저 만들고 북벌을 감행하는 것이 전략적으로 옳다고 본 것이다. 남방의 싸움은 빠른 기병도 아니고, 용맹한 병사들도 아니며, 그저 사람들을 많이 모으는 것에서 결판난다. 사람들을 많이 모을 수 있는 사람은 누구인가? 그래서 그가 찾은 사람이 바로 유생 전략가 유기劉基였다.

유기도 주승처럼 대국을 볼 줄 알았다. 유기는 남방을 평정하려면 우선 강한 진우량陳友諒을 쳐야 한다고 조언한다. 파양호에서 주원장과 진우량은 대대적으로 전투를 벌이는데 장강 중류를 오가던 큰 배를 가진 진우량이 처음에는 유리했다. 그래서 진우량은 엄청난 군함으로 들이닥치지만 결국 대군을 먹일 양식이 없었다. 반면 유기가 지휘하는 주원장의 군대는 진우량의 대군을 파양호로 몰아넣고 고립시켰다. 후방에서 계속 양식을 지원받을 수 있었던 주원장의 군대와는 달리 군량이 부족한 진우량 군대의 사기는 꺾이고 만다. 이어 주원장은 진우량의 대군을 화공으로 공격해 수장시키고, 남방을 평정한다. 결국 싸움의 승패를 좌우한 것은 식량이었다.

그런데 술가의 계보를 잇는 유기가 진정으로 뛰어난 점은 주원장이 갖추지 못한 것을 간파하고 있었다는 것이다. 원래 주원장은 본성이 자비로운 사람이 아니었다. 마음에 들지 않는 사람이 있으면 때리고 옥에 가두었다. 이런 행동으로는 황제가 될 수 없었다. 유기는 마침 가뭄이 들어 곡식이 마르며 죽어가자, 주원장에게 법률로 공정하게 다스리고 함부로 사람을 죽이지 않으면 비가 올 것이라고 말한다. 이에 주원장이 옥사를 정리하고 혐의가 불분명한 사람을 내보내자, 과연 비가 왔다. 원래 유기는 기상 관측에 일가견이 있어서 기회를 노려 일을 기획한 것이다.

이때부터 주원장은 황제의 풍격風格을 갖추기 시작한다. 주승이 천하대계의 기본을 세웠다면 유기는 주원장에게 황제가 되기 위한 구체적인 길을 제시했다고 볼 수 있다. 남방의 문사들은 남방의 방식대로 천하의 향배를 결정했다. 이렇게 남방을 평정한 주원장은 1368년 빈껍데기만 남아 있던 북경을 공격해 함락시킨다. 이렇게 일차적으로 천하는 통일된다.

이렇게 주원장은 천하를 얻었다. 그러나 원래 의심이 많았던 주원장은 황제가 되자 재능 있는 공신들을 모두 제거한다. 그래서 호유용胡惟庸 사건 때는 3만 명을 몰살했고, 남옥藍玉 사건 때는 1만 5천을 죽였다. 물론 근신하고 또 근신했던 유기도 모함을 받아 고향으로 가서 울분 속에서 죽었다. 주원장이 직접 죽이지 않았다는 사실로도 나름대로 '명철보신'했다고 할 정도로 주원장의 공신 숙청은 잔인했다.

그런데 이 대도살자가 만들어낸 것이 특무정치다. 그는 검교와 금의위錦衣衛 따위를 만들어 신하와 백성들을 감독했다. 사실상의 공포정치였던 것이다. 나중에는 동창東廠과 서창西廠 따위의 감찰 기관이 더해지는데, 이런 기관들을 이용해서 정권을 좌지우지한 것이 바로 황제의 가신인 환관들이었다. 우리는 이 체제가 어떻게 인재들의 발목을 잡았는지 또 살펴볼 것이다.

| 체제의 모순에서도 빛난 황제의 스승: 장거정 |

앞서 말했듯이 명나라에는 재상이 없었다. 주원장이 만든 황제의 권력은 이론적으로 무소불위였다. 그런데 이런 무소불위의 황제가 어리거나 무능하면 자칫 나라가 위험에 빠질 수가 있었다. 그래서 결국은 황제의 스승인 '내각대학사內閣大學士'가 사실상 재상의 임무를 대행하는 시절이 열린다. 황제의 스승으로서 재상의 역할을 한 사람 중 가장 걸출했던 사람이 장거정張居正이다.

《인물지》는 천거의 어려움을 이야기한다. 장거정은 관리 인사법의 제정, 세제 개혁, 토지 정리 등의 개혁정치로 명나라의 중흥을 이루기도 했지만, 천거를 잘한 것으로도 유명하다.

장거정이 집권하기 전 명나라는 피폐하기 그지없었다. 호적은 소실되었고, 관리들은 일이 있어도 움직이지 않아 국정은 마비되었다. 북쪽에서는 몽골족이, 남쪽에서는 왜구가 몰려들어도 손을 쓰지 못했다. 주원장이 만든 지방 군사기구이자 행정기구인 위소의 군인들이 얼마나 무능했는지 불과 60명의 왜구가 수만 명이 지키는 남경성을 공격하기도 했다고 하니 그 수준은 따로 말할 필요도 없을 것이다.

이 상황을 타개하기 위해 인재들을 적절히 배치한 사람이 장거정이다. 우선 장거정은 변경을 안정시킬 사람을 등용했는데, 그 사람이 바로 유명한 척가군戚家軍을 이끌고 왜구를 몰아내고 북쪽의 장성을 보수한 척계광戚繼光이다. 그리고 요동은 이민족을 잘 아는 이성량李成梁에게 맡겼다. 또 치수를 위해 반계훈潘季馴을 천거했는데, 그는 황하의 치수에 혁혁한 공을 세웠다.

그런데 1582년 장거정이 죽자 장거정의 치적을 뒷받침한 인물들인 반계훈과 척계광은 바로 실각하고 만다. 장거정 사람들의 운명도 마찬가지였다. 장거정 이전에는 제대로 추천받지 못했고, 다행히 장거정에 의해 쓰인 사람들도 장거정이 죽자 바로 미움을 받아 물러나고 만다.

이렇듯 장거정이 죽자마자 뛰어난 인물들이 차례로 탄핵을 당한 것은 명나라 권력 구조 자체의 모순 때문이었다. 형식적으로는 황제에게 모든 권력을 집중시켜 놓았는데, 황제가 어리고 무능하자 환관의 대표인 태감과 황제의 스승이 황제의 권한을 대체했다. 그런데 스승에게 눌려 있던 황제 만력제萬曆帝는 스승인 장거정이 죽자 기쁨에 들떠 스승의 탄핵에 동참한다. 황제의 마음을 읽는 것에 급급한 환관과 신하들은 붕당을 이루어 부끄러움도 잊고 장거정을 공격하고, 그가 등용한 사람들까지 공격하니 잠시 회복의 기미를 보이던 명나라는 다시 몰락의 길로 들어서게 된다.

사람은 유약한 존재다. 환경은 사람을 바꾸어 놓는다. 그래서 한 사람에게 지나친 권한과 책임을 지우면 사회 전체가 위험해진다. 명나라가 멸망하고 만 것은 만력제나 숭정제 같은 우스꽝스러운 황제들, 혹은 탐욕스러운 위충현 같은 몇몇 환관들 때문은 아니다. 문제는 총체적인 것이었음이 분명하다. 과연《인물지》의 말처럼 인물을 알아보기도 어렵고 방해를 무릅쓰고 천거하기도 어려우며 또 천거한 후에 그 사람이 일을 이루게 하기도 어렵다.

| 아군의 손에 넘어진 비운의 전략가: 웅정필 |

총체적으로 문제가 있는 사회에서 흔히 비극적인 영웅이 탄생한다. 그 영웅은 스스로 모순에 찬 존재이지만 사회의 더 큰 모순이 그를 영웅으로 몰아간다. 웅정필이 바로 그런 사람이다. 더 나은 황제와 더 많은 지지자들이 있었다면 웅정필이 죽음을 피할 수 있었을까? 아마 그렇지 않았을 것이다. 그는 당시에 '죽어 마땅한' 인물이었다.

웅정필은 지금의 호북성 무창武昌 사람이다. 그는 과거를 통과한 사람으로 정통파 무인은 아니었다. 향시에서 일등을 했고, 진사가 된 후 어사로 관직의 문을 연 것으로 보아 문재가 대단했던 것 같다. 다만 문인임에도 장대한 체격에 무재가 뛰어나 결국 요동의 일을 처리하게 된다.

《명사》에는 이 사람의 개성을 알 수 있는 일화가 나온다. 그가 금주를 순방할 때 커다란 가뭄이 들었다. 그때 성황당에서 비가 내리길 기원하며, 이렇게 말한다. "비를 내리지 않으면 성황묘를 부숴 버리겠다."

이처럼 강한 성격을 가진 사람은 명나라 말기의 중앙 정계에서 살아남기 힘들었다. 당시 조정의 붕당들은 상대 붕당에서 힘을 가진 자가 나타나면 반란을 꿈꾼다고 모함하고, 군사 작전에 실패하면 무능하다고 모함했다. 모든 게 인사권자인 황제 곁에 자신들의 사람을 더 많이 심기 위함이었다. 특히 황제와 결탁한 환관의 우두머리가 있는 당은 가장 힘이 셌다. 환관들의 붕당인 엄당의 우두머리 위충현은 호시탐탐 정적들을 노리고 있었다.

당시 후금後金의 공격은 점점 강해져서 조선 군대도 참전한 사르후 전투에서 양호楊鎬가 이끄는 명군 10만이 대패한다. 사르후와 심양은 바로 지척이다. 일이 이렇게 되자 명은 양호 대신 웅정필에게 요동 경략을 맡긴다. 웅정필이 올린 출정의 소는 이렇다.

이미 배후의 우환이 없으니 적은 동서의 세력을 합쳐 공격할 것인데 요동과 심양을 어떻게 지킬 수 있겠습니까? 바라오니 속히 장사들을 보내고, 급한 군량을 모으고, 병기를 수리하게 하고, 신이 쓰는 것을 아까워 마시고, 신의 기일을 늦추지 마시고, 번거로운 절차로 신의 기세를 막지 마시고, 곁가지로 흘러 신의 팔을 잡아채지 마시고, 신을 홀로 남겨 위험에 빠지게 해서 신을 그르치고, 요동을 그르치고, 결국 나라를 그르치게 하지 마소서.

우리는 웅정필이 황제에게 왜 이런 말을 하는지 서서히 이해할 수 있다. 명나라의 체제로는 외부에서 작전을 수행하는 장수를 지원할 수가 없었다. 작전이 장기화되면 분명히 누군가 모함을 할 것이 뻔했기 때문이다.

결국 그의 걱정은 현실이 된다. 위충현에게 줄을 대고 있으며, 한때 웅정필에게 청탁을 했으나 거절당한 후 나쁜 감정을 품었던 요종문姚宗文이 어사로 요동을 순찰했다. 그리고 웅정필을 비방하는 보고를 올린다. 내용은 매우 추상적이나, 요지는 웅정필이 여러 사람의 의견을 듣지 않고 멋대로 일을 처리한다는 것이었다. 황제가 가장 두려워하는 것이

멋대로 일을 처리하는 사람이 아닌가? 마침 광종光宗이 죽고 희종熹宗이 즉위하자 웅정필에 대한 어사들(이 어사들이 바로 주원장이 관리들을 감독하기 위해 내세운 사람들이었다)의 공격이 이어진다. 그 내용은 "지략이 없으면서[無謀] 황제를 속인다[欺君]"는 것이었다. 뚜렷한 혐의도 없이 변방의 장수는 이렇게 흔들리고 있었다. 결국 웅정필은 견디지 못하고 요동 방비의 임무는 원응태袁應泰에게 넘어간다. 그가 사직하면서 준비한 상소는 이렇게 끝맺고 있다.

> 변경의 일은 당연히 변경의 장수가 스스로 하는 것입니다. 어찌 이런 저런 말을 주워 중의를 소란하게 만들 수 있습니까.

말이 너무 직설적이다. 이런 말을 하면 정치적인 생명은 물론이고, 또 자신의 목숨도 담보하기 어렵다. 그는 《인물지》에서 말한 강직한 사람이 갖는 약점, 즉 '자신의 꼿꼿함 때문에 (일이) 막히고 부딪히는 것을 경계하지 않고, 오히려 유순한 태도를 무조건 비굴하다고 생각하는' 사람이었다.

웅정필이 탄핵을 당한 후 요동의 일을 맡은 원응태는 1년도 못 되어 심양을 뺏기고 만다. 그가 매우 무능했기 때문이 아니라, 웅정필의 전략을 부정해야 생존할 수 있는 정치 상황에서 거의 부득이한 패배였다. 결국 대안은 웅정필이었다. 그러나 당쟁의 소용돌이 속에서 외적을 막는다는 대의는 이미 유명무실해졌다. 조정은 사료에 허풍이 심하고 실제로 군무에 대해 잘 알지 못한다고 적혀 있는 왕화정王化貞을 요동순무로 앉혀 웅정필을 견제하게 한다. 그는 엄당의 지원을 받는 사람이었다. 동림당東林黨과 엄당은 군권을 가진 장수를 꼭 확보하고 싶어 했다.

그 후 어떤 일이 벌어졌는가? 우선 왕화정은 파당을 달리했기 때문인지 아니면 군사에 워낙 무능했기 때문인지 좀 엉뚱한 전략을 채택한다. 후금에 항복한 이영방李永芳이라는 자와 조선 함경도의 가도椵島에 주둔해 있던 모문룡毛文龍의 지원 약속을 믿고 후금과 정면으로 싸움을 벌인 것이다. 예상대로 누르하치가 동서의 군세를 모아 서진하자, 그는 광녕에서 나가 후금을 공격한다. 하지만 결과는 몰살이었다. 게다가 후퇴를 두고 웅정필과 왕화정은 또 대립한다. 웅정필은 산해관까지 후퇴해서 지키자고 하고, 왕화정은 영원성을 지키자고 한다.

이번에는 웅정필의 말대로 산해관까지 후퇴하게 된다. 사실상 이 전쟁으로 요동과 요서는 완전히 후금의 수중으로 들어간다. 그러나 웅정필을 기다리고 있던 것은 죽음이었다. 문제는 영원성에서 싸우지 않고 산해관까지 퇴각할 것을 주장했다는 것 때문이었다. 패전의 책임은 오롯이 그의 몫이었다. 그의 목은 참수되어 변방으로 조리돌림 당했다. 마치 공식처럼 몇 년 후 그는 사면되지만, 명나라는 차근차근 청에게 자리를 내줄 준비를 하고 있었다.

그 후 명나라 내부에서는 어떤 일들이 벌어졌는가? 1627년 섬서성에 대기근이 들자 농민들이 일어났고, 국가의 재정은 파탄 일로로 치달았다. 1630년 이자성李自成이 농민반란 세력을 모아 난을 일으킨다. 명나라 조정에게 농민반란은 외환보다 더 큰 문제였다. 청나라의 발흥에 대비한 부담이 이런 난을 가속화시켰고, 또 이 난이 청나라가 명나라를 공격할 수 있는 촉매가 되는 악순환이 벌어진다. 사실 처음부터 문제는 내부에 있었던 것이다.

웅정필, 원숭환 등 변방을 지키던 장수들은 차례로 조정에 의해 죽고 농민반란 세력은 점점 더 커졌다. 병자호란 이후 조선은 더는 명을 지지

할 여력이 없었다. 잘 알려진 대로 1644년 이자성은 북경을 점령해 명을 무너뜨렸고, 산해관의 수문장 오삼계吳三桂는 스스로 문을 열어 청나라의 신하가 된다.

생각해 보면 요동을 지키던 웅정필을 죽이고, 산해관을 지키던 원숭환을 죽이고, 후방의 우군인 조선을 무력화시키고, 또 농민반란군에게 북경을 넘겨주고, 산해관의 문을 스스로 연 것은 모두 명나라 조정 자신이었다. 과연 명나라는 청나라에게 넘어간 것이 아니고 스스로의 무기력에 의해 넘어졌다. 황제는 게으르고 관료는 부패했으니 백성들은 그 정권을 버렸고, 장수들은 스스로 살 길을 찾아간 것일 뿐이었다.

약간의 비약이 있지만 비극의 씨앗은 아주 오래 전, 즉 건국 시절부터 심어져 있었다. 앞서 살펴보았듯이 명나라가 황제권을 강화하기 위해 채택한 환관 중용은 조정을 환관파와 비환관파로 나뉘게 했고, 이들이 당파를 이루어 황제를 사이에 두고 줄다리기를 하면서 상대방 인재를 앞다퉈 끌어내렸던 것이다.

이렇게 권력 구조가 서로 인재를 쓰지 못하게 하는 형국이 되면 조직은 약해진다. 장거정과 웅정필의 실패는 이런 조직 구조에서는 필연적인 것이었다. 물론 이 경우 리더가 매우 뛰어나면 상관이 없다. 그러나 현실에서 그럴 보장은 거의 없다. 리더가 무능하고 파당이 득세할 때 이를 통제할 장치가 없으면, 뛰어난 인재가 등용되어 능력을 발휘하기는 어렵다. 《인물지》는 천거의 어려움을 이야기했지만, 사실 더욱 어려운 것이 파당의 이해관계와 질투 속에서도 계속 인재를 쓸 수 있는 조직 문화와 이를 이끌어 갈 리더의 안목과 자질이다. 우리는 다음 청나라 군주들을 통해 이를 살펴볼 것이다.

| 인재를 얻어야 비로소 잔치를 연다: 청 태종 |

멀리 카스피해에서 동쪽의 동해까지 이어지는 유목민 세계는 정주 세계와 끊임없이 투쟁하며 한 번도 세계사의 본무대에서 사라진 적이 없다. 중국의 사서를 기준으로 보면 흉노, 돌궐, 위구르 시기까지 그 중심은 언제나 황하 오르도스와 바이칼호를 잇는 선의 중간 지점, 즉 몽골고원의 중부였다. 그런데 10세기에 돌연 거란이라는 민족이 몽골고원의 동부 변경에서 요라는 나라를 세우면서, 중국의 동북 지역이 부상하기 시작한다. 그 이후 북쪽 세계는 요(동북), 금(동북), 원(몽골고원), 북방의 분열기, 청(동북)의 순으로 세력이 바뀌어간다.

흔히 중국의 사서는 이렇게 서술한다. "유목민은 거처가 없이 물과 풀을 따라 이동하기 때문에 추적하기 매우 힘들다."

실제로 이들이 무서운 것은 항상 움직이기 때문이다. 가까운 곳에 성을 쌓고 대립했다면 인구가 100배나 더 많은 남쪽의 중국에게 분명히 정복당하고 말았을 것이다.

그런데 요나라와 금나라, 그리고 청나라는 성격이 좀 다르다. 이들은 유목과 농경을 결합한 생활양식을 유지하고 있었다. 그래서 이들은 중국의 중원 지역에 정복왕조를 건설할 수 있었고, 동시에 중국의 한족 정권들이 결코 해내지 못한 몽골고원을 항상 평정할 수 있었다. 몽골고원의 칸들에게 거란이나 여진은 '야만족'에 불과했다. 또 여진족은 몽골고원의 적자가 아닌 거란에게조차도 '하등민' 취급을 받았다. 그런데 근세의 승자는 아이러니컬하게도 이들 '하등민'인 여진족, 즉 만주족이었다.

몽골은 먼 사막과 건조한 지대를 지나야 하기에 정복하기 힘들다지만, 기껏해야 북경에서 천 리 거리의 요하 지방에 근거를 둔 이들을 중국이 무찌르지 못한 이유는 무엇이었을까? 중국의 사서는 이를 자세히 기록하지 않고 있다. 다만 금나라를 세운 완안아구다 完顏阿骨打(완안아골타)와 청나라의 기반을 닦은 누르하치가 대단한 영웅이었다는 식으로 얼버무리고 있다. 누르하치와 대항했던 몽골의 칸들도 마찬가지다. 칭기즈 칸의 적통을 자부하던 동몽골은 누르하치를 가볍게 보았지만, 불과 몇 년 만에 그를 몽골을 다스리는 칸으로 인정하고, 끝까지 저항하던 서몽골의 오이라트족은 청나라에 의해 종족이 멸망하는 참화를 겪는다. 도대체 이들 만주족에게 무엇이 있었기에 중국을 정복할 수 있었을까?

앞에서 이들에게 없는 것을 먼저 말했다. 그들은 몽골의 유목민들과 같은 대단한 기동성이 없었고, 중원의 한족과 같은 방대한 인구와 농업 생산력도 없었다. 하지만 그들은 만주의 척박한 환경에 몽골과 중원을 결합해 놓은 사회체제를 유지하고 있었다. 또 그들은 군사적으로는 약했지만 상당히 껄끄러운 상대인 조선을 접하고 있었다.

아마도 그들이 처한 환경과 문화의 복합성이 그들을 동북아시아에서 가장 실력 있는 종족으로 만들었을 것이다. 이들의 지도급 인사 중 상당수가 몽골어와 중국어를 이해했고, 또 조선과 일본의 정세도 읽고 있었다. 그렇다고 하더라도 17세기의 사람들은 이들이 당시 세계에서 가장 큰 제국을 건설하리라고 아무도 예측하지 못했다. 사실 이들이 가진 것은 실로 보잘것없었기 때문이다.

이들이 성공한 이유는 사실 이들이 대단한 것을 가지고 있었기 때문이 아니라, 몽골과 중원에 무언가가 없었기 때문일 것이다. 그렇지 않다면 오합지졸이라고는 하나 100만 명 이상을 동원할 수 있는 명나라가 지척의 요동을 공략하지 못한 것은 상식적으로 이해하기 어렵다. 또 인구는 수배이며 동북의 협소한 땅보다 훨씬 큰 영토를 차지하고 있던 몽골의 칸들이 누르하치에게 완패한 것도 설명할 수 없다. 조선도 마찬가지다. 압록강과 청천강, 강화도까지 전략적 요새를 거느린 조선은 제 한 몸도 추스르기 어려웠다. 조선에도 뭔가가 없었다. 과연 무엇이 없었을까?

당시 몽골은 수십 개의 작은 조각으로 나뉘어져 있었다. 동서 몽골은 서로 싸우고 있었고, 동몽골의 칸들도 서로 끊임없이 충돌하고 있었다. 누르하치에 대항한 연합은 유지되지 못하고 작은 전투가 끝나면 이들은 다시 와해되었다. 또 명나라는 그들이 극도로 세분화시켜 놓은 관료제 안에서 뼈 없는 연체동물로 전락하고 있었다. 이들의 군대는 사실상 농민반란군을 제압하기 위한 것이지, 외적의 침입에 방비하기 위한 것이 아니었다. 이 세분화된 관료 체제 안에서 뛰어난 장수는 오히려 정권의 위협이었다. 관료들은 농민병들이 대신 죽어주는 전쟁에서 이기는 것보다는 한 번에 자신들의 운명이 판가름 나는 권력 투쟁의 소용돌이 속에서 살아남는 데 치중했다. 그래서 엄당이나 동림당 같은 파당을 만드는 데 여념이 없었고, 부패와 태만은 극에 달해서 뇌물 없이는 어떤 의사 결정도 불가능할 지경이었다. 이러는 동안 명나라의 군대는 북방에서 백전백패의 불가사의한 전과를 올리고 있었다. 불과 수십 년 전 왜구 수십 명에게 수천 명, 명목상으로는 수만 명의 수비군이 있는 남경이 유린을 당한 꼴과 너무나 흡사했다.

청나라가 발흥한 수많은 원인들 중에서 인재 등용 문제를 빼놓을 수 없다. 그중에 인재를 얻어야 비로소 만족감을 느끼는 지도자들이 있었다. 누르하치의 아들 홍타이지(청 태종)는 대단히 도량이 큰 인물이었다. 그는 남의 인재들을 받아들이는 데 특이한 기술이 있었다. 그러나 남의 인재를 얻을 경우 당장 발생하는 문제가 내부로부터의 질투다. 과연 받아들인 인재를 잘 쓸 수 있을까? 이것이 바로 천거의 어려움과도 같은 인사권자의 어려움이다.

원래 명나라의 조대수는 적수인 만주족이 보기에도 매우 강단이 있는 인물이었다. 그는 요동에 기반을 둔 명문가 출신으로 지역에서는 꽤 명망이 있었다. 청 태종은 조대수가 지키고 있던 대릉하를 직접 포위 공격했는데 조대수가 거느린 군사보다 무려 여섯 배나 되는 정예 병력 8만 명을 투입했다. 항상 다수로 소수를 치는 전술은 아군의 사상자를 줄이기 위한 만주인들의 전형적인 수법이었다.

청 태종은 조대수를 항복시켜 조씨 가문 전체를 끌어들일 생각을 했다. 그래서 성을 직접 공격하지 않고 포위를 한 채 계속 사자를 보내 항복을 권유했다. 그 사이 명나라는 구원군을 보냈으나 만주 군대의 상대가 되지 못했다. 결국 두 달을 끌자 성안의 양식은 바닥나고 항복 아니면 죽음을 택할 수밖에 없었다. 처음에 조대수는 죽음을 결심했지만 남은 이들이 문제였다. 결국 그는 성안의 사람들을 죽이지 않는다는 것을 조건으로 항복을 결심한다. 물론 청 태종은 이를 받아들인다.

조대수가 투항하자 청 태종은 몸소 술을 따르고 옷을 선물하면서 극진히 대했다. 조대수는 실로 감격했던 듯하다. 그에 조대수가 눈물을 흘리며 고마워하고 자신의 아내가 금주에 있으니 금주성으로 들어가 만주군이 공격할 때 내응하겠다고 한다. 이에 청 태종은 그를 금주로 보낸다. 그때 그의 마음이 거짓이었는지 아니면 돌아가서 마음이 바뀌었는지는 몰라도, 그는 금주로 돌아간 후 청 태종과의 약속을 지키지 않았다. 그러나 청 태종은 남아 있던 조대수의 가족들을 전과 같이 대했다. 조대수는 수성전의 명수였기 때문에 명나라는 그를 다시 기용한다. 결국 다시 10년이 흘러 만주군이 금주를 점령했을 때 조대수는 다시 잡힌다. 상황은 전과 마찬가지였다. 사서에는 양식이 없어 사람들끼리 잡아

먹었다고 적혀 있다.

이제 조대수는 할 말이 없었다. 청 태종은 어떤 결정을 내렸을까? 청 태종의 수하들은 모두 조대수를 죽이라고 간했다. 그러나 태종은 다시 그를 살려주고는 오히려 그를 팔기八旗의 총병으로 쓴다.《청사고清史稿》 에 그가 조대수에게 한 말이 적혀 있다.

> 그대가 나를 배반한 것은 그대의 처자와 종족을 위한 것이었다. 짐은 항상 내원의 여러 신하들에게 말했다. "대수는 죽지 않고 다시 항복할 것이다. 그때 나는 절대로 죽이지 않을 것이다." 이왕 일이 이렇게 되 었으니, 이후에는 전력을 다해 짐을 섬기면 된다.

조대수는 죄가 없는 원숭환이 조정의 탄핵을 받아 죽는 것을 보았다. 그런데 두 번이나 이런 대접을 하는 상대의 군주를 어떻게 거절할 수 있 겠는가? 조대수는 그만 진심으로 항복을 한다.

조대수가 잡힐 때 같이 잡힌 사람이 홍승주다. 홍승주는 당시 총독의 신분으로 조대수가 지키고 있던 금주성을 지원하기 위해 13만의 군사 로 후금을 공격하는 임무를 맡았다. 그는 일단 만주 군대와 직접 대항 해서는 승산이 없다는 것을 알고 방어 시설을 만들면서 천천히 진격했 다. 그러나 군무를 모르는 조정은 그를 가만두지 않았다. 조바심을 낸 명나라 황제는 빨리 진격해서 승부를 내라고 재촉했다. 물론 이런 의견 은 파당 간의 알력에 의해 생긴 것이었다. 청 태종은 일단 명군의 퇴로 를 차단하고 보급을 끊었다. 싸워서 이길 가능성이 없자 명의 부장들이 만주족과 내통했다. 사기가 극도로 떨어진 차에 만주의 정예병들이 들 이치니 명군은 순식간에 무너진다.

홍승주도 조대수와 함께 심양으로 끌려간다. 그는 처음 죽음을 택하려고 했다. 그 결기가 얼마나 대단했는지 당시 명나라 조정에는 홍승주가 저항하다 죽었다는 소문이 퍼졌다. 그러나 사실은 달랐다. 청 태종은 홍승주를 쓰고 싶었다. 그래서 나중에 청나라의 개국공신이 된 한족 모신 범문정范文程을 보내 홍승주를 회유하게 한다. 범문정은 강희제 때까지 살면서 최고의 공신 대우를 받았던 인물이다. 범문정이 보니 홍승주는 마음이 흔들리고 있었다. 그가 살펴보니 죽을 것이라던 홍승주가 옷의 먼지를 터는 것이 아닌가? 그래서 범문정은 이렇게 보고한다.

"홍승주는 절대 죽지 않습니다. 그 옷을 아끼는데, 하물며 몸을 아끼지 않겠습니까?"

그러자 청 태종은 확신을 가지고 몸소 홍승주에게 가서 담비 털옷을 입혀주면서 말한다.

"선생께서는 춥지 않으십니까?"

그러자 홍승주도 무너지고 탄복하며 말한다.

"참으로 하늘이 내린 군주이십니다."

홍승주를 얻자 청 태종이 너무 기뻐 온갖 술에, 갖은 놀이를 준비했다. 그러니 만주족 장수들과 대신들은 기분이 상할 수밖에 없었다. 그래서 왜 그렇게 홍승주를 중하게 여기는지를 따졌다. 그러자 청 태종은 이렇게 묻는다.

"우리가 비바람 맞으면서 수십 년을 고생한 것은 무슨 까닭인가?"

"그야 중원으로 들어가기 위함이 아닙니까?"

그러자 그가 이런 유명한 대답을 하니 좌중이 모두 탄복했다.

우리가 장차 중원으로 길을 나서려는데, 우리는 장님이나 다름없다.

오늘 길을 인솔할 사람을 하나 얻었는데, 어찌 기쁘지 않겠느냐?

과연 홍승주는 길잡이를 자임하고 중원을 평정하고 강남으로 내려가는 데 혁혁한 공을 세운다.

중국인들은 조대수와 홍승주를 적과 내통한 인간, 혹은 두 명의 임금을 섬긴 절조 없는 인간이었다고 기록한다. 그러나 지금의 중국 땅은 누가 만들었던가? 바로 청나라가 만든 것이다. 청나라가 얻은 것은 자기 것으로 하면서도, 청나라에 협력한 사람들은 민족을 배반한 사람으로 보는 것은 이중적이다.

각설하고 인재 이론으로 돌아가 보자. 태종이 중용한 범문정을 섭정왕 도르곤도 중용했고, 또 강희제도 그를 크게 평가했다. 조대수와 홍승주도 모두 크게 쓰임을 받았다. 그러나 처음에 이들이 항복했을 때 만주인들은 모두 그들을 죽이거나 중임하지 말라고 했다. 그런데도 청 태종은 그들을 중용했다. 이렇게 주위의 방해를 무릅쓰고 인재를 쓸 수 있는 사람은 《인물지》가 말하듯이 참으로 적다.

명의 숭정제는 농민군에게 몰려 자살하면서 "신하들이 나라를 망쳤다"고 탄식했다. 그렇다. 명의 신하들이 나라를 망쳤다. 그러나 그들은 다시 청나라의 신하가 되었다. 앞서 이윤이 탕왕의 인사를 말하면서 태갑을 훈계한 대목을 다시 떠올려 보자. 탕왕이 남이 다 갖추기를 바라지 않고, 자신이 부족할까 걱정했다는 대목 말이다. 하늘은 그저 덕 있는 자를 도울 뿐이고, 인재는 그저 자신을 알아주는 사람을 찾을 뿐이다. 그 이상도 그 이하도 아니다.

여담으로 한마디만 더 전한다. 도르곤이 역시 한족인 오삼계의 도움을 받아 북경에 입성한 후 바로 북경 천도를 선포하는데, 그 도르곤의

브레인이 바로 청 태종의 모신 범문정이었다.

| 《인물지》로 본 리더의 자질: 강희제 |

사람들이 역사를 배우는 이유는 거기에서 뭔가를 배우려고 하기 때문이다. 이제 청조의 최전성기를 연 강희제가 기존 한족들의 역사에서 얼마만큼의 교훈을 얻었고, 또 그것을 기반으로 얼마만큼 더 멀리 갔는지 인재 이론에 중심을 두고 살펴볼 것이다[아래의 내용은 주로 《강희제》(조나단 스펜스 지음, 이준갑 옮김, 이산, 2001)의 내용을 참고했다. 모두 사료에 근거한 것으로, 일부는 임의로 대화체로 바꾸었다].

강희제가 친정을 시작하기 전, 청나라 조정의 상황은 꽤 복잡했다. 만주족의 전통에 따르면 오직 실력 있는 이들이 수장이 될 수 있었다. 청 태종의 아들 순치제가 젊어서 죽고, 어린 아들 강희제가 제위에 올랐지만 그 실력은 아직 검증되지 않았다. 만주족 귀족인 버일러들이 그의 지위를 위협했다. 강희제가 이들을 제어하는 것도 벅찬 일이었는데, 청나라 개국에 도움을 준 오삼계를 비롯한 한족 번장들이 남쪽에서 독립할 기미를 보였다. 이들을 치자니 갓 탄생한 나라에 풍파가 일 것 같고, 그대로 두자니 종기를 키우는 것 같은 상황이었다. 강희제로서는 절체절명의 순간이었다. 이미 누릴 것이 많은 대신들은 분란을 싫어했다. 그러나 일부 강단 있는 신하들은 남쪽의 번들을 철수시키자고 했다.

강희제는 1673년 모로莫洛, 미스한米斯翰 등이 주도한 오삼계가 통치하는 번을 없애자는 요청(번왕 제도 철폐)을 지지한다. 이것은 국가의 변란을 감수한 모험이었다. 과연 번을 없애는 것에 불만을 품은 오삼계가 난을 일으키자 많은 이들이 모로와 미스한이 난리에 불을 붙였다고 그들을 죽여야 한다고 주장한다. 대신 송고투索額圖도 그랬다. 그러나 강희제는 이를 주장하는 대신들이 소신 없는 자들이라고 생각했다. 그리고 그는 모로와 미스한을 변호한다. 그는 명나라가 일이 잘못되면 일을 주동한 사람을 희생양으로 삼았다는 것을 잘 알고 있었다. 그러기에 그는 일을 주동한 모로 등을 끌어내리지 않았다.

오삼계 등 세 명의 번왕이 일으킨 '삼번의 난'이 장기화되자 강희제는 만주족 장수들의 작전 능력에 회의를 느낀다. 그래서 그는 한인 장수들을 대거 기용하기로 결심한다. 그것은 대단한 모험이었고, 무모할 정도의 신뢰였다. 만약 그들이 반란에 동조해 만주군의 배후를 친다면 어떻게 할 것인가? 그러나 그는 정책을 바꾸지 않았다. 그는 만주족 장수들과 한족 장수들을 섞어야 시너지 효과가 난다는 것을 알았다. 그래서 중요한 작전에 한족 장수들을 대거 기용한다. 결과는 대성공이었다. 《인물지》는 자신과 부류가 다른 사람들도 쓸 수 있어야 한다고 말한다.

명나라를 망친 문사들의 붕당의 인재 추천 행태를 간파하고 있던 강희제는 다음과 같이 말한다.

"높은 관직에 스승이나 친구, 혹은 친척을 추천하는 것은 대신들의 나쁜 습속이다. 처음에는 한인들만 이런 관행을 가지고 있었다. 그러나 그런 관행이 만주인들에게도 퍼졌다."

그리고 그는 이렇게 말한다. "탄핵 상소문은 신중하게 읽어야 한다." 왜냐하면 비난의 이면에는 파당끼리 알력이 있을 수 있기 때문이다. 파당에 휘둘리면 인재들이 다친다. 그는 파당이 가짜 명성을 만든다는 것을 알고 있었다. 《인물지》에서도 붕당이 객관적인 인재 추천을 가로막는다고 했다.

또 강희제는 지방의 사정을 실제로 알 수 없기에 자신이 신임하는 대신들을 지방에 파견하면서, 일종의 비밀 상주문인 주접奏摺을 이용해 현장의 내용을 보고할 수 있게 하고, 중요한 일들은 자신이 직접 비평과 지시 사항을 적어 발신자에게 보낼 정도로 국사를 직접 챙겼다. 그러나 그는 순행 시 무기명 투서로 남을 비난하는 경우에는 어떤 조치도 취하지 않았다. 이런 투서는 서로 앙심을 품은 사람들끼리 보복하려고 쓴 것일 수 있었기 때문이다. 그는 이런 투서들이 명나라의 변란을 만들었다는 것을 알고 있었다.

그는 항상 만주인과 한인 사이에서 평정심을 잃지 않으려고 노력했다. 만주인이 만주인을 더 좋아하는 것은 인지상정이나 군주는 그렇게 할 수 없는 것이다. 이것은 원나라와의 차이다. 원나라는 차별 정책을 썼기에 한족들의 신임을 얻지 못했다. 《인물지》는 개인의 호오好惡에 따라 인재를 써서는 안 된다고 말한다.

그는 아첨이 사람을 병들게 한다는 것을 이해하고 있었다. 그래서 아첨을 쉽게 할 수 있는 위치에 있는 환관이 절대로 정사에 관여하지 못하게 했다. 그는 환관을 단 400명만 두었다. 궁궐을 가득 채운 환관들이 대신들의 생사여탈권을 쥐게 되면서 명나라가 쇠퇴했다는 것을 그는 알고 있었다. 《인물지》는 말한다. 참소하는 말을 자꾸 듣다가 보면 자신도 모르게 믿게 된다고.

그는 과거 답안을 모은 선문집을 외운 강남의 허약한 사람들이 무과에도 대부분 합격한다는 것도 알고 있었다. 그래서 그는 무과는 말타기와 활쏘기로 뽑는 것이 제일 좋고, 서부에서 온 건장한 사람들을 뽑아야 한다고 생각했다. 《인물지》는 재질에 맞는 인재의 등용을 강조한다. 무사의 선발에 글재주가 그렇게 필요할까? 그는 과거 제도의 폐해를 알고 있었다.

그리고 그는 이상한 징조 따위에 대한 상소를 믿지 않았다. 그래서 "가장 좋은 징조는 풍년일 뿐이다"라고 말했다. 유학자들이 걸핏하면 상대를 공격하기 위해 이상 징조를 활용한다는 것을 사서를 통해 알고 있었다. 지나치게 사변적인 것은 지엽 말단으로 흐를 수 있기 때문이다.

그는 분명히 《인물지》가 말하는 내용을 깊이 이해하고 있었다. 그의 말은 《인물지》의 문장에서 따온 것이 많다. 그는 말한다. "사람의 목소리가 가장 중요하다. 목소리는 세상의 근본적인 음성이다. 맑고 크게 짐의 이름을 불러라." 《인물지》는 목소리에서 사람의 성정이 드러난다고 했다.

그는 건강을 위해 활을 쐈다. 글만 읽으면 나약해진다고 생각했다. 또 그는 황제들이 먹는 기름진 음식이 병의 근원임을 알았다. 그는 말한다. "농부들의 먹는 음식은 평범하다. 그래서 그들은 늙어서도 건강하다." 그리고 그는 불로장생 따위는 믿지 않았다. 또 그는 말한다. "이가 흔들릴 때, 이가 흔들릴 만큼 오래 산 것에 대해 자손들과 함께 기뻐하라. 그리고 안 아프게 뽑아버려라." 건강하기 위해서는 운동을 하고, 적게 먹고, 또 인간의 한계를 인정하라는 것이다. 명나라의 황제들이 불로장생을 위해 수은으로 만든 환약을 그렇게 먹다가 모두 단명한 것을 그는 알고 있었다. 생활을 담백하게 유지하는 것은 지도자의 기본 중의 기본이다. 《인물지》는 지도자의 최고의 자질을 '평담'이라고 했다.

그는 인물을 어디까지 써야 하는지 알았다. 그는 말한다. "연로한 관리들은 (몸이 약하니) 성급히 탄핵해서는 안 된다. 그저 그들이 법을 어기지 않고 부패하지 않으면 족하다. 그러면 그들의 지혜를 쓸 수 있다." 《인물지》는 말한다. 이미 그 장점을 높이 산다면 그 단점을 비난해서는 안 된다. 노인들의 지혜를 높이 산다면 그들에게 젊은이의 열정을 기대할 수는 없는 것이다. 강희제가 말하지 않나? 그저 법이나 지키면 족하다고.

강희제는 《인물지》에 대한 조예가 깊었다. 그리고 그것을 창조적으로 이용했다. 그는 말한다. "대신은 은퇴하면 그만이지만, 참으로 군주는 쉴 수도 없다." 그러니 군주를 귀하게 여기는 것이다. 부귀와 공명은 그 노력의 대가인 것이다. 이어 그는 이렇게 말한다. "남 위에 군림하는 자는 고통스러워도 참아야 한다. 그렇게 하지 않는다면, 호소할 곳 없는 환관이나 가난한 자들은 아플 때 어떻게 해야 하는가?"

이제 중국사를 통해본 《인물지》는 강희제로 마무리한다. 강희제는 《인물지》에서 말하는 군주의 자질을 8~9할을 갖춘 보기 드문 영걸이다. 역사상 이런 영걸이 그토록 적은 것을 보면 인물을 쓰는 일의 어려움을 절감할 것이다. 그러나 강희제도 노력이 천성보다 중요하다고 본 사람이다. 독자 제현들께서도 노력으로 성인의 반열에는 오르지 못하더라도 그 8~9할까지는 이를 수 있길 기대해 본다.

4부

결어

진정한 인재는 어떤 사람인가 ▪ 석쟁

12

진정한 인재는 어떤 사람인가
석쟁釋爭

《인물지》의 결론으로, 인재가 지켜야 할 기본 원칙을 설명한다. 자랑하지 말고, 다투지 않는다는 동양적 인재관에 대한 설명이다.

우리는 지금까지 인재는 어떤 특징을 지니는가, 또 그런 인재를 어떻게 알아보고 쓸 것인가를 다루었다. 그러나 《인물지》의 마지막 장은 인재에게 하는 당부의 말이다. 자신이 나름대로 인재라고 생각하는 사람들은 이 장을 새겨들을 필요가 있다. 《인물지》는 성정이 다른 인재들은 서로 무시하는 경향이 있고, 성정이 같은 인재들은 기량을 다투는 경향이 있다고 누차 말한다. 인재도 모두 사람인지라 서로 반목하면 다칠 수가 있다. 그래서 유소는 마지막 장에서 인재들에게 싸움을 피하고 몸을 닦으라고 당부하고 있다.

'석쟁釋爭'은 말 그대로 다투지 말라는 뜻이다. 동양 문화권은 조화로운 인간관계를 중시하는 오랜 문화 전통을 갖고 있다. 이런 인간관계를 중시하는 전통은 모범적인 인재의 정의에도 그대로 적용된다. 그래서 《인물지》에서 말하는 진정한 인재란 자신을 낮추어 겸양하고 남과 다투지 않아 아름다운 명성을 이루는 사람이다.

자랑하지 않는 것이 자랑하는 것이고, 명리를 다투지 않는 것이 명리를 얻는 것이다. 상대에게 양보하는 자가 이기고, 남보다 낮추는 자가 결국 남보다 위에 오르게 된다.

이는 세상살이의 올바른 처세를 말하는 것이기도 하지만, 원만한 대인관계를 통해 조직의 화합을 이끄는 능력을 갖춘 사람이 진정한 인재임을 말하는 것이기도 하다. 사실 일은 혼자 하는 것이 아니다. 조직이 움직이면서 성과를 낸다. 그 때문에 조직의 조화를 깨고 성과를 내는 것은 힘들다. 세상에 성공한 리더치고 독불장군은 드물다. 그래서《인물지》는 마지막 장에서 인재 등급을 상, 중, 하로 나누어 그 기준을 제시한다. 모두 유가의 여러 경전에 나오는 말이다.

대저 공이 없으면서 뽐내는 것은 하등이고, 공이 있어서 자랑하는 것이 중등이며, 공이 크나 자랑하지 않는 것이 상등이다.
어리석으나 이기기를 좋아하는 사람은 하등이고, 현명하지만 자기가 남보다 낫다고 자부하는 사람은 중등이며, 현명하지만 능히 겸양하는 사람은 상등이다.
자신에게는 관대하고 남에게는 엄한 사람은 하등이고, 자신과 남에게 모두 엄한 사람은 중등이며, 자신에게는 엄하되 남에게는 관대한 사람은 상등이다.

그리고 상 등급의 인재가 되기 위해 어떻게 해야 하는지를 하나하나 이야기한다.

| 공을 자랑하지 않는다 |

《논어》〈옹야雍也〉 편에는 "맹지반孟之反은 자랑하지 않는구나. 패전해서 모두들 달아날 때 그는 홀로 뒤에 남았는데, 성문에 들어갈 때 말을 채찍으로 때리면서 '내가 감히 뒤에 남으려고 한 것이 아니라 말이 나아가지 않았기 때문이다'"라는 말이 나온다.

맹지반은 공자가 살았던 시대의 노나라 대부다. 그는 제나라와 전투를 벌일 때 우익의 군대가 와해되자 가장 뒤에 남아 후퇴하는 군대를 엄호했다. 당시 전쟁에서 패하여 돌아올 때는 뒤에 처지는 것을 공으로 삼았다. 그런데 맹지반이 모두 달아날 때 홀로 뒤에 남아 공을 세웠으면서도, 자신의 공을 자랑하지 않고 겸손하게 "말이 나아가지 않았다"라고 말한 점을 공자가 칭찬한 말이다.

하지만 현실은 어떤가? 조그마한 공이라도 있으면 자랑하며 다른 사람을 무시한다. 자신의 공을 뽐내고 재능을 자랑하며 항상 남보다 앞서고자 하는 것은 어찌 보면 인지상정이다. 대부분의 사람들은 '소인배'의 범주를 벗어나지 못하기 때문이다.

그래도 여기서만 멈추면 큰 문제는 없다. 과거 전통시대와 달리 요즘은 자기 홍보의 시대이고, 이런 '소인'의 욕망이 일종의 동기부여도 되기 때문이다. 모든 사람이 다 군자일 필요도 없다. 오히려 군자인 척하면서 행동은 진짜 소인배처럼 하는 사람들이 문제다. 그들은 《인물지》의 표현대로 '앞선 자가 있으면 해하고, 공이 있는 자는 비방하며, 비난받고 실패한 자가 있으면 오히려 다행으로 여기는 사람들'이다.

조금 과하게 들릴지 모르겠지만 역사책에 등장하는 비극적인 영웅들의 죽음은 거의 이런 '소인'들이 만든 작품이다. 즉, 공이 큰 것이 화가 되어 희생되었다. 송나라의 악비는 그 군사력이 커지는 것을 두려워한 황제 때문에 죽었고, 명말의 웅정필과 원숭환도 그 공이 커지는 걸 두려워한 엄당의 무고에 죽음을 당했다. 이순신李舜臣도 임진왜란 때의 공이 너무 커 선조를 불안하게 했고, 죽어서야 비로소 구국의 영웅으로 떠올랐다.

만약 맹지반이 진 싸움에서 자신의 공을 부각시켰다면 그는 좋은 이름을 얻을 수 없었을 것이다. 맹지반이 이름을 얻은 것은 그가 이름을 버리려 했기 때문이다. 그래서 지혜로운 사람들은 자신의 공이 커지는 순간이 위험할 수 있다는 것을 잘 안다.

청말 태평천국을 진압하고 양무운동洋務運動을 추진했던 증국번曾國藩이 그런 사람이다. 증국번에 대한 역사적 평가는 다양하지만, 증국번의 일 처리 능력과 처세의 책략은 중국인들로부터 폭발적인 관심을 불러일으키고 있다. 그는 "공덕을 이룬 다음에는 조용히 물러서는 것이 천하의 도리다[功成身退 天下之道]"라는 말을 몸소 실천한 인물이다.

그는 태평천국군이 진격해 오자 황제로부터 호남湖南을 방위하라는 명령을 받고, 의용군인 상군湘軍을 조직해 태평천국의 진압을 주도했다. 황제와 만주 귀족은 한인 세력의 군사력이 강화되는 것을 두려워하여 처음에는 그의 활동을 제한했으나, 그는 청 왕조에 대한 충성을 맹세함으로써 점차 신임을 얻는다. 결국 그의 군대가 태평천국군의 근거지인 남경을 공략하여 탈환에 성공하고 난을 진압한다.

하지만 그가 이끈 군대는 정부군이 아닌 자신의 사병이었다. 이것은 당시 그가 청조에 반기를 들고 자립할 수 있는 군사력을 보유하고 있었음을 의미한다. 하지만 그는 자신이 거느리던 상군을 자발적으로 해산해 황제의 의심과 우려를 불식시킨다.

그는 사마천의 표현대로 하면 '배움이 있는 사람'이었다. 그가 황제 자리를 노리는 순간 중국은 곧 분열의 시기가 온다는 것을 그는 역사에서 배웠다. 또 그의 거사가 실패했을 경우 돌아올 재난도 역사를 통해 배웠다. 그래서 그는 대권을 장악하고 태평군에 승리한 후에도 공손하고 근신하는 태도를 유지해 부귀와 영화를 누리는 길을 선택한다. 그 결과 그는 관직, 권력, 명예와 이익을 완벽하게 결합시킨 전통 중국인의 이상적 인물로 여겨져 중국 서점가에는 그의 처세에 관한 책들이 여전히 열풍을 일으키고 있다.

| 이기기를 너무 좋아하지 않는다 |

《인물지》는 '소인배'의 행위의 밑바탕에는 기본적으로 '이기기 좋아하는 마음'이 있다고 말한다. 소인배들의 이런 심리의 근저에는 다음과 같은 잘못된 생각이 있다. 한마디로 그들은 '남을 밟고 올라서는 것을 남다르게 뛰어나다고 생각한다.' 그러면서 '앞만 보고 나아가지만, 스스로 돌아볼 줄 모른다.'

물론 지는 것을 좋아하는 사람은 없다. 또 적당한 호승심이나 경쟁심은 개인이나 조직의 발전에 꼭 필요한 윤활유다. 그런 게 없으면 개인이든 조직이든 무력해지기 쉽다. 하지만 호승심이나 경쟁심이 지나치면 자칫 그 화가 자신에게 미치고, 결과적으로 조직의 인화가 깨질 수 있다. 상대를 꺾으려고 하면 상대도 반발하기 때문이다. 이런 이기기 좋아하는 마음이 과하게 되면 서로 적대시하고 비난하는 관계가 생긴다. 서로 적대시하고 비난하는 관계가 되면 서로 원망하는 마음이 생기고 결국 싸움의 단서가 만들어진다.

《사기》의 〈위기무안후열전魏其武安侯列傳〉은 한나라 초 위기후 두영竇嬰, 무안후 전분, 관부灌夫 세 사람에 대한 이야기이다. 사마천은 이 세 사람의 행적을 묘사하면서 사소한 호승심이 어떻게 이들을 파멸로 이끌었는지 생생하게 묘사한다.

두영은 한나라 문제 두황후의 조카로 오초칠국吳楚七國의 난을 진압한 공을 세워 위기후로 제수되었고, 전분은 무제 때 왕태후의 동생으로 무안후로 봉해졌다. 처음 이 둘 사이는 그다지 나쁘지 않았다. 위기후가 대장군이 되어 위세가 드높을 때 전분은 낭관의 신분으로 위기후의 집을 드나들며 부모처럼 그를 섬겼다고 한다. 그런데 시간이 흘러 이 두 사람의 처지가 바뀐다. 위기후의 배경이 되었던 두태후가 죽고 무안후가 이제 실세가 된다.

그런데 이 두 사람 사이에 관부라는 이가 있었다. 관부는 전쟁터에서 명성을 얻은 사람으로 위기후와는 아버지와 아들처럼 서로를 존중했다. 또한 사람됨이 강직하고 호기가 있어 대놓고 아첨하기를 좋아하지 않았다. 특히 자기보다 신분이 높고 세력 있는 사람에게는 예절을 지키지 않고 반드시 업신여겼다. 반면 자기보다 신분이 낮은 사람의 경우에는 더욱더 존경하고 자신과 동등하게 대우했다. 그는 학문보다는 협기를 좋아했고, 위기후가 세력을 잃었어도 원래 태도를 바꾸지 않고 위기후와 함께했다. 한마디로 하면 의리의 사나이였고 선비들도 그런 그를 높이 평가했다.

반면 무안후는 매우 거만했다. 하지만 그는 당시의 실세였다. 관부의 눈에 그런 무안후가 곱게 보일 리 없었다. 한때 빈객을 모으며 세를 다투던 두 사람 사이에서 시세의 변화를 무시하고 관부가 사사건건 무안후를 능멸하니 소인배인 무안후가 가만있을 리 있겠는가? 결국 술자리에서 일어난 사사로운 일로 인해 무안후는 전에 있던 일까지 들춰내 관부를 죽인다. 위기후가 그를 사면하기 위해 백방으로 노력했지만 결국 아무도 도와주는 사람이 없었다. 후에 위기후 자신도 이 일로 인해 참수되고, 무안후도 무제에게 꼬투리를 잡혀 족멸되었다.

결국 한때 권세를 누렸으나 시운의 변화를 알지 못하고 서로 이기려고만 한 이 세 사람의 재앙은 모두 그들 스스로가 초래한 것이었다.《사기》에 따르면 무제는 항상 이들 둘이 빈객들을 모으는 것을 못마땅해 해서 기회를 보았다고 한다. 결국 위기후와 무안후를 죽인 것은 무제다. 사실 이 둘은 호랑이가 뒤에서 덮치려고 하는데 서로 아옹다옹하며 싸우는 늑대와 같았다. 인간적으로는 위기후가 좀 나았다고 해도 이런 진흙탕 속에서 어떻게 시비를 가릴 수 있겠는가?

반면 라이벌 관계에 있다고 하더라도 일에 임해서는 서로 양보하고 화합하는 미덕을 보여준 사례도 많다. 당나라 장군 곽자의郭子儀와 이광필李光弼의 이야기는 앞의 이야기와는 사뭇 다르다.

당나라 현종 때 곽자의와 이광필은 둘 다 절도사 안사순安思順 휘하에서 군대를 영솔하는 아문도장牙門都將이었다. 그런데 이광필은 아버지가 거란 출신이었다. 그래서인지 그들은 한 밥상에서 밥은 먹어도 서로 눈만 흘길 뿐 말도 하지 않는 사이였다. 후에 안녹산의 난이 일어나자 절도사 안사순이 처형되고 곽자의가 절도사 직위에 오른다. 평소 곽자의와 사이가 좋지 않던 이광필은 그곳을 떠나려고 했으나, 막상 떠나지 못하고 있었다. 열흘이 지나자 현종이 조서를 내려 곽자의로 하여금 군사를 거느리고 조와 위를 토벌하게 했다. 그러자 이광필이 곽자의를 찾아가 말했다. "나는 죽어도 괜찮지만 처자들 목숨만 살려주시오."

그러니 곽자의는 당하로 내려가 이광필을 끌어안고 눈물을 흘리면서 말했다.

"지금은 나라가 난을 만나고 황제께서 난을 피하여 몽진을 하셨는데, 자네의 도움 없이 내가 어떻게 출병을 한다고 그런 말을 하고 있나? 어찌 그런 사사로운 원망과 분함을 생각할 수 있겠는가?"

사실 안녹산의 난을 평정할 수 있었던 것은 모두 이 두 사람의 화해에서 비롯되었다고 할 수 있다. 사람의 마음속에 상대에 대한 원망과 분함이 있으면 상대의 재능보다는 단점만 보는 것이 인지상정인데, 곽자의는 나랏일을 할 때 사사로운 원망을 잊고 상대의 재능을 인정했으니, 《신당서》의 말처럼 진정 현명하고 어진 인재라 할 수 있다.

| 자신에게 엄격하고 타인에게 관대하다 |

이렇듯 조직이나 사람 사이의 분쟁은 대부분 자신에게는 관대하고 남에게는 엄격한 것에서 비롯된다. 반면 군자는 자신에게는 엄격하지만 타인에게는 관용을 보인다.

앞서 적인걸의 이야기에서도 등장한 루사덕은 측천무후 때 재상을 지낸 문무를 겸비한 인물이었다. 8척 장신의 풍만한 체구에 두터운 입술을 가지고 있었던 그가 한번은 동료 대신 이소덕과 나란히 걸어가는데 살이 너무 쪄서 계속 뒤로 처졌다. 그러자 짜증이 난 동료가 "그대 같은 촌뜨기 때문에 내 시간이 허비되지 않소!"라고 말하자, 루사덕은 화를 내기는커녕 웃으며 "내가 촌뜨기가 아니면 누가 촌뜨기요"라며 대답할 정도로 도량이 넓은 사람이었다.

언젠가 그의 아우가 대주자사로 임명되자, 루사덕은 부임하러 가는 아우를 위해 당부의 말을 한다.

"나는 재상의 자리에 올랐고, 너는 주목이 되어 영화가 넘치니 사람들의 시기를 받을 만하다. 장차 어떻게 스스로 해를 면할 수 있겠느냐?"

루사덕의 아우도 질문의 뜻을 알아듣고 무릎을 꿇고 답했다.

"오늘 이후 누가 제 얼굴에 침을 뱉어도 묵묵히 그 침을 닦아내겠습니다. 오로지 인내하고 자중할 터이니 걱정하지 마십시오."

그런데 이 말을 듣고 루사덕은 고개를 흔들며 이렇게 말한다.

"네가 그럴까 봐 염려하는 것이다. 누군가 네게 침을 뱉는 것은 너에게 화가 났기 때문이다. 네가 그 침을 닦아내면 이는 그 뜻을 거스르는 것으로 그를 더욱 화나게 할 것이다. 차라리 침을 닦지 말고 다 마를 때까지 웃으면서 견디거라."

아마도 이런 후덕한 성품과 인내하는 지혜가 있어 루사덕이 측천무후 시기의 험난한 정치 환경에서도 살아남아 재상의 지위를 누리면서 모두의 존중을 받을 수 있었던 이유일 것이다. 《인물지》가 제시하는 이런 인재의 유형은 중국식 처세의 방식이기도 하지만 사실 리더가 갖추어야 할 기본자세이기도 하다.

| 겸양할 줄 안다 |

현명한 사람은 겸양할 줄 안다. 조금은 원망스런 일이 있어도 전체를 보고 참고 겸양한다. 하지만 이런 겸양은 비굴함이나 소심함과는 다르다. 《인물지》는 이를 적극적인 의미로 쓰고 있다.

군자는 굽힘으로써 펼칠 수 있음을 알기에, 욕됨을 삼키고 발설하지 않는다. 또 낮추고 양보함으로써 결국 상대를 이길 수 있다는 것을 알기에 상대보다 아래로 자신을 낮추기를 망설이지 않는다. 끝내는 화가 복이 되고, 원수에게 굴복하여 오히려 친구가 되며, 원한을 후손에게 연장시키지 않아서 그 아름다운 이름을 무궁토록 선양한다.

전국시대 조나라의 재상을 지낸 인상여는 원래 환관의 우두머리인 무현繆賢의 사인舍人이었다. 원래 미천한 신분이었던 그는 무현의 추천으로 화씨벽和氏璧을 빼앗으려는 진나라 왕의 음모에 대항하기 위해 사신으로 파견된다. 그는 대담한 배포와 계책으로 진나라 왕과 담판하여 화씨벽을 빼앗기지 않고 완벽하게 가지고 돌아와 그 공으로 상대부에 오른다.

그 뒤 진나라 왕이 조나라를 침범하여 조나라 왕을 만나고자 했다. 원래 진나라 왕이 조나라 왕을 보자고 한 것은 조나라 왕을 우롱하려는 의도였다. 먼저 진나라 왕이 조나라 왕에게 거문고를 뜯게 하고 사관에게 "진나라 왕이 조나라 왕에게 거문고를 연주하도록 했다"라고 적게 한다. 그러자 인상여가 그럼 진나라 왕도 음악을 연주하라고 한다. 이에 진나라 왕이 화를 내자 인상여가 "신 상여와 왕 사이는 다섯 걸음도 못 됩니다. 신은 목의 피를 왕께 뿌려서라도 요청할 것입니다"라고 협박한다. 하는 수 없이 진나라 왕도 악기를 두드리게 되고, 인상여도 또한 "진나라 왕이 조나라 왕을 위하여 분부(고대 악기의 한 종류)를 두드렸다"라고 적게 한다.

이렇게 인상여는 목숨을 걸고 조나라 왕의 체면을 살린다. 그리고 조나라 왕은 이 일로 인해 그를 상경으로 삼는다. 그러자 조나라의 대장군 염파는 불만이 생겼다. 염파는 이전에 제나라를 크게 깨뜨린 일로 상경이 된 뛰어난 장수였다. 자신은 싸움마다 목숨을 걸고 공을 세웠는데, 인상여는 그저 혓바닥을 놀린 공로밖에 없고, 또 미천한 출신인 상여가 자기보다 윗자리에 있는 것을 부끄럽게 생각했다. 그리고는 '언젠가 상여를 만나면 반드시 모욕을 주겠다'라고 다짐했다.

이 말을 들은 상여는 염파를 피하며 만나지 않았다. 염파와 자리다툼을 하지 않기 위해 조회에도 병을 빙자하여 나가지 않고, 외출할 때도 멀리 염파가 보이면 급히 피하여 길을 돌아갔다. 그것을 비겁한 소행으로 여긴 상여의 문객들은 상여에게 떠나겠다고 말하자, 상여가 이렇게 말했다.

"그대들은 염파와 진나라 왕 중 누가 더 무섭소?"

"염 장군이 진나라 왕에게 미치지 못하지요."

"그렇다면 내가 진나라 왕의 위세에도 불구하고 그를 꾸짖고 그 신하들을 부끄럽게 만들었는데, 내가 아무리 어리석기로 염 장군을 두려워할 사람인가? 내가 곰곰이 생각해 보건대 강한 진나라가 감히 조나라를 치지 못하는 원인은 나와 염파 두 사람이 있기 때문이오. 만일 지금 호랑이 두 마리가 서로 싸우면 결국은 둘 다 살지 못할 것이오. 내가 염파를 피하는 까닭은 나라의 위급함을 먼저 생각하고 사사로운 원망을 뒤로하기 때문이오."

이 말을 전해 들은 염파는 부끄러워하며 웃옷을 벗고 가시 채찍을 등에 짊어지고 인상여의 집으로 가서 사죄했다. 이리하여 두 사람은 화해하고 죽음을 같이하기로 약속한 벗[刎頸之交]이 된다.

이들은 권세와 이익을 두고 서로 다툰 위기후나 무안후에 비하면 훨씬 큰 인물들이었다고 할 수 있다. 이런 겸양의 전통은 후세에도 이어진다.

후한 광무제 때 가복賈復이라는 장군의 한 부장이 구순寇恂이 태수로 있는 곳에서 살인을 저질러 구순이 그 부장을 사형에 처했다. 가복은 그것이 자기를 모욕한 일이라 여기고, 좌우 부장들에게 "구순을 만나면 내 손으로 죽일 것이다"라고 말했다. 이를 안 구순은 가복을 피하며 만나지 않았다. 그의 친족 중 한 명이 검을 차고 자기가 보호해 줄 테니 두려워 말고 만나라고 하자, 구순이 "내가 두려워서 피하는 것이 아니다. 옛날 인상여는 진나라 왕도 겁내지 않았지만 나라를 위해 염파와 싸우지 않고 피하기만 했다"라고 말하며, 주위 사람들에게 명하여 술과 안주를 준비해 성 밖에 나가 가복의 군대를 맞이했다. 그런 다음 구순은 병을 빙자하여 먼저 성으로 들어가 버렸다. 가복은 군사를 보내 구순을 잡으려 했으나 이미 술에 취한 군사들이 구순을 따라잡을 수 없었다.

후에 구순이 이 일을 조정에 보고하니 이 일을 안 광무제가 가복을 타일러 구순과 화해하고 친구를 맺게 했다. 이렇게 보면 전한 무제를 반면교사로 삼은 후한 광무제는 무제에 비하면 '배운' 인물이다.

| 공을 이룬 후 물러선다 |

《도덕경道德經》에 "만족함을 알면 욕되지 않고 멈춤을 알면 위태롭지 않다"는 말이 있다. 그런데 어디 만족을 알고 멈출 수 있는 사람들이 얼마나 될까? 욕망은 끝이 없고 세상의 인심과 환경은 항상 변한다. 책 속에 아무리 좋은 이야기들이 넘쳐도 여전히 만족을 알아 멈추는 사람은 많지 않다. 사마천은 《사기》〈열전〉에 등장하는 인물 중 끝이 좋지 않았던 사람들을 평하면서 "배우지 않았다"라는 말을 자주 썼다. 배우지 않

았다는 말은 무슨 뜻일까? 아마도 자신의 성정과 욕망만을 따르고 과거의 일에서 교훈을 찾으려는 노력이 없었다는 뜻이리라.

이런 '배움 없는 사람'의 이야기는 오늘날에도 여전히 되풀이된다. 아마 인간이 변하지 않는 한 앞으로도 계속될 것 같다. 《사기》〈범저채택열전〉에는 채택이 진나라 재상 범저에게 유세하면서 만족과 물러남의 도리를 춘추전국시대를 풍미한 인물들의 삶을 통해 이야기하는 내용이 나온다. 생생한 대화체로 구성된 이 유세는 오늘날에도 여전히 설득력 있는 처세의 교훈을 준다. 그래서 채택의 이 유세는 《인물지》를 읽는 독자들을 위한 유세이기도 하다.

채택은 연나라 사람으로 벼슬자리를 찾아 여러 나라를 전전했으나 뜻을 얻지 못하자, 진나라에 가서 자신이 범저 대신 진나라 재상이 될 것이라고 큰소리를 친다. 그러자 범저가 그가 누구인지 궁금하여 그를 불러 묻는다.

"그대는 일찍이 나 대신 진나라 재상이 된다고 큰소리 친 모양인데 그 이유나 들어봅시다."

채택이 말한다.

"사람이 세상에 태어난 이상 신체가 건강하고, 팔다리가 성하고 눈과 귀가 밝으며, 마음이 지혜로운 것이 선비의 바람 아니겠습니까?"

채택이 보통 선비의 바람을 이야기한다. 범저의 대답은 당연히 "그렇지요"였다.

"인을 바탕으로 하여 의를 지키고 도를 시행하여 덕을 베푼다면 천하에 자기 뜻을 이루는 것이고, 천하 사람들이 그리워하고 사랑하며 존경하고 흠모하는 군주로 받들고자 한다면 이것이야말로 변설이 뛰어나고 지혜로운 선비가 기대하는 것이 아니겠습니까?"

이제 공을 이루고자 하는 선비의 바람을 이야기하니, 범저가 또 "그렇지요"라고 했다.

"부귀와 명예를 같이 누리며 세상의 모든 일을 잘 처리하여 각기 제자리를 찾게 하고, 일찍 죽지 않고 오래 살아 하늘이 준 수명을 다 누리며, 천하 사람들이 그 전통을 물려받아 그의 사업을 지켜 영원토록 전해지게 하고, 이름과 실제 모습이 참되어 그 은덕이 천 리 먼 곳까지 미치며, 대대로 이를 칭송해서 끊이지 않게 하여 천지와 함께 시작과 끝을 같이한다면 이야말로 도덕이 이루어지는 것이니, 성인이 말하듯 상서롭고 좋은 일이 아니겠습니까?"

이제 범저 개인의 바람을 이야기하니, 범저의 대답도 "그렇지요"였다.

여기까지는 유세의 도입 단계다. 이제부터 《인물지》에 등장하는 인물들에 대한 채택의 평가가 시작된다.

"저 진나라의 상앙, 초나라의 오기, 월나라 대부 문종 같은 사람은 결국 선비들이 바라고 원하는 인물이 될 수 있습니까?"

상앙, 오기, 문종은 큰 공을 이루었으나 다 끝이 좋지 않았던 사람들이다. 이제 채택이 말하려는 뜻이 점점 드러난다. 범저도 이를 눈치 채고 이들을 두둔한다.

"이들 세 사람이야말로 의의 극치고 충절의 모범이오. 그래서 군자는 의를 위해서는 어려운 일을 하다 죽는 것도 마다하지 않으며, 죽는 것을 자기 집에 가듯 쉽게 여기고, 살아서 치욕을 겪는 것보다 죽어서 영예로운 편이 낫다고 생각했소. 선비란 본래 자기 몸을 죽여서 이름을 남기나니 정의를 위해서라면 죽더라도 원망하지 않소. 어찌 세 사람이 선비가 바라는 대상이 될 수 없겠소?"

그러자 채택은 비간과 오자서와 같은 충신이 있어도 나라가 망하는 이유가 무엇인지를 묻고, 그것은 지혜로운 군주가 없어서 충신의 말을 듣지 않았기 때문이라고 이야기한다. 그러면서 앞의 세 사람은 신하로서는 훌륭했지만 그들의 군주가 훌륭하지 못해 불행하게 죽었다고 하면서 계속 말한다.

"만약 죽은 뒤에야 충성스럽다는 이름을 얻었다면 미자微子는 어진 사람이라 할 수 없고, 공자는 성인이라 할 수 없으며, 관중은 위대하다고 할 수 없습니다. 대체로 사람이 공과 이름을 세울 때 어찌 완전하기를 기대하지 않겠습니까? 몸과 이름이 모두 온전한 것이 가장 훌륭하며, 이름이 남의 모범이 될 만하지만 몸을 보전하지 못한 것이 그 다음이고, 이름은 욕되어도 몸만은 온전한 것이 가장 아래입니다."

그러자 범저가 "옳은 말이오"라고 말한다. 이제 채택은 탄력을 받아 말을 계속 이어간다.

"저 상앙과 오기와 문종이 신하로서 충성을 다하고 공을 이룬 것은 누구나 바라는 바이지만, 굉요가 주나라 문왕을 섬기고 주공이 주나라 성왕을 곁에서 도운 것도 어찌 충성스러운 일이 아니겠습니까? 군주와 신하로 보면 상앙, 오기, 문종과 굉요, 주공을 비교할 때 어느 쪽을 선비들이 바랄까요?"

"상앙, 오기, 문종이 그들만 못하겠지요."

그러자 채택은 지금 진나라 군주가 진나라 효공, 초나라 도왕, 월나라 왕 구천과 비교할 때 어떤지를 묻자, 범저는 어떤지 모르겠다고 대답한다. 그러나 채택 자신은 현재의 진나라 왕이 이들 세 왕보다 못하다고 이야기하고, 범저에게 범저 자신과 상앙, 오기, 문종을 비교하면 어느 쪽이 나은지를 묻는다. 그러자 범저는 자신이 그들만 못하다고 말한다.

이제 범저는 완전히 채택의 말에 꼬였다. 채택은 앞서 이야기한 세 군주보다 못한 진나라 소왕 아래에서 세 사람보다 공이 작은 범저가 지위는 높고 가진 재산이 더 많아 계속 자리를 지키고 있으면 위태롭다고 겁을 주며 이야기한다.

그리고는 상앙이 변법을 성공시켜 진나라를 강국으로 만들었지만 결국 거열형으로 죽었고, 진나라 장수 백기는 몸소 70여 성을 항복시키는 공적을 이루었지만 결국 자결하라는 명으로 죽었으며, 오기는 초나라 정치를 안정시키고 제후들을 복종시켰지만 공적이 이루어진 뒤 살해당했고, 월나라 대부 문종은 범려와 함께 월왕 구천을 도와 오나라에 복수하고 월나라를 패자의 지위에 올렸지만 결국 구천에게 죽음을 당했다고 이야기한다.

"앞에서 말한 네 사람은 공을 이루고 물러나지 않았기 때문에 이와 같은 재앙을 입었습니다. 이른바 '펼 줄만 알고 굽힐 줄 모르며, 앞으로 갈 줄만 알고 돌아올 줄 모르는 사람'이지요. 범려는 이런 이치를 알아 초연하게 세상을 떠나 도주공이 되었습니다."

그리고는 범저의 '원교근공책'으로 진나라가 강성해졌고, 범저가 이룬 공로가 지금 절정에 이르렀으니 이제는 물러날 때가 되었다고 채택이 말한다.

> 제가 듣건대 '물을 거울로 삼는 자는 자기 얼굴을 볼 수 있고, 사람을 거울로 삼는 자는 가기의 길흉을 알 수 있다'고 합니다. 또 옛글에 '성공했으면 그 자리에 오래 있지 말라'고 했습니다. 저 네 사람이 화를 입었는데 당신은 어찌 그것을 이어받으려고 하십니까? 당신은 어째서 이 기회에 재상의 인수를 되돌려 어진 사람에게 물려주도록 하고 물러나 바위 밑에서 냇가의 경치를 구경하며 살지 않습니까? (중략)

《역경易經》에 '높이 올라간 용에게는 후회할 날이 있다'는 말이 있습니다. 이것은 오르기만 하고 내려갈 줄 모르며, 펴기만 하고 굽힐 줄 모르고, 가기만 하고 돌아올 줄 모르는 자들을 가리키는 말입니다. 이 점을 잘 생각하시기 바랍니다.

이렇게 긴 유세가 끝나자 범저는 "선생께서 다행히 나에게 말씀해 주시니 삼가 가르침을 따르겠소"하며 채택을 소왕에게 추천하고 자신은 물러날 뜻을 밝힌다. 소왕이 붙잡으려 했으나 병을 핑계로 끝내 재상 자리에서 물러났다.

인재를 논할 때 우리가 생각하는 인재는 보통 '일을 잘하는 사람'이다. 우리가 살아가는 세상에서 일을 통해 공업을 이루고자 하는 것은 당연하다. 그래서 단기적 성과를 지향하고, 일의 목표에 따라 때로는 무리수를 두기도 한다. 그 결과 어떤 인재는 일신의 능력으로 공업을 이루었으나 그 끝이 좋지 않은 경우가 많았다. 하지만 이들을 진정한 인재라 할 수 있을까? 우리가 모두 인재가 되고자 함은 과연 무엇을 위해서일까? 아마도 채택의 유세에 이에 대한 하나의 답이 있는 것 같다.

《인물지》가 주장하는 진정한 인재는 지나치지 않는 것, 그래서 인성을 벗어나지 않는 중용의 인재다.

> 자랑하지 않는 것이 자랑하는 것이고, 명리를 다투지 않는 것이 명리를 얻는 것이다. 상대에게 양보하는 자가 이기고, 남보다 낮추는 자가 결국 남 위에 오르게 된다. 군자가 다투는 길의 험난함을 마음 깊이 알아서 홀로 현묘한 길에 높이 오르면, 광채가 빛나고 날로 새로워져 덕성이 옛사람(성인)의 반열에 오를 것이다.

| 자신을 낮추면 인재가 모이고 자신을 높이면 하인이 모인다 |

사람들은 왜 작은 공도 반드시 자랑하고, 또 이기려 하고, 자신에게는 관대하고 남에게는 박할까? 아마도 그들은 인사라는 커다란 게임의 법칙을 잘못 이해했기 때문이다. 이런 사람들은 지금 기회를 잡지 못하면 다시 기회가 오지 않을 것 같은 불안감 때문에 자랑하고 이기려 한다. 그러니 무턱대고 남보다 앞서려고 다툰다.

하지만 만약 기회가 또 있다고 생각한다면 아마도 전략은 바뀔 것이다. 이런 이론이 있다. 어느 집에 형제가 있었는데 빵이 생겼다. 형이 동생 것도 가로채서 다 먹었다. 그날 형은 배가 불렀다. 직장에서 돌아온 아버지는 이 일을 듣고는 형을 나무랐다. 그 다음에 형은 동생에게 더 많이 주었다. 그러자 아버지는 칭찬을 하면서 형에게 빵을 하나 더 주었다. 그렇게 형은 다음에도 양보를 하기 시작했다.

《인물지》에서 말하는 군자와 빵을 나누는 형은 물론 격이 다른 사람이다. 그러나 세상에 군자만 있을 수가 있는가? 그러니 더 현실적으로 생각해 보자. 왜 형은 빵을 나누었을까? 우선 아버지의 기준이 옳은 행동을 보상했기 때문이다. 그리고 앞으로 빵 먹을 일이 많이 남아 있기 때문이다. 즉, 형이 양보했던 이유는 '게임의 법칙(옳은 행동에 대한 보상)'과 '게임이 반복된다(빵은 매일 먹어야 한다)'는 사실 때문이다.

물론 조직에 들어가고 승진하는 데는 때가 있다. 그래서 남보다 앞서는 사람을 인재로 생각하기 쉽다. 그러나 장기적으로 보면 인사라는 게임은 반복된다. 좋은 행동도 나쁜 행동도 시간이 흐르면 드러나기 마련이다. 《인물지》는 인재를 관찰할 때 어떻게 하라고 했나? 앞에서 당겨주고, 옆에서 감싸주며, 뒤에서 밀어주는 사람을 찾으라고 했다. 이런 인재가 바로 《인물지》가 말하는 큰 인재다.

왜 앞에서 당겨주고, 옆에서 감싸주며, 뒤에서 밀어주는가? 모두 그와 함께하면 자신의 공과 이름이 함께 빛나기 때문이다. 누군들 그런 사람과 함께하지 않겠는가?

인재뿐 아니라 인재를 쓰는 사람도 마찬가지다. 자신을 낮추면 인재들이 모이고, 자신을 높이면 하인들이 모인다. 앞의 고사에서 계책으로 악의, 추연 등을 모은 곽외가 연나라 소왕에게 한 말을 다시 들어보자.

> 현인을 스승으로 모시는 군주에게는 군주보다 백 배나 뛰어난 인물들이 모일 것이고, 친구로 대하는 군주에게는 열 배 뛰어난 인물들이 모일 것이지만, 신하로 대하는 군주에게는 그와 비슷한 정도의 인물들만 모일 것입니다. 그러나 현인을 노예로 취급하는 군주에게는 노예와 다름없는 사람들만 모일 것입니다.

곽외의 말을 새겨들은 소왕은 악의, 추연, 극신 등을 등용하여 연나라를 일약 전국의 강자로 올린다. 이들 인재는 모두 먼 외방에서 온 사람들이다. 오늘날 인사를 고민하는 사람이라면 한 번쯤 새겨들을 만한 내용이다.

| 인재에 대한 기준은 시대에 따라 또 사람에 따라 다르다 |

《논어》에 "관직을 담당하고 여유 있으면 배우고, 배우고서 여유가 있으면 관직을 담당한다[仕而優則學, 學而優則仕]"는 자하의 유명한 말이 있다. 안으로는 수신하여 성인의 도를 닦고, 밖으로는 출사하여 관직을 얻어 경세제민의 뜻을 펼치는 것은 중국과 우리나라 사대부 지식인의 인생관을 대변하는 말이다. 《인물지》가 제시하는 인재상도 기본적으로 이런 관점을 계승하고 있다. 그래서 공자의 기준에 따라 최고의 인재를 중용의 덕을 가진 인재로 보았다. 하지만 그들이 목표로 하는 중용의 도는 공자의 시대에도 사라진 지 오래되었고, 현실 역사에서도 이를 실천한 인재를 찾기는 쉽지 않다. 오히려 공자의 시대보다 훨씬 복잡하고 치열한 역사 속에서 우리가 살펴본 인재들은 모두 중용에서 벗어난 결함이 있는 인재, 즉 편재들이었다.

우리는 《인물지》를 통해 역사 속에서 이름을 남긴 사람들을 덕성과 능력이라는 두 가지 측면에서 조명했다. 어떤 사람은 그가 가진 덕행과 치국의 능력으로 이름을 날렸고, 반대로 어떤 사람은 그가 저지른 악행과 무능으로 오명을 얻었다. 하지만 시대가 바뀌거나 군주가 바뀌면 한때의 미명은 오명으로, 오명은 미명으로 바뀌는 경우도 있었다.

이런 것이 과연 한 개인이 가진 원래의 자질에서 비롯되었을까? 아니면 개인의 배움이 부족해서 미래를 내다보지 못해서였을까? 아니면 운이 좋지 않아서였을까? 아마 모두일 수도 있고 그렇지 않을 수도 있다. 그것은 그 인물이 살았던 시대, 또 그 인물을 관찰하는 우리의 관점에 따라 달라질 수 있다. 그래서 인물 평가는 항상 새롭고 재미있다.

이처럼 인재에 대한 기준은 시대에 따라 다르고 또 인재를 쓰는 군주에 따라 각기 달랐다. 예를 들어 난세의 인재 기준과 평화 시의 인재 기준이 다르다. 위징의 말처럼 난세에는 재주 있는 자를 찾지만, 평화 시에는 재주와 행실을 같이 찾는다. 재주만 있고 덕이 없는 사람은 이 경우 인재가 되기 힘들다.

또 장수는 전쟁 시에는 최고의 인재지만 전쟁이 끝나면 우환이 될 수 있다. 한신은 '배수진'의 결단력과 '다다익선'의 통솔력으로 항우를 물리치고 천하 통일의 기초를 제공했지만, 평화 시에는 그의 군사적 실력을 두려워한 유방의 계략에 걸려 '토사구팽'되었다. 이처럼 상황에 따라 재능은 그 사람을 인재로 만들기도 하지만, 어떤 경우에는 인생을 불행으로 이끌기도 한다.

또 현군이 보는 인재 기준과 우군이 보는 인재 기준이 다르다. 어떤 군주는 자신의 뜻을 잘 헤아리는 사람을 인재라고 보고 중용하지만, 어떤 경우는 자신과 코드가 다르면 인재라 보지 않는다. 굴원은 내정과 외교에서 뛰어난 재능을 보였지만 어리석은 회왕 밑에서 능력을 발휘하지 못하고 쫓겨난다. 그의 말처럼 "온 세상이 혼탁한데 나 홀로 깨끗하고, 모든 사람이 다 취했는데 나 홀로 깨어 있어서 쫓겨났다."

또 오기나 상앙처럼 변법을 통해 나라를 부강하게 하고 땅을 넓혔으나 끝이 좋지 않은 비극적 인재 또한 역사 속에서 계속 변주되어 등장한다.

그렇다면 누가 진정한 인재이고 오늘날 우리가 과연 준거로 사용할 인재상은 무엇일까?

사실 중용의 덕목이라는 것도 긴 시간의 역사 속에서는 한편의 불완전한 역할을 할 뿐이다. 지금까지 우리는 《인물지》를 읽어오면서 편재들이 갖는 성공과 좌절, 또 리더들의 성공과 좌절을 보아왔다. 여기서 결국 어떤 인재가 되고, 어떤 리더가 될 것인지는 각자 처한 현실에 따라 과거 역사를 거울삼아 창조적으로 독자 여러분이 선택할 사항이다.

《인물지》원문 번역

자서

무릇 성현이 아름답게 여겨지는 이유 중에서 그 총명聰明(사물의 이치를 똑
똑히 살피는 능력)보다 나은 것이 없으며, 총명이 귀하게 여겨지는 이유 중
에 인물을 잘 식별하는 능력보다 귀하게 여겨지는 것은 없다. 인물을 식
별하는 일에 참으로 지혜롭다면, 각양각색의 인재들이 스스로의 자리를
찾고, 이리하여 여러 일들이 흥하게 될 것이다.

　그러므로 성인은 《주역》에서 팔괘를 지으면서 군자와 소인의 사辭를
달리하여 각자의 역할을 구분했고, 《시경》을 편찬하면서 민간 풍속을
담은 시와 왕실의 우아하고 바른 시를 구분했다. 《예》와 《악》을 제정
하여 육례(예禮, 악樂, 사射, 어御, 서書, 수數)를 통해 공경함과 법도가 있는
덕을 자세히 살펴 연구했고, 몸소 임금의 자리에 올라서는 재능이 뛰어
나고 국정을 보좌할 수 있는 인재를 선발했다. 이것은 모두 여러 재능의
장점을 발휘하도록 하여 천하의 대업을 이룰 수 있었던 까닭이다.

　천하의 대업이 이루어지면 명예도 함께 얻게 된다. 그래서 요 임금은

뛰어난 덕을 지닌 인재를 똑똑하게 밝혀 칭송받았고, 순 임금은 이팔(팔개八愷와 팔원八元을 지칭. 각각 여덟 명의 현인)을 등용하여 공업을 이루었다. 탕 임금은 유신有莘(지역 이름)의 현자인 이윤을 발탁하여 명성을 얻었고, 문왕은 위수渭水 가의 늙은이(강태공)를 중용하여 존귀하게 되었다. 이로 말하건대, 성인들이 크게 덕을 일으킬 때, 인재를 구함에 총명하고자 애쓰지 않고, 인재를 임명함에 그저 편안하고 한가로움이나 얻고자 한 분이 누가 있었던가?

공자는 제후로부터 등용되지 않아 인재를 발탁하지는 못했지만, 오히려 제자들의 재능을 네 분야로 나누어 구분했고, 두루 논하여 인물의 재질을 세 등급으로 나누었다. 또 중용의 덕이 없어짐을 한탄하며 성인의 덕이 사라짐을 걱정하고, 덕행을 숭상함으로써 중용을 위해 노력하도록 권했다. 여섯 가지 폐단을 훈계해서 치우진 재능을 가진 사람의 잘못을 경계했고, 광자狂者(진취적이긴 하나 경솔한 사람)와 견자狷者(절개는 있으나 융통성이 없는 사람)의 특성을 헤아려 지나치게 저돌적이거나 혹은 구애되어 융통성이 없는 인재들도 모두 적절히 쓰이게 했으며, 겉모습은 정성이 있는 듯하지만 실제로는 신의가 없는 자를 질타함으로써 겉으로만 그럴싸하지만 사이비인 인물은 오래갈 수 없다는 것을 밝혔다. 또 말씀하시길, "그 사람이 편안히 여기는 바를 살피고 행위의 동기를 관찰함으로써, 그 본래의 마음과 행실을 알 수 있다"고 했다. 공자는 인물을 살피면서 이처럼 세심했다.

이리하여 감히 성인의 가르침에 의거하여 인물에 관한 일을 서술하여 유실된 것도 보충하고 정리하려 한다. 그저 너른 식견을 가진 군자들께서 그 뜻을 판단하고 검토해 주시기를 바란다.

夫聖賢之所美, 莫美乎聰明；聰明之所貴, 莫貴乎知人. 知人誠智, 則衆材得其序, 而庶績之業興矣. 是以, 聖人著爻象則立君子小人之辭, 敍《詩》志則別風俗雅正之業, 制《禮》·《樂》則考六藝祇庸之德, 躬南面則授俊逸輔相之材, 皆所以達衆善而成天功也.

天功既成, 則竝受名譽. 是以, 堯以克明俊德爲稱, 舜以登庸二八爲功, 湯以拔有莘之賢爲名, 文王以擧渭濱之 叟爲貴. 由此論之, 聖人興德, 孰不勞聰明於求人, 獲安逸於任使者哉!

是故, 仲尼不試, 無所援升, 猶序門人以爲四科, 泛論衆材以辨三等. 又歎中庸以殊聖人之德, 尙德以勸庶幾之論. 訓六蔽以戒偏材之失, 思狂狷以通拘抗之材；疾悾悾而無信, 以明爲似之難保. 又曰：察其所安, 觀其所由, 以知居止之行. 人物之察也, 如此其詳. 是以敢依聖訓, 志序人物, 庶以補綴遺忘；惟博識君子, 裁覽其義焉.

구징

대저 사람의 근본은 정情과 성性에서 나온다. 정과 성의 형성되고 변화하는 이치는 참으로 미묘하고 현묘하니, 성인의 통찰력이 아니라면 누가 능히 그 참뜻을 탐구할 수 있었겠는가? 모든 혈기가 있는 생명은 천지의 기운[元氣]을 받아 형질[體質]을 형성하고, 음양의 기운을 부여받아 성과 정을 확립하며, 오행의 특성을 체현하여 형체를 드러내지 않는 것이 없다. 그 때문에 오행의 형질을 이해하면, 나아가 사람의 내재된 정과 성을 탐구할 수 있게 된다.

대체로 사람의 자질을 헤아리는 데 있어 '중화中和'를 으뜸으로 친다. 중화의 자질은 고요하고 맑아 담백하기 때문에 다섯 가지 재능(용勇, 지智, 인仁, 신信, 충忠)을 조화시켜, 변화에 적절하게 대응할 수 있다. 이런 이유로 사람의 자질을 관찰할 때는 반드시 그 고요하고 담백한지 여부를 먼저 살펴야 하고, 나중에 그 총명의 정도를 살펴보아야 한다.

총명함은 음양의 기가 모여 이루어진 정화다. 음양의 기가 맑고 조화로우면, 안으로는 생각이 지혜롭고 밖으로는 관찰이 명확해진다. 맑고 밝은 성인만이 두 가지 미덕을 갖추고 있어, 미묘한 일뿐 아니라 커다란 일도 알 수 있다. 성인이 아니면 이 두 가지 미덕에 도달할 수 없다.

그러므로 밖으로 관찰만 뛰어난 사람[明白之士]은 움직임의 기미는 잘 알아채지만 깊게 생각하는 일에는 어둡고, 안으로 깊게만 사고하는 사람[玄慮之人]은 고요함[靜]의 근원은 잘 알지만 움직임이 느리고 민첩하지 못하다. 이것은 마치 불과 해가 빛을 발해 밖으로 사물을 비추지만 자신의 내부는 비추지 못하고, 동경銅鏡과 물은 안으로 사물의 영상을 만들어내지만 외부의 사물을 밝게 비출 수 없는 것과 같다. 이 두 가지 이치는 모두 음양의 차이에서 비롯된 것이다.

만약 사람의 재질을 헤아리고자 한다면 우선 인체를 구성하는 다섯 가지 물질(오행)을 통해 살펴보아야 한다. 오물五物(즉, 오행五行)의 징표는 또한 신체 부위에서도 각각 드러난다. 오행과 신체의 관계를 보면 목은 뼈, 금은 근육, 화는 기운, 토는 피부, 수는 피에 각각 대응되니, 이는 오행이 인체에 드러난 형상이다. 인체 내 오행은 각각 그 쓰이는 바가 있다.

뼈가 곧고 유연한 사람을 홍의(포부가 원대하고 의지가 굳건함)라 하는데, 홍의는 인仁의 자질이다.

기운이 맑고 명랑한 사람을 문리(예의를 알고 문체에 조리가 있음)라 하는데, 문리는 예禮의 근본이다.

몸이 단정하고 건실한 사람은 정고(시종일관 정도를 지킴)라 하는데, 정고는 신信의 기초다.

근육이 강인하면서 야무진 사람은 용감이라 하는데, 용감은 의義의 결정 요인이다.

혈색이 고르고 생각이 원활한 사람은 통미(현묘한 이치를 이해함)라 하는데, 통미는 지智의 근원이다.

이런 인, 예, 신, 의, 지 다섯 가지 자질은 일관된 성질을 가지고 있어, 이를 오상五常이라 부른다.

오상은 각기 다섯 가지 덕행으로 표현된다. 성정이 온화하면서도 정직하고, 유순하면서도 과단성 있는 것은 목의 미덕이다. 의지가 강하고 독실하면서도 크고 굳건한 것은 금의 미덕이다. 성실하면서도 공손하고, 이치를 밝히면서도 타인을 공경하는 것은 수의 미덕이다. 행위가 너그러우면서도 위엄이 있고, 부드러우면서도 확고한 것은 토의 미덕이다. 언어가 간략하나 두루 통하고, 세세하게 살피면서도 요점이 분명한 것은 화의 미덕이다. 비록 사람의 품격과 성정의 변화는 무궁하지만 오행의 규율에 따른다.

따라서 강剛, 유柔, 명明, 창暢, 정고貞固 다섯 가지의 징표는 형용形容을 통하여 나타나고, 성색聲色으로 드러나며 정미情味로 표현되어, 각기 그 밖으로 표현된 것과 서로 부합한다.

그러므로 마음의 바탕이 밝고 곧으면 그의 의표는 의연하고 강직하게 보이고, 마음의 바탕이 대범하고 과단성이 있으면 그의 의표는 진취적이고 용맹하게 보인다. 마음의 바탕이 고요하고 이치에 밝으면 그 의표는 평안하고 여유롭게 보인다.

이런 내재된 의표는 (사람의) 행동에 따라 특정한 용태容態로 나타나는데, 각기 그에 해당하는 태도가 있게 된다. 정직한 사람의 움직이는 모습은 용감하고 거칠 것이 없으며, 대범하고 과단성 있는 사람은 걸음걸이가 건장하고 절도가 있다. 품격이 고상한 사람의 거동은 공손하고 엄숙하며 기세가 높다.

무릇 이런 용태의 변화는 심기에서 비롯된다. 심기가 밖으로 드러난 징조는 목소리의 각종 변화에서 나타난다. 기가 외부로 표출되어 나온 것이 소리인데, 모든 소리는 율려律呂(고대 악률의 총칭)와 상응한다. 즉, 화락하고 평온한 소리, 맑고 화창한 소리, 여운이 길게 늘어지는 소리가 있다.

그런데 소리는 심기에서 나오기 때문에 실제로 얼굴색으로 나타나기 마련이다. 그러므로 진실로 인자하다면 반드시 온유한 낯빛이 있게 되고, 진실로 용감하다면 반드시 자랑스럽고 떨치는 낯빛이 있게 되며, 진실로 지혜롭다면 명석하고 통달한 낯빛이 있기 마련이다.

무릇 사람의 마음속 기색은 얼굴에 나타나는데, 이를 징신徵神이라 한다. 사람의 마음속이 얼굴에 표현되면 정감은 눈빛에 나타난다. 그러므로 어진 이의 눈빛은 정순하고 단아하며, 용감한 사람의 눈빛은 밝고 강렬하다. 그러나 이 둘은 모두 한편에 치우진 재능으로서, 내재된 재질 중에서 특별히 두드러진 특징이 표출된 것이다. 그러므로 이 두드러진 재질이 정순하지 않으면 일을 해도 완벽하기 어렵다. 이런 고로 곧지만 부드럽지 않으면 고지식하게 되고, 군세지만 이치에 밝지 못하면 난폭하게 되며, 견고하나 바르지 않으면 우매하게 되고, 기세가 있지만 정신이 맑지 않으면 과격하게 되며, 생각이 자유로우나 평정을 유지하지 못하면 방탕하게 된다.

그러나 중용의 재질은 이런 유와는 다르다. 오상(인, 의, 예, 지, 신)이 이미 갖추어져 온화하고 담백함(중화·중용의 상태, 평담무미平淡無味의 상태)으로 감싸 안았기 때문에 다섯 가지의 재질이 안으로는 충실하고, 다섯 가지의 정기가 밖으로 드러나게 되어 눈빛에 오색의 빛나는 빛을 띠게 되는 것이다.

그러므로 사람이 태어나면 형체와 용모를 갖게 되고, 형체와 용모는 내재된 신神과 정精을 갖고 있다. 정과 신을 이해할 수 있으면 사물의 이치와 인간의 본성을 파악할 수 있다.

사람의 모든 성정은 아홉 가지의 특질(구질九質; 신神, 정精, 근筋, 골骨, 기氣, 색色, 의儀, 용容, 언言)을 통해 드러난다. 성정의 균형과 치우침의 근본은 신태神態로 표현되고, 총명과 우매의 근본은 정기精氣(눈빛)로 표현된다. 용감과 비겁은 근육에 의해 결정되고, 강인함과 유약함은 골격으로 결정된다. 성격의 조급함과 안정감은 혈기에 의해 결정되고, 근심과 기쁨의 정감은 안색에 표현되며, 흐트러짐과 단정한 형태는 의표에 의해 드러나고, 간사함과 정직함의 변화는 얼굴에 나타나며, 느긋함과 조급함의 상태는 말투에 나타난다.

사람됨에 있어 품성이 소박하고 담백하여 안으로는 총명하고 지혜롭고 밖으로는 밝고 명랑하며, 근육은 튼튼하고 골격이 단단하며, 목소리는 맑고 안색에는 미소를 띠며, 의표는 정중하고 용모는 단정하여, 아홉 가지 특징을 모두 갖추고 있는 사람이 바로 순수한 품격을 지닌 사람이다.

구징九徵에 서로 어긋남이 있으면 치우친 재질[偏材]이나 뒤섞인 재질[雜材]이 된다. 편재 · 겸재 · 겸덕(삼도三度) 이 세 종류의 인재는 덕재德才의 정도가 서로 다르고, 그 품격의 명칭도 서로 다르다. 그러므로 하나의 재질에 치우친 사람은 그가 가진 재질에 따라 그 이름이 정해지고, 다종의 재질을 겸비한 사람은 그가 갖춘 덕목에 따라 그 이름이 정해진다. 다종의 덕을 겸비한 사람은 더욱 아름다운 칭호를 갖는다.

그런 이유로 다종의 덕을 모두 겸비하여 진선진미盡善盡美한 것을 중용이라 한다. 중용을 갖춘 이는 성인이라 불린다. 대체로 여러 품격을 갖추고는 있으나 아직 완전하지 않은 것을 덕행이라 한다. 덕행은 대아大雅(덕재가 고상한 사람)에 대한 명칭이다. 하나의 재질만이 두드러진 것을 편재라고 하는데, 편재는 소아小雅(덕재가 평범한 사람)에 대한 명칭이다. 구징 중 하나의 특징을 불완전하게 갖춘 것을 의사依似(그럴듯하지만 진짜는 아닌 재질)라 한다. 의사란 덕행을 어지럽히는 사람에 대한 칭호다. 하나의 재질을 가지고 있지만 다른 하나가 이와 상충하는 것을 간잡間雜(뒤섞여 있는 재능, 즉 재능끼리 충돌하는 것. 혹은 자신의 재능을 방해하는 요소가 있는 사람)이라 한다. 간잡은 항심恒心이 없는 사람에 대한 칭호다. 항심도 없고, 덕행을 어지럽히는 사람은 모두 교화할 수 없는 말류의 재질이다. 말류의 재질은 이루 다 논할 수 없으니 여기서 생략하고 더는 이야기하지 않겠다.

蓋人物之本, 出乎情性. 情性之理, 甚微而玄 ; 非聖人之察, 其孰能究之哉? 凡有血氣者, 莫不含元一以爲質, 稟陰陽以立性, 體五行而著形. 苟有形質, 猶可卽而求之.

凡人之質量, 中和最貴矣. 中和之質, 必平淡無味 ; 故能調成五材, 變化應節. 是故, 觀人察質, 必先察其平淡, 而後求其聰明.

聰明者, 陰陽之精. 陰陽淸和, 則中叡外明 ; 聖人淳耀, 能兼二美. 知微知章, 自非聖人, 莫能兩遂. 故明白之士, 達動之機, 而暗於玄慮 ; 玄慮之人, 識靜之原, 而困於速捷. 猶火日外照, 不能內見 ; 金水內映, 不能外光. 二者之義, 蓋陰陽之別也.

若量其材質, 稽諸五物 ; 五物之徵, 亦各著於厥體矣. 其在體也 : 木骨·金筋·火氣·土肌·水血, 五物之象也. 五物之實, 各有所濟. 是故 : 骨植而柔者, 謂之弘毅 ; 弘毅也者, 仁之質也. 氣淸而朗者, 謂之文理 ; 文理也者, 禮之本也. 體端而實者, 謂之貞固 ; 貞固也者, 信之基也. 筋勁而精者, 謂之勇敢; 勇敢也者, 義之決也. 色平而暢者, 謂之通微; 通微也者, 智之原也. 五質恒性, 故謂之五常矣. 五常之別, 列爲五德. 是故: 溫直而擾毅, 木之德也. 剛塞而弘毅, 金之德也. 愿恭而理敬, 水之德也. 寬栗而柔立, 土之德也. 簡暢而明砭, 火之德也. 雖體變無窮, 猶依乎五質.

故其剛柔·明暢·貞固之徵, 著乎形容, 見乎聲色, 發乎情味, 各如其象.

故心質亮直, 其儀勁固; 心質休決, 其儀進猛; 心質平理, 其儀安閑. 夫儀動成容, 各有態度: 直容之動, 矯矯行行; 休容之動, 業業蹌蹌; 德容之動, 顒顒卬卬.

夫容之動作, 發乎心氣; 心氣之徵, 則聲變是也. 夫氣合成聲, 聲應律呂: 有和平之聲, 有清暢之聲, 有回衍之聲. 夫聲暢於氣, 則實存貌色, 故: 誠仁, 必有溫柔之色; 誠勇, 必有矜奮之色; 誠智, 必有明達之色.

夫色見於貌, 所謂徵神. 徵神見貌, 則情發於目. 故仁目之精, 慤然以端; 勇膽之精, 曄然以彊; 然皆偏至之材, 以勝體爲質者也. 故勝質不精, 則其事不遂. 是故, 直而不柔則木, 勁而不精則力, 固而不端則愚, 氣而不清則越, 暢而不平則蕩. 是故, 中庸之質, 異於此類: 五常旣備, 包以澹味, 五質內充, 五精外章. 是以, 目彩五暉之光也.

故曰: 物生有形, 形有神精; 能知精神, 則窮理盡性.

性之所盡, 九質之徵也. 然則: 平陂之質在於神, 明暗之實在於精, 勇怯之勢在於筋, 彊弱之植在於骨, 躁靜之決在於氣, 慘懌之情在於色, 衰正之形在於儀, 態度之動在於容, 緩急之狀在於言.

其爲人也：質素平澹, 中叡外朗, 筋勁植固, 聲淸色懌, 儀正容直, 則九徵皆至, 則純粹之德也.

九徵有違, 則偏雜之材也. 三度不同, 其德異稱. 故偏至之材, 以材自名；兼材之人, 以德爲目；兼德之人, 更爲美號.

是故：兼德而至, 謂之中庸；中庸也者, 聖人之目也. 具體而微, 謂之德行；德行也者, 大雅之稱也. 一至, 謂之偏材；偏材, 小雅之質也. 一徵, 謂之依似；依似, 亂德之類也. 一至一違, 謂之間雜；間雜, 無恒之人也. 無恒·依似, 皆風人末流；末流之質, 不可勝論, 是以略而不槪也.

체별

무릇 중용의 덕은 그 본질을 딱히 이름 붙일 길이 없다. 그러므로 마치 짠 듯하지만 쓰지 않고, 담백하지만 아무 맛도 없는 것은 아니다. 질박하지만 거칠지 않고, 문채가 있으나 호사스럽지 않다. 위엄이 있으면서도 능히 품을 줄 알고, 말을 조리 있게 잘하면서도 삼갈 줄 알며, 변화가 다양하여 딱히 정해진 방향이 없으니, 이리하여 거스름 없이 두루 통하는 상태를 표준으로 삼는다.

그러므로 항자抗者(쉽게 거스르는 자)는 중용을 넘은 것이고, 구자拘者(쉽게 구애되는 자)는 중용에 미치지 못한 것이다. 항자와 구자는 중용의 도를 벗어난 것으로 장점도 쉽게 드러내지만 이치도 잃기 쉽다. 그래서 엄정하고 강직한 사람은 잘못을 바로잡는 재능이 있는 반면, 남의 단점을 지나치게 드러내는 단점이 있다.

유순하면서 편안하고 너그러운 사람은 관용의 아름다움은 있으나, 결단력이 부족한 단점이 있다.

용맹하고 씩씩한 사람은 필요한 일을 맡길 만한 담력이 있는 반면, 기피하는 바가 없어 무모한 것이 단점이다.

영리하고 선량하여 신중한 사람은 공손하고 삼가는 장점을 지니고 있는 반면, 의심이 많은 단점이 있다.

줏대가 있고 뜻이 굳센 사람은 나라의 동량이 될 만하지만, 독단적이고 고집스러운 단점을 지니고 있다.

말을 잘하고 사리를 탐구하는 사람은 의혹을 해소시켜 줄 수 있지만, 말로만 떠들어대는 단점이 있다.

마음이 크고 넓어 주위 사람과 잘 사귀는 사람은 만물을 포용하고 중생을 널리 사랑하지만, 항상 시비가 불분명하고 때가 묻을 단점이 있다.

청렴결백한 사람은 검소하고 본분을 지키는 절개를 가지고 있지만, 너무 구애되어 변통을 모르는 단점이 있다.

일을 잘 벌이고 시원시원한 사람은 진취적으로 일을 추진할 수 있는 반면에, 산만하여 무턱대고 나아가는 단점이 있다.

침착하고 차분하며 꼼꼼한 사람은 사려가 깊고 섬세한 데 반해, 시간을 맞추지 못하고 더딘 단점이 있다.

순진하여 곧이곧대로 자신의 생각을 말하는 사람은 중후하고 성실하지만, 자신을 은밀하게 감추지 못하는 단점이 있다.

지략이 풍부하고 속내를 감추는 사람은 모략을 발휘하여 임기응변을 잘하는 반면, 수시로 변하여 헤아리기 어려운 단점이 있다.

이런 치우친 재질을 가진 사람들은 자신의 덕행을 증진시키기 위해 수양할 때 중용의 덕에 비추어 자신의 재질 중 지나친 부분과 모자란 부분을 교정하려고 하지 않고, 오히려 상대방의 단점만을 지적하여 자신의 과실을 한층 더하곤 한다. 이것은 마치 진나라 사람과 초나라 사람이 허리에 칼을 차고 마주 선 채, 서로 상대방이 거꾸로 칼을 찼노라고 비웃는 꼴이다.

이런 이유로 강직한 사람은 지나치게 고집스러워 다른 사람과 화합하지 못하면서, 자신의 꼿꼿함 때문에 (일이) 막히고 부딪히는 것을 경계하지 않고, 오히려 유순한 태도를 무조건 비굴하다고 생각한다. 그러므로 이런 사람은 법을 세울 수는 있어도, 더불어 미세한 일을 함께하기는 어렵다.

유순한 사람은 마음이 느슨하고 결단력이 부족하여, 일이 뜻대로 되지 않음을 경계하지 않고, 오히려 자기주장을 내세우는 것을 남에게 상처주는 행위로 여기고 그저 안일하려고만 한다. 그러므로 이런 사람은 주어진 대로 따라갈 수는 있어도, 같이 결단을 내려 일을 도모하기는 힘들다.

용감하고 사나운 사람은 기세가 맹렬하고 용감하게 결판내기를 잘하는데, 용감함 속에 있는 무모함을 경계하지 않고, 오히려 유순한 것은 무조건 겁쟁이라고 여기고 힘을 다해 용맹한 기세를 발휘하려 한다. 그러므로 이런 사람과는 더불어 어려움을 극복할 수는 있어도, 함께 머무를(생활할) 수는 없다.

겁 많고 신중한 사람은 어려움을 두려워하고 꺼리는 것이 많은데, 의를 실행하지 못하는 자신의 나약함을 경계하지 않고, 오히려 용감한 행위를 경솔한 것으로 여기면서 더욱 망설이게 된다. 그러므로 이런 사람과는 더불어 몸을 보전할 수는 있어도, 함께 절의를 세우기는 힘들다.

지나치게 올곧은 사람은 자기 생각만 옳다고 주장하는데, 자기 성정의 고집스러움을 경계하지 않고, 오히려 다른 사람의 변론을 (무조건) 그르다고 하면서 그저 자신의 아집만 강화시킨다. 그러므로 이런 사람은 바른 것을 고수할 수는 있지만, 더불어 많은 사람에 부합하여 일하기는 어렵다.

논변을 잘하고 박식한 사람은 말솜씨가 좋고 논리가 풍부한데, 그 말이 많아 넘치는 것을 경계하지 않고, 오히려 기준이 되는 것은 (무조건) 속박으로 여기고 나아가 제멋대로 말의 흐름만을 따른다. 그러므로 이런 사람과는 더불어 두루 이야기할 수는 있지만, 중요한 약속을 하기는 어렵다.

마음이 넓고 두루 교제하는 사람은 원래 두루두루 만족시키는 것을 좋아하는데, 그 교제의 혼잡함을 경계하지 않고, 오히려 절개 있는 것을 속 좁게 여기면서 혼탁하게 교제를 넓힌다. 그러므로 이런 사람은 대중을 위무할 수는 있지만, 더불어 풍속을 엄하게 교화하기는 어렵다.

속 좁게 자기 자신만 지키는 사람은 세상일의 맑음과 탁함을 모두 지적하고 비난하는데, 자신의 도가 편협한 것을 경계하지 않고, 오히려 폭넓은 교제를 더럽게 여기면서 자신의 구애됨을 강화해 나간다. 그러므로 이런 사람과는 더불어 절개를 지킬 수 있지만, 변화에 적절히 대응하기는 어렵다.

행동이 대범하고 진취적인 사람은 지향하는 뜻이 원대한데, 자신의 이상이 너무 분에 넘치는 것을 경계하지 않고, 오히려 차분함을 정체된 것으로 여기고 날래게 움직이는 것에만 과감하다. 그러므로 이런 사람은 나서서 일을 추진해 나갈 수 있지만, 더불어 뒤에서 (남을) 받치기는 어렵다.

침착하고 차분한 사람은 생각이 많아 거듭거듭 되돌아보는데, 그 차분함 때문에 일이 더디고 뒤처지는 것을 경계하지 않고, 오히려 빨리 움직이는 것을 꼼꼼하지 않은 것으로 여기고 유약함을 미덕으로 여긴다.

그러므로 이런 사람과는 더불어 깊게 생각할 수는 있지만, 같이 신속하게 판단해야 하는 일은 함께하기 어렵다.

순박하고 진솔한 사람은 마음속 생각이나 감정을 모두 내보이는데, 자신의 진솔함이 다듬어지지 않아 경솔한 것을 경계하지 않고, 오히려 감추고 꾸미는 것을 가식적인 것으로 여겨 자신의 생각이나 감정을 거침없이 드러낸다. 그러므로 이런 사람과는 더불어 신의를 세울 수는 있으나, 일의 경중을 헤아려 (권력을) 도모하기는 어렵다.

속내를 감추고 속이기 좋아하는 사람은 다른 사람의 마음을 읽고 환심을 잘 사는데, 자신의 술수가 정도正道와 거리가 있는 것을 경계하지 않고, 오히려 진심을 다하는 것을 어리석은 것으로 여기고 허위와 교활함을 귀하게 여긴다. 그러므로 이런 사람은 선행을 칭찬할 수는 있지만 (사탕발림 소리를 할 수 있지만), 더불어 그릇된 일을 바로잡기는 어렵다.

배움은 재능을 갖추어가는 방법이고, '서恕'는 상대방의 마음을 헤아리는 방법이다. 그런데 한 가지 재질에만 치우진 성품은 바꿀 수가 없다. 비록 배움을 통해서 가르침을 받아 재능이 갖추어져도 곧 잃어버리기 쉽다. 비록 '서'를 통해서 훈련하여 상대의 마음을 헤아린다고 해도 자신의 치우친 관점으로 다른 사람의 마음을 잘못 헤아리기 쉽다. 즉, 성실한 사람은 자신처럼 타인도 성실할 것이라 추정하여 교활한 사람을 성실할 것이라 생각하고, 교활한 사람은 자신의 교활함으로 상대를 추정하여 성실한 사람조차 교활한 사람으로 생각하게 된다. 그러므로 배움으로도 도리를 파악할 수 없고, '서'를 통해서도 다른 사람의 실제 마음을 헤아리기는 어렵다. 이것이 치우친 재능이 더욱 잘못을 더해 가는 이유다.

夫中庸之德, 其質無名. 故鹹而不鹼, 淡而不𩜾, 質而不縵, 文而不
繢; 能威能懷, 能辨能訥; 變化無方, 以達爲節. 是以抗者過之, 而
拘者不逮.

夫拘抗違中, 故善有所章, 而理有所失. 是故: 厲直剛毅, 材在矯正,
失在激訐 柔順安恕, 每在寬容, 失在少決. 雄悍傑健, 任在膽烈, 失
在多忌. 精良畏愼, 善在恭謹, 失在多疑. 彊楷堅勁, 用在楨幹, 失在
專固. 論辨理繹, 能在釋結, 失在流宕. 普博周給, 弘在覆裕, 失在溷
濁. 淸介廉潔, 節在儉固, 失在拘局. 休動磊落, 業在攀躋, 失在疏
越. 沈靜機密, 精在玄微, 失在遲緩. 樸露徑盡, 質在中誠, 失在不
微. 多智韜情, 權在謨略, 失在依違. 及其進德之日, 不止揆中庸, 以
戒其材之拘抗; 而指人之所短, 以益其失; 猶晉楚帶劍, 遞相詭反
也.

是故:

彊毅之人, 狠剛不和, 不戒其彊之搪突, 而以順爲撓, 厲其抗; 是故,
可以立法, 難與入微.

柔順之人, 緩心寬斷, 不戒其事之不攝, 而以抗爲劌, 安其舒; 是故,
可與循常, 難與權疑.

雄悍之人, 氣奮勇決, 不戒其勇之毀跌, 而以順爲怯, 竭其勢; 是故,
可與涉難, 難與居約.

懼愼之人, 畏患多忌, 不戒其懦於爲義, 而以勇爲狎, 增其疑; 是故,
可與保全, 難與立節.

凌楷之人, 秉意勁特, 不戒其情之固護, 而以辨爲僞, 彊其專; 是故,
可以持正, 難與附衆.

辨博之人, 論理贍給, 不戒其辭之汎濫, 而以楷爲繫, 遂其流 ; 是故, 可與汎序, 難與立約.

弘普之人, 意愛周洽, 不戒其交之溷雜, 而以介爲狷, 廣其濁 ; 是故, 可以撫衆, 難與厲俗.

狷介之人, 砭清激濁, 不戒其道之隘狹, 而以普爲穢, 益其拘 ; 是故, 可與守節, 難以變通.

休動之人, 志慕超越, 不戒其意之大猥, 而以靜爲滯, 果其銳 ; 是故, 可以進趨, 難與持後.

沈靜之人, 道思迴復, 不戒其靜之遲後, 而以動爲疏, 美其懦 ; 是故, 可與深慮, 難與捷速.

樸露之人, 中疑實硌, 不戒其實之野直, 而以譎爲誕, 露其誠 ; 是故, 可與立信, 難與消息.

韜譎之人, 原度取容, 不戒其術之離正, 而以盡爲愚, 貴其虛 ; 是故, 可與讚善, 難與矯違.

夫學所以成材也, 恕所以推情也 ; 偏材之性, 不可移轉矣. 雖教之以學, 材成而隨之以失 ; 雖訓之以恕, 推情各從其心. 信者逆信, 詐者逆詐 ; 故學不入道, 恕不周物 ; 此偏材之益失也.

유업

사람의 재질과 배움에 따른 직분(관직)은 열두 가지가 있다. 청절가, 법가, 술가, 국체, 기능, 장비, 기량, 지의, 문장, 유학, 구변, 웅걸 등이다.

대저 덕행이 높고 오묘하며, 용모와 행동거지가 본받을 만한 이를 '청절가'라고 하는데, 오나라의 계찰과 안영이 바로 이런 사람들이다. 법과 제도를 세워 나라를 강하게 만들고 백성을 부유하게 하는 이들을 '법가'라고 하는데, 관중과 상앙이 이런 사람들이다. 생각이 통달하고 변화에 정통하여 계책과 지모가 절묘한 사람을 '술가'라고 하는데, 범려와 장량이 이런 사람들이다.

세 가지 재질(덕, 법, 술)을 겸유하고, 세 가지 재질 또한 모두 쓸 준비가 되어 있어(완비되어), 덕으로는 족히 풍속을 교화할 수 있고, 법으로는 족히 천하를 바르게 할 수 있으며, 술로는 족히 종묘의 건승을 도모할 수 있는 사람들이 있는데, 이를 '국체(나라의 동량)'라 하니, 이윤과 강태공이 그런 사람들이다. 세 가지 재질을 겸비하고 있으나 세 가지 재질이 모두 완비되지 않아서(미미하여) 그 덕으로는 족히 한 나라를 이끌 만하고, 그 법으로는 족히 한 고을을 바로잡을 만하며, 그 술로는 족히 공무를 균형 있게 처리할 수 있는 이를 '기능'이라 하는데, 자산과 서문표가 이런 사람들이다.

세 가지 재질을 겸비한 사람과는 별도로 삼재三オ 중 일부분의 재질을 가진 각각의 지류가 있다.

청절가의 지류는 너그러이 용서하지 못하고 남을 나무라기 좋아하며 시비를 깐깐히 가리는데, 이를 '장비(깐깐한 사람)'라고 하니, 자하의 제자들이 이들이다.

법가의 지류는 창조적으로 생각하고 원대한 그림을 그릴 수는 없으나 관직 하나는 맡을 수 있고, 목표한 일을 할 때 솜씨를 부릴 수 있는데, 이를 '기량'이라 하니 장창과 조광한이 이런 사람들이다.

술가의 지류는 새롭게 제도와 규칙을 만들지는 못하지만 변화하는 상황에 따라 변통할 수 있고, 임기응변을 쓰는 지모는 뛰어나지만 공정함은 부족한데, 이를 '지의(꾀 많은 사람)'라 하고, 진평과 한안국이 이런 사람들이다.

무릇 이 여덟 가지 직분은 모두 세 가지 재질을 근본으로 삼고 있다. 그러므로 비록 유파가 다르기는 하지만 모두 큰일을 분담할 수 있는 인재들이다.

글을 짓고 책을 쓰는 데 능한 사람을 '문장'이라 하는데, 사마천과 반고가 이에 속한다. 성인의 업적을 전할 수는 있지만 일을 주관하고 정치를 행할 수는 없는 사람을 '유학'이라 하는데, 모공과 관공이 이에 속한다. 논변이 정도에 부합하지는 않지만 말솜씨가 뛰어난 사람을 '구변'이라 하는데, 악의와 조구생이 이런 사람들이다. 담력이 출중하고 재주와 계략이 뛰어난 사람을 '웅걸'이라 하는데, 백기와 한신이 이런 사람들이다.

무릇 이 열두 가지 재질은 모두 남의 신하가 될 사람들의 소임으로, 군주가 맡을 일은 아니다. 군주의 덕은 총명하고 평담(중용의 덕을 갖춘 상태, 고요하고 맑은 상태)하여 여러 재능 있는 사람들을 잘 알아내는 것이지, 스스로 일을 맡아서 처리하는 것이 아니다. 그러므로 군주가 치국의 대도를 세우면, 열두 가지 재질을 가진 사람들이 각자 알맞은 임무를 맡게 된다.

청절가의 덕을 지닌 사람은 (왕실과 귀족의 자제를) 가르치는 사씨의 임무에 적합하고, 법가의 재능을 지닌 사람은 (형벌과 치안을 관장하는) 사구의 임무에 적합하며, 술가의 재능을 갖춘 사람은 (삼공을 보좌하는) 삼고의 임무에 적합하다. 세 가지 재질을 모두 완비한 사람은 삼공(정승, 재상)의 임무에 적합하다. 세 가지 재질이 다 있으나 부족한 사람은 (정무를 총괄하는) 총재의 임무에 적합하다. 장비의 재질을 갖춘 사람은 사씨의 보좌역에 적합하며, 지의의 재질을 갖춘 사람은 총재의 보좌역에 적합하다. 기량의 재질이 있는 사람은 (토목·건축 사업을 관장하는) 사공의 임무에 적합하다. 유학의 재질이 있는 사람은 백성을 안무하는 임무에 적합하다. 문장의 재질이 있는 사람은 (나라의 역사를 서술하는) 국사國史의 임무에 적합하다. 구변의 재질이 있는 사람은 (빈객과 사신을 접대하는) 행인의 임무에 적합하다. 웅걸의 재질이 있는 사람은 장수의 임무에 적합하다.

이를 이르러 "군주의 도가 갖추어지자 신하의 도(재능에 맞추어 직분을 얻은 것)는 이를 (저절로) 따르고, 관리들의 직분이 혼란되지 않아 크게 공평한 인재의 등용이 이루어졌다"고 하는 것이다. 만약 군주의 치국지도가 평담하지 않아서(중용의 덕에 이르지 못해서), 한 가지 재질만을 가진 사람을 여러 곳에 일률적으로 쓰기를 좋아한다면, 그 한 가지 재질을 가진 사람이 모든 권한을 갖게 되어 여러 가지 다른 재질을 가진 사람들이 적합한 임무를 잃게 된다.

蓋人流之業, 十有二焉 : 有淸節家, 有法家, 有術家, 有國體, 有器能, 有臧否, 有伎倆, 有智意, 有文章, 有儒學, 有口辨, 有雄傑.
若夫德行高妙, 容止可法, 是謂淸節之家, 延陵·晏嬰是也. 建法立制, 彊國富人, 是謂法家, 管仲·商鞅是也. 思通道化, 策謀奇妙, 是謂術家, 范蠡·張良是也.
兼有三材, 三材皆備, 其德足以厲風俗, 其法足以正天下, 其術足以謀廟勝, 是謂國體, 伊尹·呂望是也. 兼有三材, 三材皆微, 其德足以率一國, 其法足以正鄕邑, 其術足以權事宜, 是謂器能, 子産·西門豹是也.
兼有三材之別, 各有一流. 淸節之流, 不能弘恕, 好尙譏訶, 分別是非, 是謂臧否, 子夏之徒是也. 法家之流, 不能創思遠圖, 而能受一官之任, 錯意施巧, 是謂伎倆, 張敞·趙廣漢是也. 術家之流, 不能創制垂則, 而能遭變用權, 權智有餘, 公正不足, 是謂智意, 陳平·韓安國是也.
凡此八業, 皆以三材爲本. 故雖波流分別, 皆爲輕事之材也.
能屬文著述, 是謂文章, 司馬遷·班固是也. 能傳聖人之業, 而不能幹事施政, 是謂儒學, 毛公·貫公是也. 辯不入道, 而應對資給, 是謂口辯, 樂毅·曹丘生是也. 膽力絶衆, 材略過人, 是謂驍雄, 白起·韓信是也.

凡此十二材, 皆人臣之任也. 主德不預焉. 主德者, 聰明平淡, 總達衆材而不以事自任者也. 是故, 主道立, 則十二材各得其任也: 清節之德, 師氏之任也. 法家之材, 司寇之任也. 術家之材, 三孤之任也. 三材純備, 三公之任也. 三材而微, 冢宰之任也. 臧否之材, 師氏之佐也. 智意之材, 冢宰之佐也. 伎倆之材, 司空之任也. 儒學之材, 安民之任也. 文章之材, 國史之任也. 辯給之材, 行人之任也. 驍雄之材, 將帥之任也.

是謂主道得而臣道序, 官不易方, 而太平用成. 若道不平淡, 與一材同用好, 則一材處權, 而衆材失任矣.

재리

일을 시작하고 뜻을 세울 때는 반드시 이치를 따져보고 결정해야 한다. 그러나 제대로 의론하지 못하고(이치를 따지는 것이 어렵고), 능히 결정하는 것이 드문(잘 결정하지 못하는) 것은 어떤 이유 때문인가?

무릇 사물의 이치가 다양하고, 사람의 재질 또한 다르기 때문이다. 사물의 이치가 다양하기 때문에 사물의 이치에 통달하기가 어렵고, 사람의 재질이 서로 다르기 때문에 인정도 각기 다르다. 인정이 달라 서로 통하지 않으면, 이치를 따지는 데 실패하고 일은 어그러지는 것이다.

사물의 이치에는 네 가지 원리[四部]가 있고, 그 네 가지 원리를 명찰明察할 수 있는 네 가지 유파[四家]가 있다. 인정의 다름에 따라 아홉 가지의 치우침[九偏]이 있고, 유파 중에는 같은 듯하지만 다른 일곱 가지의 사이비[七似]가 있으며, 주장을 펴는 데는 세 가지 실수[三失]가 있고, 논박하여 비난하는 데는 여섯 가지의 잘못[六構]이 있으며, 통달하는 데는 여덟 가지의 재능[八能]이 있다.

천지간의 기운이 변화하여, 찼다가 비고, 줄었다가 늘어나는 것은 도道의 이치다. 법과 제도를 세워 일을 바르게 하는 것은 일[事]의 이치다. 예와 교육으로 행동거지를 바르게 하는 것은 의義의 이치다. 사람이 표출하는 감정에 따라 그 의미를 헤아리는 것은 정情의 이치다.

이상 네 가지 이치는 서로 다른데, 그것은 타고난 재질에 따른다. 이 네 가지 이치는 모름지기 밝혀져 드러나야 하는데, 밝혀짐[明智]은 적합한 재질(성정)을 만나야 실행된다. 이런 고로 재질이 네 가지 이치 중 하나에 부합하게 되면 밝혀지고, 밝혀지면 족히 그 이치를 알아낼 수 있으며, 이치를 알아내면 일가를 이룰 수 있다.

그러므로 재질이 고요하고 담백(평담, 중용)하며, 생각이 깊고 현묘하여 자연의 도리에 통달할 수 있는 사람은 '도'의 이치를 이룬 사람이다. 재질이 명석하고 기민하여 권모와 방략이 많아서 번잡하고 시급한 일을 잘 처리할 수 있는 사람은 '사'의 이치에 일가를 이룬 사람이다. 재질이 화평하고 예교를 논할 수 있어서 그 득실을 논할 수 있는 사람은 '의'의 이치에 일가를 이룬 사람이다. 재질이 세밀한 조짐을 잘 알아채고 사람의 본뜻을 추측하는 데 능하여 그 변화에 적절히 대처할 수 있는 사람은 '정'의 이치에 일가를 이룬 사람이다.

이런 네 일가의 밝음, 즉 이치를 이해하는 명지明智가 서로 다르기 때문에 아홉 가지의 치우친 인정이 있게 된다. 이런 치우친 인정의 차이가 밝음[明智]을 흩뜨려 각각 장단점이 생기게 된다.

굳세지만 건성건성한 사람은 미세한 일을 처리할 줄 모른다. 그러므로 큰 원칙을 이야기할 때는 매우 넓고 높으며 원대하지만, 섬세한 이치를 분석할 때는 대충대충 건너뛴다.

강직하고 엄격한 사람은 자신을 굽힐 줄 모른다. 그러므로 법을 올바르게 적용해야 할 일에 대해서는 사실에 근거하여 공정하게 처리하지만, 변통을 이야기하면 꽉 막혀서 받아들이지 않는다.

고집스럽고 강경한 사람은 사실을 따지기를 좋아한다. 그러므로 문제의 (작은) 기미를 가지고 끝까지 예리하고 철저하게 밝히지만, 큰 도리에 대해서는 쉽사리 소견을 드러내고 단순하게 그것에 집착한다.

구변이 좋은 사람은 말이 번화하고 뜻이 날카롭다. 그러므로 세상의 일(사람 살이의 잡사)을 추론하는 데는 인식이 정치하고 철저히 따지지만, 큰 의리에 대해서는 말만 요란하지 면밀하지 못한다.

정견이 없이 이랬다저랬다 하는 사람은 깊이 생각할 줄 모른다. 성글고 빽빽한 것을 순서 짓는 일(대단치 않는 일의 경중을 따지는 일)에는 활달하고 외관상 박식해 보이지만, 일의 요체를 세우는 것에 대해서는 불꽃처럼 이리저리 휩쓸린다.

이해력이 낮은 사람은 깊이 있게 논박할 줄 모른다. 그러므로 다른 사람의 논변을 듣고 그 피상적인 내용을 이해하면 기뻐하지만, 정심한 이치를 살피는 데는 이랬다저랬다 하여 근거가 없다.

관대하고 너그러운 사람은 민첩하지 못하다. 인의를 논하는 일에 대해서는 넓고 자세하며 우아하지만, 때에 맞추어 시급한 일을 처리할 때는 더디고 늘어져서 제때 완수하지 못한다.

온유한 사람은 강성한 기세를 갖고 있지 않다. 그러므로 도리를 음미할 때는 거스르지 않고 통해서 화창하지만, 의심나는 논란거리를 헤아릴 때는 원칙 없이 우유부단하여 지지부진 결정을 내리지 못한다.

기발함을 좋아하는 사람은 자유분방하고 특이한 것만을 추구한다. 그러므로 변통의 계책이나 속임수를 낼 때는 장려하고 탁월하지만, 맑은 도를 살피는 데는 상식에 어긋나 멀리 우회하게 된다.

이것이 이른바 성정에 아홉 가지 치우침이 있다는 말로서, 여기에 해당하는 사람들은 각기 자기 마음으로 옳다고 여기는 바를 원리로 삼는다.

성정(인, 의, 예, 지, 신)이 정순하지 않아 잘 펼쳐 나지 않으면, 그럴듯하지만 아닌 일곱 가지의 사이비[七似]가 생겨나게 된다.

첫째, 막힘없이 말을 늘어놓는 것은 진리를 전파하는 사람인 듯하지만 사이비다.

둘째, 알고 있는 이치는 적은데 말이 많은 것은 박식한 이해가 있는 듯하지만 사이비다.

셋째, 왜곡된 말로써 상대의 뜻에 영합하는 사람은 마치 상대의 뜻을 완전히 이해하는 듯하지만 사이비다.

넷째, 맨 뒤에 처하여 일정 시간을 끌어 다른 사람의 이야기를 들은 후 대중이 안심할 수 있는 바를 따르는 것은 마치 자신이 직접 다른 사람의 의견을 듣고 판단을 내린 것처럼 가장하는 사이비다.

다섯째, 어려운 문제를 피하여 응답하지 않는 것은 마치 다 알고 있는 듯하지만 실은 모르는 사이비다.

여섯째, 진정으로 이해하지 못하면서도 말로만 이해했다고 하는 것은 아는 것 같으면서도 실상은 모르는 사이비다.

일곱째, 이기려는 마음 때문에 평정을 잃고, 말이 궁색해지면 이를 오묘해서 말로 다하기 어렵다고 하며, 남이 반박할 때 강경하게 이치를 다투어 수긍하지 않고, 실재로는 비기기를 구하는 것은 마치 이치상으로 굽힐 수 없는 듯이 가장하는 사이비다.

무릇 이 일곱 가지의 사이비에는 많은 사람들이 속아 넘어간다.

대저 논변이란, 이치(논리)로 이기는 경우도 있고 말주변으로 이기는 경우도 있다. 이치로 이기는 경우에는 옳고 그름을 명백히 하여 논지를 넓혀가고, 미묘한 도리도 해석하여 명확하게 한다. 말주변으로 이기는 경우는 올바른 이치를 깨뜨려 기발한 논리를 추구한다. 기발한 논리를 추구하면 올바른 이치는 사라진다.

대저 아홉 가지 치우친 재질에는 서로 같은 것도 있고, 서로 다른 것도 있으며, 뒤섞인 것도 있다. 같으면 서로 이해하고, 상반되면 서로 비난하며, 뒤섞이면 서로 절충한다. 그러므로 논변을 잘하는 사람은 상대가 잘 이해하는 바를 헤아려 논하고, 말을 했으나 상대방이 반응을 보이지 않으면 더 이야기하지 않으며, 주위 사람이 이해하지 못한다고 해서 나무라지 않는다. 논변을 잘하지 못하는 사람은 상대방의 생각과 뒤섞이거나 반대되는 내용으로 말한다. 말하는 것이 뒤섞이고 반대되면 상대가 받아들이지 않는다.

비유를 잘하는 사람은 한마디 말로써 여러 일을 밝힌다. 비유를 잘하지 못하는 사람은 백 마디 말로 한 가지 뜻도 밝히지 못한다. 백 마디 말로도 한 가지 뜻을 밝히지 못하면 사람들이 말을 들어주지 않는다. 이것이 남을 설득할 때(남에게 말을 할 때) 범하는 세 가지의 잘못이다.

논박을 잘하는 사람은 일의 근본을 해석하는 데 힘쓰지만, 논박을 잘못하는 사람은 근본을 버리고 말단만 따진다. 근본을 버리고 말단만 따지면 내용 없이 번잡한 변론이 된다[辭構].

주장이 강한 상대를 잘 공박하는 사람은 상대의 왕성한 예기를 먼저 피하고 나서 상대의 논점의 핵심을 붙잡아 차츰차츰 공박해 나간다. 주장이 강한 상대를 잘 공박하지 못하는 사람은 상대가 한 틀린 말을 꼬투리 삼아 상대의 날카로운 뜻을 꺾으려 한다. 날카로운 뜻을 꺾으면 결국 상대의 화를 돋우게 된다[氣構].

상대의 실수에 잘 대응하는 사람은 단지 상대의 실수를 알려주고자 하지만, 상대의 실수에 잘 대응하지 못하는 사람은 이치에 맞지 않는 실수를 빌미로 그 본성을 거스른다. 실수를 빌미로 상대를 비방하면 결국 상대의 원한을 사게 된다[怨構].

어떤 사람은 어떤 것을 항상 생각하다가 오랜 시간이 지나 마침내 깨닫게 되면, 이것을 갑작스럽게 사람들에게 가르치려고 한다. 사람들이 빨리 알아듣지 못하면 상대가 우매해서 가르치기 어렵다고 여긴다. 가르치기 어렵다고 여기면 결국 상대방에게 분한 마음이 들게 한다[忿構].

논쟁이 치열해질 경우 상대의 오류를 반박하기가 어렵게 된다. 그러므로 논박을 잘하는 사람은 사실로 유도하여 상대로 하여금 돌이켜 생각하게 하지만, 논박을 잘하지 못하는 사람은 모욕을 주어 상대를 격하게 만든다. 그래서 상대가 비록 잘못을 돌이켜 살피게 하고자 하나 상대의 기세를 통제할 수 없게 되고, 기세를 통제하지 못하면 험악한 말만 오가게 된다[妄構].

무릇 사람의 마음에 생각하는 바가 있으면 귀가 있어도 들리지 않는다. 그렇기 때문에 각자 생각하는 바를 품고 서로에게 말을 하면서(설득하려 하면서), 상대방을 제지시켜 상대로 하여금 자신의 말을 듣게 하고자 한다. 하지만 상대방 역시 생각하는 바가 있기 때문에 귀를 기울이지 않아 자신의 말뜻을 이해하지 못하게 되면, 결국에는 상대방이 자신의 말을 이해하지 못한다고 여긴다. 사람의 정서란 누구나 이해하지 못하는 것을 꺼리기 마련인데, 이해하지 못한다고 싫어하면 노여움을 품게 만든다[怒構].

이상 논박 과정에서 생기는 여섯 가지의 잘못[六構]은, 다툼이 생겨나는 원인이 된다.

그렇지만 다툼을 만드는 말에도 오히려 얻는 바가 있게 마련이다. 만약 말은 하되 서로 논박하지 않고 각자가 자기 소견만을 이야기하면, 왜 상대가 그렇게 말하는지 이유를 알 수 없기 때문이다. 이로 볼 때, 단지 형식적인 담론을 통하여 이치를 정할 수 있는 가능성은 아주 적다.

반드시 총명함으로 능히 일의 실마리를 찾아내고, 비범한 생각으로 일의 단서를 만들며, 예리한 관찰로 사물의 미세한 움직임을 알아채야 하고, 재치 있는 말로 자신의 뜻을 표현하며, 민첩하게 반응하여 자신의 과실을 바로잡고, 방비를 철저히 하여 어떤 공격에도 대응할 수 있도록 하며, 맹렬하게 공격하여 지키는 어떤 것도 뺏을 수(이길 수) 있도록 하고, 뺏은(이긴) 이후에는 도리어 줄 수 있어야 한다.

이 여덟 가지를 겸비한 후에야 비로소 천하의 이치에 통할 수 있고, 천하의 이치, 즉 사람을 알고 운용하는 원리에 통할 수 있다. 이런 여덟 가지의 장점을 겸비하지 못하고 오직 한 가지 재능만 지녔다면 그 뛰어난 바(장점)에 치우침이 있고, 각자 가지고 있는 치우친 재능에 따라 서로 다른 이름을 갖게 된다.

그러므로 총명함으로 능히 일의 실마리를 찾아낼 수 있는 사람을 명물지재라 한다.

비범한 생각으로 일의 단서를 만들 수 있는 사람을 구가지재라 한다.

예리한 관찰로 사물의 미세한 움직임을 알아챌 수 있는 사람을 달식지재라 한다.

재치 있는 말로 자신의 뜻을 표현할 수 있는 사람을 담급지재라 한다.

민첩하게 반응하여 자신의 과실을 바로잡을 수 있는 사람을 권첩지재라 한다.

방비를 철저히 하여 어떤 공격에도 대응할 수 있도록 하는 사람을 지론지재라 한다.

맹렬하게 공격하여 어떤 방비도 돌파할 수 있도록 하는 사람을 추철지재라 한다.

뺏은 후 도리어 줄 수 있는 사람(주는 방법을 교묘하게 운용하여 탈취의 목적을 달성할 수 있는 사람)을 무설지재(상대를 이기지만 또 용납할 수도 있는 인재)라 한다.

천하의 이치에 통달한 재질을 가진 사람은 이 여덟 가지 자질을 이미 겸비하고 있어 도로써 행하므로, 통달한 사람과 이야기할 때는 서로 공감하여 마음으로 이해하고, 일반 대중과 이야기할 때는 안색을 살펴 그 성정에 맞추어서 말한다. 비록 명백하게 여러 이치들에 정통하지만 그것으로써 남보다 자신을 높이지 않고, 총명과 예지의 자질이 있지만 그것으로써 남보다 앞서려 하지 않는다. 좋은 말을 하여 이치가 충분히 전달되면 그치고, 남에게 비루함과 잘못이 있더라도 넘어가 주며 몰아세우지 않는다. 다른 사람이 생각하는 바를 드러나도록 해주고, 다른 사람이 장점을 발휘할 수 있도록 도와준다. 유사한 사례로 남이 기피하는 일을 들춰내지 않고, 예를 들어 말할 때도 자신의 장점을 예로 들어 말하지 않는다. 직접 말하든 돌려서 말하든 두려워하거나 싫어하는 바가 없고, 벌레 소리 같은 초라한 소리도 좋으면 취하고, 우매한 사람이 우연히 생각한 뛰어난 바도 칭찬해 준다. 쟁취하는 일과 베풀어주는 일이 이치에 맞고, 나아가고 물러남에 머뭇거림이 없다. 상대의 기세가 성할 때 타협하고 양보하는 데 인색하지 않고, 상대가 이기기 어려울 때는 자신이 이겨도 자랑하지 않는다. 심기가 흔들림이 없고 뜻이 명확하여, 해야만 하는 것도 없고 하지 말아야 하는 것도 없이 다만 의에 따라 행동하며, 스스로 도를 얻기를 기다릴 뿐이다. 이런 사람과는 더불어 세상을 경영하고 사물의 이치를 논할 수 있다.

夫建事立義，莫不須理而定；及其論難，鮮能定之．夫何故哉？蓋理多品而人異也．夫理多品則難通，人材異則情詭；情詭難通，則理失而事違也．

夫理有四部，明有四家，情有九偏，流有七似，說有三失，難有六構，通有八能．

若夫天地氣化，盈虛損益，道之理也．法制正事，事之理也．禮教宜適，義之理也．人情樞機，情之理也．

四理不同，其於才也，須明而章，明待質而行．是故，質於理合，合而有明，明足見理，理足成家．是故，質性平淡，思心玄微，能通自然，道理之家也；質性警徹，權略機捷，能理煩速，事理之家也；質性和平，能論禮教，辯其得失，義禮之家也；質性機解，推情原意，能適其變，情理之家也．

四家之明既異，而有九偏之情；以性犯明，各有得失：

剛略之人，不能理微；故其論大體則弘博而高遠，歷纖理則宕往而疏越．

抗厲之人，不能廻撓；論法直則括處而公正，說變通則否戾而不入．

堅勁之人，好攻其事實；指機理則穎灼而徹盡，涉大道則徑露而單持．

辯給之人，辭煩而意銳；推人事則精識而窮理，即大義則恢愕而不周．

浮沉之人，不能沉思；序疏數則豁達而傲博，立事要則熛炎而不定．

淺解之人，不能深難；聽辯說則擬鍔而愉悅，審精理則掉轉而無根．

寬恕之人，不能速捷；論仁義則弘詳而長雅，趣時務則遲緩而不及．

454

溫柔之人, 力不休彊 ; 味道理則順適而和暢, 擬疑難則濡懦而不盡.

好奇之人, 橫逸而求異 ; 造權譎則倜儻而瑰壯, 案淸道則詭常而恢迂.

此所謂性有九偏, 各從其心之所, 可以爲理.

若乃性不精暢, 則流有七似 :

有漫談陳說, 似有流行者. 有理少多端, 似若博意者. 有廻說合意, 似若讚解者. 有處後持長, 從衆所安, 似能聽斷者. 有避難不應, 似若有餘, 而實不知者. 有慕通口解, 似悅而不懌者. 有因勝情失, 窮而稱妙, 跌則掎蹠, 實求兩解, 似理不可屈者. 凡此七似, 衆人之所惑也.

夫辯, 有理勝, 有辭勝. 理勝者, 正白黑以廣論, 釋微妙而通之 ; 辭勝者, 破正理以求異, 求異則正失矣. 夫九偏之材, 有同·有反·有雜. 同則相解, 反則相非, 雜則相恢. 故善接論者, 度所長而論之 ; 歷之不動則不說也, 傍無聽達則不難也. 不善接論者, 說之以雜·反 ; 說之以雜·反, 則不入矣. 善喩者, 以一言明數事 ; 不善喩者, 百言不明一意 ; 百言不明一意, 則不聽也. 是說之三失也.

善難者, 務釋事本 ; 不善難者, 舍本而理末. 舍本而理末, 則辭構矣.

善攻彊者, 下其盛銳, 扶其本指以漸攻之 ; 不善攻彊者, 引其誤辭, 以挫其銳意. 挫其銳意, 則氣構矣.

善蹠失者, 指其所跌 ; 不善蹠失者, 因屈而抵其性. 因屈而抵其性, 則怨構矣.

或常所思求, 久乃得之, 倉卒諭人 ; 人不速知, 則以爲難諭. 以爲難諭, 則忿構矣.

夫盛難之時，其誤難迫．故善難者，徵之使還；不善難者，凌而激之，雖欲顧藉，其勢無由．其勢無由，則妄構矣．

凡人心有所思，則耳且不能聽．是故，並思俱說，競相制止，欲人之聽己．人亦以其方思之故，不了己意，則以為不解．人情莫不諱不解，諱不解則怒構矣．

凡此六構，變之所由興也．

然雖有變構，猶有所得；若說而不難，各陳所見，則莫知所由矣．由此論之，談而定理者眇矣．必也：聽能聽序，思能造端，明能見機，辭能辯意，捷能攝失，守能待攻，攻能奪守，奪能易予．兼此八者，然後乃能通於天下之理，通於天下之理，則能通人矣．不能兼有八美，適有一能，則所達者偏，而所有異目矣．

是故：聽能聽序，謂之名物之材．思能造端，謂之構架之材．明能見機，謂之達識之材．辭能辯意，謂之贍給之材．捷能攝失，謂之權捷之材．守能待攻，謂之持論之材．攻能奪守，謂之推徹之材．奪能易予，謂之貿說之材．

通材之人，既兼此八材，行之以道，與通人言，則同解而心喻；與衆人言，則察色而順性．雖明包衆理，不以尚人；聰叡資給，不以先人．善言出己，理足則止；鄙誤在人，過而不迫．寫人之所懷，扶人之所能．不以事類犯人之所媢，不以言例及己之所長．說直說變，無所畏惡．采蟲聲之善音，贊愚人之偶得．奪與有宜，去就不留．方其盛氣，折謝不吝；方其勝難，勝而不矜；心平志諭，無適無莫，期於得道而已矣，是可與論經世而理物也．

재능

혹자는 말하길, "사람의 재질 가운데는 큰일에는 능하지만 작은 일에는 능하지 않는 것이 있다. 이것은 마치 소를 삶는 큰 솥으로는 닭을 삶을 수 없는 것과 같다"고 한다. 그러나 나는 이것을 명칭과 내용이 부합되지 않는 말(개념이 올바르지 않는 말)로 생각한다. 무릇 '能하다'라는 말은 이미 고정된 의미(즉, '할 수 있다')를 칭하는 말인데, 어찌 큰일을 할 수 있는데 작은 일을 할 수 없겠는가? (명名은 논리를 말한다. 논리적으로 작은 것이 큰 것에 속한다면, 큰 것을 할 수 있으면 작은 것은 자동으로 할 수 있다는 뜻이다.)

이른바 "큰일에 능한데 작은 일에 능하지 않다"라는 말은 성정의 느긋함과 조급함의 차이에서 나온 말이다. 성정의 느긋함과 조급함의 구별이 있으니, 의당 큰일과 작은 일의 구분이 있게 된다.

느긋하고 도량이 넓은 사람은 군국郡國을 다스리기에 알맞아서, 아랫사람들로 하여금 각자의 능력을 발휘하게 하고 자신은 총괄하여 그 일

[政事]을 완성한다. 조급하고 도량이 작은 사람은 백 리 정도의 작은 지역[縣]을 다스리기에 알맞아서, 몸소 일을 판단하여 처리한다. 그렇다면 군과 현은 지역의 크고 작음으로 나눈 것일 뿐이다.

느긋함과 조급함을 실제 정황에 근거해 논하자면, "크고 작은 일에는 적합한(꼭 맞는) 재질이 있다"고 해야지, "큰일에는 능하지만 작은 일에는 능하지 않다"라고 해서는 안 된다. 닭과 소의 차이도 또한 몸의 크고 작음일 뿐이다. 그러므로 마땅히 솥도 크고 작은 것이 있는 것이다. 만약에 송아지를 삶을 수 있는 것이라면 어찌 닭을 삶을 수 없겠는가?

그러므로 큰 군을 능히 다스릴 수 있으면 작은 군도 또한 다스릴 수 있다. 이로써 미루어 논하자면, 사람의 재질에는 각기 적합한 일(각자의 깜냥이 허락하는 일)이 있는 것이지, 단지 크고 작음으로 개괄할 수 있는 것은 아니다.

무릇 사람의 재질이 다르기 때문에 그 재능도 각기 차이가 있다. 스스로 수양하고 몸을 깨끗이 하여 관직에 나아가는 자임自任의 재능이 있는가 하면, 법을 세워 사람들로 하여금 따르도록 하는 입법立法의 재능도 있고, 일의 변화에 따라 응대·관리하는 계책計策의 재능도 있으며, 덕행으로 교화하여 다른 사람의 모범이 될 만한 인사人事의 재능도 있다. 또 일을 추진하며 명령하고 견책하는 행사行事의 재능도 있고, 감찰하여 잘못을 적발해 내는 사찰司察의 재능도 있다. 임기응변에 능하고 지략이 뛰어난 권기權奇의 재능이 있는가 하면, 위엄과 용맹으로 적들을 두렵게 할 수 있는 위맹威猛의 재능도 있다.

재능은 재질에서 나오는데, 재질은 한 가지 기준으로 측정할 수 없다(그 기준이 다 다르다). 재질과 재능이 이미 다르므로, 맡겨야 할 행정 관직도 또한 다르다.

그런 고로 자임의 재능은 청절의 재질에서 나온다. 그러므로 조정에서는 총재의 직책을 맡고, 군국에서는 잘못을 바로잡고 풍속을 바르게 하는 일에 적합하다.

입법의 재능은 법가의 재질에서 나온다. 그러므로 조정에서는 형벌을 관장하는 사구의 직책을 맡고, 군국에서는 법에 의해 공정하게 직무를 수행하는 일에 적합하다.

계책의 재능은 술가의 재질에서 나온다. 그러므로 조정에서는 삼공을 보좌하는 삼고의 직책을 맡고, 군국에서는 시의적절하게 변화에 대처하는 일에 적합하다.

인사의 재능은 지의의 재질에서 나온다. 그러므로 조정에서는 총재의 보좌역을 맡고, 군국에서는 내외 화목을 조성하는 일에 적합하다.

행사의 재능은 견양諷讓(견책)의 재질에서 나온다. 조정에서는 사구의 보좌역을 맡고, 군국에서는 감독하고 견책하는 일에 적합하다.

권기의 재능은 기량의 재질에서 나온다. 조정에서는 토목·건축을 담당하는 사공의 직책을 맡고, 군국에서는 건축과 토목, 기예를 진작시키는 일에 적합하다.

사찰의 재능은 장비의 재질에서 나온다. 그러므로 조정에서는 왕실과 귀족 자녀를 교육하는 사씨의 보좌역을 맡고, 군국에서는 시비를 분명히 하여 기강을 잡는 일에 적합하다.

위맹의 재능은 호걸의 재질에서 나온다. 그러므로 조정에서는 장수의 직책을 맡고, 군국에서는 엄격하게 통솔하는 일에 적합하다.

무릇 치우친 재질을 가지고 있는 사람은 모두 한 가지 면에서는 빼어난 사람이다. 그러므로 한 직책을 감당하는 데는 뛰어나지만, 한 나라를 다스리는 데는 부족하다. 왜 그런가? 한 직책의 임무는 한 가지 맛으로 다섯 가지의 맛과 협력하는 것이지만, 한 나라를 다스리는 일은 담백한 맛(스스로는 맛이 없어야 한다. 그래야 다섯 가지 맛을 조화시킬 수 있다)으로 다섯 가지 맛을 조화시키는 것이다.

또 나라에는 속된 풍속과 교화된 문화가 공존하고, 백성들도 거친 자와 선량한 자가 있기 마련이다. 게다가 사람의 재질도 같지 않기 때문에 다스림에도 득실이 있게 된다.

그러므로 왕도로 교화를 펴는 정치[王化之政]는 큰 것을 통괄하는 데는 적합하지만, 이런 정치로 작은 부분을 다스리면 효과가 당장 나타나지 않을 수 있다.

시비를 분별하고 관리하여 이끄는 정치[辨護之政]는 혼란스럽고 복잡한 상황을 다스리는 데는 적합하지만, 이런 정치로 잘 따르는 사람들을 다스리면 오히려 불편해진다.

계책과 술수를 사용하는 정치[策術之政]는 형세가 위급한 사태를 다스리는 데는 적합하지만, 이런 정치로 이미 평정된 상태를 다스리면 오히려 불안해진다.

거스르는 것을 바로잡는 정치[矯抗之政]는 지나치게 사치스런 풍조를 다스리는 데는 적합하지만, 이런 정치로 피폐해진 상황을 다스리면 오히려 잔혹해진다.

조화를 중시하는 정치[諧和之政]는 새로 생긴 것(새롭게 편입된 지역)을 다스리는 데는 적합하지만, 이런 정치로 이미 있던 것(예부터 있던 지역)을 다스리면 실효를 거두기 어렵다.

공정하고 잘못을 엄정히 따지는 정치[公刻之政]는 간특한 세력을 바로잡는 데는 적합하지만, 이런 정치로 변방을 다스리면 백성들이 도망가기 마련이다.

위엄과 용맹을 지닌 정치[威猛之政]는 변란을 토벌하는 데는 적합하지만, 이런 정치로 선량한 사람들을 다스리면 오히려 포악해진다.

기량(건축, 토목, 기예)을 중시하는 정치[伎倆之政]는 부유한 지역을 다스리는 데는 적합하지만, 이런 정치로 가난한 지역을 다스리면 백성이 힘들고 더욱 곤궁하게 된다.

그러므로 각각의 재능을 헤아려 알맞은 관직을 주는 일은 신중하게 살피지 않을 수 없다.

이상의 능력들은 모두 편재들의 재능이다. 그러므로 어떤 사람은 말은 잘하지만 실제로 행할 수는 없고, 어떤 사람은 실행은 하면서 말을 잘 못하기도 한다. 국가의 동량이라 할 수 있는 사람은 말도 잘하고 이를 실행할 수도 있다. 그래서 여러 인재 중에서 가장 뛰어난 사람이 되는 것이다.

군주의 재능은 이와는 다르다. 즉, 신하는 수신하여 관직에 나아가는 것을 재능으로 삼지만, 군주는 사람을 적재적소에 잘 쓰는 것을 재능으로 삼는다. 신하는 말을 잘하는 것을 재능으로 삼지만, 군주는 잘 듣는 것을 재능으로 삼는다. 신하는 일을 잘 실행하는 것을 재능으로 삼지만, 군주는 상벌을 적절하게 내리는 것을 재능으로 삼는다. 군주와 신하의 재능이 이렇게 다르기 때문에 군주는 여러 인재들을 관할할 수 있는 것이다.

或曰 : 人材有能大而不能小, 猶函牛之鼎, 不可以烹雞. 愚以爲此非名也. 夫能之爲言, 已定之稱 ; 豈有能大而不能小乎?

凡所謂能大而不能小, 其語出於性有寬急 ; 性有寬急, 故宜有大小.

寬弘之人, 宜爲郡國, 使下得施其功, 而總成其事; 急小之人, 宜理
百里, 使事辦於己. 然則郡之與縣, 異體之大小者也; 以實理寬急
論辨之, 則當言大小異宜, 不當言能大不能小也. 若夫雞之與牛, 亦
異體之小大也, 故鼎亦宜有大小. 若以烹犢, 則豈不能烹雞乎? 故能
治大郡, 則亦能治小郡矣. 推此論之, 人材各有所宜, 非獨大小之謂
也.

夫人材不同, 能各有異: 有自任之能, 有立法使人從之之能, 有消息
辨護之能, 有德教師人之能, 有行事使人譴讓之能, 有司察糾摘之
能, 有權奇之能, 有威猛之能.

夫能出於材, 材不同量; 材能既殊, 任政亦異. 是故:

自任之能, 清節之材也. 故在朝也, 則冢宰之任; 爲國, 則矯直之政.

立法之能, 法家之材也. 故在朝也, 則司寇之任; 爲國, 則公正之政.

計策之能, 術家之材也. 故在朝也, 則三孤之任; 爲國, 則變化之政.

人事之能, 智意之材也. 故在朝也, 則冢宰之佐; 爲國, 則諧合之政.

行事之能, 譴讓之材也. 故在朝也, 則司寇之佐; 爲國, 則督責之政.

權奇之能, 伎倆之材也. 故在朝也, 則司空之任; 爲國, 則藝事之政.

司察之能, 臧否之材也. 故在朝也, 則師氏之佐; 爲國, 則刻削之政.

威猛之能, 豪傑之材也. 故在朝也, 則將帥之任; 爲國, 則嚴厲之政.

凡偏材之人, 皆一味之美; 故長於辦一官, 而短於爲一國. 何者? 夫
一官之任, 以一味協五味; 一國之政, 以無味和五味. 又國有俗化,
民有劇易; 而人材不同, 故政有得失. 是以:

王化之政, 宜於統大, 以之治小則迂.

辨護之政, 宜於治煩, 以之治易則無易.

策術之政, 宜於治難, 以之治平則無奇.

矯抗之政, 宜於治侈, 以之治弊則殘.

諧和之政, 宜於治新, 以之治舊則虛.

公刻之政, 宜於糾姦, 以之治邊則失衆.

威猛之政, 宜於討亂, 以之治善則暴.

伎倆之政, 宜於治富, 以之治貧則勞而下困.

故量能授官, 不可不審也.

凡此之能, 皆偏材之人也. 故或能言而不能行, 或能行而不能言；
至於國體之人, 能言能行, 故爲衆材之儁也. 人君之能異於此 : 故
臣以自任爲能, 君以用人爲能；臣以能言爲能, 君以能聽爲能；臣
以能行爲能, 君以能賞罰爲能；所能不同, 故能君衆材也.

이해

대개 사람들이 일하는 방식은 유파에 따라 각기 이로움과 해로움이 있다.

청절가의 일하는 방식은 의표와 얼굴에 드러나고, 덕행을 통해서 밖으로 나타난다. 등용되지 못하더라도 덕행이 널리 알려져 그 도가 자연스럽게 백성을 교화시킨다. 그래서 도에 이르지 못했을 때(벼슬하지 못했거나, 공을 이루지 못했을 때)는 뭇사람들이 따르고자 하고, 이룬 후에는 상하의 존경을 받게 된다. 그 공은 족히 혼탁한 무리를 없애고 깨끗한 이들을 북돋아 주어 동료들의 모범이 될 수 있다. 이런 청절가의 일하는 방식은 폐단이 없고(숨기는 바가 없고) 항상 드러내 놓기 때문에 세인들이 그를 존귀하게 여긴다.

법가의 일하는 방식은 법률과 제도에 의거하기 때문에 시행하여 성공하기까지 기다린 후에야 그 효과가 나타난다. 법가의 도는 처음에는 피로하지만 나중에 다스려지는데, 엄격하기는 하지만 다 대중을 위한 것이다. 그러므로 그 도에 이르지 못했을 때(등용되어 시행한 법이 효과를 보기

전)에는 뭇사람들이 그를 기피하고, 이룬 후에는(법을 시행하여 효과가 나타나면) 상하가 모두 두려워한다. 그 공은 족히 법을 만들어 통치 질서를 세워 다스림을 얻을 수 있다. 그러나 바르지 못한 사람들이 원수로 여기는 폐단이 있다. 그래서 법가의 일 처리는 감춰지는 바가 있어 항상 채택, 임용되지는 않기 때문에, 비록 공이 크더라도 끝이 좋지 못하다.

술가의 일하는 방식은 총명함과 깊은 사려에서 나오는데, 계책이 성공한 후에 비로소 그 재능이 드러난다. 술가의 도는 처음에는 은미하다가 후에 드러나는데, 정교하면서도 현묘하다. 그러므로 도에 이르지 못했을 때(등용되지 못해 계책이 아직 성공하지 못했을 때)는 뭇사람들에게 알려지지 않지만, 등용되면 밝은 군주에게 아낌을 받는다. 그 공은 족히 책략을 세우고 변화에 정통할 수 있다. 물러나서는 계책이 드러나지 않게 숨어버린다. 그래서 술가의 일하는 방식은 기이하지만 드물게 쓰이기 때문에, 왕왕 세상에 파묻혀 드러나지 않는 경우도 있다.

지의(머리가 잘 돌아가는 사람)의 일하는 방식은 근원을 추측하여 헤아리는 데 기초하고 있어서, 그 도는 시의에 맞고 세속을 거스르지 않는다. 그러므로 도에 이르지 못했을 때(벼슬하지 않았을 때)는 뭇사람들과 잘 지내고, 공직에 나아갔을 때는 총애하는 사람들로부터 칭찬을 받는다. 그 공은 족히 사람들을 도와서 계모를 드러나게 할 수 있으나, 나아갈 줄만 알지 물러설 줄을 모르고, 왕왕 정도를 벗어나 스스로를 보전하려고만 하는 폐단도 있다. 그래서 지의의 일 처리는 재지才智는 있으나 이를 오래 유지하지 못하고, 왕왕 처음에는 이익을 얻다가 나중에 해를 입게 된다.

장비의 일하는 방식은 일의 옳고 그름을 판명하는 데 기초를 두고 있어서, 그 도는 청렴하고 날카롭다. 그러므로 도에 이르지 못했을 때(벼슬에 나아가지 않았을 때)는 뭇사람들에게 알려지고, 도에 이르면(벼슬에 나아가서는) 뭇사람들에게 칭찬을 받게 된다. 그 공은 족히 옳고 그름을 확실하게 구분할 수 있지만, 힐난을 받은 사람에게 원망을 듣게 되는 폐단이 있다. 그래서 장비의 일 처리는 엄하지만 너그럽지 못하여, 왕왕 처음에는 뭇사람의 지지를 얻지만 나중에는 잃어버리곤 한다.

기량의 일하는 방식은 실무 능력에 기초하고 있어서, 그 도는 판단이 정확하고 행동이 신속하다. 그러므로 도에 이르지 못했을 때(벼슬에 나아가지 않았을 때)는 뭇사람에게 빼어나다는 칭찬을 받고, 도에 이르면(벼슬에 나아가서는) 관리자의 신임을 받는다. 그 공은 족히 복잡한 일을 정리하고 바르지 않은 것을 바로잡을 수 있으나, 백성을 지치게 하고 아랫사람을 피곤하게 하는 폐단이 있다. 그래서 기량의 일 처리는 세밀하지만 큰 이치를 고려하지 않아서, 이는 다스림의 최하위에 있다.

蓋人業之流, 各有利害：

夫淸節之業, 著于儀容, 發於德行；未用而章, 其道順而有化. 故其未達也, 爲衆人之所進；旣達也, 爲上下之所敬. 其功足以激濁揚淸, 師範僚友. 其爲業也, 無弊而常顯, 故爲世之所貴.

法家之業, 本于制度, 待乎成功而效. 其道前苦而後治, 嚴而爲衆. 故其未達也, 爲衆人之所忌；已試也, 爲上下之所憚. 其功足以立法成治. 其弊也, 爲群枉之所讎. 其爲業也, 有敵而不常用, 故功大而不終.

術家之業, 出於聰思, 待於謀得而章. 其道先微而後著, 精而且玄. 其未達也, 爲衆人之所不識. 其用也, 爲明主之所珍. 其功足以運籌通變. 其退也, 藏於隱微. 其爲業也, 奇而希用, 故或沈微而不章.

智意之業, 本於原度, 其道順而不忤. 故其未達也, 爲衆人之所容矣; 已達也, 爲寵愛之所嘉. 其功足以讚明計慮. 其蔽也, 知進而不退, 或離正以自全. 其爲業也, 謂而難持, 故或先利而後害.

臧否之業, 本乎是非, 其道廉而且砭. 故其未達也, 爲衆人之所識; 已達也, 爲衆人之所稱. 其功足以變察是非. 其蔽也, 爲誣訶之所怨. 其爲業也, 峭而不裕, 故或先得而後離衆.

伎倆之業, 本于事能, 其道辨而且速. 其未達也, 爲衆人之所異; 已達也, 爲官司之所任. 其功足以理煩糾邪. 其蔽也, 民勞而下困. 其爲業也, 細而不泰, 故爲治之末也.

영웅

초목의 정수를 영英이라 하고, 짐승 가운데서 가장 특출한 것을 웅雄이라고 한다. 그러므로 여기서 이름을 따서 사람 가운데서 문재文材와 무재武材가 남다르게 뛰어난 이들을 영웅이라 부른다. 그래서 총명함이 특히 빼어난 자를 영재英材라 부르고, 담력이 탁월한 사람을 웅재雄材라고 한다. 이것이 영과 웅의 대략적인 구별이다. 만약 영과 웅을 나누어 헤아려 보면 이 둘은 윗니와 아랫니, 콧수염과 턱수염처럼 둘로 나뉘어져 있는데, 둘로 나누어져 있는 영과 웅은 각각 나누어진 상대를 얻은 다음(윗니는 아랫니, 콧수염은 턱수염을 얻은 후)에야 비로소 영웅의 재질이 완성된다.

왜 그렇다고 말하는가? 총명은 영재의 자질이지만, 웅재의 담력을 얻지 못하면 말한 바를 실행하지 못한다. 담력은 웅재의 자질이지만 영재의 지혜를 얻지 못하면 일을 바로 세울 수가 없다. 그러므로 영재는 그 총지聰智로 계책을 세우고, 명찰明察로 기미를 살핀 후 웅재의 담력을 더하여 실행한다. 웅재는 그 힘으로써 사람들을 복종시키고 그 용감함으로 위난危難을 물리치며, 영재의 지혜를 더하여 일을 이룬다. 그런 연후에야 비로소 영재와 웅재는 각자 상대의 장점의 도움을 받아 일을 성공시킬 수 있는 것이다.

만약 총지로 계책을 세웠으나 명찰로 기미를 보지 못했다면 탁상공론만 할 뿐 실제로 일을 처리할 수는 없다. 총명한 지혜로 계책을 세우고 명찰로 기미를 볼 수 있으나 실천할 수 있는 용기가 없으면, 일상적인 일은 따라 행할 수 있으나 변화하는 상황에는 대처할 수 없다. 만약 힘이 다른 사람보다 뛰어나지만 용기가 없어 일을 실행할 수 없는 경우라면 역사力士라 불릴 수는 있지만 선봉(성에 먼저 오르는 자)이 될 수는 없다. 힘이 다른 사람보다 뛰어나고 용기는 일을 수행하기에 충분하지만, 일을 판단하는 지혜가 부족하다면 선봉은 될 수 있겠지만 장수가 되기에는 부족함이 있다. 반드시 총명한 지혜로 계책을 세우고, 명찰로 기미를 파악하여, 담력으로 결단을 내릴 수 있어야 영재라 할 수 있는데, 장량이 바로 이런 사람이다. 기력이 다른 사람들보다 뛰어나고, 일을 추진할 수 있는 용기가 있으며, 지혜로 일을 판단할 수 있는 사람을 웅재라 할 수 있는데, 한신이 바로 이런 사람이다.

한 사람의 몸에는 영재의 성분[英分]과 웅재의 성분[雄分]이 동등하지 않아, 그중 많이 점유하는 것에 따라 이름을 삼기 때문에 영재와 웅재가 다른 이름으로 불린다. 그런데 이들은 모두 능력이 한쪽으로 치우친 인재들로서, 신하의 소임에 적합하다. 따라서 영재는 재상이 될 만하고, 웅재는 장수가 될 만하다. 만약 한 사람이 몸에 영재와 웅재를 모두 갖추고 있으면 천하의 우두머리가 될 수 있는데, 고조(유방)와 항우가 이런 인물이다.

그러나 영재의 자질이 웅재의 자질보다 많으면 괜찮으나, 영재의 자질이 적어서는 안 된다. 영재의 자질이 적으면 지혜로운 자들이 떠나게 된다. 그런 연유로 항우는 기력이 세상을 덮었고, 명찰로 변화에 능란하게 대처했지만, 기이한 계책을 듣고도 채택할 수 없었다. 그래서 일단 범증의 계책을 쓰지 않자, 진평 같은 사람들이 모두 유방에게 귀순하게 된 것이다. 반면 고조는 영재의 성분이 많았던 까닭에 여러 웅재들이 복종하게 되고, 영재들도 그에게 귀순하여 양자가 모두 쓰임을 받았다. 그런 연유로 진秦나라를 삼키고 초楚나라를 부수어 천하를 통일할 수 있었던 것이다.

그러므로 영재와 웅재의 자질의 많고 적음은 스스로 승리할 수 있는 관건이다. 단지 영재의 자질만 있고 웅재의 자질이 없다면 웅재가 따르지 않을 것이고, 단지 웅재의 자질만 있고 영재의 자질이 없다면 지혜로운 자들이 몸을 맡기지 않을 것이다. 그러므로 웅재는 웅재를 얻을 수 있지만 영재를 얻을 수는 없고, 영재는 영재를 얻을 수 있지만 웅재를 얻을 수는 없다. 따라서 한 사람의 몸에 영재와 웅재의 자질을 모두 갖추고 있어야 마침내 영재와 웅재를 부릴 수 있으며, 영재와 웅재를 부릴 수 있기 때문에 대업을 성취할 수 있는 것이다.

夫草之精秀者爲英, 獸之特群者爲雄 ; 故人之文武茂異, 取名於此.
是故, 聰明秀出, 謂之英 ; 膽力過人, 謂之雄. 此其大體之別名也.
若校其分數, 則牙則須, 各以二分, 取彼一分, 然後乃成.
何以論其然? 夫聰明者, 英之分也, 不得雄之膽, 則說不行 ; 膽力者, 雄之分也, 不得英之智, 則事不立. 是故, 英以其聰謀始, 以其明

見機, 待雄之膽行之 ; 雄以其力服衆, 以其勇排難, 待英之智成之 ;
然後乃能各濟其所長也.

若聰能謀始, 而明不見機, 乃可以坐論, 而不可以處事. 聰能謀始,
明能見機, 而勇不能行, 可以循常, 而不可以慮變. 若力能過人, 而
勇不能行, 可以爲力人, 未可以爲先登. 力能過人, 勇能行之, 而智
不能斷事, 可以爲先登, 未足以爲將帥. 必聰能謀始, 明能見機, 膽
能決之, 然後可以爲英 : 張良是也. 氣力過人, 勇能行之, 智足斷事,
乃可以爲雄 : 韓信是也.

體分不同, 以多爲目, 故英雄異名. 然皆偏至之材, 人臣之任也. 故
英可以爲相, 雄可以爲將. 若一人之身, 兼有英雄, 則能長世 ; 高
祖 · 項羽是也.

然英之分, 以多於雄, 而英不可以少也. 英分少, 則智者去之, 故項
羽氣力蓋世, 明能合變, 而不能聽采奇異, 有一范增不用, 是以陳平
之徒, 皆亡歸高祖. 英分多, 故群雄服之, 英材歸之, 兩得其用, 故能
吞秦破楚, 宅有天下.

然則英雄多少, 能自勝之數也. 徒英而不雄, 則雄材不服也 ; 徒雄而
不英, 則智者不歸往也. 故雄能得雄, 不能得英 ; 英能得英, 不能得
雄. 故一人之身, 兼有英雄, 乃能役英與雄. 能役英與雄, 故能成大
業也.

접식

무릇 사람이란 처음에 알아보기는 대단히 어려운 데도, 벼슬을 하는 사람들은 자신의 지식이 많든 적든(혹은 직위가 높든 낮든 상관없이) 모두 자신이 사람을 잘 알아본다고 생각한다. 그래서 자신은 사람을 (한 번) 보면 알아볼 수 있다고 생각하면서도, 다른 사람이 사람을 (이것저것) 자세히 살피는 것을 보고는 그가 사람 볼 줄을 모른다고 생각한다. 왜 그럴까? 사람들은 자신과 같은 유형인 사람의 장점은 쉽게 알아보지만, 종종 자신과 다른 기량을 가진 사람의 장점은 놓쳐버리기 때문이다. 어째서 그렇다고 할 수 있는가?

청절지인은 정직을 사람을 판단하는 척도로 삼는다. 그러므로 여러 재능을 관찰함에 본성과 행동의 한결같음은 식별할 수 있으나, 법가와 술가의 기이한(속이는) 말은 의혹을 가지고 신뢰하지 않는다.

법제지인은 원칙과 법도를 사람을 판단하는 척도로 삼는다. 그러므로 바르고 정직함의 정도를 비교하여 사람을 식별할 수 있으나, 임기응변의 술수는 귀하게 여기지 않는다.

술모지인은 지략과 계책을 사람을 판단하는 척도로 삼는다. 그러므로 책략의 기발함으로 사람을 식별할 수 있지만, 법을 준수하는 선량함은 알아주지 않는다.

기능지인은 판별하고 통솔(관리·감독)하는 능력을 판단의 척도로 삼는다. 그러므로 계획과 대책이 정해진 틀에 부합하는지 여부로 사람을 식별할 수 있지만, 제도의 근본 원칙은 알지 못한다.

지의지인은 남의 속뜻을 헤아리는 능력을 판단의 척도로 삼는다. 그러므로 계략을 감추는 권술로 사람을 식별할 수 있지만, 예법과 교화의 일관됨은 귀하게 여기지 않는다.

기량지인은 공업을 이루는 능력을 판단의 척도로 삼는다. 그러므로 나아가 공을 이룬 사람의 능력은 식별할 수 있지만, 도덕으로 교화하는 일은 이해하지 못한다.

장비지인은 사찰 능력으로 사람을 판단한다. 그러므로 꾸짖고 충고하는 일을 명백히 하는 능력을 통해 사람을 식별할 수 있지만, 호방하고 예법에 구속되지 않는 다른 차원은 이해하지 못한다.

언어지인은 논리적으로 판단하고 분석하는 능력으로 사람을 판단한다. 그러므로 말로 민첩하게 대응하는 재주로 사람을 식별할 수 있지만, 속에 품어 감추고 있는 아름다움은 알아주지 않는다.

이리하여, (이들 서로 다른 재질을 가지고 사람을 판별하는 사람들은) 서로 비난하고 반박하며 상대방의 옳음을 인정하지 않는다. 같은 유형의 사람을 만나면 이야기를 서로 받아들이며 상호 투합하지만, 다른 유형의 사람을 만나면 비록 오랫동안 만났더라도 서로 알지 못한다.

대체로 이런 유의 인물들은 모두 이른바 한 가지 재질만을 지닌 사람

[偏材]들이다. 만약 둘 이상의 재질을 구비하고, 이 겸비한 재질에 따라 일을 하면 비범함에 이르게 된다. 그러므로 한 가지 재질만 지닌 사람은 한 재질의 장점만 알 수 있고, 두 종류의 재질을 지닌 사람은 두 재질의 장점을 다 인식할 수 있다. 그리고 여러 종류의 재질을 다 갖춘 사람[兼材]이라면 여러 재질의 장점에 모두 통달하게 된다. 그러므로 여러 재질을 겸비한 사람은 국체(국가의 동량)와 같다.

사람의 일면만 알고자 하면 아침나절이면 족하다. 그러나 그의 전모를 상세히 알려고 한다면 사흘은 넘어야 한다. 왜 사흘이 지나야 된다고 하는가? 대저 국체는 덕, 법, 술 세 가지 재질을 겸비하고 있기 때문에 사흘을 논하지 않고 그를 다 알기는 부족하다. 하루는 도덕을 논의하고, 또 하루는 법제를 논의하며, 마지막 삼 일째에는 책술을 논의한 다음에야 비로소 그가 가진 장점을 다 파악할 수 있어서 천거해도 의심이 없다.

그렇다면, 어떻게 겸재인지 편재인지를 알아 더불어 말을 할 것인가? 그 사람됨이 상대가 말하고 행하는 바를 잘 헤아려서(상대의 부류를 헤아려서), 그 사람의 장점을 드러내고 아울러 합당한 명칭까지 부여한다면 이 사람은 겸재다. 만약 자신의 장점을 늘어놓고 상대가 칭찬해 주기를 바라고, 상대의 장점에 대해서는 알고자 하지 않는다면 이 사람은 편재다.

상대를 알려고 하지 않으면 곧 상대의 말에 의심하지 않는 것이 없게 된다. 그러므로 생각이 일천한 사람에게 심오한 이치를 이야기하면, 말이 깊어질수록 서로 차이만 심해진다. 차이가 심해지면 서로 돌아서게 되고, 돌아서면 서로 비난하게 된다.

이렇기 때문에 정직한 처사를 여러 번 강조해서 이야기하면, 장점을 과대 포장한다고 생각한다. 조용히 들으면서 아무 말도 하지 않으면,

생각이 없어 아무것도 모른다고 생각한다. 웅변조로 높은 이치를 말하면 불손하다고 여긴다. 겸손해하면서 계속 양보만 하면 견식이 천박하고 비루하다고 생각한다. 말하는 중에 한 가지 장점만 칭찬하면 견식이 넓지 않다고 생각한다. 사례를 들어 여러 기묘한 계책을 내놓으면 복잡하다고 생각한다. 상대의 뜻을 미리 알아 이야기하면 자신의 좋은 생각을 훔친 것으로 생각한다. 상대의 말을 잘못 들어서 반박하여 물어보면, 오히려 이해하지 못했다고 생각한다. 상반된 관점을 조목조목 이야기하면 자기와 겨루려 한다고 생각한다. 박식하게 잡다하고 기이한 일을 말하면 요점이 없다고 생각한다. (그러니 편재들은) 단지 같은 유형의 사람과 이야기한 연후에야 비로소 기뻐한다. 그러고 나서야 드디어 서로 친애하는 감정과 칭찬하며 천거하는 즐거움이 있게 된다. 이상이 한 가지 재질에 치우친 편재들이 늘 범하는 잘못이다.

夫人初甚難知, 而士無衆寡, 皆自以爲知人. 故以己觀人, 則以爲可知也 ; 觀人之察人, 則以爲不識也. 夫何哉? 是故, 能識同體之善, 而或失異量之美. 何以論其然?

夫淸節之人, 以正直爲度, 故其歷衆材也, 能識性行之常, 而或疑法術之詭.

法制之人, 以分數爲度, 故能識較方直之量, 而不貴變化之術.

術謀之人, 以思謨爲度, 故能成策略之奇, 而不識遵法之良.

器能之人, 以辨護爲度, 故能識方略之規, 而不知制度之原.

智意之人, 以原意爲度, 故能識韜諝之權, 而不貴法教之常.

伎倆之人, 以邀功爲度, 故能識進趣之功, 而不通道德之化.

臧否之人，以伺察爲度，故能識訶砭之明，而不暢倜儻之異．

言語之人，以辨析爲度，故能識捷給之惠，而不知含章之美．

是以互相非駁，莫肯相是．取同體也，則接論而相得；取異體也，雖歷久而不知．

凡此之類，皆謂一流之材也．若二至已上，亦隨其所兼，以及異數．故一流之人，能識一流之善．二流之人，能識二流之美．盡有諸流，則亦能兼達衆材．故兼材之人，與國體同．

欲觀其一隅，則終朝足以識之；將究其詳，則三日而後足．何謂三日而後足？夫國體之人，兼有三材，故談不三日，不足以盡之：一以論道德，二以論法制，三以論策術，然後乃能竭其所長，而擧之不疑．

然則，何以知其兼偏，而與之言乎？其爲人也，務以流數，杼人之所長，而爲之名目，如是兼也；如陳以美，欲人稱之，不欲知人之所有，如是者偏也．不欲知人，則言無不疑．是故，以深說淺，益深益異；異則相返，反則相非．

是故，多陳處直，則以爲見美；靜聽不言，則以爲虛空；抗爲高談，則以爲不遜；遜讓不盡，則以爲淺陋；言稱一善，則以爲不博；歷發衆奇，則以爲多端；先意而言，則以爲分美；因失難之，則以爲不喩；說以對反，則以爲較己；博以異雜，則以爲無要．論以同體，然後乃悅；於是乎有親愛之情・稱舉之譽．此偏材之常失．

팔관

사람을 관찰하는 여덟 가지 방법은 아래와 같다.

첫 번째 방법은 '탈奪(악정탈정惡情奪正: 부정적인 성정이 올바른 성정을 침해하여 어지럽히는 것)'과 '구救(선정구악善情救惡: 양호한 성정이 부정적인 성정을 보완하는 것)'를 관찰하여, 여러 성정이 뒤섞여 있는 것을 명확하게 밝혀내는 것이다.

두 번째 방법은 특정 상황의 변화에 따른 감정의 변화를 관찰하여, 평상시 가지고 있는 원칙[常度]을 알아내는 것이다.

세 번째 방법은 사람의 신상에 구비하고 있는 각종 자질의 특징을 관찰하여, 그가 가지고 있는 명성의 근거를 알아내는 것이다.

네 번째 방법은 행위의 전후 관계나 동기를 관찰하여, 그럴듯한 사람(사이비적 인물)인지 아닌지를 판별하는 것이다.

다섯 번째 방법은 사랑[愛]과 공경[敬]에 대한 태도를 관찰하여, 다른 사람과 소통하는지 막히는지를 알아내는 것이다.

여섯 번째 방법은 감정의 미세한 움직임을 관찰하여, 그가 어진 사람인지 아니면 미혹됨이 있는 사람인지를 판명하는 것이다.

일곱 번째 방법은 단점을 관찰하여, 역으로 그의 장점을 파악하는 것이다.

여덟 번째 방법은 총명한 정도를 관찰하여, 그가 통달한 바를 알아내는 것이다.

첫 번째 방법인 '탈구奪救(성정의 올바름을 침해하는 것과 그릇됨을 보완하는 것)를 관찰하여, 간잡間雜(뒤섞임)을 명확히 하는 것'은 무엇을 이르는 말인가?

무릇 사람이 타고난 소질에는 좋은 면과 나쁜 면이 있는데, 만약 나쁜 면이 좋은 면보다 우세하여 나쁜 마음이 올바름을 침탈하면, 겉으로 그런(선량한) 것 같지만 실제로는 그렇지 않은 경우가 생긴다. 그러므로 인仁은 자애로움[慈]에서 나오는데, 자애로운 듯하나 어질지 않은 자도 있다. 인은 반드시 도와주려는 마음이 있어야 하는데, 어진 듯하게 보이지만 도와주려는 마음이 없는 자도 있다. 엄정함에는 반드시 강직함이 있어야 하는데, 겉으로 엄정하게 보이지만 강직하지 않은 자도 있다.

만약 가련한 사람을 보면 눈물을 흘리지만 막상 나누어주려 할 때 인색해진다면, 이는 자애로운 듯하지만 어질지 않은 사람이다. 위급한 상황을 보고 측은하게 느끼지만 달려가 도와주려 할 때 두려워하고 걱정한다면, 어진 듯하지만 도와주려는 마음이 없는 자다. 거짓된 행위를 보면 안색이 엄정해지지만, 이익을 고려해 보고 마음이 흔들린다면, 이는 엄정한 듯 보이지만 실은 강직한 자가 아니다.

그런즉 자애로운 듯하나 어질지 않은 것은 인색함이 자애로움을 침탈했기 때문이요, 어진 듯하나 남을 도와주려는 마음이 없는 것은 손해에 대한 두려움이 인을 침탈했기 때문이며, 엄정한 듯 보이지만 강직하지 못한 것은 욕심이 엄정함을 침탈했기 때문이다. 이렇기 때문에 자애로움이 인색함을 이기지 못하면 반드시 너그럽다고 할 수가 없고, 인자함이 두려움을 이기지 못하면 반드시 도와주려는 마음을 가졌다고 할 수 없으며, 엄정함이 욕심보다 우세하지 못하면 반드시 강직하다고 할 수가 없다. 이런 까닭으로 인자하지 않은 기질이 우세하면 곧 재주와 힘은 자신을 해치는 도구가 되고, 탐욕으로 어그러진 성정이 우세하면 강인함과 용맹함이 화를 초래하는 계단이 된다.

하지만 선한 감정이 우세하여 나쁜 점을 보완하면 크게 해가 되지 않는다. 사랑과 은혜를 돈독하게 베풀면, 비록 오만하여 멸시하더라도 떠나지 않는다. 착한 사람을 도와주는 일을 특별히 밝혀, 비록 악을 지나치게 미워하더라도 크게 해가 되는 것은 아니다. 남을 구제하는 일에 지나치게 후하면, 비록 다른 사람의 재물을 취한다고 해도 크게 탐한다고 하지 않는다. 이런 고로 성정의 올바름을 탈취하는 경우와 잘못됨을 보완하는 경우를 잘 관찰하여 그 사람의 뒤섞인 성정을 명확히 밝히면, 그가 어떤 사람인지 알 수 있을 것이다.

두 번째 방법인 특정 상황의 변화에 따른 감정의 변화를 관찰하여, 평상시의 태도(본래 품고 있는 원칙)를 알아내는 것은 무엇을 이르는 말인가?

무릇 사람이란 겉으로는 후한 체하나 속마음은 잘 드러내지 않기 때문에, (상대를 헤아리기 위해서는) 반드시 그 말의 취지와 반응하는 태도를 자세히 살펴야 한다. 그 말의 취지를 살핀다는 것은 마치 음색이 아름다운지 추한지를 듣는 것과 같고, 반응하는 태도를 살피는 것은 지혜로운지 아닌지를 알아보는 일과 같다. 그러므로 말과 반응하는 태도를 관찰하면 족히 서로를 식별할 수 있다.

그러므로 말하는 논지가 분명하고 정의를 드러내는 사람은 명백하다[白]고 한다. 말로 응대하는 것을 좋아하지 않아 침묵하고 있으나 이미 알고 있는 사람은 깊이 있다[玄]고 한다. 씨줄과 날줄, 검은색과 흰색처럼 시비 분별이 명확한 사람은 이치에 통달했다[通]고 한다. 말이 자주 바뀌고 정론이 없는 사람은 잡스럽다[雜]고 한다.

아직 일어나지 않은 일을 미리 아는 사람은 성스럽다[聖]고 한다. 드러나지 않은 일을 돌이켜 생각하는 사람은 사리에 밝다[叡]고 한다. 일을 식별하는 능력이 남보다 뛰어난 사람은 총명하다[明]고 한다. 속으로는 이미 알고 있으나 부족한 듯 행동하는 사람은 지혜롭다[智]고 한다. 미묘하고 애매한 것도 반드시 식별하는 사람은 신묘하다[妙]고 한다. 마음이 아름답고 즐거워 어둡지 않은 사람은 탁 트였다[疏]고 한다. 헤아릴수록 깊이가 더해지는 사람은 속이 꽉 찼다[實]고 한다. 근거 없는 풍문으로 자신을 자랑하는 사람은 허황되다[虛]고 한다. 자신의 뛰어난 점만 보는 사람은 부족하다[不足]고 한다. 자신의 재능을 뽐내지 않은 사람은 여유가 있다[有餘]고 한다.

그러므로 대체로 말이나 응대하는 태도가 평상시와 달라 보이면 반드시 까닭이 있다고 할 수 있다. 마음에 우환이 있으면 피로하여 흐리멍덩한 형색을 보이고, 질병이 있으면 어수선하고 혼탁한 형색을 띤다. 기쁘면 유쾌하고 즐거운 기색을 보이고, 화가 나면 사나운 기색이 밖으로 드러난다. 마음이 시샘과 의혹으로 가득 차 있으면 형색이 경솔하고 변덕스럽게 보인다.

그리고 이런 거동은 언사에도 다 드러나기 마련이다. 그래서 말로는 아주 즐거워하나 표정이 따르지 않으면 마음속에 못마땅함이 있는 것이고, 하는 말이 어긋나더라도 표정이 가히 믿을 만하다면 말솜씨가 따르지 못한 것이다. 말이 나오지도 않았는데 화난 기색을 먼저 보이는 것은 분기가 넘쳐나기 때문이다. 말을 하려고 하면서 화난 기색을 내보이는 것은, 하지 말아야 할 일을 억지로 해야 한다고 생각하기 때문이다.

무릇 이런 것들은 모두 속마음의 실마리가 밖으로 드러난 것이니, 감추거나 거스를 수가 없다. 비록 그것을 거스르고자 하여도 표정이 따라주지 않고, 순식간에 반응하여 감정이 드러나면, 비록 (얼굴빛이나 감정을) 바꾸어 감추려 하더라도 알아챌 수 있다. 그러므로 상황에 따른 감정의 변화를 관찰하면 평상시의 태도(원래의 원칙)를 알 수 있는 것이다.

세 번째 방법인 사람의 신상에 구비하고 있는 각종 자질의 특징을 관찰하여, 그가 가지고 있는 명성의 근거를 알아낸다는 것은 무엇을 이르는 말인가?

치우진 재질 중 둘 이상의 좋은 재질을 가진 경우, 좋은 재질들이 서로 발현되어 훌륭한 명성이 생겨난다. 뼈대가 곧고 기색이 맑으면 '아름답다[休]'라는 명성이 생겨난다. 기색이 맑고 힘이 굳세면 '위엄 있다[烈]'라는 명성이 생겨난다. 지혜가 탁월하고 이치에 정치하면 '능통하다[能]'라는 명성이 생겨난다. 바르게 처리할 지혜가 있고 근면함에 힘쓰면 '일을 맡길 만하다[任]'라는 명성이 생겨난다. (이들 재질을) 원래의 재질에 합하면 아름다운 덕성이 이루어진다. 여기에 배움을 더하면 문리文理(예의)가 빛나게 된다. 그러므로 뛰어난 자질의 많고 적음을 관찰하면, 서로 다른 명성들이 생겨나는 이유를 알 수 있다.

네 번째 방법인 행위의 전후 관계나 동기를 관찰하여, 사이비적 인물인지 아닌지를 판별하는 것은 무엇을 이르는 말인가?

순전히 남의 잘못을 지적만 하는 사람[純訐]은 성정이 어그러져 있어 공정하다고 할 수 없다. 남의 잘못을 지적하여[依訐] 마치 정직한 듯하지만, 잘못을 들추어 선량한 사람마저 비난한다. 순전히 거침없이 호탕하기만 한 사람[純宕]은 물처럼 구애됨이 없어 보이지만, 사실은 도에 통할 수 없다. 거침없이 호탕한 모양으로[依宕] 도에 통한 것처럼 보이지만 실제로는 행실이 오만하고 절도가 없다.

그러므로 정직한 자도 남의 잘못을 지적하고, 알자訐者(진심 없이 그저 남의 잘못을 찾아 지적하는 자)도 남의 잘못을 지적하는데, 그 잘못을 지적하는 것은 같지만 잘못을 지적하는 까닭은 다르다 할 수 있다. 도에 통한 자도 거침없이 호탕하고 탕자宕者 또한 거침없이 호탕하나, 그 거침없이 호탕함은 같지만 그 호탕한 까닭은 다르다 하겠다.

그렇다면 어떻게 이들을 구별하는가? 강직하지만 또한 온화한 사람은 덕이 있는 사람이다. 강직하지만 남의 잘못을 지적하기 좋아하는 사람은 편벽된 사람이다. 남의 잘못을 지적하기 좋아하지만 정직하지 않은 사람이 바로 사이비적(거짓된) 인물이다. 도에 의거하여 절제할 수 있는 사람은 통달한 사람이다. 통달했지만 가끔 절도를 넘는 이는 편벽된 사람이다. 거침없이 호탕하지만 절제를 모르는 사람은 사이비다. 편벽된 사람과 사이비적 인물은 뜻은 같지만 바탕이 다른데, 그래서 이들 둘은 이른바 그런 듯하지만 사실은 그렇지 않다(비슷해 보여도 양자는 다르다)고 하는 것이다.

그러므로 가볍게 승낙하는 이는 뜻이 열렬한 듯하지만 실제는 믿음성이 적다. 자주 바꾸는 이(혹은 여러 일을 건성으로 쉽게 하는 자)는 마치 일을 잘하는 것 같지만 실제로는 효과가 없다. 나아감이 예리한 이는 매우 날래고 용감한 듯하지만 뒤로 빠지는 것도 빠르다. 꾸짖기를 잘하는 자는 시시비비를 잘 살피는 것 같지만 사실은 일을 번거롭게 한다. 거침없이 남을 잘못을 지적해 주는 이는 마치 상대에게 은혜를 베푼 듯하지만 상대방의 기분을 상하게 해 이루는 것이 없다. 면전에서 순종하는 이들은 마치 충성스러운 것처럼 보이지만 뒤에서는 거스른다. 이런 이들도 모두 사이비들이다.

그러나 반대로 '그렇지 않은 듯하지만 그런 사람[似非而是者]'도 있다. 큰 책략을 가진 이는 간악한 것처럼 보이지만 실제로는 큰 공을 이룬다. 큰 지혜를 가진 이는 겉으로는 어리석은 듯 보이지만 안으로는 명철하다. 널리 사랑을 베푸는 이는 공허한 것처럼 보이지만 실제로는 두텁다. 바른 말은 잘하는 이는 마치 단점을 잘 지적하는 것처럼 보이지만 실제로는 충정이 있다.

무릇 그럴듯한 것을 살펴 그렇지 않다는 점을 밝히는 일은 인정의 이면을 완전히 파악하는 것으로, 송사訟事를 심리하는 것과 유사하니, 그 실체를 판별하기가 어렵다. 천하의 지극히 정치한 이가 아니고서 누가 그 실체를 파악할 수 있겠는가?

그러므로 말을 곧이곧대로 듣거나 외모만 믿고서 인물을 판단한다면 진실한 인재를 놓칠 수 있고, 인정에 어긋난다고 해서 그 부정적인 면을 들어 인물을 판단하면 현명한 인재를 놓칠 수도 있다. 현명한가의 여부를 관찰하는 데에 핵심은 상대가 준거하는 바에 달려 있다. 그러므로 그가 준거하는 바를 잘 관찰하면 유사한 여러 종류의 재질을 알아낼 수 있다.

다섯 번째 방법인 사랑[愛]과 공경[敬]에 대한 태도를 관찰하여, 다른 사람과 소통하는지 막히는지를 알아낸다는 것은 무엇을 이르는 말인가?

대개 사람의 도리의 궁극은 사랑과 공경을 벗어나지 않는다. 그러므로 《효경》에서는 애愛를 지극한 덕으로 삼고, 경敬을 중요한 도리로 삼았다. 《주역》에서는 동정심을 가지고 마음으로 응하는 것[感]을 덕으로 삼고, 겸손함[謙]을 도리로 삼았다. 《노자》는 무위를 덕으로 삼고, 허虛를 도리로 삼았다. 《예기》에서는 경을 근본으로 삼았고, 《악경》에서는 애를 핵심으로 삼았다. 그런즉 성정의 바탕에 애와 경의 진실함이 있다면 도덕과 더불어 한 몸이 되어, 항상 사람의 마음을 얻을 수 있어 도가 통하지 않는 곳이 없게 된다.

그런데 애는 경보다 적어서는 안 된다. 만약 애가 경보다 적으면 청렴하고 절개 있는 사람은 따르겠지만, 보통 사람들은 함께하지 않으려 할 것이다. 그리고 만약 애가 경보다 많다면 비록 청렴하고 절개 있는 사람은 기뻐하지 않을지라도, 사랑을 접한 자는 죽을힘을 다할 것이다.

이는 무엇 때문인가? 경이 행해지는 도리는 엄격하고 상호 간에 거리를 두는 데 있으니, 그 형세가 오래 지속되기가 어렵다. 애가 행해지는 도리는 친근하게 정을 나누고 호의를 두텁게 베풀어, 깊어지면 사람을 감동시키는 데 있다. 그러므로 애와 경의 진실한 태도를 잘 관찰하면 통하고 막히는 이치를 알 수 있는 것이다.

여섯 번째 방법인 감정의 미세한 움직임을 관찰하여, 그가 어진 사람인지 아니면 미혹됨이 있는 사람인지를 판명한다는 것은 무엇을 이르는 말인가?

무릇 사람의 감정에는 여섯 가지의 기미가 있다. 마음속으로 하고자 하던 것을 이루게 되면 기뻐하고, 그 재능을 펼치지 못하면 원망한다. 자기 자랑을 늘어놓고 잘난 척하면 싫어하고, 겸손하게 자신을 낮추어 대하면 즐거워한다. 모자란 점을 건드리면 질투하여 미워하고, 싫어하는 것으로 질투심을 유발하면 결국 질투로 미워하는 마음이 생긴다. 이것이 인간의 여섯 가지의 감정이 드러나는 계기다.

원래 사람의 일반적 감정은 자신의 마음이 지향하는 것을 따라가려고 한다. 그러므로 뜻이 강렬한 인사[烈士]는 온 힘을 다해 공을 세우는 것을 좋아하고, 선한 인사[善士]는 정치를 잘 살펴 (백성을) 가르쳐 이끄는 것을 좋아하며, 일 처리에 능숙한 인사[能士]는 어지러움을 다스리는 일을 좋아하고, 지모와 술수에 능한 인사[術士]는 계책으로 일을 도모하는 것을 좋아하며, 분별을 잘하는 인사[辨士]는 민첩하고 예리한 말을 좋아하고, 탐욕스런 자[貪者]는 재화를 축적하는 일을 좋아하며, 요행을 바라는 자[幸者]는 권세가의 눈에 띄는 것을 좋아한다. 사람은 그 지향하는 바를 북돋아 주면 즐거워하지 않을 이가 없다. 이것이 이른바 "그가 마음속으로 하고자 하던 것을 이루게 되면 기뻐한다"는 말이다.

만약 재능을 펼치지 못하면 그 마음속 지향하는 바를 얻지 못하고, 그 지향하는 바를 얻지 못하면 슬퍼하고 분개한다. 그러므로 공업을 이루지 못하면 의지가 강렬한 사람은 격분하고, 덕행이 시행되지 않으면 큰 덕성을 지닌 사람[正人]은 슬퍼하며, 정치의 어지러움이 다스려지지 않으면 일 처리에 능한 사람은 탄식하고, 적을 복종시키지 못하면 술수에 능한 사람은 걱정하게 되며, 재화가 쌓이지 않으면 탐욕스런 자는 애태워하고, 권세가의 눈에 들지 못하면 요행수로 자리를 차지하려는 자는 비애에 빠지게 된다. 이것을 이른바 "그 재능을 펼치지 못하면 원망한다"라고 한다.

사람은 누구나 남보다 앞서고자 하는 마음이 있기 때문에 자기 자랑을 늘어놓는 사람을 싫어한다. 자기 자랑을 하는 것은 모두 남보다 앞서고자 하는 마음과 같은 유이다. 그러므로 자신의 장점을 자랑하면 싫어하지 않을 수 없다. 이것을 이른바 "자기 자랑을 늘어놓고 잘난 척하면 싫어한다"라고 한다.

사람은 누구나 이기려는 마음이 있기 때문에 상대가 겸손한 것을 좋

아한다. 겸손은 자기를 낮추는 것인데, 낮춘다는 것은 사양하고 양보한
다는 뜻이다. 그러므로 현명한 사람이든 우매한 사람이든 겸손으로 대
하면 기뻐하는 기색을 보이게 된다. 이것을 이른바 "겸손하게 자신을 낮
추어 대하면 즐거워한다"라고 한다.

　사람의 마음이란 항상 그 단점을 감추고 장점을 내보이고자 한다. 그
러므로 사람들은 자신의 단점을 논박하면 마치 모함을 받는 것처럼 받아
들인다. 이것이 이른바 "그의 모자란 점을 건드리면 미워한다"는 말이다.

　사람의 마음이란 자기보다 나은 사람을 능가하려는 경향이 있다. 잘
난 척하면(자기 자랑을 늘어놓으면) 상대가 싫어하는데, 이 경우에는 비록
싫어하기는 해도 전적으로 질투하며 미워하지는 않는다. 그런데 만약 자
신의 장점으로 상대의 단점을 비난하면, 이것이 이른바 "사람이 싫어하
는 것으로 질투심을 유발하면 결국 미워하는 마음이 생긴다"는 것이다.

　이런 여섯 가지 감정의 계기는 모두 남보다 위에 처하고자 하기에 생
긴다. 그러므로 군자는 타인과 교제하면서 남이 침범해도 되갚지 않는
다. 남에게 되갚으려 하지 않으므로 공경하게 자신을 낮추게 되고, 그럼
으로써 그 해로움을 피하는 것이다. 그러나 소인들은 그렇지 못하여, 상
대의 감정 상태를 미리 살피지도 않고 무조건 남들이 자기를 따라주기
만 바란다. 그래서 (사람들이) 사랑하고 공경하는 척하는 것을 무슨 특별
대우를 받는 양 생각하고, 동등한 자격으로 모임을 청하면 자신을 가볍
게 생각하는 것으로 여긴다. 만약 자신의 은밀한 마음을 건드리면 깊은
원망을 품는다. 그러므로 감정의 미세한 움직임을 관찰하면 그 사람의
뜻이 현명한지 비루한지 알 수 있다.

　일곱 번째 방법인 단점을 관찰함으로써 그가 지닌 장점을 파악한다
는 것은 무엇을 이르는 말인가?

보통 치우친 재질을 가진 사람은 모두 단점이 있기 마련이다. 그러므로 정직한 사람의 단점은 거리낌 없이 직언하는 것이고, 의지가 굳센 사람의 단점은 너무 엄격한 것이며, 화합하는 사람의 단점은 유약한 것이고, 절개 있는 사람의 단점은 융통성 없이 고집스런 것이다.

보통 정직한 사람이 거리낌 없이 직언하지 않으면 그 정직함을 이룰 수가 없다. 이미 그 정직함을 좋게 여긴다면 그 거리낌 없이 직언하는 것을 비난해서는 안 된다. 거리낌 없이 직언하는 것은 정직한 사람의 특징이다.

의지가 굳센 사람이 엄격하지 않으면 그 굳센 의지를 이룰 수가 없다. 이미 그 굳센 의지를 좋게 여긴다면 그 엄격함을 비난해서는 안 된다. 엄격함은 의지가 굳센 사람의 특징이다.

남과 잘 화합하는 사람이 유연하지 않으면 그 화합을 잘 유지할 수가 없다. 이미 그 화합함을 좋게 여긴다면 유연함을 비난해서는 안 된다. 유연한 것은 화합하는 사람의 특징이다.

절개 있는 사람이 융통성이 생기면 그 절개를 지킬 수가 없다. 이미 그 절개를 좋게 여긴다면 그 융통성 없음을 비난해서는 안 된다. 융통성이 없이 고집스런 것은 절개 있는 사람의 특징이다.

단점을 가진 사람이 반드시 장점을 가지고 있는 것은 아니지만, 장점을 가진 자는 반드시 단점으로 장점의 특징을 보여준다. 그러므로 그 재질의 단점을 잘 관찰하면 그 장점도 알아낼 수 있다.

여덟 번째 방법인 총명한 정도를 관찰하여 그가 통달한 바를 알아낸다는 것은 무엇을 이르는 말인가?

무릇 인은 덕의 기초이고, 의는 덕의 절도이며, 예는 덕의 문채文彩이고, 신은 덕의 공고함이며, 지는 덕을 통솔하는 것이다. 지는 총명함(밝음)에서 나오는데, 총명함은 사람에게 낮에 밝은 해가 있고 밤에 촛불이 있는 것과 같다. 그 총명함이 더할수록 시야가 더욱 원대해지지만, 멀리까지 볼 수 있는 총명함은 얻기 어려운 것이다.

그러므로 열심히 배우고 쉼 없이 익히더라도 반드시 뛰어난 재질에 도달하는 것은 아니며, 재질과 기예가 정교해도 그 이치에 도달하는 것은 아니다. 또 이치[理]의 올바름을 판별할 수 있다고 해도 반드시 지혜[智]에 도달하는 것은 아니다. 또한 지혜와 능력으로 일을 경영한다고 해도 반드시 도에 도달하는 것은 아니다. 도가 현묘하고 생각이 심원한 연후에야 비로소 주밀周密해질 수 있는 것이다. 이것을 이른바 "배움은 재질에 미치지 못하고, 재질은 이치에 미치지 못하며, 이치는 지혜에 미치지 못하고, 지혜는 도에 미치지 못한다"고 한다.

도道는 순환 반복하고 변화하면서도 통하는 것이다. 그러므로 이를 구별하여 논하자면, 각자 홀로 행할 때는 인이 가장 뛰어나지만, 합해서 모두 갖추어 쓰면 총명함이 제일이다. 그러므로 총명함으로 인을 이끌면 포용하지 못할 것이 없고, 총명함으로 의를 이끌면 이기지 못할 것이 없으며, 총명함으로 이치[理]를 이끌면 통하지 않음이 없다. 그러므로 만약 총명이 없으면 어떤 일도 이룰 수가 없다. 듣기를 좋아해도 실제로 행하지 않으면 소용이 없고, 변론을 좋아하나 이치에 이르지 못하면 번잡하게 되며, 법을 좋아하지만 생각이 깊지 못하면 각박하게 되고, 술수를 좋아하지만 책략이 부족하면 헛것이 된다. 그래서 재질이 같고 모두 배우기를 좋아한다면, 그중에서 이치에 밝은 자가 스승이 된다. 또 비슷한 이치를 터득한 자들이 다투게 되면 지혜로운 자가 승자가 된다. 덕을 비슷하게 갖추고 나란히 선다면, 도에 통달한 자가 성인으로 불린다. 성인이란 호칭은 명지明智, 즉 총명함이 최고에 다다른 사람을 이르는 말이다. 그러므로 총명함의 정도를 관찰하면 그가 통달한 재능을 알 수 있는 것이다.

八觀者 : 一曰觀其奪救, 以明間雜. 二曰觀其感變, 以審常度. 三曰觀其至質, 以知其名. 四曰觀其所由, 以辨依似. 五曰觀其愛敬, 以知通塞. 六曰觀其情機, 以辨恕惑. 七曰觀其所短, 以知所長. 八曰觀其聰明, 以知所達.

何謂觀其奪救, 以明間雜? 夫質有至有違, 若至勝違, 則惡情奪正, 若然而不然. 故仁出於慈, 有慈而不仁者 ; 仁必有恤, 有仁而不恤者 ; 厲必有剛, 有厲而不剛者. 若夫見可憐則流涕, 將分與則吝嗇, 是慈而不仁者. 睹危急則惻隱, 將赴救則畏患, 是仁而不恤者. 處虛義則色厲, 顧利慾則內荏, 是厲而不剛者. 然則慈而不仁者, 則吝奪之也. 仁而不恤者, 則懼奪之也. 厲而不剛者, 則慾奪之也. 故曰 : 慈不能勝吝, 無必其能仁也 ; 仁不能勝懼, 無必其能恤也 ; 厲不能勝慾, 無必其能剛也. 是故, 不仁之質勝, 則伎力爲害器 ; 貪悖之性勝, 則彊猛爲禍梯.

亦有善情救惡, 不至爲害 ; 愛惠分篤, 雖傲狎不離 ; 助善者明, 雖疾惡無害也 ; 救濟過厚, 雖取人不貪也. 是故, 觀其奪救, 而明間雜之情, 可得知也.

何謂觀其感變, 以審常度?

夫人厚貌深情, 將欲求之, 必觀其辭旨, 察其應贊. 夫觀其辭旨, 猶聽音之善醜 ; 察其應贊, 猶視智之能否也. 故觀辭察應, 足以互相別識. 然則 : 論顯揚正, 白也 ; 不善言應, 玄也 ; 經緯玄白, 通也 ;

移易無正, 雜也；先識未然, 聖也；追思玄事, 叡也；見事過人, 明也；以明爲晦, 智也；微忽必識, 妙也；美妙不昧, 疏也；測之益深, 實也；假合炫耀, 虛也；自見其美, 不足也；不伐其能, 有餘也.

故曰：凡事不度, 必有其故：憂患之色, 乏而且荒；疾疢之色, 亂而垢雜；喜色, 愉然以懌；慍色, 厲然以揚；妒惑之色, 冒昧無常；及其動作, 蓋並言辭. 是故, 其言甚懌, 而精色不從者, 中有違也；其言有違, 而精色可信者, 辭不敏也；言未發而怒色先見者, 意憤溢也；言將發而怒氣送之者, 彊所不然也.

凡此之類, 徵見於外, 不可奄違. 雖欲違之, 精色不從. 感愕以明, 雖變可知. 是故, 觀其感變, 而常度之情可知.

何謂觀其至質, 以知其名?

凡偏材之性, 二至以上, 則至質相發, 而令名生矣. 是故, 骨直氣淸, 則休名生焉；氣淸力勁, 則烈名生焉；勁智精理, 則能名生焉；智直彊慤, 則任名生焉. 集于端質, 則令德濟焉；加之學, 則文理灼焉. 是故, 觀其所至之多少, 而異名之所生可知也.

何謂觀其所由, 以辨依似?

夫純訐性違, 不能公正；依訐似直, 以訐訐善；純宕似流, 不能通道；依宕似通, 行傲過節. 故曰：直者亦訐, 訐者亦訐, 其訐則同, 其所以爲訐則異；通者亦宕, 宕者亦宕, 其宕則同, 其所以爲宕則異.

然則, 何以別之? 直而能溫者, 德也；直而好訐者, 偏也；訐而不直者, 依也；道而能節者, 通也；通而時過者, 偏也；宕而不節者, 依也；偏之與依, 志同質違, 所謂似是而非也.

是故, 輕諾似烈而寡信, 多易似能而無效, 進銳似精而去速, 訶者似察而事煩, 訐施似惠而無成, 面從似忠而退違, 此似是而非者也.

亦有似非而是者: 有大權似姦而有功, 大智似愚而內明, 博愛似虛而實厚, 正言似訐而情忠. 夫察似明非, 御情之反, 有似理訟, 其實難別也. 非天下之至精, 其孰能得其實? 故聽言信貌, 或失其眞; 詭情御反, 或失其眞; 賢否之察, 實在所依. 是故, 觀其所依, 而似類之質可知也.

何謂觀其愛敬, 以知通塞? 蓋人道之極, 莫過愛敬. 是故, 《孝經》以愛爲至德, 以敬爲要道; 《易》以感爲德, 以謙爲道; 《老子》以無爲德, 以虛爲道; 《禮》以敬爲本; 《樂》以愛爲主. 然則, 人情之質, 有愛敬之誠, 則與道德同體; 動獲人心, 而道無不通也. 然愛不可少於敬, 少於敬, 則廉節者歸之, 而衆人不與. 愛多於敬, 則雖廉節者不悅, 而愛接者死之. 何則? 敬之爲道也, 嚴而相離, 其勢難久; 愛之爲道也, 情親意厚, 深而感物. 是故, 觀其愛敬之誠, 而通塞之理可得而知也.

何謂觀其情機, 以辨恕惑? 夫人之情有六機: 杼其所欲則喜, 不杼其所能則怨, 以自伐歷則惡, 以謙損下之則悅, 犯其所乏則媢, 以惡犯媢則妒; 此人性之六機也.

夫人情莫不欲逐其志, 故: 烈士樂奮力之功, 善士樂督政之訓, 能士樂治亂之事, 術士樂計策之謀, 辨士樂陵訊之辭, 貪者樂貨財之積, 幸者樂權勢之尤. 苟贊其志, 則莫不欣然, 是所謂杼其所欲則喜也.

若不杼其所能, 則不獲其志, 不獲其志則慼. 是故: 功力不建則烈士奮, 德行不訓則正人哀, 政亂不治則能者歎, 敵能未彊則術人思, 貨財不積則貪者憂，權勢不尤則幸者悲，是所謂不杼其能則怨也.

人情莫不欲處前，故惡人之自伐. 自伐，皆欲勝之類也. 是故，自伐其善則莫不惡也，是所謂自伐歷之則惡也. 人情皆欲求勝，故悅人之謙；謙所以下之，下有推與之意. 是故，人無賢愚，接之以謙，則無不色懌；是所謂以謙下之則悅也.

人情皆欲掩其所短，見其所長. 是故，人駁其所短，似若物冒之，是所謂駁其所乏則媢也. 人情陵上者也，陵犯其所惡，雖見憎未害也；若以長駁短，是所謂以惡犯媢，則妒惡生矣.

凡此六機，其歸皆欲處上. 是以君子接物，犯而不校，不校則無不敬下，所以避其害也. 小人則不然，既不見機，而欲人之順己. 以伴愛敬爲見異，以偶邀會爲輕. 苟犯其機，則深以爲怨. 是故，觀其情機，而賢鄙之志，可得而知也.

何謂觀其所短，以知所長?

夫偏材之人，皆有所短. 故：直之失也訐，剛之失也厲，和之失也懦，介之失也拘.

夫直者不訐，無以成其直；既悅其直，不可非其訐；訐也者，直之徵也.

剛者不厲，無以濟其剛；既悅其剛，不可非其厲；厲也者，剛之徵也.

和者不懦，無以保其和；既悅其和，不可非其懦；懦也者，和之徵也.

介者不拘，無以守其介；既悅其介，不可非其拘；拘也者，介之徵也.

然有短者，未必能長也；有長者，必以短爲徵. 是故，觀其徵之所短, 而其材之所長可知也.

何謂觀其聰明, 以知所達? 夫仁者德之基也, 義者德之節也, 禮者德之文也, 信者德之固也, 智者德之帥也. 夫智出於明, 明之於人, 猶晝之待白日, 夜之待燭火; 其明益盛者, 所見及遠, 及遠之明難. 是故, 守業勤學, 未必及材; 材藝精巧, 未必及理; 理義辨給, 未必及智; 智能經事, 未必及道; 道思玄遠, 然後乃周. 是謂學不及材, 材不及理, 理不及智, 智不及道.

道也者, 回復變通. 是故, 別而論之: 各自獨行, 則仁爲勝; 合而俱用, 則明爲將. 故以明將仁, 則無不懷; 以明將義, 則無不勝; 以明將理, 則無不通. 然則, 苟無聰明, 無以能遂. 故好聲而實不克則恢, 好辯而理不至則煩, 好法而思不深則刻, 好術而計不足則僞. 是故, 鈞材而好學, 明者爲師; 比力而爭, 智者爲雄; 等德而齊, 達者稱聖, 聖之爲稱, 明智之極名也. 是故, 觀其聰明, 而所達之材可知也.

칠류

인재를 관찰하면서 범하는 잘못은 다음과 같이 일곱 가지로 나눌 수 있다.

첫째, 인물의 명성을 편파적으로 받아들이는 잘못이 있다.

둘째, 사람들을 대하면서 자신의 좋아하고 싫어하는 기준에 따라 사람을 잘못 평가하는 미혹이 있다.

셋째, 사람의 심지를 헤아리면서 그 크기의 대소로만 판단하는 오류가 있다.

넷째, 사람의 자질을 평가하면서 성취의 빠르고 늦음으로만 판단하는 오류가 있다.

다섯째, 사람을 변별하면서 자신과 비슷한 부류를 좋아하고 다른 부류를 배척하는 오류가 있다.

여섯째, 재질을 논하면서 신세가 펴지거나 쪼그라드는 것에 따라 평판이 변하는 것을 고려하지 못하는 오류가 있다.

일곱째, 기발한 점을 관찰하면서 그 겉만 보고 진짜 출중한 인재인지 아니면 겉만 화려한 허탕인지를 제대로 파악하지 못하는 실수가 있다.

인재를 찾는 일의 요점은 그 인재에 대한 찬사와 비평의 많고 적음에 있지 않다. 그런데 재질을 판명하는 데 밝지 못한 사람은 자신의 귀만 믿고 눈을 믿으려 하지 않는다. 그리하여 사람들이 그렇다고 하면 자신의 마음도 그걸 따라 그렇게 믿으며, 사람들이 그렇지 않다고 여기면 생각을 바꿔 그렇지 않다고 여긴다. 단지 다른 사람이 의심하는 바만 없으면 자신의 생각도 아무 의심이 없는 것처럼 여긴다.

또한 사물을 관찰할 때는 당연히 오류가 있을진대, 여기에 애증까지 더해진다면 그 정황은 더욱 복잡해질 것이다. 이와 같은 이유로 그 인재의 근본이 밝혀지지 않았는데, 어찌 믿을 수 있겠는가? 그러므로 사람을 잘 알아보는 사람은 자신의 눈으로 귀를 바로잡으며, 사람을 잘 알아보지 못하는 사람은 귀로 들은 것만 믿고 자신이 직접 눈으로 본 것을 무시한다.

따라서 한 지방의 선비들이 다 칭찬하거나 혹은 비방하여도 모두 정확한 것이라 할 수 없다. 알고 지내는 사람들 중에서 명성이 세 가지 계층(윗사람, 동료, 아랫사람)에 두루 미치지 않으면 꼭 그렇다고(평이 맞다고) 여길 수가 없다. 너그럽고 후한 사람은 교유하는 사람들 사이 어느 곳에서도 칭찬이 자자하며, 윗사람은 그를 이끌어주고 아랫사람은 그를 밀어준다. 그러니 두루 칭찬을 받지 못하는 사람은 반드시 그럴 만한 허물이 있다. 그러니 윗사람에 치우쳐(아부하고) 아랫사람의 신임을 잃으면 끝내는 명성이 훼손되고, 아랫사람에 치우쳐 윗사람의 신임을 잃으면 나아가도 출중하게 되지 못한다. 그러므로 진실로 세 계층의 칭찬을 받을 수 있는 사람이 나라에 이로움이 되는바, 이것이 바로 정직한 사귐인 것이다.

그런데 모두가 이구동성으로 그렇다(좋은 인재다)고 이야기하는 사람 중에는 아닌 이가 있을 수 있고, 반대로 모두가 이구동성으로 아니라고 하는 사람 중에도 혹 진짜 인재가 있을 수 있다. 그리고 만약 기이한 인재라면 보통 사람들이 알아볼 수 있는 바가 아니다. 그러므로 귀로 듣고 취합한 내용이 많다고 그것을 곧이곧대로 믿는 것이, 바로 명성만 살피는 데서 비롯되는 오류다.

보통 착한 사람을 좋아하고 나쁜 사람을 싫어하는 것은 인지상정이나, 진실로 자질을 제대로 파악하지 못하면 혹여 착한 사람을 멀리하고 착하지 않은 사람을 좋아할 수도 있다. 이를 어떻게 풀이할 수 있을까?

대저 나쁜 이를 좋아하게 되는 것은, 나쁜 사람이라 해도 좋은 점이 있기 마련인데, 그 좋은 점이 나의 장점과 맞아떨어지면 나도 모르게 정이 통하고 뜻도 비슷해져 문득 그의 나쁜 점을 잊어버리게 되기 때문이다.

반면에 착한 사람이라 하더라도 단점이 있기 마련인데, 그의 단점이 나의 장점을 밝혀주지 못하고, 그의 장점으로 인해 나의 단점이 두드러지게 되면, 나도 모르게 뜻도 어그러지고 기분도 상하게 되어 문득 그가 착한 사람임을 망각하게 된다. 이것이 사람을 대하는 데 있어 좋아하고 싫어하는 감정에 미혹되는 것이다.

무릇 정신은 깊이 있고 정묘해야 하고, 자질은 훌륭하고 중후해야 하며, 뜻은 넓고 커야 하고, 마음은 겸손하고 조심해야 한다. 정신이 정묘하면 신묘한 경지에 들어갈 수 있고, 자질이 훌륭하고 중후하면 사람됨이 더욱 고상해진다. 뜻이 크면 큰일도 감당할 수 있고, 마음을 신중하게 하면 실수를 저질러 후회할 일을 방지할 수 있다.

그러므로 《시경》에서 문왕을 노래하며, "마음을 세심하게 쓰며 그저 삼가고, 큰 소리를 내며 얼굴빛을 바꾸지 않으시네"라고 읊었으니, 이는 마음 씀씀이가 신중한 것을 말하고, 또 "왕께서 얼굴을 붉혀 성을 내시고, 이로써 천하를 대면하셨네"라고 했으니, 이는 뜻이 큰 것을 말한다.

이로 논하건대, 마음이 신중하고 뜻이 큰 사람은 성현의 범주에 속하고, 마음도 크고 뜻도 큰 사람은 호걸이며, 마음은 크나 뜻이 작은 사람은 오만 방자한 자고, 마음도 작고 뜻도 작은 사람은 구애되고 나약한 자다. 뭇사람들은 인재를 살피면서 마음이 신중한 것을 작아서 볼품없다 여기고 그 뜻이 크면 장하다고 여기는데, 이것이 크고 작음으로만 판단해서 생기는 오류다.

무릇 사람의 재질은 같지 않아서, 일을 이루는 데에 빠르고 늦음이 있기 마련이다. 즉, 재지才智가 일찍 발휘되어 빨리 성공하는 사람이 있고, 늦게 발휘되어 늦게 성공하는 사람이 있다. 어려서도 재지가 없고 늙어서도 끝내 아무것도 이루지 못하는 사람도 있고, 어려서부터 뛰어나다 결국 출중한 인물이 되는 사람도 있다. 이 네 가지의 이치는 세밀히 살피지 않을 수 없다.

대개 어려서부터 총명한 사람은 그 재주와 총명함이 정미하게 갖추어져 있어, 어릴 적부터 그런 단서는 모두 드러나기 마련이다. 그러므로 문장은 풍부한 말에 기반을 둔 것이고, 변론은 말솜씨에서 비롯된다. 인자함은 자애와 구휼에서 나오고, 베푸는 마음은 아낌없이 주는 것에서 출발한다. 신중함은 경계하고 두려워하는 마음에서 생기며, 청렴은 남의 것을 취하지 않는 데서 일어난다.

일찍부터 재지가 드러난 사람은 견식의 깊이는 얕으나 견해가 빠르고, 늦게 이룬 사람은 기발한 식견이 있으나 펼치는 것은 더디다. 끝내 우매한 사람은 두루 지혜가 부족하고, 오로지(끝끝내) 노력하는 사람은 두루 통달하여 남음이 있다. 그러나 보통 사람들이 인재를 살피면서 이런 변화를 고려하지 못하니, 이것이 단지 성취가 빠르고 늦는 것만으로 재질을 판단하면서 생기는 오류다.

대개 사람의 마음은 모두 명리를 추구하고, 손해를 피하고자 한다. 명리를 얻는 길은 옳음[是]과 얻음[得]에 있고, 손해의 근원은 그릇됨[非]과 실수[失]에 있다. 그러므로 사람은 현명하든 우매하든 모두 옳음과 얻음을 자기 것으로 하고자 한다(그런 평가를 듣고자 한다). 그런데 자신이 옳다고 밝힐 수 있는 사람으로는 자신과 비슷한 사람이 최고다. 그러니 치우친 재질을 가진 사람들은 벼슬길에 나아가고자 하는 사람들과 교유하면서 자신의 성향과 같은 사람들은 친애하여 그들을 칭찬하고, 자신과 상반된 성향의 사람들은 싫어하여 폄훼한다. 성향이 같지는 않지만 상반되지 않는 사람들에 대해서는 보태지 않고 그냥 말한다.

미루어 논하건대, 이는 다른 이유가 있는 것은 아니다. 즉, 자신과 성향이 같은 사람을 칭찬하고 상반되는 사람을 폄훼하는 것은, 그들이 그르다는 것을 증명함으로써 자신이 옳다는 것을 드러내고자 함이다. 성향은 다르지만 상반되지는 않은 사람들에 대해서는 자기에게 이익도 되지 않지만 해도 되지 않기 때문에 있는 그대로 말할 뿐 보태어 말하지 않는 것이다.

그렇기 때문에 성향이 같은 사람들은 항상 서로를 지나치게 칭찬할 우환이 있다. 그러나 명성이 서로 맞설라치면 상대보다 자신을 낮추려 하는 사람은 거의 없다.

그래서 강직한 사람은 화를 내기 쉬운 성격이어서, 상대가 남에게 강직하게 행하는 것은 좋아하면서 자신에게 직언하여 단점을 들추어내는 것은 받아들이지 못한다. 외향적인 사람은 감정을 다 드러내는 성격으로, 상대가 남에게 다 이야기하는 것은 좋아하지만, 정작 자신을 앞지르는 것은 받아들이지 못한다. 명예를 얻고자 힘쓰는 자는 남이 관직에 나가 남을 앞서 나가는 것은 즐거워하지만, 정작 자신을 넘어서는 것은 참지 못한다.

그러므로 성향이 같고 재능에 차이가 있으면 서로 이끌어주고 의지하지만, 성향이 같고 세력이 비슷하면 서로 경쟁하며 상대를 해하게 된다. 이것이 바로 성향이 같은 사람들 사이에서 발생할 수 있는 변고다. 그러므로 강직함을 옹호하기도 하고 때로는 깎아내리기도 한다. 때로는 명철함을 칭찬하다가 때로는 헐뜯는다. 그러나 보통 사람들이 관찰할 때는 이런 이치를 구별하지 못하니, 이리하여 성향이 같은 사람들에게 미혹된다.

대개 사람은 상황에 따라 형세가 달라지는데, 형세(신세)는 펴질 때도 있고 쪼그라들 때도 있다. 부귀를 얻고 관직에 나아가 영달하는 것은 세가 펴지는 일이고, 빈천해지고 출사하지 못해 궁벽해지는 것은 세가 쪼그라드는 일이다.

상등 재질의 사람은 능히 남이 할 수 없는 일을 할 수 있다. 그래서 관직에 나아가면 노력하고 겸손하다는 칭찬을 받고, 관직에 나아가지 못하더라도 밝게 드러나는 절개가 있다.

중간 재질의 사람은 세상의 흐름에 따라 영욕이 부침한다. 그래서 부귀를 깔고 있을 때는 안으로는 재화가 그득하고, 밖으로는 두루 은혜를 베푼다. 그의 도움을 받은 자는 칭찬할 만한 점을 찾아 그를 칭송하며, 그에게 발탁되어 후원을 받은 자는 작은 아름다움도 끄집어내 크게 만든다. 따라서 별다른 재주가 없더라도 업적이 이루어지고 이름을 날리게 된다.

하지만 빈천의 지경에 처하면 베풀고 싶어도 재물이 없고, 이끌어주고 싶어도 힘이 없다. 친척들도 원조를 받지 못하고 친구들도 도움을 받지 못하니, 갈라진 의리를 다시 세우기 어렵고, 은혜하고 사랑하는 마음도 점차 떠나가게 된다. 그 결과 원망하는 이들이 한꺼번에 나타나고, 비난하는 이들이 날로 늘어난다. 따라서 비록 죄를 짓거나 잘못이 없어도, 이유도 없이 신세가 더 쪼그라든다.

그러므로 세상에는 넉넉한 사람도 있고 넉넉하지 못한 사람도 있으니, 이름도 이로 말미암아 오르락내리락한다. 천하가 다 부유하다면, 청빈한 사람은 비록 고난은 있겠지만 야위어 쓰러질 걱정은 결코 없을 것이며, 사양하고 베푸는 고매함으로 영예로운 명성을 얻는 이로움도 있을 것이다. 그러나 천하가 모두 가난하다면, 빌리려고 해도 이야기할 데도 없어, 궁핍에 따른 걱정거리가 생기고, 또 속되고 인색한 송사가 벌어지게 될 것이다.

그러므로 같은 재능을 갖추고 관직에 나아가도, 함께하는 이가 있으면 관직이 높아져 이름을 날리는 반면, 자신의 상황도 쪼들리는데 도와주기는커녕 누를 끼치는 자까지 있으면, 조금씩 관직이 깎여서 물러나게 된다.

그러나 일반 사람들은 인재를 관찰하면서 그 근본을 헤아리지 못하고, 각기 현재 처해 있는 상황만을 가리키니, 이것이 곧 신세가 펴지고 쪼그라드는 것에 미혹된 것이다.

대개 청아한 아름다움은 인재의 모습과 자질에 드러나기 때문에 관찰할 때 실수가 적다. 그런데도 실수를 하는데, 실수는 모두 유달리 특이한 두 종류의 인재(이우二尤, 우묘지인尤妙之人과 우허지인尤虛之人)를 판별할 때 발생한다. 이 유달리 특이한 두 종류의 인재는 일반 인재들과는 전혀 다르다.

특출 나게 뛰어난 우묘지인은 안으로는 정수를 간직하고 있으나 밖으로는 화려하게 드러내는 자태가 없다. 반면 특출 나게 허탕인 우허지인은 훌륭한 말과 수려한 자태를 갖고 있으나 내실은 딴판이다. 그러므로 보통 사람은 뛰어난 기인을 구하려고 해도 정미한 통찰력으로 그 현기玄機(깊고 묘한 이치)를 헤아려서 그 특출함을 드러낼 능력이 없다. 보통 사람들은 겉모습이 초라하면 능력이 부족하다고 생각하고, 풍채가 수려하면 큰 인물이라고 여긴다. 있는 그대로를 다 드러내면 화려하고 허황하다고 여기고, 정교하게 잘 꾸미면 진실하다고 여긴다.

그러므로 너무 빨리 인재를 발탁하면 오류가 많기 마련이니, 순차적으로 하느니만 못하다. 대저 일의 순서를 따르는 것이 상식적인 법도다. 만약 인재의 참된 실체를 밝히지 못한다면 어떻게 항상 실수가 없겠는가?

그러므로 초야에 인재를 묻혀 두었는데 그가 세상을 구제할 능력을 지니고 있다면 일찍 발탁하지 못한 것이 한스럽고, 기이한 인물을 발탁했는데 그가 일을 실패하면 그 본바탕을 식별하지 못한 것이 우환이다. 임의로 혼자 결정했다가 잘못 선택하면 널리 의견을 묻지 않은 것을 후회하고, 널리 의견을 듣고 결정했으나 잘못되면 자신을 믿지 않은 것을 원망한다. 그러므로 '기자驥子'라는 말이 달리기 시작하자 뭇사람들은 오해했음을 알았고, 한신이 공을 세우자 회음 지방이 떠들썩거렸다.

누가 특출한 것을 일부러 싫어하고 의심하는 것을 좋아하겠는가? 이는 걸출한 인물은 세간에서는 알아볼 수가 없고, 특출하게 뛰어난 이는 아름다움이 보통 사람과 다르기 때문이다. 그래서 장량은 몸이 허약하나 정신은 강하여 뭇 지혜 있는 자들 가운데 가장 뛰어났고, 형가는 안색이 온유했으나 정신은 용감하여 뭇 용사들 중에서 걸출한 인물이었다.

그런즉 준걸儁傑은 뭇사람들 가운데서 유달리 출중한 사람이며, 성인은 그 유달리 출중한 인재 중에서도 가장 월등한 사람이다. 그래서 더 출중한 사람일수록 그 도는 더욱 심원하다.

그러므로 일국(한대의 군국 제도에서 국은 제후국을 말함)에서 뛰어난 인재라도 중앙의 주州에서는 보통 인재로 여겨져 등급을 얻지 못할 수 있다. 한 주에서 등급에 꼽힐 정도의 인재라면 천하의 동량지재는 될 수 있으나, 천하의 동량지재가 되는 뛰어난 인재라도 시대에 따라 우열이 있다.

그러므로 일반 사람들은 그저 자기보다 뛰어난 재능을 가진 인재를 귀하여 여기지만, 그 뛰어난 인재들 중에도 월등하게 뛰어난 인재는 (그 재능을 식별할 수 있는 능력이 없기 때문에) 귀하게 여기지 않는다.

그러므로 뭇사람들의 식견으로는 하등 인재의 능력 차이 정도는 알 수 있겠지만, 중등 인재를 알아보지는 못한다. 하등 인재의 식견으로는 (자기보다 한 단계 높은) 중등 인재는 알아보지만, (그 위에 있는) 출중하게 뛰어난 양재良才(상 등급 인재)는 식별하지 못한다.

출중한 인재는 성인의 가르침을 알 수는 있으나, 그 안에 담겨 있는 오묘한 경지는 궁구할 수 없다. 이로 논하건대, 인물을 살피는 이치의 오묘함은 끝까지 궁구하기 어렵다.

七繆；一曰察譽有偏頗之繆, 二曰接物有愛惡之惑, 三曰度心有大小之誤, 四曰品質有早晚之疑, 五曰變類有同體之嫌, 六曰論材有申壓之詭, 七曰觀奇有二尤之失.

夫采訪之要, 不在多少. 然徵質不明者, 信耳而不敢信目. 故：人以爲是, 則心隨而明之；人以爲非, 則意轉而化之；雖無所嫌, 意若不疑. 且人察物, 亦自有誤, 愛憎兼之, 其情萬原 ; 不暢其本, 胡可必信. 是故, 知人者, 以目正耳 ; 不知人者, 以耳敗目.

故州閭之士, 皆譽皆毀, 未可爲正也 ; 交遊之人, 譽不三周, 未必信是也. 夫實厚之士, 交遊之間, 必每所在肩稱 ; 上等援之, 下等推之, 苟不能周, 必有咎毀. 故偏上失下, 則其終有毀 ; 偏下失上, 則其進不傑. 故誠能三周, 則爲國所利, 此正直之交也. 故皆合而是, 亦有違比 ; 皆合而非, 或在其中. 若有奇異之材, 則非衆所見. 而耳所聽采, 以多爲信, 是繆於察譽者也.

夫愛善疾惡, 人情所常 ; 苟不明質, 或疏善善非. 何以論之? 夫善非者, 雖非猶有所是 ; 以其所是, 順己所長, 則不自覺情通意親, 忽忘其惡. 善人雖善, 猶有所乏 ; 以其所乏, 不明己長 ; 以其所長, 輕己所短 ; 則不自知志乖氣違, 忽忘其善. 是惑於愛惡者也.

夫精欲深微, 質欲懿重, 志欲弘大, 心欲嗛小. 精微所以入神妙也, 懿重所以崇德宇也, 志大所以戴物任也, 心小所以愼咎悔也. 故《詩》詠文王 : 「小心翼翼」「不大聲以色.」小心也 ; 「王赫斯怒, 以對于天下.」志大也. 由此論之, 心小志大者, 聖賢之倫也 ; 心大志大者, 豪傑之雋也 ; 心大志小者, 傲蕩之類也 ; 心小志小者, 拘懦之人也. 衆人之察, 或陋其心小, 或壯其志大, 是誤於小大者也.

夫人材不同, 成有早晚 : 有早智速成者, 有晚智而晚成者, 有少無智而終無所成者, 有少有令材遂爲雋器者 : 四者之理, 不可不察. 夫幼智之人, 材智精達 ; 然其在童髦, 皆有端緒. 故文本辭繁, 辯始給口, 仁出慈恤, 施發過與, 愼生畏懼, 廉起不取.

早智者淺惠而見速, 晚成者奇識而舒遲, 終暗者並困於不足, 遂務者周達而有餘. 而衆人之察, 不慮其變, 是疑於早晚者也.

夫人情莫不趣名利，避損害．名利之路，在於是得；損害之源，在於
非失．故人無賢愚，皆欲使是得在己．能明己是，莫過同體；是以偏
材之人，交遊進趣之類，皆親愛同體而譽之，憎惡對反而毀之，序異
雜而不尚也．推而論之，無他故焉；夫譽同體，毀對反，所以證彼非
而著己是也．至于異雜之人，於彼無益，於己無害，則序而不尚．

是故，同體之人，常患於過譽；及其名敵，則戲能相下．是故，直者
性奮，好人行直於人，而不能受人之訐；盡者情露，好人行盡於人，
而不能納人之徑；務名者，樂人之進趣過人，而不能出陵己之後．是
故，性同而材傾，則相援而相賴也；性同而勢均，則相競而相害也；
此又同體之變也．故或助直而毀直，或與明而毀明．而眾人之察，不
辨其律理，是嫌於體同也．

夫人所處異勢，勢有申壓：富貴逾達，勢之申也；貧賤窮匱，勢之壓
也．上材之人，能行人所不能行，是故，達有勞謙之稱，窮有著明之
節．

中材之人，則隨世損益，是故，藉富貴則貨財充於內，施惠周於外；
見贍者求可稱而譽之，見援者闡小美而大之，雖無異材，猶行成而
名立．處貧賤則欲施而無財，欲援而無勢，親戚不能恤，朋友不見濟，
分義不復立，恩愛浸以離，怨望者並至，歸非者日多；雖無罪尤，猶
無故而廢也．

故世有侈儉，名由進退：天下皆富，則清貧者雖苦，必無委頓之憂，
且有辭施之高，以獲榮名之利；皆貧，則求假無所告，而有窮乏之
患，且生鄙吝之訟．是故：鈞材而進，有與之者，則體益而茂逾；私
理卑抑，有累之者，則微降而稍退．而眾人之觀，不理其本，各指其
所在，是疑於申壓者也．

夫清雅之美, 著乎形質, 察之寡失 ; 失繆之由, 恒在二尤. 二尤之生, 與物異列 : 故尤妙之人, 含精於內, 外無飾姿 ; 尤虛之人, 碩言瑰姿, 內實乖反. 而人之求奇, 不可以精微測其玄機, 明異希 ; 或以貌少爲不足, 或以瑰姿爲巨偉, 或以直露爲虛華, 或以巧飾爲眞實. 是以早拔多誤, 不如順次 ; 夫順次, 常度也. 苟不察其實, 亦焉往而不失.

故遺賢而賢有濟, 則恨在不早拔 ; 拔奇而奇有敗, 則患在不素別 ; 任意而獨繆, 則悔在不廣問 ; 廣問而誤己, 則怨己不自信. 是以驥子發足, 衆士乃誤 ; 韓信立功, 淮陰乃震. 夫豈惡奇而好疑哉? 乃尤物不世見, 而奇逸美異也. 是以張良體弱而精強, 爲衆智之雋也 ; 荊叔色平而神勇, 爲衆勇之傑也.

然則, 雋傑者, 衆人之尤也 ; 聖人者, 衆尤之尤也. 其尤彌出者, 其道彌遠. 故一國之雋, 於州爲輩, 未得爲第也 ; 一州之第, 於天下爲根 ; 天下之根, 世有優劣. 是故, 衆人之所貴, 各貴其出己之尤, 而不貴尤之所尤. 是故, 衆人之明, 能知輩士之數, 而不能知第目之度 ; 輩士之明, 能知第目之度, 不能識出尤之良也 ; 出尤之人, 能知聖人之敎, 不能究之入室之奧也. 由是論之, 人物之理妙, 不可得而窮已.

대체로 인물을 알아보아 천거하여 등용하는 데는 두 가지 어려움이 있다. 하나는 인물을 알아보는 것 자체가 어려운 것이고, 다른 하나는 인물을 알아보고 그를 만족스럽게 추천할 수 있는 방법이 없다는 어려움이다.

인물을 알아보기가 어렵다는 건 왜인가? 인물이란 정미한 대상이라서 신통한 능력이 있는 자라야 밝혀낼 수 있는데, 그 방법이 매우 어렵기 때문에 알아보기 어렵다고 하는 것이다. 그래서 보통 사람들은 인물을 관찰할 때 모든 능력을 다 갖추지 못했기 때문에, 각기 자신의 기준을 세워 관찰하고 선택한다.

예를 들면 어떤 사람은 형상과 용모를 자세히 보고, 어떤 사람은 동작을 살피며, 어떤 사람은 처음과 끝이 부합하는지 살펴보고, 어떤 사람은 사고방식을 보며, 어떤 사람은 미세한 감정의 반응으로 추측하고, 어떤 사람은 지난 잘못으로 위협을 해서 반응을 보며, 어떤 사람은 그가 한 말을 찬찬히 되돌려 보고, 어떤 사람은 그가 일을 하는 방식을 검토한다. 이런 여덟 가지 방법은 뒤섞여 있기 때문에, 이를 제대로 파악한 사람은 드물고 이로 인해 실수하는 사람은 많다.

그러므로 처음에 외형만 보고 사람을 판단하는 오류가 있고, 또 그가 처한 상황에 따른 변화를 파악하지 못하는 오류도 있게 된다. 그러므로 사람을 맞아 관찰할 때, 드러난 행실만 좇아서 그 명성을 믿었다가는 진정한 실체를 놓칠 수 있다.

그러므로 얄팍한 재주라도 크게 드러내면 남다르다고 여기고, 속이 깊고 과묵하면 오히려 생각이 없다고 여긴다. 오묘한 이치를 분별하기만 해도 이루離婁(눈이 아주 밝은 전설상의 인물)처럼 관찰력이 예리하다고 여기고, 입으로 경전 몇 마디만 이야기하면 의의 이치를 안다고 여긴다. 옳고 그른 것을 곧잘 말하면 장비라 여기고, 인재를 품평(구분)하여 이름이나 붙일 줄 알면 인물이라고 여기며, 평소 나라의 정치를 평하여 논하면 곧 국체라고 여긴다. 이것은 마치 동물들의 소리를 듣고서 그 소리에 따라 이름을 짓는 것과 같다.

대저 명성이 실질에 부합하지 못하면, 그 사람이 등용되어도 효과가 없게 된다. 그러므로 "명성은 입으로 인해 들어가지만, 그 실질은 일을 따라 물러난다"고 하는 것이다. 반면 안으로 재능을 품고 있는 사람은 명성이 실질을 따르지 않더라도 등용이 되면 효과를 발휘한다. 그래서 "이름은 사람들 입에서 오르내리지 않지만, 그 실질은 일을 처리하는 가운데 드러난다"고 하는 것이다. 이것이 처음에 사람을 보고 대뜸 판별할 경우 항상 발생하는 오류다.

재야에 머물 때 편안하게 여기는 게 무엇인지를 보고, 벼슬길에 올랐을 때 누굴 추천하는지를 보며, 부유할 때 어떻게 베푸는지를 보고, 궁할 때 어떻게 처신하는지를 보며, 가난할 때 무엇을 취하는지를 보아야 한다. 그런 연후에야 비로소 현명한지 아닌지를 알 수 있는 것이다.

그러므로 사람의 재질을 아는 것만으로는 그 사람의 방략(대책, 속에 든 생각)을 알기에 부족하다. 또 세상 사람들 모두와 더불어 이리저리 경험할 수 있는 것도 아니다. 어떤 이는 뜻과 취향이 쉽게 변해 상황에 따라 동화하기도 하고, 어떤 이는 목적지에 이르지도 않았는데 욕심을 드러내며, 어떤 이는 이미 닿았는데 (마음을) 바꾸어 뒤돌아본다. 어떤 이는 궁한 처지에 있을 때만 힘써 행하고, 어떤 이는 뜻을 이룬 뒤에는 욕망을 좇는다. 이것이 또한 인재가 처한 상황에 따른 행동거지만 보고 판단할 경우 범하기 쉬운 잘못이다.

결론적으로 말하면 이 두 방면의 요체(인재의 숨은 재질을 파악하는 일과 변화하는 상황에서 행하는 태도를 간파하는 일)를 얻어야 하니, 이를 두고 인재를 아는 것이 어렵다고 한다.

어째서 인재를 만족스럽게 천거할 방법이 없어서 어렵다고 하는가? 뛰어난 인재는 알아볼 수 없고, 혹 알아본 자가 있어도 어리고 빈천하여 자질이 드러나기 전에 죽기도 하고, 혹은 발탁되기도 전에 죽는 경우도 있다. 혹은 음이 너무 높아지자 따라 호응할 수 없고, 노래를 불러도 칭찬이 없고(재능이 너무 뛰어나 이해하는 사람이 적어서 누군가 추천해도 화답하지 않고), 혹은 신분이 비천하고 힘이 약해서 말을 해도 비춰지지 못하고, 혹은 기량이 있으나 때를 잘못 만나 신임을 얻지 못하는 경우도 있다. 혹은 추천할 위치에 있지 않아 발탁할 방법이 없는 수도 있고, 혹은 그 위치에 있더라도 주위의 압력으로 발탁하지 못하는 경우도 있다.

그래서 뛰어난 인재의 진면목을 식별할 수 있는 사람은 만에 하나도 만나기 힘들고, 모름지기 진면목을 식별할 줄 안다고 해도 그 사람이 천거할 위치에 있기는 또 백에 하나도 힘들며, 지위와 권세가 있어도 천거하는 데 있어 적합하게 할 수 있는 경우란 열에 하나도 어렵다.

어떤 이는 지혜가 인재의 진면목을 식별하기에 족하지만, 방해를 받아 천거하지 않으려 하고, 어떤 이는 천거하기를 좋아하지만 인재의 진면목을 식별할 능력이 없다. 그러므로 인재를 식별할 수 있는 사람과 그렇지 못하는 사람이 서로 뒤섞여 있어서, 실제로 인재를 알아볼 줄 아는 사람은 천거하지 못함을 근심하고, 인재를 식별하지 못하는 사람은 스스로 자신의 식별 능력이 없다고 생각한다. 이것을 일러 인재를 만족스럽게 천거할 방법이 없는 어려움이라 한다. 그래서 인물을 천거하는 일을 아는 데는 두 가지의 어려움이 있다고 말하는 것이다.

蓋知人之效有二難：有難知之難, 有知之無而由得效之難. 何謂難知之難? 人物精微, 能神而明, 其道甚難, 固難知之難也. 是以衆人之察, 不能盡備；故各自立度, 以相觀采：或相其形容, 或候其動作, 或揆其終始, 或揆其儗象, 或推其細微, 或恐其過誤, 或循其所言, 或稽其行事. 八者遊雜, 故其得者少, 所失者多.

是故, 必有草創信形之誤, 又有居止變化之謬；故其接遇觀人也, 隨行信名, 失其中情. 故：淺美揚露, 則以爲有異. 深明沈漠, 則以爲空虛. 分別妙理, 則以爲離婁. 口傳甲乙, 則以爲義理. 好說是非, 則以爲臧否. 講目成名, 則以爲人物. 平道政事, 則以爲國體. 猶聽有聲之類, 名隨其音.

夫名非實, 用之不效；故名猶口進, 而實從事退. 中情之人, 名不副實, 用之有效；故名由衆退, 而實從事章. 此草創之常失也.

故必待居止，然後識之．故居視其所安，達視其所舉，富視其所與，窮視其所爲，貧視其所取．然後乃能知賢否．此又已試，非始相也．所以知質未足以知其略，且天下之人，不可得皆與遊處．或志趣變易，隨物而化：或未至而懸欲，或已至而易顧，或窮約而力行，或得志而從欲；此又居止之所失也．由是論之，能兩得其要，是難知之難．

何謂無由得效之難？上材已莫知，或所識者在幼賤之中，未達而喪；或所識者，未拔而先沒；或曲高和寡，唱不見讚；或身卑力微，言不見亮；或器非時好，不見信貴；或不在其位，無由得拔；或在其位，以有所屈迫．

是以良材識眞，萬不一遇也；須識眞在位，識百不一有也；以位勢值可薦致之宜，十不一合也．或明足識眞，有所妨奪，不欲貢薦；或好貢薦，而不能識眞．是故，知與不知，相與分亂於總猥之中；實知者患於不得達效，不知者亦自以爲未識．所謂無由得效之難也．故曰：知人之效有二難．

석쟁

대개 선한 사람은 자랑하지 않는 것을 크게 여기고, 현명한 사람은 잘난 체하는 것을 해로움으로 여긴다. 그래서 순 임금은 덕 있는 이에게 왕위를 넘겨주었기에 그 의로움이 뭇사람들의 귀에 들렸고, 탕 임금은 자신을 낮추기를 주저하지 않아 그 성명聖明으로 공경은 날로 더해졌다. 극지郤至(춘추시대 진나라 대부)는 다른 사람보다 위에 오르고자 했으나 더욱 아래로 가라앉았으며, 왕숙王叔(주나라 대신)은 다투기를 좋아해 끝내 도망쳐 나오고 말았다. 그런즉, 자신을 낮추고 겸양하는 것이 오히려 아름답게 나아가 명성을 이루는 순탄한 길이요, 자신을 뽐내고 남을 침탈하는 것은 결국 몸을 해치고 전도를 막는 위험한 길이다.

그러므로 군자의 행동거지는 법도를 감히 넘지 않고, 뜻은 정해진 궤도를 벗어나지 않는다. 안으로는 몸소 부지런히 해서 스스로를 가다듬고, 밖으로는 겸양으로 공경하고 조심한다. 그래서 원망과 비난을 사지 않기 때문에 영화와 복이 장구히 지속된다.

반면 소인들은 그렇지 않으니, 공을 뽐내고 재능을 떠벌리며 곧잘 남을 무시한다. 그래서 남들은 그가 앞서면 그를 해하고, 공이 있으면 그를 비방하며, 비난받고 실패하면 오히려 이를 다행으로 여긴다. 그래서 서로 선두를 다투다가 둘 다 넘어져 쓰러지면, 결국 뒤따르던 자가 추월하고 만다. 이로 보건대, 다툼과 양보의 길은 그 차이가 분명하다.

그러나 이기기를 좋아하는 사람은 도리어 그렇지 않다고 말하는데, 그들은 남보다 앞서는 것을 빠르고 예리하다고 여기고, 뒤쳐지면 정체되었다고 생각한다. 뭇사람들에게 자신을 낮추는 것을 비굴하다 여기고, 남을 밟고 올라서는 것을 남다르게 뛰어나다고 생각한다. 상대에게 양보하는 것을 치욕으로 여기며, 윗사람을 범하는 것을 아주 분발했다고 여긴다. 그래서 지나치게 도도하게 떨쳐 일어나 앞만 보고 나아가지만, 스스로 돌아볼 줄 모른다.

보통 도도함(대드는 태도)으로 현명한 사람을 대하면 현명한 사람은 반드시 겸손함을 보이지만, 이런 태도로 사나운 사람을 대하면 반드시 적대시와 힐난을 받게 된다. 서로 적대시하고 비난하는 관계가 생기면 시비의 이치가 흐려져 밝히기 어려워진다. 시비를 밝히기 어려워지면, 스스로를 비방하는 것과 무엇이 다르겠는가?

또 누가 자기를 비방하면 누구나 원망하는 마음이 생기고, 이게 변하여 싸움의 단서가 만들어진다. 그러면 반드시 일에 의탁하여 상대를 비방할 이야기를 꾸며 내게 된다. 이런 말을 자꾸 듣다 보면 비록 다는 아니라도 반 정도는 믿게 된다. 자신도 상대에게 똑같이 보복하니, 역시 결국 가까운 사람이든 멀리 있는 사람이든 이 둘을 반신반의하게 된다.

이런즉 같이 화를 내어 싸우는 사람은 남의 입으로 자신을 비방하는 것이고, 장황하게 늘어놓으며 말싸움하는 사람은 남의 손을 빌려 자신을 때리는 셈이니, 그 어리석음과 잘못이 어찌 심하다 하지 않겠는가?

그러나 그 연유를 따져보면, 자신에게 스스로 엄격하고 타인에게 관용했다면 어찌 쟁송에까지 이를 수 있단 말인가? 다 안으로는 자신을 미루어 남을 이해하는 마음이 부족했고, 밖으로는 남만 탓했기 때문이다. 어떤 경우는 남이 자신을 경시한다고 원망하고, 어떤 경우는 남이 나보다 낫다고 질투한 것이다.

보통 내가 경박해서 남이 나를 경시하는 것은 내가 바르지 못해 남이 고쳐주는 것이고, 나는 현명한 데도 남이 알아주지 않은 경우는 내 잘못은 아니다. 만약 남이 현명해서 나보다 앞선 경우는 나의 덕이 못 미쳤기 때문이며, 만약 덕이 비슷한 데도 그가 나보다 앞서는 경우는 내 덕이 근소하게 뒤쳐졌기 때문이다. 대체 뭣 때문에 원망하겠는가?

현명함이 우열을 가리기 어려울 때는 양보하는 자가 으뜸이 되고, 누가 뛰어난지를 가릴 수 없을 때는 힘으로 이기려는 자가 더 못난 사람이 된다. 그러므로 인상여는 수레를 되돌려서 결국 염파를 이겼고, 구순은 싸우지 않음으로써 가복보다 현명하다는 이름을 얻었다.

사물의 형세는 극에 달하면 반전한다는 것이 바로 군자가 말하는 도다. 그러므로 군자는 굽힘으로써 펼칠 수 있음을 알기에 욕됨을 삼키고 발설하지 않는다. 또 낮추고 양보함으로써 결국 상대를 이길 수 있다는 것을 알기에 상대 아래로 자신을 낮추기를 망설이지 않는다. 끝내는 화가 복이 되고, 원수에게 굴복하여 오히려 친구가 되며, 원한을 후손에게 연장시키지 않아서 그 아름다운 이름을 무궁토록 선양한다. 군자의 도란 어찌 넉넉하지 않을 수 있겠는가?

또 군자는 터럭같이 작은 불평도 수용하기에 그것이 서로 싸우는 큰 송사로 변하지 않지만, 소인은 작은 원망도 참지 못하기에 결국 떠들썩한 실패와 욕을 당한다. 원망이 자그마할 때 겸손하게 자기를 낮추면 오히려 겸양의 덕이 되지만, 변고가 싹트려는 참에 다투게 되면 화가 커져서 구할 수 없게 된다. 그러므로 진여는 장이의 변란으로 마침내 죽음의 해를 입었고, 팽총은 주부의 모함으로 끝내 엎어져 죽는 해를 입었다. 화와 복의 기로에서 어찌 신중하지 않을 수 있겠는가?

그러므로 군자는 이기고자 할 때, 미루어 양보하는 것을 예리한 칼날로 삼고, 스스로 닦는 것을 사다리와 방패로 삼으며, 고요하게 있을 때는 입과 눈귀를 닫고, 움직일 때는 공순의 큰길을 따른다. 그래서 싸워 이겨도 다툼이 생기지 않고, 상대가 항복하여도 원한이 생기지 않는다. 만약 이와 같다면 회한이 목소리와 얼굴에 남아 있지 않으니, 무슨 다툼이 있겠는가?

드러내 놓고 다투려는 자는 반드시 자신을 현명한 사람이라고 생각하지만, 남들은 그를 험악하고 비뚤어진 사람이라고 여긴다. 실제로 험악한 악덕이 없다면 비방할 만한 이유도 없다. 만일 험악한 악덕이 확실히 있다고 믿는다면 어찌 더불어 쟁송할 수 있겠는가? 험악한 자와 쟁송하는 것은 코뿔소를 우리에 가두고 호랑이를 사로잡으려는 격이니 이게 가당하기나 한 일인가? 이들이 화가 나서 사람을 해치는 것은 당연한 일이다.

《주역》에 이르길, "험악하고 어그러진 자는 다투니, 다투면 반드시 여러 사람이 일어난다(반기를 든다)"고 했고, 《노자》는 "오직 스스로 다투지 않으므로, 천하의 누구도 그와 더불어 다툴 수 없다"고 했다. 그러므로 군자는 다투는 길을 가지 않는다.

그러므로 세속을 초월하여 높은 경지에 오른 이는 다음 세 가지 등급을 초월한다. 무엇을 세 가지 등급이라 하는가?

대저 공이 없으면서 뽐내는 것은 하등이고, 공이 있어서 자랑하는 것이 중등이며, 공이 크나 자랑하지 않는 것이 상등이다.

어리석으나 이기기를 좋아하는 사람은 하등이고, 현명하지만 자기가 남보다 낫다고 자부하는 사람은 중등이며, 현명하지만 능히 겸양하는 사람은 상등이다.

자신에게는 관대하고 남에게는 엄한 사람은 하등이고, 자신과 남에게 모두 엄한 사람은 중등이며, 자신에게는 엄하되 남에게는 관대한 사람은 상등이다.

무릇 이처럼 등급을 매기는 것은 모두 도의 기묘함과 사물의 변화에서 비롯된다. 이런 세 가지 변화를 관찰하고서야 비로소 인물을 쓰니, 보통 사람들은 그 경지보다 멀리 나갈 수 없다. 오직 도를 알고 변화에 달통한 자만이 이런 경지에 도달할 수 있다.

그러므로 맹지반은 자랑하지 않아서 성인의 명예를 얻었고, 관중은 상 받기를 사양함으로써 더욱 무거운 은혜를 받았으니, 어찌 정당치 못한 방법으로 이를 구할 수 있겠는가? 이(맹지반과 관중의 영예와 부귀)는 바로 순수한 덕을 가진 사람에게 자연스럽게 온 것이다.

군자는 스스로 덜어내는 것이 오히려 보태는 것이라는 것을 알기에, 공이 하나면 칭찬은 두 개가 된다. 소인은 스스로 보태는 것이 결국에는 덜어내는 것임을 모르기에, 하나를 자랑하다 그마저 잃는다.

이로 말하건대, 자랑하지 않는 것이 자랑하는 것이고, 명리를 다투지 않는 것이 명리를 얻는 것이다. 상대에게 양보하는 자가 이기고, 남보다 낮추는 자가 결국 남 위에 오르게 된다. 군자가 다투는 길의 험난함을 마음 깊이 알아서 홀로 현묘한 길에 높이 오르면, 광채가 빛나고 날로 새로워져 덕성이 옛사람(성인)의 반열에 오를 것이다.

蓋善以不伐爲大, 賢以自矜爲損. 是故, 舜讓于德, 而顯義登聞, 湯降不遲, 而聖敬日躋 ; 隙至上人, 而抑下滋甚, 王叔好爭, 而終於出奔. 然則卑讓降下者, 茂進之逾路也 ; 矜奮侵陵者, 毁塞之險途也. 是以君子擧不敢越儀準, 志不敢凌軌等 ; 內勤己以自濟, 外謙讓以敬懼. 是以怨難不在於身, 而榮福通於長久也. 彼小人則不然, 矜功伐能, 好以陵人 ; 是以在前者人害之, 有功者人毁之, 毁敗者人幸之. 是故, 竝轡爭先, 而不能相奪, 兩頓俱折, 而爲後者所趨. 由是論之, 爭讓之途, 其別明矣.

然好勝之人, 猶謂不然, 以在前爲速銳, 以處後爲留滯, 以下衆爲卑屈, 以躡等爲異傑, 以讓敵爲迴辱, 以陵上爲高厲. 是故, 抗奮遂往, 不能自反也. 夫以抗遇賢, 必見遜下 ; 以抗遇暴, 必構敵難. 敵難旣構, 則是非之理必溷而難明 ; 溷而難明, 則其與自毁何以異哉?

且人之毁己, 皆發怨憾, 而變生釁也 : 必依託於事, 飾成端末 ; 其餘聽者, 雖不盡信, 猶半以爲然也. 己之校報, 亦又如之. 終其所歸, 亦各有半信著於遠近也. 然則, 交氣疾爭者, 爲易口而自毁也 ; 竝辭競說者, 爲貸手以自毆 ; 爲惑繆豈不甚哉?

然原其所由, 豈有躬自厚責以致變訟者乎? 皆由內恕不足, 外望不已 : 或怨彼輕我, 或疾彼勝己. 夫我薄而彼輕之, 則由我曲而彼直也 ; 我賢而彼不知, 則見輕非我咎也. 若彼賢而處我前, 則我德之未至也 ; 若德鈞而彼先我, 則我德之近次也. 夫何怨哉!

且兩賢未別, 則能讓者爲雋矣 ; 爭雋未別, 則用力者爲德矣. 是故,

516

藺相如以迴車決勝於廉頗, 寇恂以不鬪取賢於賈復. 物勢之反, 乃君子所謂道也. 是故, 君子知屈之可以爲伸, 故含辱而不辭 ; 知卑讓之可以勝敵, 故下之而不疑. 及其終極, 乃轉禍而爲福, 屈讎而爲友 ; 使怨讎不延於後嗣, 而美名宣於無窮 ; 君子之道, 豈不裕乎!

且君子能受纖微之小嫌, 故無變鬪之大訟 ; 小人不能忍小忿之故, 終有赫赫之敗辱. 怨在微而下之, 猶可以爲謙德也 ; 變在萌而爭之, 則禍成而不救矣. 是故, 陳餘以張耳之變, 卒受離身之害 ; 彭寵以朱浮之郄, 終有覆亡之禍. 禍福之機, 可不愼哉!

是故, 君子之求勝也, 以推讓爲利銳, 以自修爲棚櫓 ; 靜則閉嘿泯之玄門, 動則由恭順之通路. 是以戰勝而爭不形, 敵服而怨不構. 若然者, 悔悋不存于聲色, 夫何顯爭之有哉?

彼顯爭者, 必自以爲賢人, 而人以爲險詖者. 實無險德, 則無可毀之義. 若信有險德, 又何可與訟乎? 險而與之訟, 是柙兕而攖虎, 其可乎? 怒而害人, 亦必矣!《易》曰 : 「險而違者, 訟. 訟必有衆起.」《老子》曰 : 「夫惟不爭, 故天下莫能與之爭.」是故, 君子以爭途之不可由也.

是以越俗乘高, 獨行於三等之上. 何謂三等? 大無功而自矜, 一等 ; 有功而伐之, 二等 ; 功大而不伐, 三等. 愚而好勝, 一等 ; 賢而尙人, 二等 ; 賢而能讓, 三等. 緩己急人, 一等 ; 急己急人, 二等 ; 急己寬人, 三等. 凡此數者, 皆道之奇·物之變也. 三變而後得之, 故人莫能遠也. 夫唯知道通變者, 然後能處之. 是故, 孟之反以不伐獲聖人之譽, 管叔以辭賞受嘉重之賜 ; 夫豈詭遇以求之哉? 乃純德自然之所合也.

彼君子知自損之爲益, 故功一而美二 ; 小人不知自益之爲損, 故一伐而竝失. 由此論之, 則不伐者伐之也, 不爭者爭之也；讓敵者勝之也, 下衆者上之也. 君子誠能睹爭途之名險, 獨乘高於玄路, 則光暉煥而日新, 德聲倫於古人矣.

인물지

개정판 1쇄 인쇄일 2023년 6월 15일
개정판 1쇄 발행일 2023년 6월 26일

지은이 공원국 · 박찬철

발행인 윤호권
사업총괄 정유한

편집 김남철 **디자인** 서윤하 **마케팅** 명인수
발행처 ㈜시공사 **주소** 서울시 성동구 상원1길 22, 6-8층(우편번호 04779)
대표전화 02-3486-6877 **팩스(주문)** 02-585-1755
홈페이지 www.sigongsa.com / www.sigongjunior.com

ⓒ 공원국 · 박찬철, 2023

ISBN 979-11-6925-967-5 03320

*시공사는 시공간을 넘는 무한한 콘텐츠 세상을 만듭니다.
*시공사는 더 나은 내일을 함께 만들 여러분의 소중한 의견을 기다립니다.
*잘못 만들어진 책은 구입하신 곳에서 바꾸어 드립니다.